LOUIS XVI
MARIE-ANTOINETTE

ET

MADAME ÉLISABETH

LETTRES ET DOCUMENTS INÉDITS

PUBLIÉS

PAR F. FEUILLET DE CONCHES

> Jam fatis admovebantur..... genti bella civilia.
> Nam et insociabile est regnum, et a pluribus expe-
> tebatur. Primum ergo collegere vires, deinde dis-
> perserunt, et cum pluribus corpus, quam capiebat,
> onerassent, cætera membra deficere cœperunt :
> quodque imperium sub uno stare potuisset, dum
> a pluribus sustinetur ruit.
>
> QUINT. CURT., X, 9.

TOME CINQUIÈME

PARIS
HENRI PLON, IMPRIMEUR-ÉDITEUR
RUE GARANCIÈRE, 10

MDCCCLXIX

Tous droits réservés.

LOUIS XVI
MARIE-ANTOINETTE
ET
MADAME ÉLISABETH

L'auteur et l'éditeur déclarent réserver leurs droits de reproduction et de traduction à l'étranger.

Ce volume a été déposé au Ministère de l'Intérieur (Direction de la Librairie) en 1869.

PARIS. TYPOGRAPHIE DE HENRI PLON, IMPRIMEUR DE L'EMPEREUR,
Rue Garancière, 8.

Gravé par Morse, sous la direction de Henriquel Dupont, d'après le buste de Pajou,
appartenant à M. Feuillet de Conches.

Publié par H. Plon.

LOUIS XVI
MARIE-ANTOINETTE

ET

MADAME ÉLISABETH

LETTRES ET DOCUMENTS INÉDITS

PUBLIÉS

PAR F. FEUILLET DE CONCHES

> Jam fatis admovebantur,.... genti bella civilia.
> Nam et insociabile est regnum, et a pluribus expe-
> tebatur. Primum ergo collegere vires, deinde dis-
> perserunt, et cum pluribus corpus, quam capiebat,
> onerassent, cætera membra deficere cœperunt :
> quodque imperium sub uno stare potuisset, dum
> a pluribus sustinetur ruit.
> QUINT. CURT., x; 9.

TOME CINQUIÈME

PARIS

HENRI PLON, IMPRIMEUR-ÉDITEUR

RUE GARANCIÈRE, 10

MDCCCLXIX

Tous droits réservés.

TRADUCTION DE L'ÉPIGRAPHE DU TITRE.

Déjà les destins appelaient sur la nation la guerre civile. Car l'autorité suprême n'est pas faite pour être partagée, et plusieurs se la disputaient. D'abord tous réunirent leurs forces en un faisceau, mais bientôt ils se démembrèrent, et quand ils eurent chargé le corps politique de plus de rouages qu'il n'en comportait, les anciens appuis commencèrent à s'affaisser. C'est ainsi qu'un empire, dont un seul eût pu maintenir la stabilité, s'écroule par la multiplicité de bras qui prétendent le soutenir.

Majoribus præsidiis et copiis oppugnatur respublica, quam defenditur, propterea quod audaces homines et perditi, nutu impelluntur, et ipsi etiam sponte sua contra rempublicam incitantur; boni nescio quomodo tardiores sunt, et, principiis rerum neglectis, ad extremum ipsa denique necessitate excitantur : ita ut nonnunquam cunctatione ac tarditate, dum otium volunt etiam sine dignitate retinere, ipsi utrumque amittant.

Cicer., *pro Sextio*, 47.

L'État est attaqué avec plus de force et de moyens qu'il n'est défendu, parce qu'il suffit d'un signe pour que l'audace et la perversité se mettent en mouvement; elles se soulèvent assez d'elles-mêmes contre la chose publique, sans qu'on les y excite. Les honnêtes gens ont, je ne sais pourquoi, moins d'activité : une fois qu'ils ont négligé le mal dans son principe, ce n'est plus qu'à la dernière extrémité que la nécessité les contraint d'agir; et c'est ainsi qu'à force d'indécisions et de remises, il arrive parfois que, voulussent-ils conserver le repos, même au prix de l'honneur, ils perdent à la fois l'un et l'autre.

LOUIS XVI

MARIE-ANTOINETTE

ET

MADAME ÉLISABETH.

DCXLIX

LOUIS XVI AU DUC DE CHARTRES (1).

Le Roi approuve les règles de conduite qu'il se propose de suivre. — Il a appris avec plaisir qu'il se trouve par tempérament propre au service de mer.

Versailles, le 12 aoust 1775.

Mon Cousin, monsieur de Sartine a eu grande raison quand il vous a dit que vous pouviez me rendre compte directement de votre conduite. J'ai esté fort aise de recevoir de vos nouvelles. Les regles de conduitte que vous vous proposez de tenir sont tres bonnes, et votre exemple ne pourra qu'etre tres utile a mon service. J'ai appris avec plaisir, depuis, que vous n'aviez pas esté incommodé de la mer et que vous vous en portiez fort bien. C'est une grande commodité pour

---

(1) De mon cabinet. Orthographe conservée. Papier poulet de Hollande non doré, à vergeures. Couronne ducale d'un filigrane coupé.

suivre la carriere que vous avez commencé. J'ai chargé Mʳ de Sartine qui se raproche de vous, de vous faire tenir cette lettre et de vous temoigner l'amitié que j'ai pour vous, mon Cousin

LOUIS.

Suscription :
A mon Cousin Mᵉ le duc de Chartres.

Quand Louis-Philippe-Joseph, duc de Chartres, connu depuis sous le nom de duc d'*Orléans-Égalité*, épousa la fille du vertueux duc de Penthièvre, il s'était flatté de l'espérance de succéder à son beau-père dans la dignité d'amiral de France, ce qui équivalait à celle de grand amiral, attendu qu'il n'y avait alors qu'un amiral de France, dont la charge était héréditaire. Il n'y eut plus tard de grands amiraux que Murat sous l'Empire, et le duc d'Angoulême sous la Restauration. Le duc de Chartres comprit de bonne heure qu'il lui fallait embrasser le service de la marine pour tendre, autant qu'il serait en lui, vers l'accomplissement de ses vœux. Il débuta donc, en 1772, comme simple garde de la marine dans l'escadre d'évolutions commandée par le comte d'Orvilliers, avec lequel il devait servir encore au fameux combat d'Ouessant. L'escadre, retenue pendant quelques jours à Brest par des vents contraires, partit le 5 mai.

En 1775, bien que déjà lieutenant de vaisseau, il fit, en simple volontaire, sous le nom de comte de Joinville, la campagne de l'année sur l'escadre d'évolutions qui allait croiser, sous les ordres du comte de Guichen, vers les côtes d'Espagne. Il montait *la Terpsichore*. L'escadre ayant été dispersée par une tempête, il prit terre à la Corogne le 22 juillet 1775. Le 31 du même mois, il appareillait pour la France et rentrait à Brest le 9 ou le 10 août. C'est à la suite de cette campagne que Louis XVI lui écrivit la lettre qu'on vient de lire, et le nomma capitaine de vaisseau.

L'année suivante, il fut fait chef d'escadre pour prendre

un commandement (1) dans l'escadre d'évolutions placée sous les ordres du grand marin le comte Duchaffault. La croisière fut très-longue. L'escadre, partie de Brest le 20 avril, mouillait le 27 à Lisbonne, se rendant au cap de Saint-Vincent, où elle devait rallier deux autres escadres françaises sorties de Toulon et de Rochefort, sous le commandement des comtes d'Estaing et de Guichen. Elle ne rentrait dans les eaux de Brest qu'à la fin d'octobre.

Trois mois après, par décision du 4 janvier 1777, le duc de Chartres était promu au grade de lieutenant général des armées navales. Aucun document du département de la marine n'indique qu'il ait exercé en mer un service actif cette année-là.

L'année suivante, il n'allait plus être question de simples croisières : si la guerre n'était pas encore déclarée entre la France et l'Angleterre, elle menaçait d'éclater bientôt, par suite de notre reconnaissance de l'indépendance des États-Unis d'Amérique et de la complication des relations diplomatiques entre les deux pays. Nous avons déjà dit, en notre troisième volume, page 25, que le duc de Chartres fit partie de l'escadre du vice-amiral comte d'Orvilliers, qui croisait en regard de l'Angleterre. Les deux flottes s'observaient mutuellement, quand la rencontre de la frégate française *la Belle-Poule* et de la frégate anglaise *l'Aréthuse* mit le feu aux poudres. Le premier coup de canon tiré sous le règne de Louis XVI date de leur combat mémorable. Ainsi que nous l'avons fait observer, la conduite du duc de Chartres fut brillante, sur *le Saint-Esprit*, dans le combat d'Ouessant. Il n'y eut d'abord qu'une voix pour le louer à son retour,

---

(1) On conserve au ministère de la marine la *Feuille au Roi*, qui suit :

3 février 1776.

S. M. ayant accordé le grade de chef d'Escadre à M. le Duc de Chartres, à prendre date après la prochaine promotion, il paroit convenable que ce prince soit préalablement fait chevalier de l'ordre de St-Louis : on propose à Sa Majesté d'expédier ses ordres pour le faire recevoir par M. le Duc D'Orléans.

De la main du Roi, Bon.

et les documents des archives de la marine déposent tous en sa faveur. Malheureusement ses étourderies, ses légèretés de jeunesse, son opposition ouverte dans la première Assemblée et dans le Parlement, avaient excité les défiances de la Cour et lui avaient suscité de nombreux ennemis. Aussi à peine eut-il le dos tourné pour aller, en 1779, croiser vers les îles Sorlingues, que cent voix éclatèrent qui cherchaient à le couvrir de ridicule, en prétendant qu'il s'était caché à fond de cale au combat d'Ouessant. Les quolibets, les chansons plurent de toute part. On l'attaqua dans le cœur si indulgent du Roi, dans le cœur si affectueux du duc de Penthièvre, à qui on le représenta comme ambitionnant de le supplanter dans la charge d'amiral de France. M. de Chartres n'en fut pas moins créé vice-amiral à l'issue de cette expédition ; mais il eut à essuyer les avanies les plus provocantes de la part des courtisans. Jugeant lui-même à quel point il était en disgrâce, il écrivit au Roi pour lui présenter son apologie, et lui demander que du moins, s'il ne croyait pas à propos de le continuer dans son armée de mer, il lui plût d'imposer à ses ennemis en lui accordant une grâce, celle de créer en sa faveur la place de colonel général des troupes légères. On voit donc que sa nomination en qualité de colonel général des hussards et troupes légères, qui suivit immédiatement, fut accordée au duc de Chartres sur sa propre demande, et non par une amère ironie de la Cour. Les quolibets ne se turent pas pour cela, et le surnommèrent le *colonel des têtes légères*. Du reste, la grâce n'avait rien de bien éclatant, car elle ne donnait au premier Prince du sang que six régiments à commander, tandis que le prince de Condé était colonel général de l'infanterie française, et que le comte d'Artois, il est vrai, frère du Roi, était colonel général des Suisses et Grisons.

Je possède l'ordre autographe que le Roi écrivit à ce sujet à son ministre de la guerre, le prince de Montbarey ; voici quels en sont les termes :

[Sans date.]

« Je donne à M. le duc de Chartres la place de colonel général des housards, auxquels seront jointes les troupes légères, quand je jugerai à propos de les rétablir. Il aura un régiment colonel général, soit au régiment de houzards, soit au régiment de troupes légères. Il travaillera avec moi pour son régiment seul, et du reste sera comme les autres colonels généraux. »

Sur une autre feuille cachetée à l'adresse de M. de Montbarey, on lit ces mots, également de la main du Roi :

« *Pour la Gazette.*

» Sa Majesté, désirant donner au duc de Chartres une preuve de la satisfaction qu'elle a des services qu'il lui a rendus dans ses campagnes sur mer, a créé pour lui la place de colonel général des houssards et troupes légères. »

Bien que le Prince eût demandé cette place et qu'il en eût poussé avec une vivacité inaccoutumée la concession, comme seul remède à la déconsidération qui le poursuivait depuis son retour, il est moins que certain qu'elle fût selon son cœur. Si même on en croit le prince de Montbarey, la demande n'eût été qu'un des fils d'une intrigue qui avait un caractère subalterne et dont il développe toute la trame (1). Cette intrigue, arrivée par la bouche même du duc d'Orléans, son père, aux oreilles du Roi, avait mis Louis XVI dans le plus violent accès de colère et d'indignation, et il avait fait chercher le marquis de Sourches, grand prévôt de l'hôtel, pour lui donner l'ordre d'arrêter sur-le-champ M. de Chartres, s'il était à Versailles. M. de Maurepas et M. de Montbarey réunirent leurs vives instances devant le duc d'Orléans pour détourner le Roi de cette rigueur; alors Louis XVI se contenta d'écrire au duc qu'il devait à ses services de n'avoir pas éprouvé les marques du ressentiment royal. En outre, défense lui fut faite par l'entremise de son père de reparaître à la Cour.

Néanmoins, le duc de Chartres avait toujours les yeux tournés vers la marine, et sa pensée secrète était constamment d'y rentrer. Ainsi, le 23 avril 1792, il demandait au Roi d'y être employé, d'autant que, lors des armements

---

(1) *Mémoires du prince* DE MONTBAREY, p. 313 et suivantes.

maritimes de 91, Louis XVI l'avait promu, le 16 septembre de cette même année, au grade d'amiral. « J'accepte avec reconnoissance », avait-il écrit le 21 janvier 92 au ministre de la marine. Il n'avait donc pas cessé de figurer sur les contrôles maritimes, mais hors cadre et sans recevoir pendant longtemps du service actif.

Dans les premiers mois de 1779, on avait conçu le projet d'une descente en Angleterre, ce grand dessein rêvé par plusieurs nations et jamais pratiqué. On croyait avoir cette fois un plan infaillible, qui échoua comme les autres. La flotte de d'Orvilliers tenait la mer devant le littoral de Bretagne, prête à prendre à bord le corps expéditionnaire de descente, dont le général de Vaux avait reçu le commandement. Le prince de Montbarey, chargé par le Roi, dans cette circonstance, de constater l'état des côtes et de surveiller de Vaux, allait bientôt arriver à Saint-Malo, où se trouvait le général avec tout son monde. Le duc de Chartres rôdait dans les environs. On l'avait vu d'abord au Havre, qu'il avait promptement quitté pour arriver aux autres ports. Il ne cachait pas son humeur de n'être point employé, et dans son impatience il faisait mine de se joindre à l'expédition. Le Roi instruit de ce manége, qui annonçait une velléité d'insubordination de mauvais exemple, lui fit écrire par la Reine la lettre suivante :

DCL

MARIE-ANTOINETTE AU DUC DE CHARTRES (1).

Elle lui transmet, de la part du Roi, la défense de se joindre à l'armée royale.

Ce 20 juillet [1779].

Le Roy est informé et mécontent, Monsieur, de la

---

(1) Autographe de mon cabinet. Orthographe conservée. Papier de Hollande non doré à vergeures. Bas d'un filigrane au-dessous duquel sont les noms *D. et C. Blauw*.

Marie-Antoinette au duc de Chartres.

ce 20 juillet

Le roy est informé, et mécontent, Monsieur, de la disposition, ou vous êtes, de vous joindre a son armée, le refus constant qu'il a crû devoir faire aux instances les plus vives, de ce qui le touche le plus près, les suites qu'aura votre exemple, ne me laissent que trop voir, qu'il n'admettra n'y excuse, n'y indulgence, la peine que j'en ai ma déterminé, a accepter la commission, de vous faire connoitre ses intentions, qui sont tres positives, il a pensé qu'en vous épargnant la forme severe d'un ordre il diminueroit le chagrin de la contradiction sans retarder votre soumission, le temps vous prouvera, que je n'ai consulté que votre veritable interet, et qu'en cette occasion, comme en toute autre, je chercherai toujours, Monsieur a vous prouver mon sincere attachement

Marie Antoinette

disposition ou vous êtes de vous joindre à son armée. Le refûs constant qu'il a crû devoir faire aux instances les plus vives, de ce qui le touche le plus près, les suites qu'aura votre exemple ne me laissent que trop voir qu'il n'admettra n'y excuse n'y indulgence. La peine que j'en ai ma déterminé a accepter la commission de vous faire connoitre ses intentions, qui sont très positives, il a pensé qu'en vous epargnant la forme severe d'un ordre, il diminueroit le chagrin de la contradiction, sans retarder votre soumission. Le temps vous prouvera que je n'ai consulté que votre véritable intéret, et qu'en cette occasion, comme en toute autre, je chercherai toujours, Monsieur, à vous prouver mon sincere attachement

MARIE-ANTOINETTE.

DCLI

MARIE-ANTOINETTE A LA DUCHESSE DE FITZ-JAMES (1).

Protestations d'affection. — Encouragements à trouver dans l'accomplissement d'un devoir une consolation au sacrifice qu'elle a fait de s'éloigner de la Reine.

Sans date [1790].

N'ajoutez pas à vos peines, ma chere duchesse, l'inquietude (2) sur ma tendre et constante amitie : elle

---

(1) Papiers de famille de M. le duc de Fitz-James. Orthographe conservée. La ponctuation seule a été rectifiée. La lettre est écrite sur papier poulet vélin, non doré, où se lit la marque · *M. Johannot et fils.*

(2) Ici le mot *de* effacé.

vous suivra partout, et partout vous pourrez vous dire :
il existe un être qui m'aime, qui connoit mes chagrins
et les partage de tout son cœur. Vous s'avez que quelques peines que j'ai a me separer de vous, j'ai etc
pourtant la premiere a vous engager a ceder au devoir et a la necessite ; puissiez-vous trouver une consolation, en reussissant dans votre voyage ; c'est le vœu
le plus sincere d'un cœur tout a vous.

Je vous donne ma parole que si jamais notre position
change et que nous puissions nous rapprocher l'une de
l'autre, ce sera avec bien du plaisir que je vous en previendrai, et peut-etre pourrons-nous encore passer quelques jours de bonheur enssemble. Je vous embrasse.

Le cardinal Henry-Benoît-Stuart, petit-fils de Jacques II
d'Angleterre, par Jacques-Édouard, dit le *chevalier de Saint-Georges*, fils aîné de ce prince, était gravement malade, en
1790, à Rome, où il avait pris les ordres et avait reçu le
chapeau en 1747. Sur les instances de sa famille, et surtout
sur les pressants conseils de Marie-Antoinette, la duchesse
de Fitz-James, dame du palais de la Reine, s'était rendue à
Rome pour concilier la particulière bienveillance du cardinal à la branche des Fitz-James.

Le cardinal, en qui s'est éteinte la famille royale des
Stuart, n'est mort qu'en 1807. Il avait eu pour frère aîné le
prince Charles-Édouard, qui fit une campagne si héroïque
et si malheureuse en Écosse pour reconquérir le trône d'Angleterre, et alla s'éteindre à Rome, marié, à l'âge de la
retraite, avec une jeune personne, la princesse de Stolberg-Gedern, si célèbre sous le nom de comtesse d'Albany.

DCLII

MARIE-ANTOINETTE A LA DUCHESSE DE FITZ-JAMES (1).

Elle n'a jamais eu de rapports avec le cardinal de Bernis : on lui avait demandé de recommander madame de Fitz-James à cet ambassadeur ; elle a préféré en charger madame de Polignac, qui le connait et se trouve à Rome. — Prière de défendre le caractère du Roi, injustement accusé d'insouciance. — Souvenir affectueux du Roi, envoyé en pensée devant Dieu, à madame de Fitz-James, pendant la messe.

[Décembre 1790.]

Voici mes deux lettres, ma chere duchesse. celle qui est cacheté est pour M^{de} de polignac, et vous voudrez bien y mettre l'adresse en l'envoyant. M^{de} de chimay auroit desirée que j'ecrive au card^{l} de bernis ; mais comme je n'ai jamais eu de rapport avec lui, j'ai preferez de charger M^{de} de polignac de lui en ecrire de ma part. J'ai ete si touchée ce matin, que j'ai oublié de vous parler d'une chose qui me tient pourtant fort a cœur : vous s'avez que souvent je vous ai parlé du roy, et de ma peine de voir qu'on etoit si injuste pour lui ; tachée, dans votre conversation, de bien prouver qu'il n'est pas (2) si insouciant qu'on le dit, et qu'il est aussi malheureux qu'il peut l'etre, car c'est bien vrai. Ne doutez jamais, ma chere duchesse, que mon tendre interet ainssi que ma constante amitié vous

---

(1) Papiers de famille de M. le duc de Fitz-James. Orthographe conservée. La lettre est écrite sur papier poulet doré de Hollande, à vergeures. Un grand filigrane, coupé par la moitié, porte les lettres J. K.

(2) Ici le mot *n'y* (ni) effacé.

suivront partout., je vous embrasse. brulé, je vous prie, ce billiet.

(Arrivée ici au bas de la page, la Reine écrit : « Tournez », et elle ajoute au *verso* :)

Le Roi ma bien demandé si je vous avois parlé de lui, et il m'a dit c'est propre parole : *J'ai bien taché, aujourd'hui, a la messe, de lui faire entendre ce que je voudrois lui dire.*

DCLIII

MARIE-ANTOINETTE A LA DUCHESSE DE FITZ-JAMES (1).

Madame de Tarente inconsolable depuis qu'elle a perdu sa petite-fille. — Intérêt que prend la Reine aux progrès que peut faire madame de Fitz-James dans l'esprit du cardinal. — Espérance que les tantes du Roi préféront à la duchesse une intervention utile. — Éloge de la conduite de la fille de la duchesse. — Inquiétudes qu'a eues la Reine sur la santé du Roi. — État politique de la France.

Ce 19 mars 1791.

Cette lettre sera bien longtems a vous parvenir, ma chere duchesse, mais elle vous prouvera du moins, que des que j'ai un occasion, je la saisit pour vous parler de ma tendre amitié. M^{de} de tarente ma montré vos lettres : elle sait me faire plaisir par la. La pauvre femme est bien malheureuse depuis qu'elle a perdu sa petite fille. mais parlons de vous ; croyez, ma chere duchesse, que votre position m'occupe sans cesse. Comment etes-vous a présent avec le cardinal ? avez-vous quelque

---

(1) Papiers de famille de M. le duc de Fitz-James. Orthographe conservée. La lettre est écrite sur papier poulet vélin, non doré.

espoir de reussire? je le voudroit bien : j'en demande des nouvelles a tout le monde. J'espere que mes tantes vous seront utile : elle me l'ont bien promit. J'ai vue des lettres du cardinal de bernis a mes amis, qui espere que votre voyage ne sera pas inutile. On vous le doit bien, pour le sacrifice que vous avez fait; et puis, par un petit retour sur moi-même, je dis : on me le doit aussi, puisque j'ai consentie a ce qu'elle parte; et en verité j'en sens, tous les jours, la privation. J'ai ete charmée de revoir votre gendre (1), parce que j'ai pu lui parler de vous, et de ces pauvres charles et édouard (2), qu'il ma dit bien portant. J'ai ete bien aise aussi qu'il voye sa femme, et il me semble que cela s'est bien passé. en tout la petite se conduit bien, et il paroit que tout le monde en est content. mandé lui bien de s'occuper beaucoup de sa belle-mere, car je vois qu'elle menne non-seulement ses enfantes, mais toutes les personnes qu'elle voit. la mort de M^{de} de bréhan (3) a fait grand bien a votre fille. Tout ce qu'elle a dit et fait, dans ce moment la, a tres-bien reussi de vous a moi, je crois qu'elle. . . . .

(Ici quelques lignes effacées.)

et ce n'est qu'avec des manieres un peu exageres qu'elle rammennera entierement sa belle-mere.

---

(1) Le duc de Maillé.

(2) Charles était le fils ainé de la duchesse, mort à l'armée des Princes. Édouard, le second fils, devenu duc par la mort de Charles, sans enfants, est le duc de Fitz-James qui a montré des talents oratoires à la Chambre des pairs et à celle des députés, sous la Restauration et sous Louis-Philippe.

(3) Madame de Brehon, et non de Bréhan, était alliée des Fitz-James.

Vous s'avez deja toutes les inquietudes que j'ai eu pour la sante du Roi; il y avoit d'autant plus a craindre, que c'est bien le comble de la mesure de ses peines qui la rendu malade; grace a Dieu, il est bien a present; je ne vous parle point de ce pays-cy, nous ne pourrions que nous affliger toutes deux : atrocités d'un cote, bonne volonte, mais inconsequance et injustice de l'autre, voila l'etat dans lequel nous vivons. Adieu, ma chere duchesse; dite mil choses pour moi a M^r de fitz james, et a vos enfants, et croyez que mon amitié pour vous ne cessera qu'avec la vie.

DCLIV

MARIE-ANTOINETTE A LA DUCHESSE DE FITZ-JAMES (1).

Une recommandation envoyée à la Reine de Naples par Marie-Antoinette, en faveur de M. de Fitz-James, a fait fausse route, ce qui a été cause d'un froid procédé dont le duc a été victime. — Ce qu'il y aurait à faire pour réparer cet échec. — La Reine écrit à ses tantes qui sont à Rome, pour recommander de nouveau madame de Fitz-James. — Craintes que la fausse route faite par la lettre n'ait fait mauvais effet auprès du cardinal. — Assurance que la Cour de France ne demande qu'à prendre des mesures pour que le cardinal d'York ne perde rien à la révolution. — Suppression des propriétés de régiments. — Madame de Tarente. — Madame de Chimay.

Ce 28 mai [1791].

Voici une occasion sure : j'en profite, ma chere duchesse, pour vous parler de ma tendre amitié, et du regret que j'ai eu de ce que vous avez eprouvé de la

---

(1) Papiers de famille de M. le duc de Fitz-James. Orthographe conservée. La lettre est écrite sur papier poulet vélin, non doré.

part de la reine de naples. Assurement si elle connoissoit votre attachement et la conduite noble de M^r de fitz james, elle auroit ete autrement pour vous. Le malheure veut que la lettre que je lui ai fait ecrire, pour lui parler de toute l'amitie et l'interet que vous m'inspiré a tant de titre, cette maudite lettre a ete la chercher a Vienne, et de la n'a pas pu la rejoindre. je crains que cela n'ai fait mauvais effet vis a vis du cardinal. mandé-moi ce qui en est. J'en ai parlé à M^r de thiard (1), qui croit qu'un voyage que vous feriez a naples, et dont je previendrois d'avance, repareroit tout. Mais les françois sont-ils reçut dans ce moment a naples? vos affaires, vos moyens et votre volonte est-elle de faire encore ce voyage? si vous le desirée, mandé le moi; il n'y a rien que je ne fasse avec le plus grand plaisir pour vous etre utile. J'ecris encore a mes tantes de vous; tachée d'etre bien avec elles, et surtout avec leurs dames : vous s'avez combien ces dernieres les mennent. je sens parfaitement que, dans votre malheure, c'est une genè de plus; et autant votre caractere et votre cœur est aimant pour vos amis, autant il est eloignié de ce qu'on appelle tout le monde; mais puisque vous avez eu le courage d'entreprendre ce penible voyage, il faut chercher a en tirer tout le parti possible. M^{des} de maille et de tarente, mon parlé du desire que vous aviez que nous assurions le c^{ard} d'yorck, qu'il ne perdroit point a la revolution, ou au moins que nous nous occuperions de son sort. Ce qui fait que je n'ai pas encore repondu a cela, c'est que

---

(1) Le comte de Thiars, père de madame de Fitz-James.

nous ne connoissons encore si peu notre position, que nous ne pourrions donner que des assurances vagues

(Ici trois lignes effacées.)

mais il doit etre bien sur que si jamais un autre ordre de chose arrivoit, notre interet ce manifesteroit bien pour lui.

Voila donc les propriaitres (1) (*sic*) entierement detruits ; mais je ne peu pas me persuader que ces messieurs ne commenderont plus leurs regiments, et je serai bien heureuse si je l'ai revois jamais a leurs tetes. je ne sais si l'on a ecrit a M^r de fitz james pour le prevenir qu'il n'est plus rien ; mais au moins ceux qui sont icy on ne c'est pas meme donné la peine de leurs dire, et ils ont apprit par des lettres particuliers du regiment qu'ils n'en sont plus colonels. M^{de} de tarente me montre toutes vos lettres, ma chere duchesse, et c'est un moment de bonheur pour moi que celui ou je lis les expressions de votre amitié. Quoi que souvent vous en etez tourmenté, je ne [peux] pas me resoudre a desirer que vous y preniez moins d'interet ; et peut-etre, dans ce moment, est il plus heureux que nous soyons separée, pour pouvoir nous reunir mieux et plus surement, un jour. Je ne vous parle pas [du] depart de M^{de} de chimay (2) ; son attachement, son amitie, et la force qu'elle a mit pour surmonter sa peur et ne me pas quitter, tant qu'elle a pû y tenir, tout ce reunie pour me la faire regretter. votre fille

---

(1) La Reine a voulu écrire les « propriétés de régiments ».

(2) Laure de Fitz-James, princesse de Chimay, était dame d'honneur de la Reine.

revient demain, apres une absence de cinq semaines, je sais que ses parents en sont tres-content. adieu, ma chere duchesse, comptez a jamais sur la tendre amitie avec laquelle je vous embrasse de tout mon cœur.

Quant vous m'ecrirez, mettez une double enveloppe a Mʳ de richebourg.

DCLV

MARIE-ANTOINETTE A LA DUCHESSE DE FITZ-JAMES (1).

Protestations de vifs sentiments d'affection. — La Reine ne vit que pour sentir ses malheurs et aimer ses amis.

Ce 30 juillet [1791].

J'ai une occasion sure jusqu'à turin, ma chere duchesse; de la elle mettra ma lettre a la poste. il m'est impossible de ne pas vous dire un mot; mais n'en parlé pas, a cause de mes tantes, auxquelles je n'ecris point. J'ai ete bien occupée de vous, de vos inquietudes : je connois trop votre amitié pour en douter. j'ai vue vos lettres : elles m'ont touchée aux larmes. j'ai reçu, depuis mon retour (2), celle que vous m'avez ecrite : helas ! ma chere duchesse, quant je vous pressois tant de partire, j'esperois bien que nous nous rejoinderions d'une maniere plus heureuse : mais il faut renoncer a cette idée. adieu, ma chere duchesse ; je n'existe que

---

(1) Papiers de famille de M. le duc de Fitz-James. Orthographe conservée. Billet écrit sur papier vélin non doré.
(2) De Varennes.

pour sentire nos malheures, plaindre et aimer mes amis. dans ce nombre vous serez toujours une des premieres. je vous embrasse de tout mon cœur.

DCLVI

AUTORISATION DONNÉE PAR MONSIEUR ET LE COMTE D'ARTOIS AU MINISTRE DE SUÈDE DE TRAITER EN LEUR NOM A LA DIÈTE DE RATISBONNE (1).

Vu la captivité du Roi et du Dauphin, et en vertu des droits que nous donne notre naissance, nous autorisons le Ministre de Sa Majesté Suédoise près la Diète de Ratisbonne à traiter, en notre nom, auprès de l'Électeur palatin de tout ce qui concerne l'intérêt de la France et la liberté du Roi.

Fait à Aix-la-Chapelle, ce 5 juillet, 1791.

LOUIS-STANISLAS-XAVIER.

CHARLES-PHILIPPE.

(1) « L'original est écrit en entier de la main de Monsieur, comte de Provence, et muni de sa signature autographe, ainsi que de celle de M. le Comte d'Artois. Il provient de la famille Oxenstierna, et a fait partie des papiers du baron Charles Oxenstierna, accrédité, à cette époque, à Ratisbonne. MANDERSTROEM. » (Note de la main et signée de M. le comte de Manderstroem, ministre des Affaires étrangères de Suède.)

DCLVII

MARIE-ANTOINETTE AU COMTE DE MERCY (1).

Impuissance à faire des conditions. — Voici le moment d'accepter la Constitution, tissu d'absurdités impraticables. — Nécessité que les Puissances s'appuient d'une force militaire pour traiter, mais sans avoir l'air de songer à une invasion. — Proposition faite au Roi de chercher un refuge à Fontainebleau ou à Rambouillet. — Départ de l'abbé Louis, ses liaisons. — Elle craint qu'on ne lui attribue une lettre dont la rédaction n'est point d'elle. — L'Assemblée mécontente tout le monde.

Ce 7 août [1791].

J'ai reçu votre lettre ; elle n'est point datée. J'espère que vous aurez reçu la mienne du trente ou trente et

---

(1) Archives impériales de Vienne. Voir ARNETH, *Marie-Antoinette, Joseph II und Leopold II*, pages 196-198. Leipzig, 1866.

M. le chevalier Alfred d'Arneth, sous-directeur des Archives de Vienne, m'a fait l'honneur de reproduire, dans le livre que je viens de citer et ailleurs, des lettres et autres documents que ces mêmes Archives avaient bien voulu, sur l'ordre de S. A. M. le prince de Schwartzenberg, m'autoriser à copier et à publier, et que j'avais déjà commencé à mettre au jour. C'était m'encourager à lui emprunter le même nombre de lettres dont la communication ne m'avait pas été donnée aux Archives, et qu'il a depuis publiées de son côté. En 1854 et en 1865, on m'affirmait que l'on m'avait communiqué tout ce que possédaient les Archives sur les affaires de France à l'époque de Marie-Antoinette. On le croyait alors ; mais depuis on a retrouvé, sur cette même époque, de nombreux documents, qui ont formé la base des publications de M. d'Arneth.

La *Revue rétrospective*, qui avait donné des pièces très-importantes déposées aux Archives générales de France, n'étant pas tombée dans le domaine public, j'avais demandé et obtenu l'autorisation d'en tirer des documents que M. d'Arneth a réédités d'après elle et d'après moi.

M. d'Arneth annonce qu'il a reproduit quelques-unes des lettres déjà imprimées par moi, parce que les textes qu'il avait sous les yeux offraient des différences. Il est regrettable qu'un esprit aussi distingué

un. Ce que vous mandez sur les conditions à faire est juste, mais impraticable pour nous. Nous n'avons ni forces ni moyens, nous ne pouvons que temporiser; voici le moment d'accepter la charte. Tout ce que nous pouvons, pour notre honneur et pour l'avenir, c'est des observations à faire qui ne seront sûrement pas écoutées, mais qui au moins, avec la protestation que le Roi a faite, il y a six semaines, et calquées sur elle, serviront de base pour le moment où l'ennui, le malheur et le désenivrement pourront laisser percer la raison.

Vous aurez sûrement déjà la charte ; c'est un tissu d'absurdités impraticables. Je persiste toujours à désirer que les Puissances traitent avec une force en

---

n'ait pas signalé avec précision ces variantes, et se soit abstenu d'en faire connaître les causes. Par exemple il fait cette remarque pour une lettre de la Reine, en date du 12 septembre 91, que nous avions imprimée page 325 de notre second volume, et qu'il reproduit page 208 de son livre. Cette lettre, dont les Archives impériales de France possèdent une copie, présente des variantes caractéristiques et nombreuses. Cette copie des Archives françaises, enlevée aux Archives de Vienne lors de l'occupation de l'Autriche par l'armée de Napoléon, est la pièce qui avait été envoyée par Mercy à la cour de Vienne. L'original autographe, suivi par M. d'Arneth, est arrivé depuis dans les Archives viennoises avec les papiers de Mercy. Voici pourquoi ce dernier l'avait conservé par devers lui quand il était à Bruxelles. Mercy était l'intermédiaire des correspondances de Marie-Antoinette avec Vienne ; il possédait le cachet de la Reine, et avait carte blanche pour les envois des lettres royales adressées à l'Empereur, de même que pour la communication de celles qui lui étaient écrites à lui-même par la Reine. « *Comme je n'ai,* dit-elle dans cette lettre, *aucun moyen d'envoyer directement à Vienne, voulez-vous bien, comme vous avez mon cachet, fermer le paquet, si vous le trouvez convenable, et l'envoyer à l'Empereur pour moi, ainsi que ma lettre ?* » Si donc il avait rencontré dans les lettres originales des expressions ou des passages qu'il n'approuvait pas, il n'envoyait que des copies arrangées ; qu'il scellait du cachet royal.

La Reine a fait de cette lettre plusieurs copies de sa main, et

arrière d'elles, mais je crois qu'il seroit extrêmement dangereux d'avoir l'air de vouloir entrer. Nous ne pourrons pas, dans ce moment, aller autre part. On désire que nous allions soit à Fontainebleau, soit à Rambouillet; mais, d'un côté, comment et par qui serions-nous gardés? et de l'autre, jamais le peuple [ne] laissera sortir mon fils. On l'a accoutumé à le regarder comme son bien; rien ne le fera céder, et nous ne pouvons pas le laisser seul.

L'abbé Louis doit vous aller voir et de là voir l'Empereur et les frères du Roi. Il me paroît douteux qu'avec tout son esprit il puisse parvenir jamais à un accommodement, où on ne veut rien mettre d'un côté,

---

comme cela arrive presque constamment, elle ne s'est pas recopiée textuellement.

Si l'on remonte même jusqu'à juillet 89, on retrouve déjà cet abandon de confiance de la Reine à l'endroit de sa correspondance envers le comte de Mercy : « *Voici mes lettres, Monsieur le Comte,* lui écrit-elle dans une lettre que j'ai tirée du dépôt des Archives de Vienne. *L'Empereur, dans la sienne, ne me dit rien des deux copies qu'il vous a envoyées. Aussi, je ne lui en parle pas. Je vous envoie ma lettre* POUR QUE VOUS PUISSIEZ LA LIRE ET ÉCRIRE. *En conséquence*, VOUS LA CACHETEREZ APRÈS. » (Voir t. I de notre publication, p. 238.)

Il est encore une autre lettre adressée à Mercy, et qui présente des variantes caractéristiques; c'est celle des 16, 21 et 26 août 1791, reprise à trois fois, et dont M. d'Arneth a fait deux lettres distinctes (voir p. 203 de son livre et p. 228 de notre second volume). Dans la partie écrite le 21, à la fin, il y a ces mots : *Pourvu que l'Empereur ne se laisse pas encore aller à quelque extravagance.* Dans la pièce des Archives de France, ce mot *extravagance* est remplacé par ceux-ci : *démarche hasardeuse.* Dans cette même partie du 21, le texte de Vienne, donné par M. d'Arneth, omet un paragraphe assez considérable que nous avons imprimé d'après un original autographe. En revanche, la pièce des Archives françaises omet un paragraphe du texte de Vienne dans la portion de la lettre écrite le 26.

Nous reviendrons un jour en détail sur ces différences et sur d'autres réticences et critiques de M. d'Arneth, et nous les expliquerons.

2.

et où l'on exige tout de l'autre. Le seul avantage qu'il peut avoir, c'est qu'étant l'ami des Duport, Barnave et Lameth, il y aura peut-être [lieu] d'entamer quelques négociations avec eux, car encore une fois, il n'y a qu'avec ces trois-là qu'on puisse tenter quelque chose.

J'apprends dans l'instant que ma lettre du premier a passé; vous devez l'avoir à présent. Je tiens beaucoup à ce que vous écriviez tout de suite à l'Empereur sur la lettre de moi qui lui parviendra par un courrier de M. de Mont. Je serois trop humiliée qu'il pût croire un moment que ce fût là mon style (1); mais il faut qu'il me réponde comme le croyant, et une lettre détaillée que je puisse montrer à ceux qui me l'ont fait écrire.

Il est essentiel qu'on contienne les Princes et François qui sont dehors. Je crains toujours la tête de Calonne, et une seule fausse démarche perdroit tout. Dans ce moment, la crise est ici à un point que cela ne peut durer. L'argent qui manque de partout commence à donner beaucoup d'humeur au peuple; cette catastrophe peut le plus ouvrir les yeux; du reste, l'Assemblée mécontente tout le monde. Il faut du temps et un peu de sagesse, et je crois encore qu'on pourra au moins préparer à nos enfants un avenir plus heureux.

Je voulois d'abord chiffrer celle-ci: mais je trouve une occasion sûre, et je la fais partir. Si vous vouliez m'écrire et m'envoyer quelqu'un, il faudroit mieux l'envoyer par l'Angleterre. Si je trouvois quelqu'un ici, je lui ferois prendre le même chemin.

---

(1) La Reine veut très-probablement désigner la lettre du 30 juillet 1791, imprimée au tome II, p. 186.

DCLVIII

MARIE-ANTOINETTE A L'EMPEREUR LÉOPOLD (1).

Elle croit à la sincérité de quelques-uns de ses ennemis d'autrefois. — Son opinion sur Barnave, qui s'efforce à faire reprendre confiance dans la pureté des intentions de la Cour; c'est le seul moyen de salut. — Elle regrette cependant que M. de Mercy ne soit pas à Paris pour parler ferme, mais au nom de toutes les Puissances, car on est en garde contre l'Autriche. — Le courage ne lui manque pas; elle luttera jusqu'au bout. — La Constitution qu'on va présenter est effrayante et monstrueuse.

12 août 1791.

L'occasion qui se présente de vous écrire, mon cher Frère, est plus sûre qu'aucune de celles que j'ai eues jusqu'à présent. J'en profite avec empressement, car nous sommes observés d'une façon odieuse. Je vous ai dit, dans ma lettre du 30 du mois dernier, ce qui a suivi notre retour à Paris et les impressions que m'ont fait les hommes dont j'ai été entourée depuis que je fus revenue de ma première agitation. Mes idées sont toujours les mêmes : je ne crois pas me tromper sur la sincérité de quelques-uns d'eux, autrefois nos plus dangereux ennemis. L'un d'eux (2) est doué de l'éloquence la plus vive et la plus entraînante, et ses talents exercent sur l'Assemblée une très-grande influence. On a déjà vu jusqu'à un certain point l'effet de ses efforts pour ramener les esprits et leur faire reprendre confiance dans la pureté de nos intentions. C'est depuis longtemps le seul moyen que nous avons. Il est trop

---

(1) Cabinet de lord Houghton, pair d'Angleterre.
(2) Barnave.

tard, je le crains, pour essayer des autres, et ils sont devenus inutiles et dangereux. Nous ressemblons peut-être, à vos yeux, à ces malheureux qui se noient et qui embrassent au hasard avec avidité tous les moyens de salut qui se présentent. Cela paroîtroit être l'opinion de M. de M[ercy] ; mais je le crois, sur ce point, trop confiant. Je souhaiterois cependant qu'il fût à Paris et qu'il pût être autorisé à parler ferme ; mais il faudroit que ce langage fût tenu de concert avec toutes les Puissances, ou bien, je le répète, il faut se résigner, car c'est surtout l'Autriche contre laquelle on est en garde. Mais il y a de la différence entre des démarches éloignées dont les méchants grossissent l'importance et l'attitude ouverte dont on se défie le moins. Du reste, mon cher Frère, les événements marchent si vite, à la vérité, qu'à peine a-t-on pris un parti qu'on est tout de suite dépassé. Le courage ne me manque pas, Dieu merci ! et je lutterai jusqu'au bout. Nous sommes à la veille de la présentation de la Constitution : elle est si effrayante et monstrueuse, que je doute qu'elle puisse se maintenir ; mais je vous récrirai là-dessus la semaine prochaine, si une favorable occasion se présente. Adieu, mon cher Frère. J'ai besoin de votre amitié.

DCLIX.

L'EMPEREUR D'ALLEMAGNE LÉOPOLD II A SA SOEUR MARIE-CHRISTINE, DUCHESSE DE SAXE-TESCHEN, GOUVERNANTE DES PAYS-BAS AUTRICHIENS (1).

Heureuse inauguration à Malines. — Quelques légères escarmouches de gardes nationaux français sont sans conséquence. — Crainte que les Princes et les émigrés ne provoquent les Français. — Doutes sur le Roi de Suède, qui se vante d'arriver avec des flottes suédoise et russe. — Réponses satisfaisantes des cours. — On attend encore celle d'Espagne. — Paix signée avec les Turcs. — Départ de l'Empereur pour Dresde.

[Sans date, mais du mois d'août 1791.]

Très-chère Sœur, avec bien du plaisir j'ai vu dans votre lettre la façon dont l'inauguration s'est passée à Malines. Les affaires aux confins avec les soldats françois ne signifient rien, et il est seulement à souhaiter que les Princes et leurs adhérents ne fassent pas quelque démarche imprudente qui provoque les François. Le Roi de Suède dit de vouloir venir à Ostende avec des flottes suédoises et russes, mais je n'en crois rien.

---

(1) Archives de Son Altesse Impériale et Royale l'Archiduc Albert d'Autriche.

Imprimé par M. Adam Wolf, page 261 de son Recueil de *Leopold II und Marie-Christine*, publié à Vienne en 1867.

Trois ans auparavant, j'avais relevé, dans ce même cartulaire, copie de la présente lettre, avec celles que j'ai déjà publiées et celles qui vont suivre, ici, du même Empereur. En imprimant de nouveau les lettres que j'avais mises au jour, sans me faire l'honneur et la courtoisie de m'aviser de cette réimpression, M. Wolf m'a implicitement autorisé à en user de même à son endroit, pour celles que j'avais également copiées et à l'égard desquelles il m'a gagné de vitesse, bien qu'en venant après moi.

Les nouvelles et réponses de toutes les cours sont satisfaisantes. J'attends celles d'Espagne, parce qu'il faut un concours général pour faire quelque chose de bon.

Ma paix avec les Turcs est signée (1), et nous avons au moins sur le commerce et les limites tous les avantages possibles. La Russie va faire la sienne, et le 20 je pars pour Dresde (2). Mes fils sont encore à Bude pour l'installation du Palatin (3), et moi je vous embrasse tendrement et suis

L.

Le comte de Mercy-Argenteau avait quitté Paris au mois de septembre ou d'octobre 1790, dans le but de prendre part aux conférences de La Haye et à la négociation du traité conclu dans cette ville le 30 décembre 1790, pour régler définitivement la situation de la Belgique.

Depuis le 30 novembre de cette année, des lettres patentes impériales l'avaient nommé ministre plénipotentiaire de l'Empereur à Bruxelles. En outre, pendant une absence du duc de Saxe-Teschen et de l'archiduchesse Christine, gouverneurs généraux des Pays-Bas, il avait été chargé de la conduite du gouvernement de ce pays. Il s'était alors établi à Bruxelles. Le prince de Kaunitz lui avait donné pour instructions de tenir les États en échec par les démocrates. Et pour peu, ajoutait-il, qu'on voie jour à s'arranger avec les États, il sera bon d'arrêter l'influence que les démocrates peuvent avoir gagnée dans les affaires publiques.

A son début, Mercy, non par calcul, mais par sympathie naturelle, avait penché vers les Vonckistes, dont son ami le comte de Lamarck, le duc d'Ursel et le frère aîné de de

---

(1) Paix de Sistowa, signée le 4 août 1791.
(2) Parti le 20 août pour Dresde, l'Empereur eut une entrevue avec le Roi de Prusse à Pilnitz, où fut signée la célèbre déclaration.
(3) L'Archiduc Alexandre Léopold, palatin de Hongrie, né le 14 août 1771.

Lamarck, le comte d'Aremberg, avaient été fort partisans. Il avait rappelé Van der Meersch et Vonck. Le premier était revenu et avait reçu, à son arrivée, une espèce d'ovation, sur quoi l'on avait fermé les yeux. Vonck, plus prudent, avait allégué l'état de sa santé et était demeuré à Lille, où s'était formé un club ou comité vonckiste. Gêné dans son allure par ses instructions, Mercy rencontra des obstacles qu'il ne put surmonter. Il y eut des émeutes qu'il travailla à calmer, en usant du système de bascule prescrit par le vieux Kaunitz. Il n'avait réussi que d'une manière incomplète, quand, au mois de juin suivant, le duc de Saxe-Teschen et l'archiduchesse sa femme, tous deux le cœur plein de ressentiments contre les partis et de projets de répression, vinrent reprendre leurs fonctions. Avec moins de roideur qu'ils n'en montrèrent dans leurs actes et dans leurs paroles, ils auraient rencontré, en cette espèce d'inauguration nouvelle, des dispositions favorables. Ils aigrirent au contraire les deux partis qui divisaient le pays. Aussi, au mois de décembre, vit-on les États refuser les subsides, et les démocrates, qui pour être en minorité n'en étaient pas moins redoutables, tourner les yeux vers la France révolutionnée. Mercy demeura à Bruxelles comme conseil des princes gouvernants, et ne devait plus reparaître à Paris. C'était de là qu'il correspondait avec Marie-Antoinette. La plaie saignante de l'Autriche était toujours cette fermentation insurrectionnelle du Brabant. Ainsi s'expliquent les continuelles doléances qui remplissent les lettres de Léopold et de l'archiduchesse Christine sur les difficultés politiques de cette contrée. La satisfaction que montre l'Empereur au début de la présente lettre n'est qu'une rare exception, dont un gouvernement mieux entendu eût pu ramener fréquemment les causes.

Léopold, malgré l'animosité croissante de l'Assemblée française, continuait à caresser son thème favori de la paix. Il négociait avec les Puissances pour former une coalition, mais il pressait mollement. La rupture avec la France était loin encore; néanmoins on voyait déjà poindre à l'horizon ce que les marins appellent fleurs de tempête.

DCLX

L'EMPEREUR LÉOPOLD II A MARIE-CHRISTINE (1).

On ne peut penser à retirer les troupes des Pays-Bas. — La pétulance des Princes est extrême. — Le Roi de Suède veut Ostende comme port de débarquement pour ses troupes. — Un courrier portera le détail sur ses intentions et ce qui a été arrêté avec le Comte d'Artois. — Après avoir terminé ses fonctions, il enverra son fils Charles.

[4 ou 5 septembre 1791, à Prague, où se trouvait l'Empereur pour son couronnement, qui eut lieu le 6, comme roi de Bohême] (2).

Très-chère Sœur, j'ai reçu votre chère lettre du 25 du mois passé, et suis bien d'accord avec vous sur l'état des affaires des Pays-Bas, et qu'on ne peut pas penser à en retirer les troupes. Vous y en recevrez des nouvelles, mais seulement envoyées pour changer une partie des Hongrois, qui devront retourner chez eux; et s'il est question de quelque chose pour la France, on enverra des troupes d'ici dans le Brisgau. La pétulance des Princes et de leurs alentours est extrême, et le Roi de Suède veut avoir le port d'Ostende pour y débarquer ses troupes. J'ai retardé le départ du courrier qui doit aller à Bruxelles pour qu'il porte au comte de Mercy, et que celui-ci puisse vous communiquer, tout ce qui s'est fait et fixé avec le Comte d'Artois et mes intentions sur toutes ces affaires, afin qu'ils ne disent

---

(1) Archives de Son Altesse Impériale et Royale l'Archiduc Albert d'Autriche.
(2) En tête est écrit de la main du duc de Saxe-Teschen : « Reçue le 12 septembre 1791. »

pas ce qui n'est pas vrai. Ici, nous sommes au milieu de nos fonctions, après lesquelles je vous enverrai mon fils Charles d'abord. En attendant, je vous embrasse tendrement et suis

L.

DCLXI

LE COMTE DE MERCY A MARIE-ANTOINETTE (1).

Réception d'un mémoire politique. — Doutes sur le bonheur d'échapper à la guerre civile. — Fléaux qui y conduisent — Nécessité de prouver au peuple que le Roi n'est pour rien dans ses calamités. — Si la nouvelle législature est aussi mauvaise que la précédente, il faudra songer à une nouvelle évasion sûre. — Ce qui a été agité à Pilnitz. — Le plus grand mal tient aux dispositions obscures de l'Angleterre démasquées. — L'Empereur est décidé à résister à l'émigration, et se méfie de Calonne. — Il ne reconnait d'idées justes qu'à Bouillé et à Fersen. — L'acceptation du Roi aurait dû être plus motivée. — Si le comte pouvait être utile à Paris, il serait disposé à s'y rendre.

Le 26 septembre 1791.

On vient de recevoir l'écrit daté du 8 septembre, avec un mémoire qui y est relatif (2). Ces deux pièces seront sur-le-champ envoyées à votre destination. Le mémoire établit un principe sage qui seroit de montrer des forces qui en imposassent sans agir immédiatement. Il paroit aussi que ce sera le système adopté de préférence par les Puissances étrangères, mais de savoir si

---

(1) Archives impériales d'Autriche. — Imprimé par M. Alfred d'Arneth, page 213.
(2) Voir pour la lettre la page 300 de notre second volume, et pour le mémoire la page 302 du même volume.

par là on évitera la guerre civile, c'est une question soumise à bien des doutes. On ne voit pas le moindre indice de mesures qui puissent faire cesser l'anarchie. Celle-ci doit entraîner la banqueroute. Cette dernière sera précédée ou suivie du défaut de subsistances, et ces trois calamités conduisent directement à la guerre civile. En supposant cette catastrophe, le sort du monarque dépendra de la preuve évidente qu'il n'est entré pour rien dans les causes de ce fléau, qu'il a mis tout en œuvre pour en détourner, pour en prévenir les horreurs ; et toute la vigilance du Roi et de son ministère doit tendre à constater, à manifester cette preuve. Il faut à tout prix gagner la confiance et l'affection du peuple ; c'est la seule ressource efficace que l'on puisse se procurer dans la perspective des convulsions inévitables auxquelles on doit s'attendre. Si la législature prochaine est aussi détestable qu'on le prévoit, peut-être s'agira-t-il de songer à une seconde évasion. Il seroit prudent d'en combiner les moyens longtemps d'avance, car il faudroit être sûr de ne pas échouer dans cette démarche extrême. S'il étoit possible de gagner les chefs de cette nouvelle législature, on préviendroit de grands embarras.

Il n'a pas été question à Pilnitz d'une opposition absolue à la nouvelle Constitution. On n'y a stipulé que des efforts pour le maintien de la dignité royale, pour la liberté et l'inviolabilité du monarque. Quant à l'extension de son autorité, on n'a pas agité cette question. D'ailleurs, l'intervention de l'Empereur et du Roi de Prusse est liée à la condition d'un concours de la part des autres Puissances. En cela le plus grand mal tient aux intentions démasquées de l'Angleterre, qui opèrent visiblement sur celles de l'Espagne. Il n'est pas démontré qu'on ne puisse tirer bon parti du Roi de Prusse. L'Empereur le croit et l'espère, mais il ne se livrera pas à une sécurité douteuse. Ce monarque est aussi maintenant très-décidé à résister aux idées chimériques des Princes ; il s'en est expliqué nettement et sèchement dans une réponse par écrit. Il est de même fort indisposé contre toutes les insinuations de M. de Calonne et des autres conseillers. Il ne reconnoit d'idées justes et raisonnables que celles de la Reine, de M. de Bouillé et de M. de Fersen (1). Ce dernier a fort réussi. Il n'est plus à Vienne : on ignore où il se trouve, mais il a reçu le petit billet qui lui étoit adressé.

L'acceptation du Roi auroit pu être plus explicite dans son opinion sur les vices qui rendent la Constitution impraticable. Il auroit été à désirer qu'il insistât sur la reddition des comptes : ce point flatteroit le public, et il conviendroit d'y revenir. Il faut employer l'hiver à négocier sagement au dehors et à capter les opinions au dedans, bien calculer les circonstances et leur laisser leur cours naturel. On servira ici d'intermédiaire ; mais si on étoit jugé plus utile à Paris, on demanderoit à y aller : on dévoueroit sa vie à ce qui pourra être pour le mieux. A moins d'une occasion qui ne se présente pas encore, il y auroit trop de risque à envoyer le petit carton : il seroit examiné aux douanes,

---

(1) Qu'on lise plus loin deux lettres de l'Empereur Léopold, l'une en date du 31 janvier 1792, et l'autre du 24 février suivant, et l'on verra que le succès de Fersen n'eut pas de durée auprès de ce prince.

et on ignore ce qu'il peut contenir. L'ambassadeur de Naples pourra peut-être s'en charger, s'il retourne à son poste. Celui qui écrit en sera peut-être lui-même porteur. Tous les autres objets sont ici en sûreté et en ordre.

L'*Assemblée constituante*, excédée de ses travaux et de ses divisions, était arrivée au terme de la codification de ses réformes. Encore quatre jours, et elle allait déclarer, par l'organe de son président Thouret, que sa mission étant remplie, elle tenait la dernière de ses séances. Comme nous le disions en notre second volume, la nouvelle Assemblée, la *Législative*, héritière directe de la Constituante, que les sophismes bruyants de l'abbé Maury et les fougues de Cazalès n'avaient pas réussi à déconcerter, encore moins à déconsidérer, allait plus que son aînée se laisser entraîner par les factions populaires, par une haine implacable contre tous les souvenirs du régime ancien. Au début de la Constituante, on avait vu la lutte s'engager entre l'Assemblée et la Cour, plus tard entre les monarchistes constitutionnels et les privilégiés. Après le retour de Varennes, la politique spéculative, avec ses rêves et sa pierre philosophale, fit des progrès dans les esprits ; un parti républicain, né de la guerre d'Amérique, et qui des classes éclairées était descendu aux classes inférieures, commençait à lever la tête. La balance des pouvoirs répugnait comme une aristocratie. Alors la guerre s'ouvrit entre les constitutionnels, c'est-à-dire la classe moyenne, et le nouveau parti, c'est-à-dire le peuple. Sur les bancs de la Législative figurait peu de Clergé, peu de Noblesse (le Clergé était décimé ; la Noblesse, dans l'émigration) : Les constitutionnels absolus ou Feuillants étaient devenus le côté droit, les Girondins formaient la gauche, et le parti extrême constituait la Montagne, ainsi nommée parce que ceux qui la composaient occupaient la crête des gradins.

L'Assemblée s'ouvrit le 1er octobre à la salle du Manége, et y commença son orageuse dictature, que devait suivre une autre dictature plus orageuse encore : « bellua multorum capitum », ardente à tout bouleverser, quand il ne restera plus rien ni à réformer ni à détruire, hormis elle-même.

Malheureusement, tandis que la première Assemblée s'évertuait à traduire en lois les plus nobles aspirations d'un grand peuple, à étendre et consolider, comme elle l'avait fait surtout à ses débuts, les notions de justice et placer le plus haut possible l'avenir social, les passions populaires s'agitaient dans les bas-fonds et préparaient de longue main la Terreur, en jetant la boue avant de dresser les échafauds. L'Assemblée constituante s'était dissoute laissant le principe religieux ébranlé aussi bien que le principe monarchique, le droit de propriété miné dans ses fondements. En refusant même une garde d'honneur au Roi; en lui enlevant le plus beau de ses attributs, le droit de faire grâce; en le chargeant de représenter à lui seul des priviléges réduits en poudre, elle avait donné l'exemple de l'avilissement de la royauté, comme si l'abaissement de la couronne, que l'on conservait, n'était pas la diminution de la dignité nationale elle-même. L'Angleterre, chez qui la monarchie n'est qu'une république aristocratique, est la nation dont le chef est le plus entouré de respect.

La Constituante avait encore eu le tort de laisser entre les mains de la démagogie des brandons de discorde, en n'édictant pas des règlements sévères sur les limites des droits de la presse et sur le droit de réunion. Les mesures législatives que, sur le rapport de Le Chapelier, elle avait essayé de prendre, le jour même de sa séparation, pour maintenir les clubs ou associations dans de justes bornes, étaient illusoires. Dans son sein même elle avait laissé germer et grandir les éléments de clubs dissolvants; et à côté d'elle, à l'encontre d'elle, s'élever une puissance souveraine inexpugnable, qui allait tout broyer sous sa main de fer, le club des Jacobins.

En même temps, des écrivains incendiaires, cyniques, ameutaient le peuple contre toute propriété, contre les hautes classes, contre les classes moyennes, contre les boutiques. En vain la Cour essayait-elle de contre-balancer l'effet désastreux de ces feuilles par des publications monarchiques. En vain l'Intendant de la liste civile dépensait-il des millions à user de tous les moyens de publicité, depuis les livres de littérature jusqu'aux feuilles à deux sous, jusqu'aux chansons, aux complaintes, aux caricatures antirévolutionnaires, c'était en pure perte. « Tout ce que, dans ce moment-ci, écrit de Laporte au Roi, le 19 avril 1791 (1), je hasarderai de dire à Votre Majesté, c'est qu'elle ne peut se dissimuler que les millions qu'on l'a engagée à répandre n'ont rien produit : les affaires n'en vont que plus mal. » Plus tard, l'*État des dépenses* du 8 octobre 1792 porte : « Pour trois gravures : la première, *Fi le Jacobin !* la seconde, mal faite, *la France sauvée ;* la troisième, mieux dessinée, mais encore manquée : le tout a coûté cinq cents francs. Elles ont eu peu de succès. »

Les bonnes causes ne sont pas toujours bien servies ; les mauvaises ont plus d'audace, plus d'entrain, plus de piquant, et, grâce à la malice humaine, plus de succès. On se disputait les vulgaires *Annales patriotiques* de Mercier et de Carra, et *l'Ami du peuple*, tout dégoûtant de fiel et révoltant d'invectives, de Marat, l'apôtre du meurtre. Le grand gamin de Paris, le premier provocateur de l'anarchie en 89, l'un des instigateurs de la révolte du Champ de Mars, Camille Desmoulins, le plus souvent spirituel, toujours incisif, parfois éloquent, l'agent le plus furieux et le plus dangereux des chefs de la Révolution, l'une des idoles d'une multitude délirante, redoublait de verve et de violence dans ses écrits et dans ses motions en plein air. Alors que la nouvelle législature allait être élue, l'abject Hébert triomphait par les adjurations de son *Père Duchesne*, premiers hurlements de ce sans-culottisme crapuleux et ordurier qui a dépravé le peuple et déshonoré la France.

« Nous voilà, f.....! écrivait-il, nous voilà au moment décisif; il faut voir maintenant qui mangera le lard. Si nous reculons d'un pas, nous sommes f....., si nous ne nous entendons pas, nous sommes f..... ; si nous ne sommes pas amis, nous sommes f..... ; si nous croyons les endor-

---

(1) Voir la publication des papiers trouvés dans l'*Armoire de fer*, lettre de de Laporte au Roi.

meurs, nous sommes f.....; si nous épargnons encore les
traitres, nous sommes f.....; si nous ne sommes pas aussi
déterminés que le premier jour de la Révolution, nous
sommes contre-f.....! Jamais le péril n'a été aussi grand
qu'il l'est en ce moment; nous sommes environnés d'ennemis qui nous tendent mille piéges, et ce n'est qu'avec de la
prudence et de la fermeté que nous les éviterons.

» Le salut de la France dépend de la seconde législature.
Si elle est bien composée, je me f... de toute l'aristocratie;
si elle l'est mal, pas plus de liberté que de beurre. C'est
fini, nous serons à la fin de nos pièces; et au lieu d'être le
premier peuple de l'univers, nous ne passerons que pour
des viédases et des Jean-f........ Que faut-il faire pour éviter
ce malheur? Ce qu'il faut faire, f.....? il faut croire le Père
Duchesne. Ce n'est pas un beau parleur, mais c'est un b.....
qui ne boude pas quand il s'agit de patriotisme. Il ne prend
pas des gants pour vous parler; mais, tonnerre de Dieu! il
vous dit de bonnes vérités; et avec son gros bon sens, il
vous conduira mieux que les marchands de phrases que vous
admirez et qui vous f...... dedans.

» Citoyens, si vous voulez n'être pas trahis, défiez-vous
des apparences. N'ajoutez pas foi aux langues dorées. Ce
n'est pas aux paroles que l'on connoit les hommes, c'est aux
actions. Ne nommez donc pour vos députés que des hommes
bien connus. On me dira que cela est impossible à Paris, où
les honnêtes gens sont confondus avec les coquins. J'avoue
que le choix est difficile, mais, f.....! c'est une raison de
plus pour mieux prendre ses précautions. Ayez pour principe de ne pas prendre pour vos représentants aucun des
hommes de l'ancien régime. Rayez de votre catalogue les
ducs, les marquis, les robins, les maltôtiers, les financiers, les
banquiers, en un mot, tous ceux qui ont fait métier de
voler et de gruger. Ne vous laissez point éblouir par de
belles paroles. On vous promettra monts et merveilles; on
vous donnera des repas magnifiques pour avoir vos voix;
mais, f.....! plus on fera d'efforts pour vous séduire, plus
vous devez craindre de vous laisser prendre à la glu. Si
vous connoissez au contraire quelque citoyen obscur et sans
ambition, c'est celui-là que vous devez choisir. Cherchez

partout. Ce n'est pas dans les palais que vous trouverez des hommes honnêtes et vertueux. Laissez de côté tous les beaux hôtels du faubourg Saint-Germain, du Marais, des boulevards et de tous les quartiers brillants, vous ne trouveriez là que des nids d'aristocrates. N'allez pas non plus vous laisser amorcer par tous les enjôleurs des rues Saint-Denis, Saint-Honoré, du Palais-Royal, par tous ces filous, jadis marchands des six corps, aujourd'hui accapareurs d'argent. Ces b......là trafiqueroient de votre liberté comme ils font de toute autre marchandise. C'est dans les greniers ou aux environs que le véritable mérite est caché. C'est là que vous trouverez d'excellents citoyens, qui préfèrent la médiocrité, l'indigence même, à toutes les richesses, à tous les honneurs qui font la perdition des autres......

» Électeurs, qui, dans ce moment, êtes en train de choisir les membres de la prochaine législature, redoublez d'activité et de patriotisme; tâchez de nous trouver de braves b......, tels que Péthion et Robespierre; mais pour avoir des hommes de cette trempe, éloignez tout esprit de parti; examinez la vie, les inclinations, les habitudes de ceux sur lesquels va tomber votre choix. Ne prenez pas des patriotes de deux jours, mais des hommes connus par leur amour pour la liberté, même avant la Révolution; de ces hommes qui ont été victimes du despotisme et persécutés par les faux patriotes depuis la Révolution, de ceux que le barnavisme voudroit f..... de côté, de ceux contre lesquels chante tous les jours le b..... de coq que bientôt vous allez chaponner..... Vous avez vu, f.....! des petits avocats de province qui n'avoient en arrivant que leur pourpoint noir; vous les avez vus se caler sur-le-champ, et devenir aussi cossus que des financiers; d'autres perdre en quelques séances de biribi plus d'assignats qu'il n'en faudroit pour acheter les huit cents fermes de l'abbé Maury... Faites de bons choix, vous êtes sauvés. S'ils sont mauvais, tout est f..... et contre-f..... (1). »

Tous les gens qui ne savaient pas lire goûtaient ces vilenies

---

(1) Voyez *la Grande colère du Père Duchesne contre les intrigants et les aristocrates qui cherchent à se faire nommer députés à la seconde législature, leur signalement, demeure et qualité, et avertissement aux*

et frémissaient à l'odeur de proie. Quel avenir dans ces présages de la crapuleuse aristocratie de la rue ! Rendons cette justice au bas peuple lui-même qu'avant d'avoir été dépravé, il n'avait pas prémédité les horreurs qui ont été commises plus tard, et qui ont tout détruit sous prétexte de réparer. Beaucoup d'hommes qu'on a crus pervers n'ont été qu'égarés; beaucoup, dans la fournaise ardente de l'époque, n'ont fait le mal que faute d'éducation intellectuelle, surtout d'éducation morale, pour voir le bien. En un mot, les crimes de la Révolution n'ont pas été les crimes de la nation. C'est aux meneurs, aux déclamateurs intrigants et mensongers, c'est aux corrupteurs qu'il faut s'en prendre. « En voulant tout abolir, disait Marmontel à Chamfort à l'époque des états généraux, il me semble qu'on va plus loin que la nation ne l'entend, et plus loin qu'elle ne demande. — Bon ! reprit Chamfort, la nation sait-elle ce qu'elle veut ? On lui fera vouloir et on lui fera dire ce qu'elle n'a jamais pensé, et si elle en doute, on lui répondra comme Crispin au Légataire : « *C'est votre léthargie.* » La nation est un grand troupeau qui ne songe qu'à paitre, et qu'avec de bons chiens les bergers mènent à leur gré.(1). »

Malheureusement encore la Constituante, sur la motion de l'hypocrite Robespierre, qui préférait la venue d'hommes nouveaux à l'influence continuée des talents de cette Assemblée, avait décrété, le 16 mai 1791, que ses membres ne seraient point rééligibles, et qu'aucun d'eux ne pourrait prendre place dans le gouvernement. C'était toute une génération d'orateurs, de magistrats, d'hommes politiques, dont les études, les travaux, l'expérience étaient perdus pour le pays, et qui ne pouvaient venir expliquer et défendre leur œuvre du haut de la tribune : — abnégation funeste, qui avait toutes les conséquences d'une abdication de principes devant les défiances du peuple, remettait tout en question et ouvrait carrière à une révolution nouvelle. Croira-t-on que la Cour, par répugnance pour les principes de la Con-

---

Électeurs de f..... la chasse à cette b..... de canaille, et de ne nommer que de bons citoyens. N° 72 du Père Duchesne.

(1) *Mémoires d'un père*, par Marmontel, t. II, p. 283.

stituante, commit l'erreur d'attacher beaucoup d'importance à faire passer ce funeste décret? Du moins le fait est affirmé par Dumont, sur le témoignage de d'André (1). Désormais l'arène allait appartenir à des hommes nouveaux, nés des passions du moment, et les délibérations parlementaires allaient s'ouvrir sous le feu des acclamations ou des huées des tribunes publiques livrées à la multitude. Les démagogues de la fin de 91, imprimant partout leur tyrannie, allaient travailler à constituer une France radicalement nouvelle, d'où disparaîtrait toute prééminence de naissance, de fortune, d'instruction, de talent; à susciter à la fois la guerre civile et la guerre étrangère : l'une, à force de pousser les honnêtes gens au désespoir; l'autre, à force de provocations, d'invectives et d'outrages jetés à la face de l'Europe, à force de montrer l'esprit des révolutions brûlant de se mettre aux prises avec les couronnes. Enfin, le club des Cordeliers, fondé par Danton, se préparait à rivaliser de zèle sanglant avec le club modèle des Jacobins, même à le dépasser, et à livrer les destinées publiques à la force brutale, à la tourbe féroce et populacière : « Il est de l'essence de la démocratie d'aller toucher le pôle tant qu'aucun obstacle ne l'arrête (2). »

---

(1) « D'André m'en a conté tous les détails... Il reçut une visite d'un des principaux confidents du Roi, qui lui dit que la Cour comptoit sur lui pour appuyer ce décret. D'André qui le regardoit comme destructif de la Constitution, fit tout ce qu'il put pour dessiller les yeux à cet égard... Mais l'aveuglement étoit complet. Le ressentiment de la Reine étoit si profond contre la plupart des membres du côté gauche, qu'elle crut la monarchie sauvée si l'on pouvoit seulement parvenir à exclure les hommes qui avoient détruit la puissance royale... D'André, qui présidoit quand le décret fut proposé, vit avec étonnement que tout le côté droit, gagné par la Cour, se joignoit à la Montagne pour le faire passer sans discussion... Le décret fut emporté de haute lutte, et les plus charmés de leur succès étoient ceux qui venoient de préparer leur perte. » (Dumont, *Souvenirs de Mirabeau*, p. 338, 339.)

(2) Mallet du Pan, n° 3 du *Mercure* de 1791.

DCLXII

L'EMPEREUR LÉOPOLD A SA SOEUR MARIE-CHRISTINE (1).

Le général Alvinczy l'a rassuré sur les affaires. — Il est charmé d'apprendre que son fils s'applique. — L'ambassadeur de France lui a notifié la Constitution. — Toute idée de contre-révolution est impossible et dangereuse.

Le 17 octobre [1791].

Très-chère Sœur, le général Alvinczy (2) m'a remis votre chère et longue lettre, ainsi qu'une dépêche du comte de Mercy. Il m'a rassuré sur les affaires de chez vous, la désertion qu'on exagéroit dans nos troupes, et sur tout le reste. Je suis bien charmé que vous continuez à être contente de mon fils, et qu'il s'applique. Dans peu de jours, je vous renverrai votre courrier avec les nouvelles délibérations et mon opinion sur les affaires des États de Brabant.

L'ambassadeur de France a présenté l'acceptation du Roi à la Constitution. Je l'ai reçu comme cela devoit se faire; et dans ce moment-ci, je crois toute idée de contre-révolution ou projet de la part des Princes impossible et dangereuse. Je vous embrasse tendrement et suis

L.

---

(1) Archives de Son Altesse Impériale et Royale l'Archiduc Albert d'Autriche.

(2) Joseph, baron d'Alvinczy, né en 1735, fit la guerre de sept ans en qualité de colonel, et figura dans celle de la Révolution. Il avait été le maitre de tactique de l'archiduc François. Il mourut à Bude le 25 septembre 1810, avec le grade de maréchal de camp, qu'il avait reçu en 1808.

DCLXIII

L'EMPEREUR LÉOPOLD A MARIE-CHRISTINE (1).

Il se flatte que les États de Brabant seront forcés, à la longue, d'accorder les subsides, si les Vonckistes ne prennent pas trop le dessus. — Il craint tous les partis en France, aussi bien les soi-disant royalistes que les autres. — Il n'est point étonné que son fils se scandalise de se trouver avec des gens auxquels on ne peut se fier.

Sans date [fin octobre 1791].

Très-chère sœur, j'ai reçu par le lieutenant-colonel Bortodierky vos trois lettres à la fois. J'ai été charmé de faire sa connoissance, étant un homme de beaucoup de mérite. Tout ce qu'il m'a dit sur l'état des troupes m'a fait bien du plaisir. Je me flatte toujours, comme je vois à la fin de votre lettre, qu'à la longue, par la voie légale, nous forcerons les États de Brabant à s'accommoder et s'arranger de concert avec le gouvernement et à accorder les subsides, pourvû que le parti vonckiste ne prenne pas trop le dessus et que les François ne nous suscitent point de désagréments. Je crains tous les partis chez eux, et pas moins celui des soi-disant royalistes que les autres, partie par imprudence et partie par vengeance. Je n'ai pas encore vu vos détails, relations et dépêches que vous m'annoncez et qui sont allés au département et chez le prince de Kaunitz. Mais, malgré peut-être les mauvaises intentions de la Stathoudérine (2), les Hollandois, je crois, ne se mêlent plus de

---

(1) Archives de Son Altesse Impériale et Royale l'Archiduc Albert d'Autriche.

(2) La princesse Frédérique-Sophie-Wilhelmine de Prusse, sœur

nos affaires, et j'éviterai soigneusement, comme vous pouvez bien le croire, tout discours de garantie du traité d'intervention des Puissances de La Haye.

Je suis bien content et enchanté que vous soyez si contente de mon fils et qu'il se conduise bien. Il est tout naturel qu'il se scandalise d'être avec des gens sur lesquels on ne peut pas se fier, et dont les principes sont si différents de ceux de chez lui et de son éducation.

Je vous embrasse tendrement et suis

L.

DCLXIV

L'EMPEREUR LÉOPOLD AU DUC ALBERT DE SAXE-TESCHEN (1).

On s'efforce de fomenter l'inquiétude aux Pays-Bas, mais l'Empereur compte sur son alliance avec la Prusse et sa convention avec les Hollandais. — Il faut agir contre les États de Brabant avec vigueur, mais sans rien faire d'arbitraire ou d'illégal. — L'Empereur recommande de veiller à tous les Français, royalistes ou autres. — Il est curieux de connaître le résultat de l'assemblée des États de Brabant.

Le 15 novembre [1791].

Mon cher Beau-Frère, j'ai reçu votre chère lettre du 5 de ce mois, je vous en suis infiniment obligé, ainsi que de tout ce que vous m'y dites d'obligeant pour moi

---

du Roi, née le 7 août 1751, mariée le 4 octobre 1767 au prince Stathouder des Provinces-Unies, Guillaume, prince de Nassau-Dietz et de Dillembourg. Elle avait montré des dispositions sympathiques pour l'opposition dans le Brabant.

(1) Archives de Son Altesse Impériale et Royale l'Archiduc Albert d'Autriche.

et des compliments que vous voulez bien me faire pour mon jour (1). Si je ne vous écris pas plus souvent, c'est qu'accablé d'affaires et sachant que, grâces à Dieu, chez vous comme chez moi, ce qui est pour la femme c'est aussi pour le mari, je sais que mes lettres à votre femme sont également pour vous. Je suis persuadé qu'on fait jouer mille ressorts pour fomenter l'inquiétude aux Pays-Bas; mais lorsque mon alliance avec le Roi de Prusse, qui va se finir, sera conclue, ma convention avec les Hollandois, qu'ils recherchent également, et que les François verront qu'on ne leur fait pas la guerre, et qu'ils auront assez d'occupation chez eux, le reste ira, surtout en continuant à faire agir le conseil de Brabant selon les voies légales et constitutionnelles contre les États de Brabant et appuyant ses décisions avec toute la vigueur, et même, s'il le faut, avec la force militaire, pourvu que rien ne se fasse d'arbitraire et non légal. A quoi je vous recommande de veiller, c'est à tous les François, royalistes ou autres. Il est difficile à savoir comment ces gens pensent, et ils sont toujours dangereux.

Je suis curieux de savoir quel sera le résultat de l'assemblée que les États de Brabant veuillent tenir (sic). Car, s'ils s'adressent aux cours, ils ne seront pas écoutés; s'ils quittent, ils ne m'embarrasseront pas, mais me feront plaisir; et s'ils demandent des arbitres entre eux et moi, ce cas n'est pas un de ceux compris dans la convention de La Haye, et je pourrois choisir les

---

(1) C'est ce que Marie-Antoinette appelait le *jour de nom*, c'est-à-dire celui du patron de l'Empereur, qui tombe le 15 novembre.

bourgeois et le peuple et les autres provinces pour arbitres.

Je vous embrasse tendrement et suis

L.

DCLXV

L'EMPEREUR LÉOPOLD A MARIE-CHRISTINE (1).

Le prince de Würtemberg ne peut pas rester en place. — Les princes de Lambesc. — On ne doit rien tenter en France sans être sûr de la réussite.

Le 16 novembre [1791].

Très-chère Sœur, je viens de recevoir votre chère lettre du 7 de ce mois et vous demande pardon si je ne vous ai pas pu écrire ces jours passés plus souvent; mais c'est que j'ai été et suis si occupé et affairé, que souvent je n'ai pas le temps de manger ou dormir, bien moins de sortir. Je suis bien charmé de ce que vous me marquez de mon fils, et surtout qu'il aime tant à s'appliquer; je me flatte que vous en serez contente.

Pour le prince de Würtemberg, je n'ai pas pu faire, à moins de le placer chez vous; mais je crois qu'il ne restera pas, *denn er hat keine bleibende Stelle* (2). Je souhaite que les princes de Lambesc se comportent bien; le premier est bon, et le prince de Vaudemont est nul.

Il seroit à souhaiter que les François et les Princes

---

(1) Archives de Son Altesse Impériale et Royale l'Archiduc Albert d'Autriche.

(2) Car il ne peut pas rester en place.

ne tentent rien, sans être sûrs de la réussite ou d'une intelligence dans les provinces. Sans cela il en résultera beaucoup d'inconvénients. Quant aux François chez vous, il est toujours bon d'y avoir l'œil et de repousser vigoureusement les démarches qu'ils pourroient faire sur nos confins. Je vous embrasse tendrement et suis

L.

DCLXVI

L'EMPEREUR LÉOPOLD A MARIE-CHRISTINE (1).

Il faut de la fermeté légale vis-à-vis des États de Brabant. — La réception que les uhlans leur ont faite dégoûtera les gardes nationales françaises de s'approcher de la frontière. — La médiation que demandent les Pays-Bas est ridicule; jamais, pour ces affaires, il ne s'est adressé aux Cours étrangères.

Le 20 novembre [1791].

Très-chère Sœur, je vous rends mille grâces de votre chère lettre du 9 de ce mois. Vous aurez déjà reçu mon courrier et mes intentions sur les affaires des États de Brabant. Il faut de la fermeté légale selon les voies constitutionnelles, mais soutenue même, s'il le faut, de toute la force militaire.

Je suis persuadé que vos voisins n'entretiendront plus la désunion dans vos affaires, et que les gardes nationales françoises seront dégoûtées de venir tenter nos confins, par la réception qu'ils ont eue de nos uhlans.

Jamais d'ici, ni moi ni mon ministère, nous [ne] nous

---

(1) Archives de Son Altesse Impériale et Royale l'Archiduc Albert d'Autriche.

sommes adressés aux Cours étrangères pour les affaires des Pays-Bas. La médiation qu'ils demandent à présent est ridicule et pas dans le cas de la convention. En continuant avec la fermeté ils finiront, et tout sera dit, j'espère, une bonne fois, surtout si les États de Brabant restent seuls.

Je suis charmé que vous soyez contente de mon fils et qu'il sait mériter vos bontés. Je vous prie de les lui continuer et d'être persuadée de la tendresse avec laquelle je vous embrasse et suis

L.

DCLXVII

L'EMPEREUR LÉOPOLD A MARIE-CHRISTINE (1).

Mauvaise foi des États de Brabant. — On réussira plus lentement, mais plus sûrement, par les voies légales. — L'Empereur craint toujours quelque tentative des Français.

Le 28 novembre [1791].

Très-chère Sœur, j'ai reçu vos deux chères lettres par la poste et par le major d'Aspre, qui est arrivé ici avec le prince de Ligne. J'ai appris par eux tout plein de détails sur vos affaires. Par la conduite des États de Brabant on voit bien leur mauvaise foi et envie de chicaner; mais si le conseil continue à aller en avant et par les voies légales, je crois que, quoique plus lentement, les choses iront plus sûrement et en règle.

---

(1) Archives de Son Altesse Impériale et Royale l'Archiduc Albert d'Autriche.

Les François paroissent toujours vouloir tenter quelque chose ; il seroit à souhaiter que tant les aristocrates que les démocrates s'éloignassent de nos confins, car je crains toujours le mauvais exemple et l'influence des Vonckistes et des clubs de Lille aussi chez nous.

Enchanté que vous continuez à être contente de mon fils, je vous embrasse tendrement et suis

L.

DCLXVIII

L'EMPEREUR LÉOPOLD A MARIE-CHRISTINE (1).

La Prusse et la Hollande vont signer les traités avec l'Empereur, et ne se mêlent plus des affaires des Pays-Bas. — Le clergé entretient sous main l'opposition des États de Brabant, qui ont intérêt à brouiller les cartes pour qu'on ne découvre pas leurs friponneries. — Instructions formelles de l'Empereur sur la conduite à tenir à l'égard des États. — Le duc de Charost. — Il n'y a plus que malheurs et folies à attendre du côté de la France. — L'Électeur de Trèves demande des troupes pour défendre ses États ; on ne lui en enverra que s'il est réellement attaqué et s'il n'a rien fait pour provoquer l'agression. — Dispositions militaires prises en vue de l'avenir. — Tout projet de réforme doit être ajourné dans les Pays-Bas. — L'Empereur est résolu à ne pas prendre le comte de La Marck à son service.

Le 31 décembre [1791].

Très-chère Sœur, accablé d'affaires jour et nuit, même jusqu'à deux heures après minuit, je ne puis répondre à la longue lettre de votre cher mari, dont je lui suis infiniment obligé, [et] vous prie de lui faire mes

---

(1) Archives de Son Altesse Impériale et Royale l'Archiduc Albert d'Autriche.

excuses, — cette lettre servant en même temps pour tous les deux. Je vous l'envoie par Schafgotsch que je renvoie en courrier et qui sera suivi en quatre jours par le major d'Aspre. J'ai vu tout l'état des affaires chez vous; je suis persuadé que ni la Prusse ni la Hollande, qui vont de bonne foi avec nous et vont conclure et signer nos traités avec nous, ne se mêlent plus de vos affaires; mais seulement peut-être l'Angleterre sous main, particulièrement pourtant les François et le comité de Lille. Je suis convaincu que le clergé sous main excite les États à s'opposer, pour empêcher les Vonckistes d'avoir tout le crédit et empêcher leur destruction totale, si le pied françois s'y introduisoit. Je suis convaincu que, sous main, Van der Noot, Van Eupen, Van der Mersch, Vonck, les Barnave, et tout cela est d'accord ensemble, et que les États, qui ont en Brabant l'intérêt que les liquidations et les comptes de leur gestion ne se voient pas, cherchent à animer les autres, pour que les troubles se maintiennent et quelque explosion même brouille les cartes et empêche qu'on ne revoie leurs friponneries et qu'ils perdent leur crédit.

Je suis donc d'avis qu'il faut avoir l'œil à empêcher toute explosion quelconque, ou à y donner occasion; mais, si elle arrivoit, la réprimer avec la plus grande vigueur et sévérité militaire;

Que contre les États, sans montrer surtout du moins du monde d'avoir peur d'eux ou de leurs bravades, vous fassiez continuer à procéder contre les États par les fiscaux et la voie légale, la soutenant aussi vigoureusement que possible et avec toute l'énergie; —
Qu'on ne permette ni assemblée, ni clubs, ni cocardes,

ni aucune société ou association ni du bien public ni des Vonckistes, etc.;

Qu'on observe bien le soi disant duc de Charoste (1) qui veut se mettre à la tête de ces sociétés; qu'on tâche de ne pas donner de la part du gouvernement aucune occasion à faire naître quelque explosion ; mais qu'au cas qu'il en arrive une malheureusement, on agisse alors tout de suite militairement avec la plus grande vigueur et activité pour la supprimer, et avec la voie la plus légale pour faire le procès et punir les individus qui y ont donné cause.

C'est à quoi je vous autorise formellement.

En même temps vous tâcherez de toutes les façons possibles et par vous-même et les généraux, à faire encourager et animer les troupes et les officiers qu'on dit un peu dégoûtés du service aux Pays-Bas. Quant aux affaires de France, il n'y a plus rien à attendre de ce côté-là que des malheurs et des folies. Je ne crois

---

(1) Le jeune de Béthune, comte, depuis duc de Charost, était fils du célèbre duc de qui Louis XV disait, le montrant à ses courtisans : « Regardez cet homme : il n'a pas beaucoup d'apparence, mais il vivifie trois de mes provinces. » Et de fait, il avait donné un essor extraordinaire à l'agriculture et à l'économie rurale, et se montra toute sa vie un sincère philanthrope. Le fils, qui du reste était rempli de bonnes qualités, a été un homme moins utile. Ébloui par les idées de 89, il se mêla aux soulèvements belges, et tenta d'en devenir un des meneurs. Les Vonckistes l'avaient pris pour un des agents du duc d'Orléans. C'était, au fond, un cerveau brûlé. (Voir BORGNET, *Histoire des Belges à la fin du dix-huitième siècle*, t. 1, p. 327.) Il avait épousé une des filles de la marquise, depuis duchesse de Tourzel, et allait souvent passer la belle saison près de Lille, dans une terre de madame de Sainte-Aldegonde, autre fille de madame de Tourzel. C'est à raison de cette proximité de Lille, où se trouvait un club de Vonckistes, qu'il était entré dans les affaires de la Belgique.

pas que jamais les François oseront attaquer ni moi ni l'Empire ; mais ils sont capables de tout, et quoique cela ne seroit pas avantageux, ils sont capables de l'entreprendre. Vous donnerez donc vos ordres pour que les dispositions se fassent vers les confins, afin que nous ne soyons pas exposés à être insultés chez nous. Si jamais il arrivoit quelque chose chez nous, on repoussera les François avec toute la vigueur.

L'Électeur de Trèves, qui a bien peur d'être attaqué chez lui et est animé par les François, m'envoie courrier sur courrier pour avoir des troupes. Je lui ai répondu, comme votre mari, que des troupes, pour à présent, je ne puis pas lui en envoyer; mais que dans le cas qu'il seroit attaqué tout de bon, comme membre et chef de l'Empire, je donnerai l'ordre au maréchal Bender de le secourir, pourvu que lui, ni par ses armements ni par ce que font les Princes et Émigrants françois, ne vienne pas à provoquer ou attaquer la France; qui est, je crois, le projet des Princes pour m'engager et m'obliger à y entrer.

En attendant, avec les Cours je verrai de convenir des mesures à prendre pour l'avenir, et j'ai donné l'ordre à tous les officiers de rejoindre leurs corps tant aux Pays-Bas qu'en Bohême et Autriche, pour pouvoir, en cas de besoin, faire marcher des troupes ultérieures vers le Rhin ou les Pays-Bas, selon le besoin, et si l'Empire étoit formellement attaqué. Alors le Roi de Prusse et tous les Princes ne manqueroient pas d'agir avec moi avec toute vigueur.

La soi-disant lettre que le Roi de France doit m'avoir écrite sur ce point, je ne l'ai point encore reçue, et je la crois une fausseté, quoique déclarée devant l'Assemblée nationale.

Quant aux projets de réformation quelconques des représentations des États chez vous, je crois qu'il faut y aller doucement et avec beaucoup de prudence, car ceci donneroit trop de crédit et d'autorité aux Vonckistes et serviroit, dans le moment présent, à fomenter des troubles ; et je ne crois pas le moment présent à propos pour faire le moindre changement dans l'état actuel des choses. Quant aux propositions des États, ou pour envoyer une députation ici, ou pour réclamer la médiation des autres Cours, aucune de ces deux propositions ne peut jamais être acceptée, et il ne faut pas balancer sur ce point, sur lequel je tiendrai ferme invariablement.

Par M. d'Aspre je vous écrirai les notices ultérieures et vous préviens, en attendant, que je n'ai pas de volonté de prendre le comte de La Marck à mon service, quoique le comte de Mercy (pour des raisons que je ne puis comprendre) continue toujours à insister qu'on le prenne.

Je vous embrasse tous les deux tendrement et suis

L.

En 89, les nobles possédant fiefs dans le royaume avaient le droit de voter aux élections et d'être élus députés. Or, tout en relevant de l'Empire par les biens qu'il possédait dans les États héréditaires d'Autriche et dans les Pays-Bas autrichiens, le comte de La Marck appartenait aussi à la France, en qualité de colonel propriétaire du régiment d'infanterie de son nom, qu'il avait trouvé dans un héritage. A ce titre, il avait été envoyé aux États généraux, et c'est là que, malgré ses opinions plus modérées que celles du comte de Mirabeau, il s'était fort lié avec ce grand tribun, auquel il ne cessa de porter amitié. Il le mit en rapport avec le comte de Mercy; et ayant ce bonheur d'être de la société particulière de la Reine, il servit d'intermédiaire pour gagner Mirabeau l'aîné à la cour. Un tel service eût été de nature à appeler sur lui les bonnes grâces de Léopold; mais l'Empereur ne pouvait oublier les sympathies montrées par le comte, en 90, pour le parti des Vonckistes, et la part active et passionnée qu'il avait prise alors dans les affaires des Pays-Bas.

DCLXIX

MARIE-ANTOINETTE A LA LANDGRAVINE LOUISE DE HESSE-DARMSTADT (1).

A travers toutes ses tristesses, elle prend le temps de s'épancher dans un cœur ami.

[Derniers jours de décembre 1791, ou premiers de janvier 1792.]

Quelque loi que je me sois faite de ne point écrire, il m'est impossible, Madame, au jour de l'an, de ne pas vous parler de ma tendre amitié. Croyez bien pourtant qu'il ne me faut pas cette époque, et que dans tous les moments de ma vie je pense à vous. Il

---

(1) Archives de Son Altesse Royale le Grand-Duc de Hesse-Darmstadt. — La suscription porte : *A Madame la Landgrave de Hesse-Darmstadt, à Darmstadt.*

(Cachet rouge aux armes de France et d'Autriche).

Ce billet avait été confié à M. de Galléan de Janson, qui écrivit de Trèves au marquis de Raigecourt, le 14 février, qu'il en avait été chargé depuis un mois, à son départ de Paris, par la Reine, et que la Landgravine lui avait remis une réponse qu'il ne savait comment faire parvenir. Il faisait demander à M. le Comte d'Artois s'il voudrait bien prendre le soin d'acheminer cette réponse à sa destination.

Sur la Landgravine Louise, voir la note de la page 40 du tome III.

semble que les malheurs font sentir plus vivement le prix d'amis tels que vous et les vôtres. Veuillez bien leur parler à tous de moi, et les assurer de ma constante et inviolable amitié. Pour vous, Madame, je m'en rapporte à votre propre cœur, qui sait si bien aimer, pour vous exprimer tout ce que je sens pour vous, mais dont toutes les expressions me paroissent trop froides. Je vous embrasse comme je vous aime, et c'est de tout mon cœur.

DCLXX

L'EMPEREUR LÉOPOLD A MARIE CHRISTINE (1).

La tranquillité ne sera rétablie aux Pays-Bas que lorsque les affaires de France seront arrangées et que l'on aura fait acte de vigueur. — Instructions énergiques de l'Empereur. — La France paraît résolue d'attaquer. — Préparatifs militaires pour la défense de l'Empire. — Le duc de Charost doit être surveillé. — On ne recevra aucun envoyé des États de Brabant, et on n'écoutera aucune proposition, tant que la question des subsides ne sera pas réglée. — Le comte de Mercy conseille toujours le rétablissement de la nonciature aux Pays-Bas. — L'Électeur de Trèves craint un soulèvement dans ses États. — L'Empereur a adressé à la France une déclaration qui ralentira l'ardeur de l'Assemblée nationale.

[Premiers jours de janvier 1792.]

Très-chère Sœur, c'est par le major d'Aspre, que je vous renvoie en courrier, que vous recevrez cette lettre. J'ai reçu les deux longues que vous m'avez écrites par le courrier Lerden, ainsi que le *post-scriptum* de votre

---

(1) Archives de Son Altesse Impériale et Royale l'Archiduc Albert d'Autriche.

mari. Par tout ce que je vois, je comprends que vos États de Brabant sont animés et poussés par les correspondants et comités de Lille et par les François (1); sans cela, ils ne se conduiroient point d'une façon indécente. Ce qui m'étonne, c'est qu'ils aient pu animer les serments ou représentants du Tiers État à refuser aussi les subsides. Par tout ce que j'aperçois, je vois que l'affaire est des plus sérieuses, que jamais nous ne finirons et n'aurons du repos aux Pays-Bas que quand les affaires de France seront finies et arrangées, et que les moyens de bonté étant tout épuisés, on en viendra à la rigueur et aux voies de fait. En me confirmant et référant donc à ce que vous recevrez du département et à ce que j'ai écrit par Schafgotsch, je ne puis que vous répéter que vous fassiez bien d'animer et encourager les troupes par les officiers en ne les tenant pas dans l'inaction, qu'en évitant toute intention d'user de force vous fassiez éviter toute occasion à explosion; mais qu'en même temps vous continuez à procéder avec fermeté, constance et vigueur par la voie légale, appuyant dans l'exécution de ses décrets, s'il le faut, par l'autorité militaire; que quelconque explosion, émeute ou insulte au militaire soit réprimée tout de suite avec la plus grande vigueur; que si jamais les François osoient passer nos confins ou insulter nos villages, ils

---

(1) L'Empereur veut désigner le comité vonckiste qui se tenait à Lille et montrait une grande exaltation. Borgnet parle (t. 1, p. 326, 327) du développement que prenait ce comité : « Il est certain, dit-il, que la conspiration avait un caractère aristocratique, que les États de Brabant la favorisaient de tout leur pouvoir, et qu'ils promettaient de se déclarer ouvertement après un premier succès. »

soient reçus, attaqués et repoussés par le militaire avec la plus grande vigueur, sans égard ou ménagement quelconque ; qu'on ait l'œil également sur le soi-disant parti vonckiste, dont les intentions ne sont pas plus pures que celles des autres, et dont on ne peut pas se fier.

Vous saurez déjà la déclaration de la France aux Électeurs et Princes de l'Empire : ils paroissent résolus d'attaquer. Alors, je crois qu'il ne sera plus nécessaire de garder de ménagement avec eux.

Je vais me concerter avec les Princes de l'Empire et surtout avec le Roi de Prusse, qui en agit bien et de bonne foi avec nous, sur la façon et la quantité de troupes que nous enverrons promptement vers le Rhin pour défendre l'Empire. J'ai donné ordre à tous les officiers de rejoindre leurs corps, surtout à ceux des Pays-Bas, et qu'on n'accorde plus de congés.

Je prépare des régiments d'Autriche et de Bohême pour les faire marcher, et, dès que mes dispositions seront convenues et préparées, je vous en avertirai par le capitaine Hugent et major Kollonitsch, que je vous enverrai successivement en courrier.

Faites avoir l'œil sur le ci-devant duc de Béthune-Charoste, qu'on dit vouloir se mettre à la tête des mécontents des Pays-Bas.

J'ai donné les ordres au conseil de guerre pour faire compléter Laudon vert, vos corps francs et les bataillons allemands que vous avez chez vous. Je puis vous assurer qu'il n'est venu ici ni député ni agent, ni aucune personne chargée de la part de vos États d'aucune affaire quelconque. Nous sommes tous convenus ici et d'accord que personne ne le recevroit ni verroit, et qu'on le renverroit (au cas qu'il y vienne), en lui disant qu'on ne peut et ne veut écouter aucune proposition, tant que toutes les affaires ne seront en règle dans le pays, et surtout celle des subsides. Les François ont fait déclarer ici qu'ils ne toléroient plus chez eux les assemblées des émigrés et mécontents brabançons et qu'ils les croient renvoyés. Au cas qu'on puisse découvrir et arrêter quelqu'un de ces chefs de parti, il seroit bien utile de le punir exemplairement. Le comte de Mercy croit toujours que le rétablissement de la nonciature aux Pays-Bas pourroit contribuer à ramener le clergé (1). Je n'y ai pas la moindre difficulté, mais crains bien que cela ne fera que peu ou point d'effet. L'Électeur de Trèves m'a envoyé une nouvelle estafette, puisque ses propres États commencent à lever la tête contre lui, et je crains que cela aura des suites en Allemagne (2). Je viens de donner une déclaration à la France un peu forte, par laquelle je déclare que si un François attaque l'Empire ou un de ses princes, que je viendrai à leur défense avec toutes les forces de la monarchie, ce qui, j'espère, ralentira l'ardeur de l'Assemblée nationale et des François.

---

(1) Ce rétablissement d'une nonciature à Bruxelles était une question agitée depuis longtemps. Voir, page 428 du tome III, une lettre de Léopold à sa sœur Christine, en date du 4 août 1791.

(2) En effet, le peuple qui redoutait à Trèves l'invasion de l'Électorat par les troupes françaises, s'était ameuté pour chasser les Émigrés, et avait fait mine de mettre le feu aux auberges qu'ils habitaient, afin d'accélérer leur éloignement. L'arrivée de l'Électeur et la promesse de payement des dettes de ces réfugiés avaient apaisé l'émeute. Mais ce n'était qu'une trêve, et les intérêts menacés devaient faire craindre de nouveaux soulèvements.

Dans huit jours, je vous enverrai un autre courrier avec le reste de nos nouvelles et ce que nous aurons ajusté avec le roi de Prusse, et je me flatte que les choses s'arrangeront mieux qu'on ne croit encore.

Je vous embrasse tendrement et suis

L.

DCLXXI

MADAME ÉLISABETH A LA MARQUISE DE RAIGECOURT (1).

Elle l'aime autant en 92 qu'en 91. — L'Assemblée s'amuse sur les émigrants, mais cela ne leur fait pas grand mal.

Ce 4 janvier 1792.

Je ne t'écris qu'un mot pour que tu saches qu'en 92 je t'aime autant qu'en 91, et que je me porte

---

(1) Papiers de famille de M. le marquis de Raigecourt.

Par respect pour la sainte mémoire de Madame Élisabeth, j'ai publié séparément, l'année dernière, un recueil complet de sa correspondance. Ce livre a reçu du public un trop brillant accueil pour que je ne me fasse pas un devoir d'en reporter, pour la plus grande part, l'honneur à l'éloquente et si merveilleusement judicieuse Introduction dont Mgr l'Archevêque de Paris l'a fait précéder.

C'était à coup sûr une bonne fortune que d'avoir pu réunir un aussi grand nombre de pièces faisant ressortir, dans toutes les situations de sa vie de piété et d'abnégation, depuis les joies tranquilles de l'enfance jusqu'aux plus terribles commotions politiques, jusqu'aux dernières péripéties d'une mort, ou plutôt d'un martyre historique, un des caractères les plus droits, les plus fermes, les plus naturels et originaux qui aient honoré les marches du trône de France.

Je n'avais, à la vérité, épargné aucune recherche, aucun labeur, pour épurer les premières sources de la collection et pour la compléter par un grand nombre de pièces totalement inconnues. Quelques-unes même de ces lettres, écrites en encre sympathique, ravivée jadis, mais disparue, n'avaient pu être lues depuis les époques agitées où

bien, car j'ai tant écrit ce soir que cela m'ennuie à en crever. Mais comme je n'aurois pas le temps demain matin, je m'excuse tout de suite. Nous sommes tranquilles, et nous le serons, j'espère, encore longtemps. L'Assemblée s'amuse sur les Émigrants, mais cela ne leur fait pas grand mal.

Tilly va bien pour sa santé. Elle a une vertu bien sublime. Adieu, je t'embrasse de tout mon cœur.

Deux jours auparavant, *Monsieur*, le Comte d'Artois, le Prince de Condé, Calonne, le vicomte de Mirabeau et M. de la Queuille avaient été décrétés d'accusation.

Le 2 également, l'Assemblée avait déclaré que l'ère de la Liberté ayant commencé en 89, l'an IV de la Liberté s'ouvrirait le 1er janvier 1792, et elle avait décrété que tous les actes publics porteraient dorénavant la mention de cette ère.

Toutefois, ce n'est pas encore alors que commença le calendrier républicain. Ce calendrier ne fut décrété que le

---

elles étaient parvenues à destination. Grâce à la science complaisante de l'illustre chimiste M. Dumas, j'avais eu ce bonheur d'en reconstituer entièrement les textes. On a ainsi un portrait de la Princesse peint par elle-même. « Les qualités de Madame Élisabeth, comme le dit si bien Mgr de Paris, sa piété douce et solide, sa résignation pleine de courage, sa ferme confiance en Dieu, méritent d'être proposées en exemple dans des temps comme les nôtres, où la plupart des gens de bien moins résolus qu'honnêtes, et moins puissants que résolus, ne font peut-être pas, il est vrai, tout ce qu'ils peuvent, mais ne peuvent pas toujours non plus tout ce qu'ils veulent.

» .... Passant du comble de la fortune à l'extrême misère et des marches du trône à l'échafaud, Madame Élisabeth a traversé la Cour avec une innocence de mœurs, et la prison avec une magnanimité qui honorent la race humaine, et qui consolent, si on peut le dire, des hontes et des crimes de la Révolution. Ce qui frappe dans cette vie si pure, c'est que la pensée de Dieu l'inspire et la domine, et y entretient le feu d'un calme courage et d'un profond dévouement. Non, il n'y a que la religion qui puisse offrir le spectacle d'une telle grandeur morale ! »

5 octobre 1793. Il fut imaginé dans la vue de donner aux Français un calendrier purement civil, et qui, n'étant subordonné aux pratiques d'aucun culte, convînt également à tous. Il fut supprimé sur le rapport de Laplace, et le calendrier grégorien fut remis en usage à partir du 1er janvier 1806.

Le 4 janvier 1792, on décrétait la fabrication d'assignats de dix, quinze, vingt-cinq et cinquante sols.

DCLXXII

MARIE-CHRISTINE A L'EMPEREUR LÉOPOLD (1).

L'Électeur de Trèves insiste pour obtenir des troupes. — La Princesse a écarté cette demande. — Motifs de son refus. — La situation est cependant tellement grave, que tous les Souverains ne sauraient trop tôt prendre des mesures pour arrêter le danger. — Panique causée à Bruxelles par une indisposition de la Princesse. — Mort du général Corty. — On manque de bons généraux.

Le 7 $\overline{791}$ (2).

Nous avons reçu encore hier un courrier de l'Électeur de Trèves, mon très-cher Frère, et c'est pour vous en instruire que j'ose vous écrire de nouveau. Il nous presse toujours de faire, au moins d'ici au 15, quelques démonstrations d'envois de troupes vers Trèves; mais

---

(1) Archives de Son Altesse Impériale et Royale l'Archiduc Albert d'Autriche.

(2) L'original porte, de la main de la Princesse, la date qui suit : 7 $\overline{791}$, ce qui, suivant un usage encore répandu en Autriche, en Suisse et même en France, voudrait dire le 7e jour de l'an 1791. Beaucoup de savants dataient ainsi, inscrivant au lieu du mois, l'ordre numérique de ce mois; par exemple : 13/3/$\overline{68}$, pour dire le 13 mars 1768.

Mais, comme il arrive fréquemment que, dans le premier mois d'une année nouvelle, on date de l'année expirée, la Princesse a, par erreur, daté de l'année précédente. En effet, la lettre est du 7 janvier 1792.

nos raisons, qui, avant déjà, nous ont engagés à vous représenter le danger de nous mêler sans nécessité de cette affaire ; l'espoir que vous n'y serez pas contraint par quelque irruption des François ; vos ordres positifs sur cet objet, tout nous fait encore répondre qu'aucune démonstration hostile vis-à-vis de la France où quelques mouvements de troupes vers ces contrées-là étoit (sic) absolument impossible, puisque toute démonstration quelconque équivaudroit, dans ce moment, aux yeux de la France, [à] l'envoi même d'un corps et pourroit faire pour lui, pour vous, l'effet d'accélérer une explosion d'attaque qu'il seroit bon d'éviter. Mais c'est justement celle-là que le conseil des Princes désire provoquer pour vous attirer, forcément et malgré vous, dans leur cause, et c'est en faisant faire au pauvre Électeur de Trèves tous ces faux pas qui ont excité la France contre lui, qu'ils ont réussi à le mettre dans le cas de devoir vous demander les secours que vous lui avez promis (1).

Il n'en résulteroit peut-être pas de mal, si vous aviez à portée de ces pays d'autres troupes que celles qui nous sont si nécessaires dans celui-ci ; mais la déclaration du prince de Kaunitz articulant nommément des ordres donnés, à cet effet, au maréchal Bender (2), je

(1) La Princesse avait raison : à force de souffrir chez lui les Émigrés et de les favoriser, l'étranger avait fini par faire de leur cause la sienne propre. Il avait créé contre lui des motifs là où il n'y avait eu d'abord que des prétextes.

(2) Blaise Colomban, baron de Bender, officier de fortune, parvenu jusqu'au grade de feld-maréchal. Il était né en 1713, fils d'un artisan du Brisgaw. Un mariage secret qu'il contracta avec une princesse d'Isembourg, et que fit consacrer Marie-Thérèse, lui valut un avance-

manquerois à ce que m'impose le devoir que j'ai envers vous, qui m'est si sacré et cher à tant de titres; si je ne vous répétois encore une fois qu'elle entraîne après soi la conséquence que, dans le cas où les François attaqueroient l'Électorat, nous nous trouverions dans l'alternative embarrassante de dégarnir ces provinces-ci de leur défense nécessaire, de courir par là le risque évident de les sacrifier et d'être certains aussi que ce que nous enverrions dehors ne suffiroit pas pour remplir le but proposé de maintenir celles de l'Électeur ; — ou bien de devoir manquer à ce qui a été déclaré en votre nom, et d'être forcé de compromettre en quelque façon votre dignité pour sauver et vous conserver ce pays-ci. Quelque chose qui en arrive, vous pouvez compter du moins que pour autant que cela tient à nous, l'on se battra bien de notre côté, et que ce ne sera pas à bon marché que les François et nos rebelles devront parvenir à vous les faire perdre une seconde fois. Je sais que j'ai osé déjà souvent vous répéter cette vérité; mais j'ai voulu avoir l'âme nette sur tout ce qui peut résulter de la position actuelle des choses, et ne pas devoir me reprocher un jour de vous

---

ment supérieur à ses mérites militaires. Général-major en 89, commandant d'armes de la forteresse de Luxembourg, lieutenant général et feld-zeugmeister, enfin feld-maréchal de l'Empire en 90, il termina sa carrière par être gouverneur général de la Bohême, où il mourut le 20 novembre 98. Le désaccord existant entre les généraux La Tour, Beaulieu et Corty, qui commandaient les troupes contre l'insurrection brabançonne, en 90, l'avait fait nommer commandant en chef de l'armée dans les Pays-Bas. Si l'on en croit quelques biographies, il n'assista personnellement, dans ce pays, à aucun des combats dont il recueillit la gloire. On le représente, en résumé, comme un homme de plus de bruit que de talent.

l'avoir embellie ou déguisée. Au reste, lorsque notre devoir nous oblige de répéter que ce ne sera jamais sans s'exposer aux plus grands dangers que l'on pourra employer les seules troupes actuellement ici à soutenir les Princes de l'Empire contre la France, je ne puis me dispenser d'ajouter, d'un autre côté, que je regarde la propagation que le système françois fait déjà à grands pas, dans tout le voisinage de ce royaume, comme tellement dangereuse à tous les États et Souverains, qu'ils ne sauroient trop tôt ni trop efficacement prendre des mesures pour l'arrêter, et que je ne puis assez appuyer sur la nécessité urgente de s'occuper des moyens nécessaires à cet effet. Recevez-nous ici à vos pieds tous les trois, votre charmant fils avec. Il se porte au mieux et vient, dans ce moment, de rentrer du manége, où il profite et s'applique beaucoup.

Ayant déjà fini ma lettre, j'y joins ceci pour vous donner un échantillon combien déjà, en cette ville, on est susceptible de peur. Hier, ayant eu un grand mal de tête, dont je souffre à cette heure-ci souvent, je suis restée le soir au logis, le spectacle même n'étant pas bien joli. Mon mari et votre cher fils ont bien voulu y rester aussi. Cela a d'abord fait en ville un bruit affreux. On conta que le régiment de Bender avoit ordre de marcher, que nous faisions nos paquets pour nous en aller. Cela consterna tout le monde, et même, on dit, fit grand effet sur les conseillers de Brabant, qui sans cela ne surabondent pas en courage et activité. Nous venons de perdre à Gand le général Corty d'une goutte remontée; et comme Alvinczy n'est pas plus [ici], voilà deux bons généraux qui nous manquent. Je vous conjure de songer à remplacer par des sujets de distinction et pas par un de ceux que les autres généraux commandants ne désirent pas d'avoir sous leurs ordres, et à nous renvoyer Alvinczy, car vous devez penser que notre brave maréchal a passé les quatre-vingts, Beaulieu soixante-dix, Brown souffre de la goutte, et est actuellement alité (1), et que nous avons des Pr., dont l'un n'est à notre service que depuis peu de mois.

DCLXXIII

LE COMTE DE MERCY-ARGENTEAU
A M. DE BLUMENDORFF (2).

Il l'invite à rectifier les erreurs qui s'accréditent sur les intentions de l'Empereur à l'égard des Électeurs. — Il n'a jamais été question de prendre parti pour les Émigrés. — Des secours seront envoyés au cas seulement d'une agression injuste, et à la condition expresse que les Électeurs auront pleinement satisfait aux demandes de la France.

Bruxelles, le 7 janvier 1792.

Je n'ai qu'un mot à vous dire, Monsieur, mais il est essentiel et pressant que vous le sachiez.

Je vois par tout ce qui nous revient de Paris qu'on

---

(1) Jean-George, comte de Brown, fils du fameux maréchal de camp russe. Il était né en 1741, passa au service d'Autriche en 1758, devint major en 1767, major commandant deux ans après, général-major en 1775, lieutenant maréchal de camp en 1786, servit dans les guerres de Turquie et des Pays-Bas, et mourut en 94, membre du conseil aulique de guerre.

(2) Archives impériales de Vienne.

y fait une étrange méprise dans l'interprétation que l'on y donne à la note remise à M. de Noailles, au sujet de la menace d'invasion dans l'Électorat de Trèves. L'Empereur n'est que trop fondé à croire que, dans l'insubordination actuelle contre l'intention du Roi Très-Chrétien, il seroit très-possible que des districts voisins se ruassent sur les Électorats et donnassent lieu à des troubles qui engageroient une querelle générale.

Comme Chef de l'Empire et comme co-État, que fait l'Empereur pour prévenir le mal? — Il rassure l'Électeur en lui promettant secours contre une agression injuste, en lui disant qu'Il ne la regardera comme telle qu'autant que l'Électeur aura pleinement satisfait à la demande de la France : *de ne permettre chez lui ni rassemblement d'Émigrés, ni aucun préparatif ni mesure hostile de quelque genre que ce soit.* Enfin, Il exige préalablement que l'Électeur adopte en tout point la conduite impartiale que l'on a suivie ici envers les Émigrés, auxquels on n'a accordé que la simple hospitalité, leur interdisant toute action ou préparatifs hostiles contre la France. C'est à cette condition (*et Il dit très-expressément que si elle ne sera pas remplie, les secours ne seront point envoyés*) que l'Empereur s'est engagé à donner ces secours.

D'après cela, comment peut-on dire qu'il s'agit de soutenir le parti des Émigrés, et qu'on veut faire la guerre pour eux? Sans doute quelque association révolutionnaire aura trouvé de sa convenance de donner cette interprétation; mais il convient que vous ne perdiez pas de temps à rectifier cette erreur, et je vous invite à vous en acquitter le plus tôt que vous le pourrez auprès des Ministres, que je ne présume cependant pas pouvoir s'être trompés sur la vérité des faits.

J'ai l'honneur d'être, etc.

On observait, dans les trois ou quatre derniers mois de 91, une singulière activité sur les frontières est et nord-est, voisines de la France. Les rassemblements grossissaient à Bruxelles, à Ath, à Tournay, à Worms, à Ettenheim. Ils s'organisaient, sous les frères du Roi, à Coblentz, chez l'Électeur ecclésiastique de Trèves, prince de la maison de Saxe et leur oncle maternel ; à Bingen et à Worms, sous le prince de Condé. C'étaient partout des émissaires affairés allant et venant, des marchés passés, des armements, des achats de chevaux. En outre, l'émigration redoublait d'ardeur dans l'émission de pamphlets contre-révolutionnaires : *Les Émigrants au peuple; l'Ordre, la Marche et l'Entrée des Émigrants en France*, et vingt autres brochures plus ou moins provocantes. Voulant donner satisfaction aux réclamations du Cabinet de France, l'Empereur avait fait disperser les rassemblements hostiles dans ses États de Belgique. Mais partout ailleurs les préparatifs se poursuivaient ostensiblement. Déjà Léopold, dans sa déclaration de Padoue, adressée le 6 juillet 91 aux cabinets prussien, russe, britannique, espagnol, napolitain et sarde, avait invité ces Puissances à interposer leur coalition entre le Roi de France et les nouveaux arbitres de la destinée des couronnes : — projet éventuel dénué de toute passion agressive et soumis aux chances si incertaines des accessions. Vint, le mois suivant, la déclaration de Pilnitz. *Monsieur* et le Comte d'Artois, qui tous deux avaient créé l'émigration armée, et voulaient voir dans cette dernière déclaration purement comminatoire une véritable déclaration de guerre, avaient cru le moment favorable pour lancer, le 10 septembre, un manifeste sous forme de lettre au Roi, leur frère, et avaient proclamé la volonté formelle des Puissances « d'éteindre le volcan du fanatisme dont les éruptions propagées menaçaient toute l'Europe »; et ils ajoutaient que l'acceptation de la Constitution par le Roi ne saurait être à leurs yeux qu'un acte illusoire, puisqu'on ne pourrait le regarder que comme arraché par la violence. Ils obéissaient donc, disaient-ils, aux véritables commandements de leur souverain en résistant à ses défenses extorquées.

Ce n'est pas tout. Sous le prétexte que Louis XVI était prisonnier et n'agissait plus dans la plénitude réelle de sa volonté, tous les grades militaires, toutes les croix de Saint-Louis donnés par lui depuis juillet 1789, étaient regardés comme nuls et non avenus, et il était interdit de porter les insignes de ces grades ni de ces décorations. *Madame*, causant à Coblentz avec Augeard, secrétaire des commandements de Marie-Antoinette, lui parlait avec amertume de ce foyer d'intrigues, et lui annonçait la formation prochaine d'un Conseil d'État permanent, composé de M. de Calonne, le Richelieu de l'émigration, premier ministre; de l'évêque d'Arras, chancelier (1); du comte de Vaudreuil, ministre de la guerre. Le prince de Condé devait être du Conseil, et l'on arrêtait que le Roi, lorsque ses frères lui auraient *rendu sa couronne, ne pourrait jamais, sous aucun prétexte ni dans aucun cas, renvoyer aucun de ces ministres sans l'aveu et du consentement des autres membres du conseil* (2).

Louis avait adressé à ses frères une réponse fort nette et catégorique, les conjurant de renoncer à leurs projets belliqueux, dont ne pouvait sortir qu'une guerre civile féconde en calamités. Il avait ensuite blâmé le Comte d'Artois d'avoir, sans son consentement, pris part au congrès de Pilnitz, et de s'être par là compromis devant la nation.

« Je finissois ma lettre, disait-il, dans le moment où j'ai reçu celle que vous m'avez envoyée. Je l'avois vue imprimée avant de la recevoir, et elle s'est répandue partout en même temps. Vous ne sauriez croire combien cette marche m'a peiné..... Vous me dites que l'esprit public est revenu, et vous voulez en juger mieux que moi qui en éprouve tous les malheurs!

---

(1) Louis-François de Conzié, ami et confident du Comte d'Artois pendant l'émigration. Il s'était concilié l'estime de William Pitt, qui, dit-on, déféra plus d'une fois à ses avis.

(2) *Mémoires secrets d'Augeard*, publiés par M. Bavoux, p. 277.

Je vous ai dit que le peuple supportoit toutes ses privations parcé qu'on l'a toujours flatté qu'elles finiroient avec la Constitution. Il n'y a que deux jours qu'elle est achevée, et vous voulez que son esprit soit changé !...... Les factieux l'ont empêché de bien juger leur ouvrage en lui parlant sans cesse des obstacles que je mettois à son exécution : au lieu de leur enlever cette dernière ressource, faut-il servir leur fureur en me faisant accuser de porter la guerre dans mon royaume? Vous vous flattez de leur donner le change en déclarant que vous marchez malgré moi; mais comment les persuader, lorsque cette déclaration de l'Empereur et du Roi de Prusse est motivée sur votre demande? Pourra-t-on croire que mes frères n'exécutent pas mes ordres? Ainsi, vous allez me montrer à la nation acceptant d'une main et sollicitant les Puissances étrangères de l'autre ! Croyez-vous me servir en m'ôtant l'estime des gens de bien? »

Louis XVI ne se borna point à cette lettre à ses frères; il écrivit également au baron de Breteuil pour désavouer l'espèce de régence que *Monsieur* prétendait établir, comme si le trône était vacant ou en minorité. Il le chargea de porter cette protestation devant l'Empereur d'Allemagne, et de supplier les têtes couronnées de ne point reconnaître cette régence, autorité contradictoire, qui ne pourrait avoir d'autre effet que d'irriter le peuple. Si Dieu le rappelait à lui, il désignerait la Reine comme Régente naturelle.

Et la Reine ajoutait à cette lettre l'apostille qui suit : « Monsieur le baron de Breteuil, le Roi étant persuadé qu'il y auroit de l'inconvénient à la régence de notre frère, je joins ma recommandation à ses ordres. Notre intention n'est pas de contrarier *Monsieur*, mais d'empêcher de plus grands malheurs, et il paroît que cette mesure soulèveroit toute la France. Je vous prie, Monsieur, de croire dans tous les temps à la vive reconnoissance que je vous ai vouée. Elle ne s'affoiblira jamais. »

La question était de savoir si le Roi parlait ici avec sincérité, ou si, par des contre-lettres, il ne favorisait point ces Princes et cette noblesse ameutée. Il était difficile de supposer qu'il fût indifférent à ses frères, à ses cousins, à ses anciens courtisans. Nul doute, il est vrai, que son intérêt n'eût été qu'ils rentrassent et fissent au trône, en vrais gens de logique et de cœur, avec les Constitutionnels, un rempart de leur dévouement et de leur courage. Leurs tentatives bruyantes lui étaient importunes et périlleuses; et lui, qui blâmait Charles Ier d'avoir tiré l'épée contre ses sujets, il frémissait par-dessus tout à la seule pensée de la guerre civile. Aussi eût-il vu avec autant d'effroi les Émigrés violer en armes le territoire de la France, qu'il avait d'horreur pour les révolutionnaires de l'intérieur. Cette levée de boucliers n'avait-elle pas provoqué, de la part de l'Assemblée, des décrets sévères qu'il s'était refusé à sanctionner, et qui le forçaient à braver devant les passions les conséquences de son refus? Les Jacobins ne manquaient pas de saisir l'occasion pour souffler la discorde et crier au peuple de ne point croire à la bonne foi des injonctions publiquement adressées par lui aux Princes et à leurs entours. Déjà, de connivence avec le cardinal de Rohan (1), le vicomte de Mirabeau, ce fameux Mirabeau jeune, frère du grand orateur mort sur la brèche, Mirabeau-*Tonneau*, l'un des membres les plus fougueux du côté droit à la Constituante, brandissait son épée à la tête de six cents hommes, dans la partie allemande de l'évêché de Strasbourg. Déjà aussi l'on avait adressé au général François Wimpffen la proposition de livrer Brisach (2). Les Constitutionnels, les Feuillants, et encore plus les démocrates, d'accord à cet égard dans les premiers moments, bouillonnaient d'impatience et appelaient aux armes.

Chacun, à ces heures difficiles, avait son point de vue particulier. La Cour voulait la guerre étrangère pour éviter la guerre intérieure et pour avoir à sa disposition une armée; les Girondins, pour fonder leur république à l'antique et se

---

(1) Il y avait cela de remarquable que l'évêché de Strasbourg, dont le cardinal de Rohan, si célèbre par l'affaire du collier, était titulaire, étendait sa juridiction sur les deux frontières française et allemande. Français sur la rive gauche, l'évêché était allemand sur la rive droite, et rendait par là le prince un des souverains de l'Empire.

(2) Il existait un autre Wimpffen, dont le prénom était Félix, et qui avait été membre de la Constituante. Il était employé dans la province de Basse-Normandie.

venger des Souverains ligués contre elle ; les royalistes de toutes les classes, dans l'espérance de voir la Royauté affranchie. Les plus sages entre les modérés, les amis les plus éclairés de la Couronne, repoussaient la guerre comme une extrémité funeste. Aussi deux hommes éminents et dévoués, Malouet et Mallet du Pan, gens de bien, de talent et de cœur, unis dans une même pensée de modération et de courage, avaient-ils fait tenir au Roi, par l'entremise du digne ministre Montmorin, contre la guerre, des conseils qui avaient paru trop hardis. Malouet, qui fut, suivant le mot de Burke, le dernier qui ait veillé au chevet de la monarchie expirante, parle avec douleur, dans ses Mémoires, de cet oubli de la Cour pour son propre intérêt.

Par un autre motif, le parti extrême des Jacobins, que dirigeait Robespierre, repoussait aussi la guerre étrangère, comptant sur la guerre civile. Ancien membre de la Constituante, et par là même n'ayant pu faire partie de la législature nouvelle, Maximilien de Robespierre, qui n'avait joué qu'un rôle assez terne dans la première Assemblée et s'y était fait remarquer beaucoup plus par ses bizarreries que par ses talents, comptait se dédommager au club des Jacobins. Là se donnaient rendez-vous les Montagnards de la Chambre nouvelle ; on reprenait en sous-œuvre toutes les discussions de la Législative, et l'on cassait sans scrupule ses décisions. Et ce Robespierre, qui redoutait de voir mettre aux mains d'un Roi une trop grande force militaire qu'on pourrait un jour tourner contre la démocratie, et qui fût capable de donner trop de puissance à La Fayette, dont les Jacobins et les Cordeliers étaient offusqués, semait avec ardeur les défiances contre les masses armées. Ce n'est pas qu'il répugnât à la guerre en général, mais il n'eût admis la guerre à la Royauté au dehors qu'après une victoire complète sur la Royauté au dedans. En un mot, il voulait la République ; mais il désavouait de toute sa passion une République militaire, comme conduisant droit au despotisme du sabre.

« ..... Oui, s'écriait-il, le 11 janvier, aux Jacobins, domptons nos ennemis du dedans, et ensuite marchons à Léopold, marchons à tous les tyrans de la terre. A cette condition, moi aussi je demande la guerre à grands cris..... Français du 14 juillet, qui sûtes conquérir la liberté sans guide et sans maître, venez, formons cette armée qui doit affranchir l'univers (1). »

D'éloquents adversaires allaient lui être suscités. Au sein de l'Assemblée, le groupe girondin, dont tous les membres ne venaient pas de la Gironde, était, il est vrai, encore à sa première aurore. Républicain par cette conviction que la liberté ne pouvait vivre avec la Royauté, il devait un jour voguer en quelque sorte à la remorque de la Montagne, dans la mer de sang que fit couler la Convention, et tenter à la fin, mais trop tard, de sauver la France et son Roi, quand il eut vu les excès de la république démocratique déshonorer trop hideusement la liberté. Déjà, en attendant les éclatants triomphes de Vergniaud, le plus prestigieux des orateurs de nos assemblées, les Girondins commençaient à poindre par l'audace enflammée de l'éloquent Isnard. Ils allaient briller par la chaleur désordonnée, parfois lumineuse, de Brissot, à qui ses voyages à l'étranger avaient donné des notions sur les intérêts et la politique des peuples, homme insouciant pour lui-même, mais actif par excellence et féroce d'ambition pour son parti. Ils allaient rayonner par les verves pénétrantes et spirituelles du professeur d'immoralité, Louvet; par la généreuse ardeur de Condorcet, le grave et réservé Condorcet, le « mouton enragé », comme on l'appelait; le « volcan couvert de neige », comme l'avait surnommé d'Alembert; mais qui a joué dans la politique, malgré ses incontestables lumières, un plus grand rôle par ses passions que par ses idées (2).

La Gironde prit une part fort active dans la grande discussion de la guerre, et fut aidée par l'opinion publique à triompher en cette circonstance de la faction démagogique extrême. Elle débuta par dénoncer la connivence des princes ecclésiastiques allemands, l'Électeur de Trèves, l'Électeur de Mayence et l'évêque de Spire, avec l'émigration, et à grands

---

(1) Voir ce discours, qui est fort long et d'un singulier emportement révolutionnaire, dans le n° 131 des *Révolutions de Paris*.

(2) Madame DE STAEL, *Considérations sur les principaux événements de la Révolution française*, t. II, p. 29.

cris elle demanda la guerre. Coblentz, instruit des colères de l'Assemblée, s'en riait; et ces malheureux gentilshommes, infatués dans leur impuissance, étaient persuadés que le premier coup de canon balayerait la République comme le vent la poussière, et relèverait la Royauté avec tout l'appareil des priviléges de l'ancien régime. Hélas! cause perdue depuis longtemps que celle des priviléges ecclésiastiques et nobiliaires! il ne restait plus à disputer que les derniers débris du trône. La modération et la fermeté de quelques bons esprits convaincus, secondés de la propriété menacée, donnait encore à la Royauté de rares défenseurs qui allaient disparaître avec elle.

A mesure que la situation de l'infortuné Louis XVI devenait plus alarmante et que les invectives de l'Assemblée croissaient en violence contre l'étranger et contre l'émigration, une coalition des Puissances tendait à se cimenter. Léopold s'obstinait à croire à la conciliation; mais le Roi de Prusse, Frédéric-Guillaume, circonvenu par son adjudant général et favori Bischoffswerder, se montrait tous les jours plus près de céder à des ardeurs belliqueuses. Il avait été si convaincu que de l'entrevue de Pilnitz sortirait la guerre, qu'il avait fait inviter le marquis de Bouillé à le venir trouver à cette résidence avec un plan d'invasion (1). Aussi prêtait-il l'oreille aux conseils agressifs que lui soufflaient incessamment les Émigrés, en l'assiégeant des souvenirs du grand Frédéric. Imprudence assurément, car tous ces réfugiés, mal instruits de l'état réel des esprits et des forces vives du pays qu'ils avaient abandonné et proposaient d'envahir, ne pouvaient communiquer que des illusions dangereuses.

Il est juste toutefois de faire observer qu'on ne saurait juger des Émigrés d'alors par les malheureux vieillards qui vinrent étaler en France devant la jeune génération de la Restauration, avec les traces profondes des douleurs de l'exil et d'une généreuse misère, les étrangetés surannées de leurs costumes et les fastueux ridicules de leurs prétentions. C'était, en 91, l'élite de nos officiers, c'était la séve de

---

(1) *Mémoires du marquis de Bouillé*, p. 293.

notre brillante noblesse, commandée par les généraux qui avaient soutenu l'honneur des armes françaises sous Louis XV et sous Louis XVI : c'était le prince de Condé, qui avait fait glorieusement ses preuves dans la guerre de sept ans, et qui, s'il était dénué de l'esprit politique, possédait en revanche plusieurs des qualités du général; c'était le maréchal de Broglie, qui avait battu Ferdinand de Brunswick à Sondershausen et à Bergen, et avait remporté la victoire de Corbach; c'était le maréchal de Castries, ancien hôte du duc de Brunswick qu'il avait battu à Clostercamp, un des caractères les plus élevés de son temps, un modèle de sagesse et de modération pendant toute la durée de la Révolution. C'était encore l'énergique marquis de Bouillé, une épée qui eût eu le premier rang dans les grandes guerres nationales, si la France n'eût pas été livrée à l'anarchie. En revanche, cette émigration, protégée, bien que redoutée et en partie détestée, par la Cour, avait ses vices radicaux. Si la plus grande masse était éminemment désintéressée et pure, si elle se composait de braves et loyaux gentilshommes et de bourgeois au cœur généreux qui avaient abandonné leurs biens et leurs familles pour concourir à la défense du trône, il s'était glissé parmi eux de fâcheux éléments. On y voyait en effet, au témoignage du comte d'Allonville, qui lui-même avait émigré, « nombre de fous, d'intrigants, de mauvais sujets, d'espions même, qui espéraient, les uns se faire valoir par des opinions exagérées ou s'absoudre de leurs turpitudes par de vaines fanfaronnades, les autres flétrir par des propos coupables une émigration à qui on les attribuerait, et servir ainsi une cause destructrice de la monarchie (1). »

---

(1) *Mémoires secrets du comte d'Allonville*, t. II, p. 289.

A la page suivante, l'auteur parle de la réunion des Émigrés au café des *Trois Couronnes*, à Coblentz. Ce café était devenu le foyer des extravagances les plus ridicules. On y parlait de partages, on y parlait de vengeances, comme si l'on avait déjà triomphé; et si quelques personnages venaient, au nom du Roi, pour traiter avec les Princes et leur commander la modération, un cri général d'indignation se soulevait contre eux. On s'opposait à ce qu'ils fussent reçus, et on les insul-

Ce n'est pas tout, Worms et Coblentz, quartiers généraux des émigrés, étaient divisés. États-majors sans soldats, ils s'étaient créé des cadres qu'ils ne pouvaient remplir, tout le monde voulant commander. Au jour de la lutte réelle, lors de l'invasion de la France par la coalition qu'ils prétendaient devancer comme un bataillon sacré, il fallut bien que quelques-uns des Émigrés se fissent soldats. Mais notre sixième volume dira combien ces Émigrés furent la pierre d'achoppement de la contre-révolution armée ; il dira combien le Roi de Prusse, dont la loyauté ne saurait être mise en doute, devait un jour se repentir d'avoir partagé pendant trop longtemps leurs préjugés et leurs fougues outrecuidantes.

Il est vrai qu'un esprit modérateur, un profond politique, qui avait rendu de grands services à la monarchie prussienne sous Frédéric II, le comte de Hertzberg, que Frédéric-Guillaume avait conservé à la tête de son ministère, contenait de tous ses efforts son nouveau maître. Mais sentant à la fin, après avoir blanchi sous le harnois, la faveur du Roi prête à lui échapper, grâce aux intrigues des favoris et des maîtresses, il mollit par dévouement, cessa toute opposition, et se prêta à la passion belliqueuse du monarque. Tout ce qui entoure et entraîne les Princes, noblesse, courtisans, chefs d'armée, nous était hostile en Prusse, mais haïssait encore plus l'Autriche. Aussi, toujours préoccupé, en digne ministre de Prusse, de l'humiliation et de l'abaissement de cette maison rivale, Hertzberg travailla à détourner son souverain de l'union avec l'Empire. Il proposa d'offrir au Roi Très-Chrétien une alliance défensive, pourvu qu'il brisât avec l'Empereur ; et pour prix de cette alliance, une armée prussienne de quatre-vingt mille hommes eût aidé Louis XVI à raffermir son trône. Mais le *Timeo Danaos*, les défiances qu'inspirait à la Cour de France celle de Prusse ; les ressentiments de la Reine qui ne pouvait oublier les douleurs que Frédéric II avait infligées à Marie-Thérèse, firent échouer ces tentatives. En cette circonstance, le cabinet de Berlin avait-il eu des vues ambitieuses sur la France ? On l'avait

---

tait : *Point d'accommodement!* était le titre d'une brochure de d'Entraigues, sortie des fureurs de ce café.

cru aux Tuileries; mais les événements qui suivirent immédiatement n'en ont pas donné la preuve. Peiné de ne point être écouté et de voir abandonner la politique traditionnelle de Frédéric le Grand, le comte de Hertzberg remit au Roi son portefeuille dans le mois de juillet 91, et sans tout à fait quitter les affaires, fut remplacé par deux ministres, le comte de Schulenburg-Kehnert, nommé président du conseil de guerre et de cabinet, et le comte d'Alvensleben. Alors Frédéric-Guillaume se rapprocha de l'Empereur, vers lequel le poussait Bischoffswerder. Le mois suivant, les deux souverains se rencontraient à Pilnitz et signaient la fameuse déclaration comminatoire si connue.

Moins ardent que Frédéric-Guillaume, Léopold avait un peu calmé les élans belliqueux de ce Prince; et malgré l'animation croissante de l'Assemblée française, il ne pouvait se résoudre encore à abandonner toute espérance de paix. Craignant que tout le poids de la guerre ne retombât un jour sur sa personne si les hostilités venaient à éclater, il ménageait le Roi de Prusse et tendait à se rapprocher plus étroitement de lui en rendant définitifs les préliminaires d'alliance déjà signés entre eux à Vienne, le 25 juillet, par Kaunitz et Bischoffswerder, articles non publiés officiellement.

Dans l'éventualité d'une conflagration, des projets étaient formés. Les Autrichiens devaient entrer par la Flandre, les Prussiens et les troupes des Cercles envahir la Franche-Comté; les Sardes, le Dauphiné; les Espagnols, les Pyrénées. On a vu, par la correspondance de Marie-Antoinette elle-même avec Mercy, que les Tuileries eussent été disposées à faire aux Anglais l'abandon d'une portion de nos colonies s'ils voulaient se déclarer pour la France, et de son côté la coalition leur eût offert le même appât pour le rôle contraire. Mais le moment de l'Angleterre n'était pas encore venu. Pitt était persuadé que notre révolution était trop excessive pour ne pas se dévorer elle-même et nous réduire à l'impuissance. Il persistait alors dans la neutralité. Le fougueux Roi de Suède s'annonçait bruyamment avec un corps d'armée de seize mille Suédois et de quinze mille Russes. Mais la Russie était trop loin pour rien entreprendre de bien efficace de ce côté de l'Europe : Catherine II avait tout auprès d'elle de bien plus impérieuses préoccupations personnelles pour contribuer à l'intervention autrement que par quelques sommes d'argent. Mais la Cour d'Autriche, rassurée du côté de la Prusse par la signature de ses préliminaires d'alliance, rassurée encore du côté de la Turquie par sa paix signée comme à point nommé avec cette puissance, avait acquis plus de liberté d'allures.

Les bravades de l'Émigration et les menaces de l'étranger n'étaient pas les seuls motifs d'irritation de l'Assemblée nationale; les dissidences dans le Clergé étaient devenues une grave complication. Violentés dans leur conscience, les prêtres non assermentés faisaient partager leurs ressentiments et leurs amertumes à leurs ouailles, enflammaient les provinces et faisaient diversion aux Émigrés. Des soulèvements dans la Vendée, dans le Gévaudan, dans le Calvados, aigrissaient les esprits.

« Toute voie de conciliation, s'écriait le fougueux Isnard, est désormais inutile : je demande ce qu'ont produit jusqu'ici tant de pardons réitérés? Nos ennemis n'ont fait qu'augmenter leur audace en proportion de votre indulgence; ils ne cesseront de vous nuire que quand ils n'en auront plus les moyens. Il faut qu'ils soient vainqueurs ou vaincus : voilà où il en faut venir, et tout homme qui ne voit pas cette grande vérité est à mon sens un aveugle en politique. »

Et le 29 novembre, sur les nouvelles menaces qui grondaient à nos frontières, Isnard reparut encore à la tribune :

« Élevons-nous, dit-il, élevons-nous, dans cette circonstance, à toute la hauteur de notre mission; parlons aux ministres, au Roi, à l'Europe entière, avec la fermeté qui nous convient. Disons à nos ministres que jusqu'ici la nation n'est pas très-satisfaite de la conduite de chacun d'eux; que désormais ils n'ont à choisir qu'entre la reconnaissance publique et la vengeance des lois, et que par le mot de responsabilité nous entendons la mort. Disons au Roi que son intérêt est de défendre la Constitution, qu'il ne règne que par le peuple et pour le peuple, que la nation est son souverain, et qu'il est sujet à la loi. Disons à l'Europe que le peuple français, s'il tire l'épée, en jettera le fourreau, qu'il n'ira le chercher que couronné des lauriers de la victoire; que si des cabinets engagent des Rois dans une guerre contre les peuples, nous engagerons les peuples dans une guerre contre les Rois. (*Applaudissements.*) Disons-lui que tous les combats que se livreront les peuples par ordre des despotes (*Les applaudissements redoublent*)..... N'applaudissez pas, n'applaudissez pas, respectez mon enthousiasme, c'est celui de la liberté !

» Disons-lui que tous les combats que se livrent les peuples par ordre des despotes ressemblent aux coups que deux amis excités par un instigateur perfide se portent dans l'obscurité. Si la clarté du jour vient à paraître, ils jettent leurs armes, s'embrassent, et châtient celui qui les trompait. De même, si au moment que les armées ennemies lutteront avec les nôtres, le jour de la philosophie frappe leurs yeux, les peuples s'embrasseront à la face des tyrans détrônés, de la terre consolée et du ciel satisfait.

» Disons-lui enfin que dix millions de Français embrasés du feu de la liberté, armés du glaive, de la plume, de la raison, de l'éloquence, pourraient seuls, si on les irrite, changer la face du monde et faire trembler les tyrans sur leurs trônes d'argile (1). »

Et là-dessus, en dépit de la Constitution, qui garantissait la liberté de conscience comme la liberté individuelle, l'Assemblée, ne voyant que le péril du moment, décrétait contre les Prêtres et contre les Émigrés. Ceux des premiers qui auraient refusé le serment civique devaient être mis entre leurs intérêts et leur conscience par la privation de leur traitement, et soumis à une surveillance spéciale. Tous les Français rassemblés au delà des frontières seraient déclarés conspirateurs, confisqués dans leurs biens, passibles de mort, si au 1er janvier 92 ils n'avaient réintégré le territoire. En même temps, l'Assemblée décrétait avec transport, et à l'unanimité, qu'un message porté au Roi l'inviterait à prendre des mesures auprès des princes de l'Empire contre les attroupements et enrôlements de Français fugitifs. Le

---

(1) *Moniteur* du jeudi 1er décembre 1791, page 504 du tome 10 de la réimpression.

14 novembre, M. de Lessart avait remplacé au ministère des Affaires étrangères le marquis de Montmorin, que le Roi cependant consultait encore. Le 6 décembre, le ministre de la Guerre Duportail était remplacé par le comte Louis de Narbonne-Lara, jeune homme plein de feu et d'entreprise, esprit vif et charmant, tout animé, quoique de première noblesse, des ardeurs de la Constitution. Des préparatifs militaires appuyèrent les démarches diplomatiques de Louis XVI : cent cinquante mille hommes furent mis en réquisition ; vingt millions de fonds extraordinaires furent votés par l'Assemblée ; trois corps d'armée, chacun de cinquante mille hommes, allèrent stationner l'arme au bras sur les frontières, sous les ordres de Rochambeau, de Luckner et de La Fayette, et le ministre de la Guerre partit sur-le-champ en tournée pour vérifier l'état de nos places de guerre et les mettre sur le pied d'une vigoureuse défense.

Le *veto* suspensif dont le Roi frappa les décrets du 29 novembre contre les Prêtres et les Émigrés ajouta encore aux mauvaises dispositions des représentants.

Qu'allait-il advenir? Léopold comprenait que la guerre n'était nullement dans son intérêt, et il eût avant tout préféré un congrès qui résolût pacifiquement les questions pendantes. Tandis qu'il négociait, délibérait, hésitait, temporisait, la France avait déjà la guerre civile en quelques-unes de ses provinces ; la guerre étrangère menaçait à ses portes, et de part et d'autre, sur la frontière, on s'observait la main à la garde de l'épée.

Bigot de Sainte-Croix, qui avait été successivement chargé des affaires de France à Turin, à Stockholm et à Saint-Pétersbourg, était parti de Paris pour remplacer à Coblentz le fils de l'ancien ministre des Affaires étrangères, le comte de Vergennes, et notifier, au nom du Roi, à l'Électeur de Trèves la résolution annoncée à l'Autriche par Louis XVI. De son côté, l'Empereur avait donné des instructions pressantes aux Électeurs ecclésiastiques pour faire désarmer et éloigner les Français émigrés. L'Électeur de Trèves, alarmé de l'insistance française et se sentant le plus menacé de tous, prenait l'engagement, par des notes des 1er et 3 janvier, d'éloigner de son territoire les corps armés transfuges et les recruteurs autres que ceux de l'Empereur; il promettait enfin de se conformer de tout point aux règlements de Léopold touchant les Émigrés. En effet, il y eut un simulacre de désarmement à Trèves, il y eut retrait de munitions, rupture de marchés. Mais l'Assemblée, qui ne voyait dans les petits princes d'Allemagne et dans les Cercles que des prête-noms de l'Empereur, dans les Émigrés que ses instruments, ne croyait pas plus à la bonne foi de l'un ni des autres que les Princes émigrés ne croyaient aux affirmations de leur frère touchant sa pleine liberté, que les Puissances étrangères n'ajoutaient foi aux anciennes circulaires de M. de Montmorin sur le même sujet (1). Et l'Assemblée, disons-nous, passant par-dessus la tête des Électeurs et des Émigrés, récusait l'Empereur, dont une formidable armée d'observation s'amassait sur nos frontières. Cinquante mille hommes avaient l'arme au bras dans les Pays-Bas; six mille dans le Brisgaw, et trente mille, venant de Bohême, étaient en marche, comme on le voit par la correspondance de Léopold lui-même avec sa sœur Christine. Toutes ces précautions ordonnées, le prince de Kaunitz passait, le 5 janvier, à M. de Noailles une note portant que si, malgré les dispositions modérées et prudentes des princes de l'Empire de faire observer chez eux les mêmes règlements que ceux qui étaient en vigueur dans les Pays-Bas autrichiens, touchant les rassemblements de réfugiés français, le territoire germanique était violé, l'Empereur considérerait ce fait comme une déclaration de guerre (encore le fantôme menaçant du maréchal de Bender qui commandait en Belgique!). Ce dernier office, corroboré d'une note analogue passée à M. de Lessart au nom de la Prusse par le comte de Goltz, avait été envoyé au comité diplomatique de l'Assemblée, et devait être l'objet d'un rapport le 14 janvier. Or, tous ces événements et incidents où l'Autriche était en jeu exaspéraient les révolutionnaires, dont

---

(1) Dans ces circulaires, adressées aux ministres étrangers avant l'évasion du Roi, Montmorin allait, en attestant la liberté du monarque, jusqu'à accuser « de calomnie atroce et absurde » ceux qui la niaient.

les yeux se portaient sur-le-champ vers la Reine Marie-Antoinette, rendue responsable des actes de son frère. Alors on murmurait des imprécations contre le fantôme insaisissable du prétendu comité autrichien, contre l'Autrichienne, et un jour allait venir où Vergniaud, avec sa parole retentissante, la désignerait personnellement à l'animadversion et aux fureurs populaires.

DCLXXIV

LE COMTE AXEL DE FERSEN AU ROI DE SUÈDE GUSTAVE III (1).

L'Empereur n'a pas encore donné d'ordres pour la défense des Princes allemands. — On néglige trop les précautions à prendre contre les patriotes brabançons.

Bruxelles, ce 8 janvier 1792.

Sire,

Depuis la dernière que j'ai eu l'honneur d'écrire à Votre Majesté, il ne s'est rien passé d'intéressant qui puisse mériter d'être mandé à Votre Majesté.

Il n'est point encore arrivé d'ordres aux Gouverneurs généraux relativement aux précautions que l'Empereur est dans l'intention de prendre pour la défense des Électeurs et Princes de l'Empire. La seule démarche qui ait été faite est un ordre à tous les officiers, absents par congé ou autrement, de rejoindre leurs corps sur-le-champ.

Ce pays-ci est toujours dans une grande fermentation, et il paroit que les patriotes brabançons comptent

---

(1) Archives du Ministère des Affaires étrangères de Suède.

beaucoup sur les secours de ceux de France. Je crois qu'on néglige trop les précautions à prendre à ce sujet.

Je suis avec le plus profond respect,

Sire,

de Votre Majesté,

le plus humble, le plus soumis
et le plus fidèle sujet,

AXEL FERSEN.

Au moment où j'allois cacheter ma lettre, arrive le courrier de Votre Majesté, M. Signeul (1) : il est huit heures du soir.

DCLXXV

CATHERINE II DE RUSSIE AUX PRINCES FRÈRES
DU ROI DE FRANCE (2).

Les réponses de l'Empereur et du Roi de Prusse à ses instances en faveur des Princes ne l'ont pas satisfaite. — Elle est revenue à la charge et s'est également adressée à Madrid, Naples et Turin. — Assurances de sympathie et d'intérêt.

[Saint-Pétersbourg, 9 janvier 1792] (3).

Messieurs mes Frères et Cousins. En possession de quatre lettres que Vos Altesses Royales ont bien voulu

---

(1) Ce même Signeul fut pendant quelque temps chargé d'affaires de Suède à Paris, sous la Restauration.
(2) Archives impériales de Russie, à Moscou. Minute de la main du comte de Markoff, revisée par l'Impératrice.
(3) Il n'y a point d'autre date que celle du 9 janvier; mais il est

m'écrire depuis le 25 octobre jusqu'au 16 décembre dernier inclusivement, je ne me vois dans le cas d'y répondre à la fois que parce que j'ai cru devoir consacrer mes premiers soins à ce qui fait l'objet essentiel de notre correspondance actuelle. Les réponses que j'ai reçues de l'Empereur et du Roi de Prusse aux instances que je leur ai faites en faveur de la cause de Vos Altesses Royales, n'ayant satisfait ni à mes vœux ni à mes espérances, je suis retournée à la charge auprès de ces Princes par de nouvelles représentations aussi pressantes que l'étoient les premières. J'en ai fait adresser en même temps de pareilles aux Cours de Madrid, Naples et Turin. Je charge le comte de Romanzoff d'instruire Vos Altesses Royales du détail de toutes ces démarches. J'ignore quel en sera le succès : mais j'espère qu'elles serviront du moins à les convaincre de la constance de l'intérêt que je prends à leurs affaires, à leur situation et à celle du Roi leur Frère (1). Je souhaite, en attendant, que vous conti-

---

probable que c'est celle du calendrier russe, postérieure de douze jours à notre style. La date réelle serait alors le 28 décembre 1791, suivant notre supputation.

(1) Ici était, de la main de Markoff, la phrase suivante :
« Je seconderai cet intérêt de mes efforts les plus efficaces aussi longtemps que je pourrai m'en promettre des résultats réels, et aussi loin que la prudence et le bien de mon propre Empire peuvent le permettre. »

L'Impératrice Catherine a rayé cette phrase et a écrit en marge de la minute :

« J'ai effacée ses paroles dures pour des gens d'ailleurs malheureux, et qui pourroit soupçonner que cela veut dire que je suis portés par la Cour de Vienne à les abandonner, ce qui n'est pas du tout mon intention ni n'entre dans mes vues, ni aucunement de mon intérêt. Au contraire, je voudrois que tout le monde s'occupe à les aider. »

nuiez à trouver dans ces assurances à la fois des motifs de persévérance dans vos nobles et généreux desseins, qui demandent une patience aussi courageuse que l'a été toute votre conduite, et des gages de ces sentiments d'estime, d'amitié et de bienveillance avec lesquels je suis,

Messieurs mes Frères et Cousins,

de Vos Altesses Royales

la bien affectionnée Sœur et Cousine.

Saint-Pétersbourg, le 9 janvier 1792.

DCLXXVI

L'EMPEREUR LÉOPOLD A MARIE-CHRISTINE (1).

L'Empereur comprend qu'il est actuellement impossible de dégarnir de troupes les Pays-Bas. — Il a dû cependant, comme chef de l'Empire, promettre à l'Électeur de Trèves de le secourir, s'il était réellement attaqué.

[Le 10 janvier 1792.]

Très-chère Sœur, après vous avoir déjà écrit une longue lettre par le major d'Aspre, je reçois la vôtre par le capitaine comte Revay, où vous me parlez des affaires de l'Électeur de Trèves. Je savois déjà tous ces détails. Vous sentez bien qu'à l'heure qu'il est, je me flatte que vous aurez reçu par Schafgotsch toutes

---

(1) Archives de Son Altesse Impériale et Royale l'Archiduc Albert d'Autriche.

les instructions et ordres du conseil de guerre pour les troupes. Je sens aussi bien que vous qu'on ne peut pas dégarnir de troupes les Pays-Bas dans ce moment, et que cela seroit difficile de toute façon et même dangereux. Mais, d'un autre côté, quoique je me flatte et sois convaincu que les François n'ont ni les moyens ni l'envie de nous attaquer, et que les déclarations, que je leur ai fait faire assez fortes, leur en feront passer l'envie, néanmoins vous sentez bien que, comme Chef de l'Empire, je n'ai pas pu refuser de promettre à l'Électeur de Trèves, au cas qu'il fût réellement attaqué par les François, un secours de mes troupes des Pays-Bas, comme les plus proches de chez lui, en me réservant de les faire remplacer par d'autres troupes à moi, qui marcheroient d'Autriche et de Bohême, exhortant pourtant toujours en même temps l'Électeur à ne pas donner la moindre occasion à quelconque attaque de sa part.

En me réservant par le prochain courrier à vous écrire plus au long sur ces matières, je vous embrasse tendrement et suis

L.

DCLXXVII

MADAME ÉLISABETH A LA MARQUISE DE RAIGECOURT (1).

Elle se félicite, en raillant, de l'heureux état du pays. — Elle la complimente sur sa fille. — Nouvelles de la santé de madame de Choiseul, de mesdames d'Aumale et de Tilly.

Ce 11 janvier 1792.

Je suis charmée, ma chère Rage, de voir que l'endroit que vous habitez commence à se ressentir des doux fruits de la propagande. Rien n'est plus flatteur pour de bons patriotes comme nous. Mais ce n'est pas encore là ce qu'il nous faut. Dieu veuille que des pays plus importants suivent notre exemple! Nous sommes si heureux! Tout est en si bon état chez nous! L'armée est dans un ordre, une discipline parfaite, et bien faite pour en imposer à nos ennemis! sans compter l'argent que nous n'avons pas. — Mais ce dont je vous fais vraiment mon compliment, c'est de la troisième dent d'Hélène. Je dis, on est sensible à cela, à rien. C'est donc un gros paquet que votre Hélène? Convenez qu'il est choquant pour moi que la seule petite fille que l'on nourrisse dans ma maison soit celle qui sorte du Royaume. J'espère bien que la première que tu auras, tu la nourriras ici.

As-tu des nouvelles de madame de Choiseul? Les remèdes de Sabatier (2) apportent-ils quelque sou-

---

(1) Papiers de famille de M. le marquis de Raigecourt.
(2) Raphaël-Bienvenu Sabatier, chirurgien, professeur au Collége royal, membre de l'Académie des sciences en 1773, mort en 1811, après avoir été chargé, sous l'Empire, de l'inspection du service de santé

lagement à ses maux? D'Aumale a toujours de la fièvre, la nuit. Cependant, c'est elle qui m'écrit. Son écriture n'est pas changée, ce qui me fait juger qu'elle n'est pas très-affoiblie. Je ne suis pas inquiète pour le moment; mais je crains, si cela dure encore, que cela n'attaque sérieusement sa frêle machine. Tilly va bien : elle a craché des tubercules, mais il me semble qu'elle n'a pas été si souffrante qu'à l'ordinaire. Lordinette, qui est ici, va être inoculée. Adieu, mon cœur. Je n'ai point de nouvelles intéressantes à vous mander. Je vous embrasse et vous aime de tout mon cœur.

La vicomtesse d'Aumale, ancienne sous-gouvernante des Enfants de France, et qui avait été chargée pendant quelque temps de l'éducation de Madame Royale, auprès de laquelle Madame Élisabeth l'avait connue, languit encore pendant quelques semaines et mourut. La Princesse, qui, pour le choix de ses lectures et pour sa conduite dans la vie, avait reçu de cette dame les meilleures directions, professait à son égard une particulière estime et une profonde reconnaissance. Elle fut vivement affligée de sa mort, comme on le verra par sa lettre du 28 février. Madame d'Aumale était une femme d'une piété d'ascète, et Louis XVI avait attribué à ses conseils la pensée de Madame Élisabeth d'entrer en religion, à l'imitation de Madame Louise. Sur ce soupçon du Roi, la vicomtesse d'Aumale avait été exilée et privée de sa place auprès de la fille de la Reine. Peu de temps après, elle avait obtenu l'autorisation de revenir à Paris, mais non de reparaître à la Cour. Madame Élisabeth allait la voir *incognito* dans sa retraite, et la Reine, qui en était instruite, avait engagé le Roi à fermer les yeux sur ces visites, pour ne pas prendre sur la santé de la Princesse.

---

des armées. C'était un habile praticien, mais fort entêté des anciennes idées.

DCLXXVIII

LES COMTES DE PROVENCE ET D'ARTOIS A L'IMPÉRATRICE CATHERINE DE RUSSIE (1).

M. de Sainte-Croix remplace le Comte de Vergennes comme ministre de France près l'Électeur de Trèves. — Effet produit par l'arrivée du nouvel envoyé constitutionnel. — On tient conseil pour savoir si on le recevra. — Il est décidé qu'on agira d'accord avec l'Électeur de Mayence. — M. de Sainte-Croix est admis. — La situation des Émigrés devient de plus en plus difficile. — Les rassemblements sont contraints de se disperser sans savoir où se reformer. — On s'est adressé en vain au Landgrave de Hesse-Cassel et au Roi de Prusse. — L'Empereur a fait insinuer qu'il ne porterait secours à l'Électeur, en cas d'attaque, que s'il avait satisfait au vœu de l'Assemblée nationale. — Mission du Prince de Nassau pour s'assurer des intentions formelles de l'Empereur. — Le rapprochement des Princes avec la Famille royale de France est opéré. — Le maréchal de Castries est choisi pour intermédiaire. — Le Roi et la Reine soupirent après une seconde évasion. — Ils n'attendent leur salut que de l'Impératrice Catherine. — Plan conçu par Mirabeau, quinze jours avant sa mort. — Le grand projet sur l'Alsace est à la veille d'éclater. — Les secours promis par la Russie et la Suède seront plus nécessaires que jamais.

[Coblentz, 12 janvier 1792.]

Madame notre Soeur et Cousine,

Depuis la dernière lettre que nous avons eu l'honneur d'écrire à Votre Majesté, il s'est passé des événements trop importants pour que nous ne Lui en rendions pas compte. Le Roi notre Frère, ou plutôt la faction qui le tyrannise et qui gouverne sous son nom, a rappelé le comte de Vergennes, ministre plénipoten-

---

(1) Archives impériales de Russie, à Moscou.

6.

tiaire près de l'Électeur de Trèves, et nommé à sa place M. de Sainte-Croix, le même qui eut, il y a quelques années, une mission près de Votre Majesté. Ce nouveau ministre, dont l'Électeur n'a appris la nomination que par son arrivée imprévue, est fort révolutionnaire, non dans le sens des Jacobins, mais dans celui de la faction que l'on appelle monarchienne ou constitutionnelle et qui, pour être un peu moins sanguinaire que l'autre, n'en est peut-être que plus dangereuse. Son arrivée ici causa parmi toute notre noblesse une fermentation qui auroit pu être fort dangereuse pour lui; nous crûmes devoir en arrêter les effets : nous parlâmes, et tous ces braves chevaliers sacrifièrent leur juste ressentiment au désir qu'ils nous virent d'épargner de l'embarras à notre respectable oncle. Cependant ce Prince étoit embarrassé, de son côté, de la conduite qu'il avoit à tenir vis-à-vis de M. de Sainte-Croix; il eut la bonté de venir chez *Monsieur*, qui, étant encore convalescent, ne pouvoit se rendre chez lui, d'y amener son ministre et d'y faire appeler, outre les personnes qui composent ordinairement notre conseil, MM. le comte de Romanzow et le baron d'Oxenstierna. Là, la question fut débattue. Mais avant de pousser plus loin ce récit, il nous est impossible de ne pas nous interrompre, pour payer au comte de Romanzow le juste tribut d'éloges qui lui est dû. Il traita cette grande question avec tant de netteté d'idées, de chaleur de sentiment, de force de raisonnement, de profondeur de jugement; il développa si bien toutes les qualités d'un grand homme d'État et d'un orateur éloquent, que nous crûmes tous entendre parler Catherine II elle-même. Il fut décidé qu'avant d'admettre le nouveau ministre, l'Électeur consulteroit celui de Mayence, qui se trouvoit dans le même cas que lui. Nous comptions, il faut l'avouer à Votre Majesté, trouver dans l'Électeur de Mayence plus de fermeté qu'il n'en montra; mais ayant répondu qu'il ne pourroit se dispenser d'admettre le nouveau ministre qui lui étoit envoyé, l'Électeur de Trèves reçut M. de Sainte-Croix. Depuis ce temps, nous n'avons pas eu un instant de repos. L'Empereur, qui avoit écrit à l'Électeur qu'il le soutiendroit en cas d'hostilités ou même de menaces imminentes, a écrit une seconde lettre où il se rend plus difficile. Le gouvernement des Pays-Bas a refusé même d'envoyer des patrouilles de cavalerie sur les frontières de l'Électorat pour faire mine de les défendre. L'Électeur, effrayé des menaces qu'on lui fait d'un côté, se sentant abandonné de l'autre, voyant l'esprit de terreur et même de révolte s'emparer de ses sujets, est forcé, contre le vœu de son cœur, de nous faire des difficultés sur tout; tous les jours il signe en gémissant les ordres les plus rigoureux. Les corps, les compagnies de noblesse que leur zèle avoit réunies près de nous, sont contraintes à se disperser, pour imiter, dit-on, ce qui se passe aux Pays-Bas, où cependant il y a des rassemblements de plus de six cents gentilshommes dans le même endroit. Ces braves et fidèles gardes du corps, l'honneur et l'exemple de l'armée françoise, sortent de l'Électorat sans même savoir s'ils seront reçus ailleurs. Nous avions écrit au Landgrave de Hesse-Cassel pour le prier de nous recevoir dans son comté de Hanau avec la Noblesse qui nous entoure, et au Roi de

Prusse pour lui demander de l'y engager ou de nous recevoir dans les margraviats d'Anspach et de Bayreuth. Les réponses de ces deux Princes, sans être absolument négatives, sont tellement dilatoires, qu'elles équivalent à peu près à un refus. Enfin le chargé d'affaires de l'Empereur a déclaré au ministre de l'Électeur, non pas officiellement à la vérité, mais de manière à lui faire voir qu'il étoit au moins autorisé par le gouvernement de Bruxelles, que l'Électeur n'auroit de repos du côté de la France et ne pourroit compter, en cas d'attaque, sur un secours efficace de la part de l'Empereur, que lorsqu'il auroit satisfait *au vœu de l'Assemblée nationale*, en nous faisant nous-mêmes sortir de ses États. L'Électeur a écrit à l'Empereur pour savoir si telle est son intention, en lui déclarant que jamais il ne consentira à chasser ses neveux de chez lui; mais que s'il étoit attaqué par la France et abandonné par Sa Majesté Impériale, il résigneroit son Électorat et en sortiroit avec nous, aimant mieux vivre simple prévôt d'Elwangen avec honneur, qu'Électeur de Trèves déshonoré. Le Prince de Nassau a bien voulu se charger de porter lui-même cette lettre et en même temps de demander à l'Empereur ou de nous recevoir dans le Brisgaw, ou ses bons offices auprès du Roi de Prusse, pour qu'il nous reçoive dans ses États sur le Bas-Rhin. Si l'Empereur accorde la première de ces demandes, ou se refuse à toutes les deux, le Prince de Nassau reviendra aussitôt nous rejoindre, mais il se rendra à Berlin pour négocier avec le Roi de Prusse, si l'Empereur n'accorde que la seconde demande. Il est parti samedi dernier, et avec l'activité que Votre Majesté lui connoît, nous recevrons sûrement bientôt de ses nouvelles.

Mais, Madame, c'est trop longtemps entretenir Votre Majesté de notre position personnelle ; nous serions bien peu dignes des bontés dont Elle nous honore, si nous nous laissions abattre par l'adversité, et nous osons l'assurer que notre constance n'en est pas ébranlée. Sûrs de la justice de notre cause, fiers du suffrage, plus encore, s'il est possible, du généreux appui de Catherine II, nous supporterons toutes les infortunes et nous ne les regarderons que comme des épreuves destinées à faire mieux connoître la pureté de nos sentiments. Après cette profession de foi, nous prendrons la liberté de fixer les regards de Votre Majesté sur des objets plus intéressants.

Le rapprochement que nous désirions tant avec les Tuileries est enfin opéré ; le Roi et la Reine nous rendent, nous osons le dire, justice ; ils daignent nous accorder leur confiance, ils nous ont indiqué pour correspondre avec nous le maréchal de Castries, choisi pour intermédiaire de ce qui se passera par M. de Breteuil. Votre Majesté connoît notre opinion sur ce dernier ministre : elle n'est pas changée ; mais qu'importe l'opinion qu'on peut avoir d'un homme, quand il s'agit de si grands intérêts? Il ne nous est plus permis de douter que la façon de penser du Roi et de la Reine est toujours la même, que tous les actes qu'ils ont faits depuis la fatale journée de Varennes leur ont été arrachés par la violence la plus atroce ; mais ils croient que leur sûreté est attachée à paroître de bonne foi dans les sentiments qu'ils professent, et Votre Majesté sentira facilement combien il importe que ce secret soit religieusement gardé. Du reste, ils soupirent après une seconde évasion ; mais, surveillés comme ils le sont, ils la regardent en ce moment comme impossible ; et mécontents de l'Empereur qui les abandonne, au moins en apparence, ils n'attendent leur salut que de Votre Majesté par nous. Cependant le parti monarchien, dont nous venons de parler à Votre Majesté, ne s'endort pas, il a formé un plan qui est l'objet d'une note sur laquelle nous supplions Votre Majesté de vouloir bien jeter les yeux. Ce plan est l'ouvrage du trop fameux Mirabeau ; il l'avoit tracé quinze jours avant sa mort, et le Roi feignit alors de l'adopter pour mieux tromper sur son projet d'évasion, et s'il paroit le reprendre encore aujourd'hui, c'est toujours dans les mêmes vues. Nous avons cependant cru devoir le mettre sous les yeux de Votre Majesté, pour Lui faire voir quel est le but secret des plus rusés de nos ennemis, car pour les autres, ils avouent hautement qu'ils veulent faire de la France une république.

Nos intelligences dans l'intérieur du Royaume continuent avec la même activité ; nous sommes peut-être à la veille de voir éclater le grand projet sur l'Alsace, mais nous n'avons pas oublié les sages leçons que Votre Majesté a daigné nous donner, et si le projet ne réussit pas, nos mesures sont tellement prises, que ce ne sera pas un échec que nous aurons reçu. S'il réussit, nous aurons, comme Votre Majesté nous l'a recommandé, débuté par un succès ; mais c'est alors que les secours qu'Elle nous a promis, conjointement avec le Roi de Suède, nous seront plus nécessaires que jamais, et

Madame Elisabeth à madame de Bombelles.
Fac-simile rectifiant le texte de la lettre donnée page 25 du troisième volume.

vous croyez peut être que je suis consolée; point dutout, d'autant plus que moi qui déteste les explication je viend d'en avoir une avec ma tante, la Reine y-a été ce matin pour lui demander ce qu'elle avoit hier, et elle lui a dit qu'elle étoit fort mécontente de moi parceque je ne lui avoit pas écrit avant mon inoculation, et qu'elle devoit m'en parler; j'ai donc été ce ~~matin~~ soir je suis arrivée chez ma tante V.ie qui m'a parlé avec beaucoup d'amitiéz et qui m'a dit que j'avois eu tors de ne leur pas écrire ce dont je suis convenue et lui ai demandéz pardon, dela jai été chez ma tante A.e qui le plus aigrement possible, m'a dit j'ai parlé a la Reine de vous ce matin, que dite vous de votre conduite, depuis qu'il est question de vous inoculéé; comment ma tantes lui aije dit qu'estce que j'ai fait vous ne nous avez pas seulement remercié et elle repris, de ce que nous nous enfermions avec vous, et pendant choisi et marly nous n'avons pas entendu parler de vous, je lui representer qu'entre ses deux voyage j'etoit venue chez elle et que je l'avois remercier, qu'en cela je n'avoit fait que mon devoir mais que je l'avoit fait, a cette reponsse elle s'est un peu embarasser et m'a dit entre ses dents, ha une fois en passant, mais que je ne leurs avoit point écrit, je lui ai dit qu'en cela j'avois eu tors et que je leurs en demandoit pardon, que pour la muëte et mendon je n'y avoit aucune part et point de tors, elle m'a dit qu'elle ne me parloit point de cela, et avec elle a changer de conversation, étant toujours embarassé, en sortant de chez elle je lui ai encore dit que j'esperoit qu'elle me pardonoit, elle m'a repondue que ce n'étoit que la crainte qu'elle avoit eu d'être oublier de moi qui l'avoit fachée m'aimant beaucoup et qu'elle esperoit que cela ne seroit jamais, je lui ai dit que je tacheroit de mériter son amitiez et que je lui demandoit de conserver toujours la sienne

de la je suis revenue et ai mandé idem a
la Reine, et puis a mon petit ange, je ne
puis te celer que je veux que la moitié des
tors dont je suis convenue mais il faut mettre
la paix dans la maison; et dans ce quartier,
là il faudroit au moins Mlle le chiets pour
l'établir bien solidement.

apropos mon ange je t'enprie si tu a
le temps, fais chercher campana fais toi
peindre pour ta petite servante, dis lui de
faire ton portraits de la grandeur de ceux
des médaillons et coifée et habillée comme
celui qu'il a fait de moi et qui n'est pas
comme le tien, ne vas pas l'oublier car
je te tueroit ainsi que ton fils mande
moi de ses nouvelles et fais dépêcher
campana.

la baronne doit revenir aujourd'hui
aussi je ne te charge de rien pour elle,
mais dis a Mlle de Travanette que je meurs
d'envie de la voir, et dis aussi a la
personne qui ose se nomer qu'il est
soins d'acheter des polonaises pour pouvoir
rester chez la baronne quant j'irai

ce qui j'espere sera bientôt, en verité, Mlle
Angélique vous devez être bien contente de
moi car mes lettres sont assez longs et les
lignes assez serrez, j'ai avanciez mes
affaires et tu les trouveras en très
bonnordre, mande moi toutes les grimaces
qu'a fait ta Belle soeur pendant le mariag
et toutes les betises qu'elle aura dit, qui
certainement t'on beaucoup ennuyez si tu
les a écoutté, et qui m'amuseront beaucoup
en les lisants, adieu ma petite soeur St.
ange il me paroit qu'il-y-a mille
ans que je ne t'aivue, je t'embrasse
de tout mon coeur, et suis de votre
altesse.

    la tres humbles et tres
     obeissante servante
      et sujette.

ce 24 novembre 1779.
        Elisabeth de
        France
        dit la folle.

notre juste confiance en Elle nous fait espérer qu'Elle prendra les mesures convenables pour que ces secours arrivent le plus tôt possible.

Nous seroit-il permis, Madame, en finissant cette lettre, d'entretenir un moment Votre Majesté des sentiments, nous osons le dire, aussi tendres que respectueux avec lesquels nous sommes,

Madame notre Sœur et Cousine,

de Votre Majesté

les très-affectionnés Serviteurs, Frères et Cousins,

Louis-Stanislas-Xavier.

Charles-Philippe.

A Coblentz, ce 12 janvier 1792.

DCLXXIX

MADAME ÉLISABETH A LA MARQUISE DE BOMBELLES (1).

La Princesse désapprouve M. de Mackau, frère de madame de Bombelles, qui n'est pas satisfait du poste diplomatique qui lui a été assigné. — On va jouer la comédie chez madame de Bombelles. — La messe de minuit.

Ce 12 janvier 1792.

La petite t'aura certainement mandé que ton frère n'étoit pas content de ce qu'on lui donnoit. Cependant, s'il vouloit réfléchir, il trouveroit, et tu trouveras sans doute, qu'on lui a donné le poste le plus agréable

---

(1) Papiers de famille de M. le marquis de Castéja.

pour lui dans le moment présent (1). Il y sera paisible spectateur du débat politique qui occupe l'Europe et nos sages législateurs : que peut-on désirer de plus lorsque l'on est jeune, que l'on a trois enfants et point de fortune? Ta mère a été bien affectée de ce qu'il n'étoit pas content; mais elle s'est tranquillisée et consolée en lui faisant avoir un congé. Le plaisir de le voir n'en sera pas un médiocre. Quand pourra-t-elle réunir tous ses enfants? Que je serois aise, ma petite, si je pouvois espérer te revoir bientôt! Mais Dieu seul est assez habile pour le prévoir. Que tes enfants seront grandis! ils ne me reconnoitront plus. Je n'oserai plus embrasser mon pauvre Bitche, tant il m'en imposera! Te voilà, je pense, à présent dans les occupations de ta comédie. J'aurai à peine de tes nouvelles. Les soins d'Henry, les rôles qu'il faudra répéter, Dieu qui ne sera pas oublié au milieu de tout cela, il ne te restera plus un seul instant pour tes amies.

Vous êtes-vous bien tirée de votre messe de minuit? Il me semble, mon cœur, que tu as dû être bien distraite de la dévotion qu'inspire cette cérémonie. Il me semble que j'aurois été bien tourmentée de chanter un beau cantique.

L'Assemblée n'a rien fait d'intéressant tous ces jours-ci. Adieu, je t'embrasse et t'aime de tout mon cœur.

---

(1) Armand-Louis, baron de Mackau, ancien ministre plénipotentiaire près le roi de Würtemberg et en même temps près le cercle de Souabe, venait d'être nommé ministre plénipotentiaire à Naples, où il se rendit. Il conserva ce poste jusqu'en 1793, et mourut à Paris en 1827.

Le 12, l'Assemblée décrétait que les frais des obsèques du comte de Mirabeau seraient à la charge du Trésor public.

DCLXXX

MARIE-ANTOINETTE A L'EMPEREUR LÉOPOLD (1).

Envoi d'un mémoire que la Reine est obligée de lui adresser. — Elle sollicite une réponse qu'elle puisse montrer. — L'Empereur doit toujours distinguer entre ce qui est l'intérêt véritable de la famille royale, et ce qu'elle est contrainte de faire pour sa sûreté personnelle.

[Janvier 1792.]

J'ai une occasion bien sûre d'ici à Bruxelles, et j'en profite, mon cher Frère, pour vous dire un mot. Vous recevrez avec celle-ci un mémoire que je suis obligée de vous envoyer (2), de même que la lettre que j'ai été forcée de vous écrire au mois de juillet. Il y avoit aussi une lettre ; mais comme elle dit la même chose que le mémoire, je me suis dispensée de l'écrire. Il est bien essentiel que vous me fassiez une réponse que je puisse montrer et où vous ayez l'air de croire que je pense tout ce qui est dans ces deux pièces, précisément comme vous m'avez répondu cet été.

M. de Mercy vous expliquera plus en détail notre position et combien il est à désirer que vous distinguiez toujours notre intérêt véritable d'avec tout ce que nous

---

(1) Archives impériales d'Autriche. ARNETH, p. 240.
(2) C'est le mémoire qui forme la seconde annexe à la lettre de Mercy à Kaunitz, p. 108.

sommes obligés de faire pour notre sûreté personnelle ici. Je ne peux pas vous écrire davantage : l'ignorance totale où je suis de tout ce qui a rapport à vos idées ou à vos projets m'empêche de faire aucune réflexion ; mais croyez, mon cher Frère, que, dans toutes les positions et dans tous les moments, mon amitié sera toujours la même. Je vous embrasse de tout mon cœur.

DCLXXXI

RAPPORT DU COMTE DE MERCY AU PRINCE DE KAUNITZ, AVEC ANNEXES (1).

Il lui transmet deux mémoires et une lettre adressée par la Reine à l'Empereur, et confiés aux soins de M. de Goguelat. — Entretien de M. de Mercy avec cet envoyé. — Discussion sur les affaires de France et sur la portée du mémoire de Barnave, Duport et Lameth. — Éclaircissements fournis par Goguelat. — Impression produite par l'attitude de l'Autriche à l'égard des Princes allemands. — On n'échappera pas à une crise provoquée par la conduite des Émigrés. — Exposé des conséquences qui en sont déjà résultées pour la situation générale en France. — Détails sur la position et les tendances de chacun des membres du Cabinet de Louis XVI. — Mission secrète de Jarry à Berlin.

PREMIÈRE ANNEXE : *Mémoire de Barnave, Duport et Lameth!*

Considérations générales sur la forme du gouvernement à donner à la France. — Le Roi. — Le Clergé. — La Noblesse. — État des partis qui divisent le pays : Émigrés, Républicains, Constitutionnels. — Conduite à tenir par le Roi. — Politique à suivre pour l'Empereur. — Résumé.

Supplément à cette première annexe.

Appréciation des résultats de la démarche supposée de l'Empereur en faveur des Princes allemands.

---

(1) Rapport et Annexes copiés par moi aux Archives impériales d'Autriche, en 1854.

DEUXIÈME ANNEXE : *Extrait d'une lettre de M. de Mercy au comte de La Marck.*

Intrigues ourdies par madame de Staël. — Comité formé par elle en dehors de la Cour. — Départ prochain de M. de Talleyrand pour Londres. — Commencement d'exécution du plan de madame de Staël.

TROISIÈME ANNEXE : *Lettre du comte de La Marck au comte de Mercy.*

Avis du départ de Jarry pour Berlin. — Détails sur cet agent.

I

RAPPORT DU COMTE DE MERCY AU PRINCE DE KAUNITZ.

14 janvier 1792.

Les deux mémoires que j'ai l'honneur d'adresser à Votre Altesse m'ont été remis par un homme de confiance dépêché à cet effet par la Reine de France, avec une lettre sous enveloppe pour Sa Majesté l'Empereur. Le paquet que j'étois chargé d'ouvrir et que je remets ici dans l'état où je l'ai reçu, ne contenoit aucune information particulière pour moi. Et quoique la Reine se réfère à des explications à donner de ma part, je ne puis transmettre ici que celles qui m'ont été communiquées verbalement par le porteur de cette expédition. Il se nomme M. de Goguelat (1). Il étoit aide

---

(1) On a de ce baron de Goguelat, depuis lieutenant général, un *Mémoire sur les événements relatifs au voyage de Louis XVI à Varennes* (Paris, Baudouin, 1823). C'est un hommage de dévouement à la Reine qui ne s'est jamais démenti. Les attaques un peu vives dirigées contre lui par madame Campan, dans ses Mémoires, le forcèrent à prendre part au débat qui s'était engagé sous la Restauration, touchant les détails de ce voyage, et son témoignage oculaire est venu se joindre à ceux des deux Bouillé, de Choiseul, de Damas et de Raigecourt. Fort lié avec M. et madame de Jarjayes, et confident de leurs tentatives pour délivrer la Reine de la prison du Temple, il a

de camp de M. de Bouillé lors de l'évasion du Roi. Il fut, à cette occasion, grièvement blessé, saisi, traduit dans les prisons d'Orléans, d'où il est sorti par l'effet de l'amnistie donnée au temps de l'acceptation de la Constitution par le Roi.

Beaucoup de preuves de zèle, de fidélité, de prudence, médiocrement de talents, mais de l'esprit de conduite, ont porté la Reine à s'attacher cet officier, qui remplit auprès d'elle, d'une manière cachée, les fonctions de secrétaire de cabinet, et qui, à ce titre, est censé instruit de ce qu'il y a de plus particulier dans le système présent des Tuileries. Ce détail devenoit nécessaire pour que Votre Altesse soit à même de juger du degré d'attention que peut mériter ce que m'a dit le personnage dont il s'agit.

Je lui observai en premier lieu que la lettre de la Reine à Sa Majesté l'Empereur ne contenoit rien d'assez clair pour que l'on pût y remarquer l'opinion précise que l'on a aux Tuileries sur la substance du mémoire; que cette pièce, qui, au premier aspect, ne présente que des idées assez justes, modérées et même appropriées aux circonstances, paroissoit cependant n'être produite par la Reine qu'avec apparence d'un désaveu et d'un désir, obscurément exprimé, que l'Empereur y opposât des objections, auxquelles il me sembloit que la matière ne prêtoit pas infiniment; qu'en s'en remettant à des explications plus détaillées que je don-

---

rédigé, sur les récits de M. de Jarjayes, un précis intéressant des détails de cette généreuse entreprise. Ce précis figure à la suite de sa relation de la fuite de Varennes, et contient les billets écrits dans cette circonstance par Marie-Antoinette.

nerois sur la position du Roi et de la Reine, je ne pouvois guère ajouter à ce que la notoriété et toutes mes dépêches précédentes en avoient fait connoître à Vienne ; —

Que je ne concevois pas non plus sur quels points la Reine se trouvoit dans l'ignorance des vues et des projets de son auguste Frère, puisque les unes et les autres avoient été amplement déduits à cette Princesse par mes notes des 21 et 30 novembre (1), par la lettre de Sa Majesté Impériale au Roi, par la dépêche circulaire envoyée aux ministres impériaux dans les cours étrangères, et par toutes les remarques explicatives que j'avois ajoutées à ces pièces en analysant leur sens, leur but, et en montrant combien elles étoient adaptées aux conjonctures.

J'ajoutai de plus une observation assez importante sur le contraste qui existe entre les démonstrations publiques et les intentions secrètes du Roi, puisqu'il en résulte nécessairement un double langage et des désirs opposés. Car si ce Monarque veut reconquérir l'opinion publique par des actions censées et avouées libres par lui, il ne doit pas vouloir que les Puissances étrangères le déclarent captif, et que tandis que le Roi présume que le retour de l'ordre, si profitable à celui de son autorité, ne peut s'opérer que dans le calme ; que celui-ci est le seul propre à dissiper l'esprit de vertige, à faire reconnoître de sang-froid les défauts de la Constitution et à porter la nation à en désirer elle-même la

---

(1) Ces notes ont été jointes à la dépêche du 24 décembre dernier. (*Note de M. de Mercy.*)

réforme. Il n'est pas naturel que le Monarque, persuadé de ces vérités, désire que l'effet en soit paralysé par des démonstrations de contrainte et par des mesures hostiles de la part des cours étrangères.

J'en concluois que la marche des Tuileries étoit défectueuse en ce qu'elle ne donnoit point assez de latitude et de suite à un plan systématique, qui doit toujours être dirigé dans la même ligne jusqu'à ce que des événements imprévus, et par cela même incalculables, forcent à des mesures différentes et qui puissent se combiner alors selon la nature des circonstances.

En déduisant ces remarques, je ne me dissimulois pas intérieurement les objections dont elles sont susceptibles par la différence qui existe entre un état de choses ordinaire et les phénomènes d'une révolution qui tend en quelque façon à bouleverser toute l'Europe. Mais, par des considérations qui s'expliquent d'elles-mêmes, je ne croyois pas devoir tenir un autre langage à celui auquel je parlois ; et il ne m'y opposa aucun raisonnement assez fort pour que je m'abstinsse de l'engager à rendre un compte fidèle de tout ce que je venois de lui démontrer.

M. de Goguelat me dit relativement au Mémoire, que la Reine ne disconvenoit pas de la solidité de quelques principes qui s'y trouvent énoncés, mais qu'il étoit essentiel que l'Empereur sût que cette pièce, rédigée avec son aveu, provenoit cependant d'une source très-suspecte ; que les MM. Barnave, Duport, Lameth et autres chefs de l'Assemblée Constituante étoient les auteurs de ce mémoire ; que leurs vues tendoient non pas à favoriser réellement le retour de l'autorité souveraine, mais à en feindre le projet pour tranquilliser la Cour impériale sur le sort de la Royauté, pour écarter ainsi toute intervention étrangère et donner le temps à la démagogie de s'établir d'une manière plus solide; que, malgré la modération et l'impartialité affectée du mémoire, on y voyoit avec quelle adresse les rédacteurs s'étoient enveloppés dans l'article qui traite des ordres de l'État, où ils ont soigneusement évité (quoique énoncé à la marge) de prononcer le nom de Noblesse dont ils veulent constamment la destruction au soutien de leur chimérique égalité illimitée, ce qui seul prouveroit assez leur système antimonarchique, qui d'ailleurs perçoit en différents endroits du mémoire, malgré la finesse avec laquelle on a cherché à en couvrir les apparences.

Qu'enfin, en désirant une réponse ostensible et qui constatât la persuasion de l'Empereur que son auguste Sœur adopte les idées du Mémoire, la Reine demanderoit que Sa Majesté Impériale voulût former quelques objections au profit de la Royauté, de la Noblesse et des Princes émigrés; que sans témoigner de vouloir soutenir le fond de leur cause, l'Empereur marquât de l'intérêt pour leur sort personnel et qu'il insinuât quelques voies de composition, en observant que si on veut la rentrée en France du parti émigré, il faut au moins que chacun en particulier y trouve sa sûreté individuelle et les moyens de rentrer sous des conditions honorables.

C'est à ces seuls points que se sont bornés les éclaircissements que m'a donnés le secrétaire du cabinet.

La manière dont je m'étois expliqué verbalement avec lui m'a dispensé d'écrire à la Reine. M. de Breteuil, qui avoit reçu des informations par la même voie, ne m'en a rien dit de plus particulier ni de différent que ce que je viens d'exposer à Votre Altesse.

La note remise par elle à M. l'ambassadeur marquis de Noailles sur la menace d'une invasion dans l'électorat de Trèves avoit, au premier moment, été regardée à Paris comme un indice que Sa Majesté l'Empereur se décideroit pour la cause des Princes, et tous les papiers publics furent remplis de bruits de guerre. Cela me porta à écrire sur-le-champ à M. de Blumendorff la lettre ci-jointe en copie (1); mais sur ces entrefaites les esprits revinrent de leur étourderie, et le ministre des Affaires étrangères s'expliqua, par la voie de M. de La Gravière, d'une manière très-satisfaisante envers le gouvernement général, ainsi que M. le comte de Metternich en aura informé Votre Altesse. Cette circonstance s'accorde assez avec l'opinion énoncée dans ma dépêche du 24 décembre : *que la fermentation du moment tomberoit pour faire place à d'autres données plus entraînantes;* mais que je présumois, comme je le présume plus que jamais, que l'on n'échappera pas à quelque crise violente, plus ou moins longue, plus ou moins décisive, et que la conduite passée ou à venir des Émigrés aura en partie provoquée. Cette conduite a eu quelques effets assez remarquables : 1° celui d'avoir causé une horrible dépense à l'Assemblée nationale; 2° d'avoir aigri parmi elle tous les esprits;

---

(1) Voir cette lettre à la date du 7 janvier 1792, page 60.

3° multiplié toutes les causes de l'anarchie ; 4° fait tomber les assignats à 40 p. 100 de perte ; 5° d'avoir donné lieu à la formation d'un parti constitutionnel, et 6° forcé l'Assemblée législative à développer son système de politique guerrière, c'est-à-dire ses espérances sur les insurrections des autres peuples. Il y a plus ; c'est que les Émigrés ne se retirant du lieu de leur refuge qu'au moment où Sa Majesté l'Empereur, s'étant déclaré à la Diète de Ratisbonne dans un sens favorable aux réclamations des États de l'Allemagne, lésés dans leurs droits en Alsace, la France est forcée de continuer ses armements ainsi que ses moyens de défense ; et la retraite de ce parti des Princes françois hors du lieu de la scène met précisément les Puissances étrangères dans le cas (si les circonstances le rendoient nécessaire) de faire la seule guerre convenable, c'est-à-dire une guerre qui n'auroit pas pour étendard la cause de la Noblesse émigrée, ni le projet avoué d'anéantir la Constitution françoise, ce qui rentre dans les réflexions exposées par ma dépêche du 7 de ce mois. Mais quoique tous les partis en France, dans des vues différentes, regardent la guerre plus ou moins prochaine comme la seule issue pour sortir de l'abîme d'une révolution insensée et monstrueuse, il est visible que le parti des Jacobins, sectateurs du républicanisme, est le seul qui voudroit une guerre sans retard, parce qu'il se persuade que plus les troubles seront compliqués et violents, et mieux ils s'accorderont avec ses moyens révolutionnaires, et qu'en invitant tous les peuples à concourir, au milieu des plus grandes agitations, dans un état d'égalité et de liberté, à l'anéantissement du Clergé, de la Noblesse, de tous les droits féodaux, de tous les priviléges, impôts arbitraires, etc.; et en leur faisant envisager les avantages de dicter eux-mêmes leurs lois, d'en choisir les organes et les administrateurs, — de si puissants appâts doivent renverser toutes les barrières que chercheroit à leur opposer l'autorité des Monarques. Les autres partis, constitutionnels et monarchiques, en conséquence de leur but, n'ont pas le même intérêt à des troubles indéterminés dans leur degré et dans le choix du moment où ils pourroient éclater. Et comme ces mêmes partis prévalent maintenant dans l'opinion publique et acquièrent par là une supériorité très-décidée sur les Jacobins, il en résulte tout ce qui se manifeste dans le moment pour éviter la guerre.

Je terminerai ce rapport par quelques notions que je crois m'être procurées de bonne source (1). Elles serviront à être combinées avec ce que le conseiller d'ambassade, M. de Blumendorff, aura pu recueillir sur l'état intérieur actuel du Gouvernement françois.

Voici la situation du ministère :

M. Bertrand de Moleville, ministre de la marine (2), se tient isolé sans coalition. Le Roi le soutient. Il est le seul que la Cour estime et en qui elle ait véritablement confiance.

Le garde des sceaux, M. Duport du Tertre (3), tient

---

(1) Voir à la suite de cette lettre une note sur cette source.

(2) M. de Bertrand-Moleville était un homme roide, un royaliste fort peu sympathique aux constitutionnels. Il était dévoué au Roi, mais ne lui offrait que de petits moyens de gouvernement. Ses Mémoires sont souvent d'une révoltante partialité.

(3) Duport du Tertre, zélateur outré de la Constitution, au fond homme honnête, attaché à ses devoirs.

avec les chefs du parti constitutionnel, c'est-à-dire MM. de Lameth, Barnave et Duport, qui sont les auteurs du Mémoire que Votre Altesse reçoit aujourd'hui.

M. Cahier de Gerville (1), ministre de l'intérieur, suit le bord du garde des sceaux.

M. de Narbonne (2), ministre de la guerre, a pour conseil l'ancien évêque d'Autun, MM. Baumetz (3) et

---

(1) Cahier de Gerville, qu'une certaine popularité acquise dans la Commune avait signalé, et qui était devenu ministre sur la recommandation de son ami Duport du Tertre, était un bourru, vrai paysan du Danube, dont Mallet du Pan a dit qu'il était, comme Roland, un de ces fanatiques de la liberté qui se croyaient sublimes, quand ils n'étaient qu'insolents; austères, quand ils n'étaient que grossiers. Il avait débuté au Conseil par proposer que le Roi allât de sa personne, escorté de sa nouvelle garde, prêter le serment civique à la Commune. Mal accueilli dans ses propositions, il disait en plein Conseil, parlant du Roi : *Comment s'intéresser à cet animal?* Sollicité par Madame Élisabeth de la venir trouver, il fallut plusieurs invitations, repoussées avec humeur, pour l'y déterminer. Il s'y rendit enfin : « Que me voulez-vous? » lui demanda-t-il. La Princesse lui ayant recommandé une religieuse, il lui répondit : « *Parbleu! Madame, si j'avais su que vous m'eussiez fait venir pour cela, je n'aurais pas quitté mes affaires.* » Lui-même se vantait un jour au Conseil de cette belle prouesse : « Si Madame Élisabeth, lui dit le ministre de la Marine, a admiré votre application, elle n'aura point admiré votre aménité*. » Cet homme n'en était pas moins au fond droit de cœur, et il n'a perdu ses bons instincts qu'au milieu des tourmentes révolutionnaires.

(2) Narbonne appartenait au parti constitutionnel de Lafayette, de madame de Staël et de Talleyrand. On jugea d'abord très-sévèrement ce ministre, qui avait trop d'esprit en dehors de ses fonctions. On dut louer plus tard son zèle, son activité et ses bonnes intentions.

(3) Bon-Albert Briois, chevalier de Beaumetz, avait été l'un des membres distingués de la Constituante. Il était d'Arras, où il remplissait les fonctions de premier président du conseil supérieur, quand il fut nommé par la noblesse de l'Artois aux états généraux, où il se rangea dans le parti constitutionnel. Il fit décréter la publicité des

* *Mémoires de Mallet du Pan*, t. I, pages 244 et 245, à la note.

Chapelier, trois grands scélérats de l'Assemblée constituante; mais plus que tout cela, madame de Staël, fille de M. Necker et épouse de l'ambassadeur de Suède. Elle joue dans cette association le rôle principal et se mêle de toute affaire.

M. de Lessart a des relations avec MM. Baumetz et Chapelier. Il en a également avec les Lameth et Duport. Ces derniers ont même plus d'influence sur le ministre.

M. de Tarbé (1), ministre des contributions, se tient uni à M. de Lessart.

MM. de Lessart, Bertrand et Tarbé veulent la monarchie et améliorer la Constitution.

Le garde des sceaux et M. de Gerville sont plus vacillants sur cet article.

M. de Narbonne est fort équivoque. On suppose qu'il voudroit la monarchie par les moyens de la démagogie, ce qui indique un penchant à se livrer à la popularité.

Le Roi, qui n'a d'opinion fixée que sur Bertrand,

---

débats judiciaires, l'abolition de la torture, et appuya l'institution du jury. Il se prononça contre la vente des biens du clergé et l'éligibilité des juifs. Il est curieux que Mercy en fasse un grand scélérat.

(1) Louis-Hardouin Tarbé, homme droit, plus administrateur que politique, uniquement occupé de l'organisation des finances. Il était de Sens. D'abord avocat, employé au contrôle général des finances par Lefèvre d'Ormesson, premier commis des finances sous Necker et sous Calonne, directeur des contributions sous de Lessart, il fut enfin ministre des finances en 1791. Il organisa la contribution foncière et toutes les parties de son administration, à peu près telles qu'elles existent aujourd'hui. Il donna sa démission en 1792, après avoir gardé son portefeuille pendant huit mois, et il eut le bonheur d'échapper aux échafauds de la Terreur, qu'il était trop honnête homme pour ne pas mériter.

se laisse entraîner aux avis des autres. Cependant on a remarqué qu'il a décidé lui seul son *veto* contre le décret sur les prêtres. Tous les ministres, excepté M. de Lessart, étoient contre ce *veto*, ou au moins d'avis de le différer. Alors le Roi déclara qu'il savoit assez que la majeure partie du public le désiroit, et qu'*enfin il falloit une fois se prêter à sa volonté*. M. de Narbonne avoit opiné avec le plus de violence contre le *veto*.

Les différentes places ministérielles données dans les Cours étrangères ont été l'ouvrage de MM. de Lameth, ce qui prouve leur crédit sur M. de Lessart. Ce ministre des Affaires étrangères a remplacé le premier commis, M. Hénin, par un nommé d'Anglade, ci-devant son secrétaire particulier. Il donne la place de M. de Rayneval, autre premier commis, à M. Caillard, qui, à cet effet, doit être retiré de La Haye. Il a pris pour secrétaire particulier un nommé Perrault, qui a une assez mauvaise réputation.

On ne connoît point de conseil secret à la Cour pour les démarches journalières. Il semble que toute l'influence vient des ministres, et il est aisé de juger combien cette influence doit être incohérente.

D'après ce que je puis apercevoir, la correspondance que M. de Breteuil entretient avec les Tuileries n'a aucune apparence de solidité ni d'activité importante. Il seroit difficile de supposer que de grands effets politiques pussent s'opérer par cette voie.

J'ai l'honneur, etc.

P. S. Au moment où ma dépêche venoit d'être

mise au net, j'ai reçu par un exprès que m'a expédié le comte de La Marck, qui est dans ses terres du Hainaut françois, la lettre ci-jointe, avec un extrait de celle qui y a donné lieu.

Quoique l'avis dont il est question ne s'accorde pas avec la démarche que M. le comte de Narbonne a faite à mon égard lors de sa tournée des frontières, il est à observer que le caractère très-connu de ce ministre de la guerre prête infiniment aux soupçons de tout changement subit de conduite et d'intentions les plus perverses. Il n'y a pas de doute que le nommé Jarry soit parti pour Berlin; et s'il se vérifie également que l'évêque d'Autun se soit rendu à Londres, il en résulteroit une assez forte présomption de la réalité de cette intrigue. D'ailleurs, je devine aisément la source d'où ces notions arrivent à M. de La Marck. C'est, si je ne me trompe, par la voie d'un homme de beaucoup de talent (1), qui a toujours été intimement mêlé et consulté dans les affaires présentes, qui est attaché à la cause de la Cour, et qui a été employé pour en rapprocher le parti des Lameth, ce qui procure à cet homme, par des relations aussi immédiates, des moyens de pénétrer les mystères obscurs et iniques de cet assemblage d'intrigues diverses qui déroute à chaque pas les calculs de la raison.

Si Votre Altesse attachoit quelque importance à l'avis dont il s'agit, et qu'elle voulût me donner des ordres pour en suivre la trace, je me prévaudrois à cet effet des moyens qui sont offerts par M. de La Marck.

J'ai l'honneur, etc.

---

(1) Voir la note qui suit cette lettre.

La source où le comte de Mercy a puisé les notions par lesquelles il termine son rapport est l'ancien secrétaire de Mirabeau, assidu correspondant de M. de La Marck, le publiciste Pellenc, dont nous avons déjà parlé, tome II, p. 210. Ce Pellenc, qui prépara souvent le canevas des discours de Mirabeau et lui donna constamment des notes pour ses grandes luttes de la tribune, était un homme d'esprit politique consommé et de grande fermeté dans la pensée. Mercy en faisait le plus grand cas, à ce point qu'il adoptait ses opinions et en transcrivait même mot à mot l'expression. Il pressait pour qu'il fût recommandé à la Reine et employé par elle. Après la journée du 10 août, Pellenc se réfugia prudemment en Angleterre, et, sur la recommandation de Mercy, il fut recueilli par le ministre de l'Empereur à Londres, le comte de Stadion.

M. de Mercy a copié textuellement, dans la présente lettre, une de celles de Pellenc qui se trouve imprimée dans la *Correspondance entre le comte de Mirabeau et le comte de La Marck*, publiée par M. de Bacourt, t. III, p. 284. Seulement, il est à remarquer que cet éditeur y a supprimé les passages durs qui s'y trouvent contre M. de Talleyrand et contre madame de Staël. Rien d'honorable assurément comme les sentiments de reconnaissance et de respect pour le souvenir de hautes relations sociales; mais l'histoire saurait-elle avouer les espèces de capitulations de conscience que peuvent à l'occasion dicter ces sentiments? Libre à Bacourt de venger madame de Staël et son ancien patron, le prince de Talleyrand, par une note où il eût vigoureusement démontré que le comte de Mercy et Pellenc avaient tort. Rien de plus facile, ce semble, tout en restant fidèle à la vérité, comme de relever madame de Staël de l'espèce d'ostracisme dont Mercy a l'air de la frapper. Il est vrai que la fille du ministre qui avait été l'un des provocateurs de la terrible explosion révolutionnaire en France, l'admiratrice enthousiaste de J. J. Rousseau, avait, dans sa passion pour la Constitution anglaise, qu'elle croyait propre à la France, accueilli avec une extrême vivacité les premiers mouvements politiques de 89, et qu'elle avait applaudi aux grandes réformes de la Constituante; mais loin d'être une ennemie de la Cour, comme le croyaient nos infortunés souverains, elle mit tout en œuvre pour arracher ces augustes victimes à la démagogie sanglante, qu'elle avait en horreur comme tous les honnêtes gens. Elle avait vu avec effroi les violences de ce retour de Varennes, où la populace avait l'air d'une tourbe de cannibales conduisant des victimes au sacrifice. Avant le 10 août, elle proposa, comme on le verra en son temps, un plan d'évasion de la famille royale. Ne connaît-on pas aussi sa *Défense de la Reine*, qu'elle osa envoyer aux sicaires qui décimaient la France?

Quant à l'apologie de M. de Talleyrand, moi qui dans ma jeunesse ai eu l'honneur de travailler sous ses ordres, et pour qui il a fait preuve d'une extrême bienveillance, je suis persuadé que cette apologie eût été plus facile à M. de Bacourt qu'à tout autre, puisqu'il possédait les Mémoires et tous les papiers de l'ancien évêque d'Autun.

On était trop leste, à cette époque de trouble des esprits, comme en toutes les révolutions, à taxer de scélératesse les hommes que l'on trouvait dans une voie différente de la sienne. Tous les partis se renvoyaient alors ces épithètes; les révolutionnaires ne les ménageaient pas à la Cour et à ses partisans, et *vice versa*. Voyez, par exemple, l'abbé Georgel, l'ancien secrétaire et confident du cardinal de Rohan, qu'il ne saurait donner comme un exemple, à aucun des points de vue du prêtre et de l'homme moral, voyez, disons-nous, l'abbé Georgel qui compare M. de Talleyrand au « traître qui déshonora le collége des apôtres », et prétend qu'il reçut le prix honteux de sa motion sur l'aliénation des biens du clergé. « Que me donnerez-vous, lui fait-il dire, pour encourir le mépris et l'horreur de l'épiscopat, ainsi que de toutes les âmes honnêtes (1)? » Pure calomnie, que même les journaux de l'opposition du temps ne s'étaient pas permise, et qui força l'éditeur de Georgel à le contredire par une note. Les opinions politiques de M. de Talleyrand

---

(1). Voir GEORGEL, *Mémoires pour servir à l'histoire des événements de la fin du dix-huitième siècle*, t. III, p. 6 et 7.

repoussent toute idée de corruption. On ne se souvient pas assez que M. de Talleyrand, victime d'un sot calcul de famille, s'était vu dépouiller de son droit d'ainesse et avait été malgré lui rivé dans les ordres. Il serait possible qu'en examinant de près sa vie, on en portât un jugement sévère. Il a été successivement, objecte-t-on, l'un des premiers à applaudir aux promesses de 89; il a pris part aux splendeurs de l'Empire, prêté la main à la Restauration et au gouvernement de juillet 1830. Ces volte-face sont réelles; mais avant de juger, il faut examiner et se rendre compte. Et d'abord l'on doit à M. de Talleyrand cette justice qu'il n'a point été mêlé dans les horreurs sanguinaires de la Révolution : c'est un tort en histoire de faire peser sur la belle époque de 89 les excès qui ont suivi. Puissant esprit d'à-propos, Talleyrand a percé de tout côté les horizons politiques, et s'il a changé, c'est toujours avec le pays. Quiconque a eu l'honneur de l'approcher n'a pu se défendre d'un sentiment de respect pour son humeur sage, liante et douce, pour son grand sens, pour l'élévation et la pénétration de son génie, pour sa bienveillance et sa bonté. Ce n'est pas sans d'excellentes raisons qu'il a été proclamé un des plus éminents hommes d'État des temps modernes, un des cerveaux les plus nets et les plus lumineux. Le premier il avait compris, avec le géant de la tribune française, son ami, l'aîné des Mirabeau, que l'alliance de la France et de l'Angleterre placerait ces deux nations aux avant-postes du genre humain, et serait le triomphe de la raison comme le gage de la civilisation européenne. Il essaya deux fois en 92 de la cimenter, et c'est par cet heureux résultat qu'il a terminé sa carrière sous Louis-Philippe. Cette vieille ruine, qui servit à tour de rôle d'appui à tous les empires, aurait mérité que Bacourt saisît l'occasion de prendre sa défense au lieu de l'éluder, quand surtout il en possédait tant d'éléments dans les mains.

Pareillement il eût été curieux et utile de comparer les documents originaux avec la publication de Bacourt; mais nul n'a pu être admis à cette faveur dans la ville de Bruxelles, où se cachent à tous les yeux ces précieux papiers. Si Bacourt était vivant, il regretterait cette obscurité faite sur les preuves de sa probité historique. On s'explique à merveille que parfois les documents d'archives publiques soient celés ou ne soient communiqués qu'avec réserve, parce que de temps à autre on a vu des conservateurs les mettre de côté pour leurs propres publications, afin de tirer parti de ce qu'ils sont appelés à conserver, ce qui n'est peut-être pas bien régulier. Quelques-uns même, voyant le succès des communications faites par leurs Archives, ont gagné de vitesse les éditeurs autorisés, en publiant ce que ces derniers n'avaient pas encore eu le temps de mettre au jour. Il est bizarre, mais il est vrai, qu'un pays du Nord auquel nous avons ouvert nos archives jusqu'à l'imprudence et la duperie sur l'époque des guerres de la Révolution, ne nous a jamais rien communiqué, de son côté, sur ces mêmes époques, malgré des demandes itératives, sous prétexte que ses papiers de ce temps n'étaient pas encore classés. On conçoit moins facilement qu'un cartulaire particulier dont les documents ont déjà vu le jour, grâce à la presse, et dont on devrait avoir à cœur de justifier l'authenticité, soit fermé à tous les yeux.

II

PREMIÈRE ANNEXE DE LA LETTRE DU COMTE DE MERCY AU PRINCE DE KAUNITZ, en date du 14 janvier 1792.

Mémoire (1).

Les objets discutés dans ce mémoire étant d'une haute importance, et les diverses déterminations que l'on doit prendre pouvant, si elles sont fausses, attirer sur la France et sur l'Europe entière des maux incalculables, on croit devoir placer ici quelques réflexions générales qui sortent du sujet.

---

(1) Comme on l'a vu par la dépêche de Mercy, ce Mémoire est l'œuvre de Barnave, Duport et Lameth.

Pour juger sainement des affaires françoises, non-seulement il ne faut prêter l'oreille à aucun parti, puisqu'ils sont tous aveuglés par leur intérêt ou leurs passions. Il ne faut pas même espérer que l'on connoîtra l'état des choses par les opinions que l'on entend énoncer : les opinions, en ce moment, ne sont ni assez universelles ni assez profondes pour servir d'indication sûre aux hommes qui veulent raisonner en politique. Il faut compter pour beaucoup le caractère françois et cette propriété qu'il a de s'exalter par des idées générales et abstraites de liberté, patriotisme, gloire, monarchie, etc., en tout d'obéir à des impulsions soudaines et rapides. Il en résulte qu'il est beaucoup plus facile de le guider au milieu des événements en disposant avec art les objets de sa haine ou de son affection, que de soumettre d'avance sa conduite au calcul. D'un autre côté, néanmoins, avertis par l'expérience, il ne faut plus écouter uniquement ce que demandent les circonstances et les vœux du moment, il faut démêler dans la position présente le germe de l'avenir, et, s'il se peut, tirer d'une situation fâcheuse un état heureux et paisible.

On suppose qu'il ne peut être question de rétablir le despotisme. Des hommes honnêtes ne peuvent pas s'occuper d'un semblable projet ; il seroit d'ailleurs encore moins injuste et immoral qu'il ne seroit insensé. Il faut établir un gouvernement ferme qui puisse assurer tous les droits, maintenir la liberté et la paix. A la vérité, la France paroit en ce moment éloignée de cet état heureux. Elle a néanmoins parcouru plus des trois quarts de la route difficile qui y conduit. Quoi qu'on en puisse dire, il étoit très-malaisé en France de déraciner les abus. Les destructions opérées par la révolution sont justes; seulement elles ont été excessives.

Le Roi.   En effet, on ne peut disconvenir qu'en France l'autorité royale ne fût excessive, ou plutôt son organisation étoit tellement vicieuse, que, toujours impuissante pour le bien, elle n'avoit de force que pour le mal. Ainsi, pendant qu'elle disposoit presque arbitrairement de la liberté des citoyens, qu'elle pouvoit à volonté augmenter les dépenses, créer des offices, vexer par des impôts, elle ne pouvoit pas rendre plus égales les charges de l'État, soulager le peuple, réprimer les abus de la justice et de la finance.

L'autorité royale n'a plus rien de ce qui la rendoit dangereuse; mais on a donné dans un excès contraire; on ne lui a pas laissé tous les moyens nécessaires pour remplir le but de son institution. Cette vérité, que l'expérience prouve tous les jours, ne tardera pas à être généralement sentie, et elle favorisera toutes les améliorations que l'on voudra faire dans cette partie.

Le Clergé.   Le Clergé est définitivement anéanti. Les hommes éclairés et paisibles, auxquels il est plus important que jamais de rendre l'influence, sont précisément les plus redoutables et les plus constants adversaires du Clergé. On ne doit plus en parler.

La Noblesse.   La révolution a encore détruit cette influence aristocratique qui, sous les noms d'États, de Parlements, de Corporations, ou par la force qu'elle imprimoit à l'opinion, s'est opposée si constamment aux réformes salutaires que l'intérêt général dictoit au Monarque. On a encore été trop loin à cet égard. La force aveugle de la multitude, qui sait si bien sentir le mal et le désigner, n'a pas su également s'arrêter au point juste dans l'application du remède. Elle a détruit un élément utile, nécessaire même à la machine politique, lorsqu'il ne falloit qu'en retrancher les abus.

Les hommes considérables par leurs propriétés et leur existence, s'ils avoient eu place dans le Gouvernement, auroient été propres à contenir l'effervescence populaire et l'arbitraire des ministres. Ils auroient prévenu la lutte perpétuelle et funeste du Roi et du Corps législatif. Ils auroient donné de la dignité au Gouvernement. Enfin l'accord de tous les intérêts par le maintien de la Constitution lui auroit assuré une existence solide et tranquille. On peut donc dire que le bonheur et la liberté de la France seroient certains, si l'on donnoit plus d'influence à la propriété et à l'existence, si le Monarque avoit dans ses mains plus de moyens pour gouverner et pour maintenir l'exécution des lois. On a donc eu raison de dire que la très-grande partie de la révolution est finie, en comparaison de ce qui reste à faire.

Maintenant que le but général où l'on doit tendre est connu, il faut, pour bien juger des moyens que l'on doit employer, se rendre un compte exact de la situation actuelle de la France, de l'intérêt et des moyens de chacun des partis qui la divisent.

Le Roi n'a d'autre intérêt que celui de tous. Il ne

peut désirer que de voir les François heureux et d'accord. Son goût personnel le porte à la paix, à la plus entière liberté religieuse. Il ne se sent aucune opposition pour la Constitution, si elle peut s'établir sans troubles, et si l'on y conserve au Trône la dignité et la convenance nécessaires pour obtenir le respect et l'obéissance aux lois.

La Nation est partagée en trois partis : les Émigrants et leurs adhérents, les Républicains, et les autres citoyens. On va dire un mot de chacun d'eux.

1° Les Émigrants sont de deux sortes, ceux qui haïssent la Constitution, parce qu'elle ne protége pas assez la sûreté et la prospérité (propriété), et ceux dont elle a blessé l'orgueil ou l'intérêt.

Les premiers sont plus royalistes qu'aristocrates, et les seconds plus aristocrates que royalistes. La haine de la Constitution les rallie maintenant; mais aussitôt qu'il s'agit d'y substituer un autre système, ils ne peuvent s'accorder. La Magistrature, le Clergé, la Noblesse, sont alors divisés. La haute et la petite Noblesse ne s'entendent pas davantage. L'ancien régime, qu'ils réclament vaguement, est absolument impossible à rétablir. Les biens ecclésiastiques, la féodalité, les parlements, sont disparus sans retour. Le plus grand défaut des Émigrants, c'est d'être dans un état de dissolution politique : ils sont plus exagérés et plus absurdes que ce qu'on appelle ici les Jacobins.

L'égalité absolue domine parmi eux. Il s'y est formé une espèce de démocratie noble qui règle tout, et une défiance extrême des chefs qui les commandent. Ceux qui n'ont rien font la loi à ceux qui, ayant une existence et des propriétés, seroient plus modérés. Aussi n'ont-ils pu encore présenter aucun système que l'on puisse accepter ou même modifier.

La Constitution françoise, toute défectueuse qu'elle est, a néanmoins un ensemble et un rapport entre ses parties que l'on ne peut déranger que pour y introduire un élément politique qui lui manque, et non pour tenter d'y allier les prétentions folles et absurdes que les Émigrés paroissent vouloir soutenir. Les moyens des Émigrés ne sont rien. Quand ils ne seroient pas divisés entre eux, ils ne pourroient encore faire sensation. Ils ont quelque argent de quelque Puissance et des quêtes faites dans la Noblesse ; cela n'est pas capable de les soutenir. Leur seul pouvoir est d'entretenir dans ce pays l'esprit révolutionnaire et de le troubler.

2° Le parti républicain est composé : 1°. de tous les hommes ardents et exaltés qui, dans tous les pays, sont avides de changements, qui n'existent que par le trouble, et n'attendent rien qu'un déplacement universel ; 2°. de tous les escrocs et gens déshonorés, qui cherchent à couvrir leurs crimes et leur vie scandaleuse en faisant sonner très-haut les mots de patriotisme et de liberté ; 3° enfin d'un petit nombre d'hommes honnêtes, à qui l'on est parvenu d'inspirer une grande méfiance sur les intentions du Roi, ou qui, mettant des idées simples et élémentaires à la place d'une vraie politique, ont la folie de croire que les François seroient plus heureux et plus libres sous une

République. Ce parti seroit plus dangereux, s'il n'étoit pas comprimé sans cesse par les honnêtes gens et par la Constitution elle-même, tout imparfaite qu'elle est.

Il faut éviter de pousser à bout ce parti, mais surtout de lui donner raison et de le grossir par une conduite mauvaise ou même équivoque. C'est le parti qui renferme le principe révolutionnaire, dont la propagation au dehors est fort à craindre pour les Puissances; mais il travaille à se perdre par ses absurdités; avec une marche ferme et soutenue, on achèvera de l'anéantir.

Entre ces deux extrêmes se trouve le reste des citoyens. Ils ne sont pas tous parfaitement d'accord; mais tous veulent la paix, l'ordre et la liberté. Le très-grand nombre a pris pour bannière la Constitution actuelle, sans en bien connoître les effets; mais uniquement parce qu'elle présente un point de ralliement, et qu'il en résulte une organisation quelconque.

Sans aucun doute, c'est à cette classe que le Roi doit s'unir. Elle est de beaucoup la plus nombreuse; elle forme le fond de la Nation, elle en fait la richesse et la force, elle est fortement attachée à la Monarchie; et quoiqu'elle soit plus lente à se mouvoir et qu'elle souffre longtemps avant de s'y déterminer, lorsqu'elle s'éveille et qu'elle a une opinion bien formée, le reste est contraint de s'y soumettre. Placé ainsi au centre de la Nation, le Monarque est à son véritable poste. Il doit chercher à obtenir la confiance et l'attachement de cette classe mitoyenne en restant fidèle à la Constitution, et en déployant la plus grande vigueur de protection. C'est de là qu'il pourra dominer les événements, donner la loi aux deux partis extrêmes, ou les combiner utilement dans une nouvelle composition politique. On sentira combien cela deviendra facile, lorsque tous les ressorts étant détruits, le Roi reste le seul point fixe de la Constitution, la seule partie commune à l'ancien et au nouveau régime, et qu'ainsi il est le centre vers lequel tendent naturellement tous les partis.

On répète ici combien il est nécessaire que le Roi se montre fidèle à la Constitution et attentif à veiller au maintien de la sûreté et de la propriété. Cette conduite tempérera les extrêmes et aura le double effet de ramener les hommes exagérés parmi les Républicains et tous ceux des Émigrés qui préfèrent le repos à la vanité. En grossissant ainsi le centre, on place la force où elle doit être; on prévient le choc des partis, les dissensions civiles ou religieuses et la propagation des principes révolutionnaires; enfin, on donne à la raison le temps de calmer les esprits.

Cette conduite est évidemment bonne et applicable à tous les systèmes et à tous les partis que l'on voudra prendre, soit que les Émigrés soient forcés de se dissoudre et de renoncer à leurs projets, soit qu'il paroisse un jour convenable de leur accorder quelque chose.

A la vérité, l'on pense que la légèreté des François, le désordre dans les finances et les relations du commerce, la disproportion entre les mœurs du peuple et celle que la nouvelle Constitution exige d'un autre côté, la démence et l'incapacité de la nouvelle Assemblée nationale, toutes ces causes réunies doivent amener bientôt une crise; la situation seule des Émigrants l'exige. Mais si elle est bien préparée et bien conduite, elle se terminera à l'avantage de l'autorité royale, en lui rendant tout ce qui lui est nécessaire pour gouverner, elle assurera en France un état de choses solide et heureux.

C'est sur ces principes qu'il faut juger la démarche que le Roi vient de faire de déclarer la guerre aux Princes qui souffrent chez eux des rassemblements françois. Cette démarche est non-seulement utile, mais elle étoit nécessaire : 1° pour lier le Roi à l'honneur national, blessé par tant de menaces et de provocations; 2° pour ranimer la confiance qu'on cherchoit à aliéner de lui en le représentant comme uni secrètement aux Princes et aux Émigrés ; 3° pour faire cesser les troubles qu'excitent les Émigrés sur les frontières ; 4° enfin pour forcer les Émigrés à revenir à des idées raisonnables. On a déjà ressenti d'heureux effets de cette détermination, et tous ceux qui ne demandent qu'une occasion et un motif de se rallier au Roi ont saisi avidement celle-ci.

Cela posé, l'on va se permettre quelques réflexions sur le parti que l'Empereur doit prendre dans les affaires actuelles. Il est hors de doute qu'il doit se lier étroitement à la cause du Roi, ainsi qu'il l'a fait jusqu'à ce moment. L'Empereur est l'allié naturel de la France, maintenant surtout que, d'après le système de l'Europe, les grandes Puissances doivent chercher à se soutenir. Ensuite, il doit tâcher de maintenir la paix en France pour déjouer ses ennemis et les nôtres qui cherchent depuis longtemps à y semer le trouble et le désordre. L'intérêt de l'Empereur le porte également à favoriser et soutenir le Roi de France, à éviter de le compromettre et d'embarrasser sa marche. Cette révolution est la cause des Rois comme celle des peuples. Encore un moment, et l'on conviendra généralement que, dans un grand État vaste et peuplé, un Roi est nécessaire à la liberté comme à la paix du pays. Il faut que cette maxime triomphe de la révolution françoise, et l'on ne peut y parvenir qu'en montrant aux peuples que les Rois ne sont ni leurs ennemis ni les alliés de leurs ennemis. Au milieu de son peuple, n'appartenant à aucune classe en particulier, comment l'Empereur pourroit-il vouloir en soutenir une en France contre toutes les autres? Cette démarche, contraire à ses intérêts, auroit ici les plus funestes effets.

Si l'Empereur soutenoit les Émigrés, l'on cesseroit de croire à la bonne foi du Roi des François, qu'on ne supposera jamais disposé à faire la guerre à son Beau-Frère. Si l'Empereur soutenoit les Émigrés, cet équilibre de forces engageroit à une guerre horrible et atroce, où la dévastation, le carnage seroient sans bornes; où l'on chercheroit, l'on parviendroit peut-être à débaucher de part et d'autre les soldats; où l'on pourroit essayer de rallier tous les peuples à une cause commune contre les Nobles et les Rois. Si l'Empereur soutenoit les Émigrés, si seulement ils pouvoient l'espérer, ils se livreroient aux plus folles et aux plus coupables espérances, car ils sont moins attachés au Roi qu'à leur cause propre; ils exagéreroient encore leurs prétentions, ils exciteroient ici nos républicains et leur donneroient du crédit, et rendroient impossible tout arrangement.

L'Empereur est trop éclairé pour ne pas apercevoir

l'intérêt des Électeurs ecclésiastiques au maintien d'une religion qui soutient leur puissance, et que l'alliance des Prêtres et de la Noblesse se dirige partout plus encore contre le Trône que contre le peuple, auquel on est bien forcé de pardonner.

Si l'Empereur abandonne hautement les Émigrés, le Roi est le maître ici ; la paix se conserve. Quant à eux, comme on l'a déjà dit, ils se divisent, ils sont forcés de rentrer et de rétablir l'ordre, parce qu'alors tout le monde a intérêt à le maintenir ; ou, dans l'impossibilité de se soutenir, ils sont réduits à une raisonnable et juste composition.

Enfin, il n'est pas de caractère plus propre à inspirer de la confiance à un François que celui d'un Prince puissant qui déclare qu'il veut la paix, et qu'étant allié de la France et du Roi, il ne peut séparer leurs intérêts, lorsqu'ils agissent parfaitement de concert.

Personne ne peut blâmer ce parti. Les Émigrés disent en vain que le Roi n'est pas libre. Les *veto* qu'il a mis aux décrets de l'Assemblée nationale, sur lesquels l'opinion pouvoit le plus aisément s'égarer, prouvent évidemment le contraire. Quant à ce qu'ils veulent insinuer sur M. d'Orléans, il ne faut qu'avoir passé trois jours à Paris pour savoir dans quel mépris il est tombé. Personne ne pense à en faire quelque chose.

RÉSUMÉ.

On a cru devoir présenter d'abord un exposé de la situation véritable des choses et des bases générales du système que l'on doit embrasser. Les détails seront traités dans des mémoires séparés et suivront les événements. Mais il est nécessaire que l'Empereur soit étroitement lié au Roi des François et que ses démarches suivent les siennes; qu'il entretienne avec lui une correspondance active; car si l'on livre au hasard d'aussi grands événements, les plus affreux malheurs peuvent arriver, et l'Europe peut être subvertie, sans que la prudence et la raison puissent s'y opposer.

SUPPLÉMENT AU MÉMOIRE, AJOUTÉ DEPUIS LA CONNOISSANCE DE L'OFFICE DE L'EMPEREUR.

L'ordre donné au maréchal de Bender de secourir l'Électeur de Trèves en cas d'attaque ou d'hostilités imminentes, a produit ici le plus fâcheux effet. L'obscurité des motifs allégués pour cette démarche y a beaucoup contribué. On a cru voir que l'Empereur renonçoit au système de modération et de justice qu'il avoit suivi jusqu'à ce moment pour adopter des vues contraires au bonheur et à la tranquillité de la France. Personne n'a pensé qu'un Prince aussi éclairé ait pu partager un instant les absurdes craintes de l'Électeur de Trèves de se voir attaqué par des *municipalités* ou des *provinces* sans l'ordre du Roi. On en a généralement conclu que l'Empereur avoit saisi ce prétexte pour soutenir les Princes et faire approcher ses troupes du territoire françois. Un cri général de guerre s'est fait entendre, et l'on ne doute plus ici qu'elle n'ait lieu.

Mais avant que de s'engager de manière à ne plus pouvoir reculer, il faudroit fixer ses regards sur les malheurs de tout genre et sur les suites de la guerre.

On conçoit facilement tout le mal qui en résulteroit pour la France. Si l'on devoit à ce prix voir renaître l'ordre et la prospérité, on pourroit consentir à faire ce terrible sacrifice; mais ce seroit bien cruellement s'abuser que de le penser. Si la guerre a lieu, elle sera terrible, elle se fera d'après les principes les plus atroces. Les hommes exagérés, incendiaires, auront le dessus; leurs conseils prédomineront dans l'opinion. Le Roi, dans la nécessité de combattre son Beau-Frère et son allié, sera environné de défiances; et pour ne pas les augmenter, il sera obligé de forcer les mesures, d'exagérer ses intentions. Il ne pourra plus employer ni modération ni prudence sans paroitre d'accord avec l'Empereur et donner ainsi des armes très-fortes à ses ennemis et même à cette partie des honnêtes gens qu'il est toujours si facile de séduire. Les Émigrés, comptant sur les secours de l'Empereur, deviendront plus obstinés, plus difficiles à réduire, et la querelle s'établissant ainsi entre deux partis extrêmes, les partis modérés, raisonnables, et l'intérêt véritable, seront aussi oubliés que les principes de l'humanité. Que faire néanmoins si le Roi perd entièrement crédit? N'est-ce pas pour le rétablir que l'Empereur paroit vouloir se donner des mouvements? Le moment est encore très-mal choisi. Depuis cinq semaines, les affaires prennent ici une meilleure tournure, l'ordre tend à se rétablir, les gens sensés reprennent courage; le Roi regagne de la confiance : on cherche avec empressement les occasions de le lui prouver. Il reçoit, ainsi que la Reine, des applaudissements partout où ils se montrent. L'usage très-délicat qu'il a fait de son *veto* n'a occasionné aucun mouvement; et cette habitude qui recommence à se former de voir le Roi comme le principe du gouvernement et de l'ordre, le mouvement violent de la guerre, surtout avec l'Empereur, tend à la détruire.

Voilà quant à la France. Maintenant, si l'on examine la question de la guerre relativement à l'Empereur lui-même, on se convaincra aisément qu'elle peut être également pour lui la source de beaucoup de maux.

Les finances de l'Empereur, la situation des Pays-Bas, sa réputation de sagesse doivent le détourner de la guerre où la Prusse le laissera user ses forces, où la nécessité de protéger tous les petits Princes le forcera à les étendre sur une très-grande surface. Lorsque les malheurs de la guerre se seront fait sentir, l'alliance forcée de la Russie et de la Suède, de la Prusse et de l'Empire donnera lieu à de funestes divisions. Les projets ultérieurs de l'Empereur pour rapprocher et réunir ses vastes possessions ne pourront plus être suivis. Qui sait ce que peut produire un ressentiment implacable? On lui suscitera des ennemis partout, on ranimera la Turquie, la Pologne, le Brabant, le pays de Liége. D'autre part, la désertion que nous pouvons peut-être craindre s'établira bien plus sûrement encore dans les troupes autrichiennes. Notre climat, notre solde, nos vins, notre licence, nos villes, ne les tenteront pas vainement. Le soulèvement des peuples suivra bientôt, et le principe révolutionnaire, une fois inoculé par le contact de nos troupes, ne s'arrêtera plus. Les François, vaincus même, en sont encore plus à craindre: ils se livreront au plus terrible désespoir. Une guerre civile a des caractères particuliers : ils inonderont l'Europe d'émissaires forcenés. Le projet en existe déjà en cas de guerre. Il sera bien facile, lorsque tant de malheurs auront soulevé partout les esprits, de diriger les sentiments contre les Rois et les Nobles. On ne peut se livrer sans frayeur à toutes ces chances, dont la raison et la sagesse sont entièrement exclues.

Il n'y a rien d'outré dans ce tableau, rien dont un homme qui réfléchit ne doive convenir. Il faut ajouter maintenant que les dangers sont très-instants. Il n'y a plus qu'un unique moyen de les prévenir, et il est dans les principes de l'Empereur, — c'est qu'il s'explique très-clairement relativement aux Émigrants, en déclarant qu'il s'opposera à toute espèce d'invasion dans l'Empire. Il faut que la protection qu'il donne aux Électeurs ait pour condition expresse de faire cesser non-seulement les rassemblements, mais tout sujet légitime de plainte de la part de la France.

On ne conçoit pas même que l'Empereur puisse et doive faire autrement. Il a défendu tout rassemblement dans ses propres États; les François ont défendu tout rassemblement de Brabançons chez eux : la crainte de l'Électeur de Trèves de se voir attaqué par des *municipalités et des provinces* a d'autant plus étonné ici que ce Prince, proche voisin de la France, ne sauroit ignorer combien ces craintes étoient dénuées de fondement.

Deux vues paroissent diriger l'Électeur :

1° Il est lié avec la cause des Émigrés dans leur haine contre la Constitution, parce qu'en détruisant le Clergé elle a donné à l'Europe un exemple qu'il doit redouter, comme dévot personnellement et comme Prince ecclésiastique. Il doit désirer, de même que l'Électeur de Mayence, de voir rétablir en France les anciennes maximes sur l'autorité spirituelle et sur les possessions ecclésiastiques. Une preuve de cette liaison d'intérêts, c'est le titre qu'ont pris plusieurs Émigrés de *défenseurs de la Religion catholique*. L'Empereur ne sauroit partager ce premier motif de l'Électeur de Trèves. Il ne lui doit sa protection que comme Prince contre des attaques véritables et non contre les suites d'une doctrine qu'on suit en France : — doctrine raisonnable et que l'Empereur a toujours professée. La conduite des prêtres brabançons ne peut sûrement pas les faire changer de sentiment à cet égard.

2° L'Électeur de Trèves s'aperçoit que les habitants s'inquiètent beaucoup des suites d'une invasion chez eux, ainsi que les lettres des différentes villes le prouvent évidemment. Les habitants voient que l'espérance des Émigrés sera tôt ou tard la cause des malheurs qu'ils éprouveront. L'Électeur pourroit faire cesser leurs craintes en détruisant la cause. Mais il préfère de demander des forces à l'Empereur pour contenir la fermentation qui commence chez lui, et pour continuer à protéger les Émigrés, dont il espère un jour tirer parti contre la France. L'Empereur ne peut évidemment pas épouser cette seconde idée plus que la première.

Mais, on le répète, il est nécessaire que l'Empereur s'explique clairement ; ou bien, il vaut mieux qu'il déclare qu'il veut la guerre. On a vu cette intention dans l'office qu'il vient de communiquer ; et l'incertitude qu'il a laissée a produit une impression plus nuisible pour le Roi que la déclaration formelle d'une rupture. La bonne intelligence ne pourroit se soutenir si l'on continuoit à employer un langage que l'esprit et la forme de notre Gouvernement ne comportent pas dans ce moment. La position du Roi deviendroit d'autant plus mauvaise qu'on le croiroit d'intelligence avec son Beau-Frère. En un mot, dans l'état où sont les choses, la seule réponse qui puisse sauver tout, c'est de dire que « l'on ne souffrira aucune invasion dans l'Empire ; mais qu'on ne donnera aucun sujet juste de mécontentement ; et que relativement aux Émigrés (l'objet en question), il ne marchera aucune troupe autrichienne dans l'Électorat que l'Électeur n'ait entièrement satisfait aux demandes du Roi des François. »

Un mot un peu favorable à la Constitution faciliteroit tous les moyens d'arranger les affaires.

III

SECONDE ANNEXE A LA DÉPÊCHE DU COMTE DE MERCY, EN DATE DU 14 JANVIER 1792.

EXTRAIT D'UNE LETTRE DU 8 JANVIER 1792, ADRESSÉE A M. LE COMTE DE LA MARCK (1).

En voulant découvrir les causes de la division du ministère, voici ce que j'ai appris :

On croyoit M. de Narbonne au Roi ; il étoit encore

---

(1) Il est présumable que cette lettre est de Pellenc. M. de Bacourt, qui en a publié six de cet écrivain à La Marck, n'a pas donné celle-ci.

plus à madame de Staël, et cette ambassadrice n'est point portée pour la Cour. En vue de servir son ami, elle a voulu lui acheter un parti et lui en a formé un, composé de l'évêque d'Autun, du Genevois Clavière, de M. de Condorcet, de l'abbé Sièyes, de Brissot et d'Isnard. On cherche à y attirer Danton.

Ce comité s'est déjà réuni plusieurs fois. On y a reconnu : 1° que M. de Narbonne ne pouvoit se sauver que par la popularité; 2° que la Reine ne pardonneroit jamais aux hommes de ce parti, entre autres à l'abbé Sièyes, à Condorcet et à Brissot, et qu'ils devoient la regarder comme leur ennemie irréconciliable; 3° que la force de la Reine venoit de l'Empereur, par l'opinion qu'elle employoit son ascendant sur ce Monarque pour l'engager à être neutre dans les affaires françoises;

Qu'en conséquence, il falloit tâcher de faire naître des occasions qui portassent l'Empereur à la guerre.

On a été plus loin, et on a arrêté de faire une alliance avec l'Angleterre et la Prusse. Brissot et Clavière ont donné sur cela de grandes espérances, en supposant M. Pitt disposé à ce plan pour se tirer d'embarras sur les affaires de l'Inde. D'après cela, l'évêque d'Autun doit partir dans trois jours pour suivre cette négociation à Londres. Pour engager M. Pitt, il proposera d'abord la cession de Tabago; ensuite, si cela ne suffit pas, la cession des îles de France et de Bourbon. En même temps, l'évêque d'Autun donnera des espérances éloignées relatives à un changement de dynastie en France.

L'évêque emportera beaucoup d'argent pour accélérer ce traité.

Un autre agent, nommé Jarry (1), est parti en même temps pour Berlin avec un crédit pour de fortes sommes qui seront employées en moyens de corruption. L'argent est trouvé en partie par des expédients que fournit Clavière, et en partie sur les vingt millions qu'on vient de décréter pour le département de la guerre.

M. de Lessart est un peu dans tout cela; mais on ne sait point jusqu'à quel point il y est.

Les Lameth n'y sont pour rien. Ils ont eu vent de ce projet et vouloient l'empécher. Je leur ai fait dire de laisser faire quelques pas de plus à ces scélérats, parce qu'il y alloit de leur tête.

On a déjà commencé à mettre ce plan à exécution. 1° La déclaration de Condorcet en fait partie; 2° le discours d'Isnard aussi. Vous avez vu qu'il demande quelles alliances nous avons, et si, à défaut de ces alliances, nous ne pouvons pas en former d'autres; 3° on a proposé au conseil du Roi s'il ne convenoit pas de faire une alliance avec l'Angleterre. Le Roi, au lieu de se mettre en colère, n'a rien dit. La Reine aura dû le savoir par le Roi. On ignore les mesures qu'elle aura prises.

Si la guerre a lieu, les insurrections seront un des moyens de ce plan, et cela peut expliquer la correspondance qu'Isnard a voulu se ménager en Brabant.

J'ai dit que M. de Lessart trempoit un peu là dedans.

---

(1) Ce Jarry était un officier françois de beaucoup de mérite, qui avait servi vingt ans en Prusse et que le comte de Mercy travailla à faire attacher au Gouvernement des Pays-Bas autrichiens. Il en sera question encore dans la lettre suivante.

En effet, on ne peut se passer de lui. Il soupe souvent chez madame de Staël, et on l'a environné de tout ce parti.

IV

TROISIÈME ANNEXE A LA DÉPÊCHE DU COMTE DE MERCY AU PRINCE DE KAUNITZ, en date du 14 janvier 1792.

LETTRE DU COMTE DE LA MARCK AU COMTE DE MERCY (1).

Raismes, le 10 janvier 1792.

Je me hâte, Monsieur le Comte, de vous faire parvenir un avis qui me paroît important. Je crois qu'il

---

(1) Je donne ici cette lettre telle que je l'ai copiée, sur l'original autographe, aux Archives impériales de Vienne; mais je dois faire observer que le recueil de M. de Bacourt contient, tome III, p. 289 et suivantes, une lettre de La Marck à Mercy, portant cette même date du 10 janvier, et présentant des différences de rédaction. C'est la même lettre cependant. Chez Bacourt, une première partie, écrite le matin, est ainsi conçue :

« C'est la pauvreté et pas l'aisance qui succède à la richesse, et ce n'est pas davantage la raison qui succède à la folie, et la folie qui domine en France ne laisse aucun espoir après elle. Elle ne cessera que par la contrainte ou par la misère, ou par quelque autre grande calamité.

» Qu'arrivera-t-il à la nation françoise? Cette question paroit devoir rester longtemps encore sans réponse satisfaisante, et ce seroit en ce moment perdre son temps que de vouloir chercher dans l'avenir le sort de cette nation. Je vois des nuages tellement épais devant nous, que je serois tenté d'approuver le système de *laisser aller*, que les Tuileries semblent avoir adopté. Comme Pellenc le disoit fort bien dernièrement dans une de ses lettres : *Lorsque ce système est bon, il a l'avantage de pouvoir être suivi sans une grande habileté*, et en cela il leur convient mieux que tout autre ; mais encore, avec ce système, faudroit-il marcher la sonde à la main. D'après ce que nous savons d'eux, Monsieur le Comte, nous devons supposer qu'ils n'en

pourra vous arriver demain dans la journée, parce que j'enverrai de grand matin mon expédition à Quiévrain.

 « Il m'est confirmé d'une manière certaine que les instructions qu'a reçues le comte de Ségur pour Berlin sont exactement et littéralement celles dont j'ai eu l'honneur de vous donner connoissance à mon dernier voyage à Bruxelles. Le comte de Ségur est accompagné d'un M. de Maisonneuve, et il seroit très-possible que ce dernier eût la mission de faire une tentative en Pologne. Le nouvel agent, parti depuis deux jours de Paris pour Berlin, est un nommé Jarry, né François, mais qui a servi vingt ans en Prusse. Il a de l'esprit, du talent et une grande connoissance de la cour de Berlin. Au reste, cet homme est à moi; il m'est exclu-

---

font rien. Sur ce point surtout, l'auteur des lettres que j'ai l'honneur de vous faire passer (ce sont les sept lettres de Pellenc, publiées dans Bacourt, t. III, p. 260 à 287) pourroit leur être fort utile; et je vois avec regret, pour le bien de beaucoup de choses, qu'on ne sait pas tirer parti de cet homme. — Je n'ai aucun doute sur sa fidélité. Il a constamment refusé (et je l'ai su positivement plusieurs fois) de grands avantages qui lui ont été offerts de différents côtés révolutionnaires, et il les a refusés pour consacrer ses talents aux Tuileries, en fondant entièrement sur elles l'espoir de son avenir. D'après cela, et le bon esprit et la capacité que vous avez été à portée de reconnoître en lui par sa correspondance, je crois, Monsieur le Comte, que si vous rendez à Pellenc le service de dire un mot sur lui et sur ce qu'il vaut, quand vous écrirez aux Tuileries, ce sera là vraiment que vous rendrez un grand service. »

Vient ensuite, avec de légères différences, la lettre que nous donnons et qui forme la seconde partie de celle qu'a imprimée Bacourt.

Ces différences peuvent s'expliquer par cette circonstance, que celui-ci imprimait probablement d'après les minutes du comte de La Marck, tandis que nous suivons ici le texte envoyé, sur lequel le Comte avait fait des suppressions.

sivement dévoué. Il vient de me faire informer de la mission qu'il reçoit et de me donner son adresse à Berlin. Si j'avois un moyen sûr de communiquer avec lui, j'ai lieu de croire qu'il me découvriroit tout ce dont il est chargé et qu'il ne me laisseroit pas ignorer les succès ou la nature des obstacles qu'il rencontrera dans sa mission. Cet homme sert à contre-cœur dans le parti qui l'emploie, et le seul besoin de ses appointements l'y retient.

Il a voulu rejoindre les Princes à Coblentz; je l'en ai empêché, en l'assurant que je parviendrois un jour à le faire servir les Tuileries. Voyez d'après tout cela, Monsieur le Comte, si je peux être bon à quelque chose dans cette circonstance, et disposez de moi. Quand je serai en position de réparer le passé, vous n'aurez jamais à vous repentir d'avoir été le garant de mon zèle pour le service de notre Souverain (1).

---

(1) Dans le recueil de Bacourt, la lettre se termine ainsi qu'il suit : « J'ai reçu la lettre que vous m'avez fait l'honneur de m'écrire, en date du 6. Je vous prie de vouloir bien continuer à garder les lettres que je vous fais passer jusqu'à ce que je me rende à Bruxelles. Je ne conserve ici aucun papier qui, dans un moment de recherches possibles, mais non probables, pourroit donner des indices sur mes correspondances. »

DCLXXXII

L'EMPEREUR LÉOPOLD A MARIE-CHRISTINE (1).

Il fait tout préparer; pour le cas où les Français seraient assez fous pour attaquer l'Empire. — Le soi-disant député des Pays-Bas sera surveillé et renvoyé sans avoir été reçu.

[Sans date, mais du 12 janvier 1792.]

Très-chère Sœur, je viens de recevoir votre chère lettre du premier de l'an, et suis entièrement d'accord avec vous sur ce que vous dites des relations de vos États avec les François. Quant aux troupes, j'attendrai ce que vous me dites que le maréchal Bender en écrira, et fais préparer ici, en attendant, celles nécessaires pour le cas que les François fussent assez fous, ce que je ne crois pas, d'attaquer l'Empire. Quant au soi-disant député des Pays-Bas et ses gens, je les ferai surveiller ici et de près, ne les verrai pas, et tâcherai de leur faire parler clair et m'en défaire le plus tôt que possible. Je ne puis vous en dire davantage aujourd'hui, étant accablé d'affaires. Nous allons tenir des conférences sur vos affaires et celles de France, dont les résultats vous seront communiqués par deux officiers que je garde ici exprès pour ce but. Faites, je vous prie, mes compliments à mon fils Charles, et dites-lui qu'aujourd'hui je n'ai pas le temps de lui répondre. Je vous embrasse tendrement et suis

L.

---

(1) Archives de Son Altesse Impériale et Royale l'Archiduc Albert d'Autriche. Au haut est écrit : *Reçu ce 21 janvier* 1792.

Un marquis de La Valette, dont l'Empereur n'avait pas mauvaise opinion, se mêlait, en apparence officieusement, des affaires des Pays-Bas, et, dans les premiers jours de janvier, le comte de Baillet avait été envoyé en qualité de député des États de Brabant pour porter des paroles à l'Empereur. Mais ce Prince s'était résolu, dès la première nouvelle de cet envoi, à ne recevoir ni reconnaître aucun intermédiaire entre la Couronne et les États, et à rendre à M. de Baillet ses dépêches sans les ouvrir.

DCLXXXIII

L'EMPEREUR LÉOPOLD A MARIE-CHRISTINE (1).

Difficulté de faire partir les troupes du Brabant. — Les affaires de ce pays tiennent à celles de France. — Prévenir toute explosion contre les Français jusqu'au printemps et jusqu'à l'accomplissement du concert avec les Puissances. — Le prince de Nassau. Sa modération. — Baillet est à Vienne.

Le 16 janvier [1792].

Très-chère Sœur, je viens de recevoir votre chère lettre du 5, et vois tout ce que vous m'y marquez sur la situation des affaires chez vous, et la difficulté d'en faire partir des troupes. Je suis persuadé que vos affaires tiennent à celles de France ; je désire seulement qu'on prévienne ou retarde une explosion chez vous et une attaque des François en Allemagne (car, dans ce cas, il faudroit marcher tout de suite) jusqu'au prin-

---

(1) Archives de Son Altesse Impériale et Royale l'Archiduc Albert d'Autriche.

temps. Alors, les concerts seront pris avec les autres Puissances, et nous comparoitrons avec des déclarations et forces qui mettront fin, je me flatte, à toutes ces histoires. Le Prince de Nassau (1) est ici de la part des Princes. Il va à Berlin et Pétersbourg, et de là à Coblentz. Je le trouve encore le plus modéré de tous les François de la suite des Princes.

Le sieur Baillet est ici; il dit qu'il n'est pas député et n'a aucune commission, n'étant qu'un simple particulier. Je ne l'ai pas vu et ne le verrai point; mais je le fais veiller de près, ainsi que ses gens. Je vous embrasse tendrement et suis

L.

DCLXXXIV

MADAME ÉLISABETH A LA MARQUISE DE RAIGECOURT (2).

Paroles d'affection. — Mort de la duchesse de Mailly. — La Princesse commence à croire à la fin du monde. — Mot de madame de Souza. — La politique l'ennuie : elle n'en parle pas.

Ce 18 janvier 1792.

Non, mon cœur, je ne veux pas que vous changiez rien au projet que vous suivez depuis quinze mois. Patientez encore un peu. Voyez comment ira votre santé; mais ne vous pressez pas de la croire bonne.

---

(1) Le prince de Nassau-Siegen, qui faisait partie du conseil des Princes français. Voir, au tome II, page 251, une note sur ce personnage, et au tome VI, un extrait fort intéressant de ses *Mémoires* inédits.

(2) Papiers de famille de M. le marquis de Raigecourt.

Comment va le rhume que vous aviez eu l'esprit de vous apostropher il y a quelque temps? J'ai vu la personne dont vous me parlez : elle a été joliment sifflée par vous. Elle a très-bien retenu sa leçon, mais elle n'a rien obtenu. Tu me trouveras bien sévère, cela peut être ; mais je ne changerai qu'à bonne enseigne.

Bientôt tu ne pourras plus te résoudre à décacheter les lettres de Paris. Tous les jours, on apprend une mort qui intéresse. La duchesse de Mailly est morte cette nuit. Sa pauvre amie la duchesse de Duras est au désespoir ; c'est une perte affreuse pour elle. Dieu afflige tant les gens qu'il aime, que je commence à croire à la fin du monde. Il n'y auroit pas grand mal, car assurément il ne vaut pas grand'chose. Madame de Souza est morte aussi cette nuit. Elle rendoit son foie depuis un mois. Pour ta petite servante, elle se porte joliment ; mais elle est d'une inferveur très-désagréable. Ton C. (1) m'a fait dire qu'il te donneroit de ses nouvelles. Ta lettre lui a été remise. Je ne parle pas de politique ; elle m'ennuie. Adieu, je t'embrasse de tout mon cœur ; ainsi que ton gros pâté d'Hélène.

Ce même jour, le 18, l'Assemblée décrétait que Louis-Stanislas-Xavier, prince français, était définitivement déchu de son droit à la régence.

---

(1) Confesseur.

DCLXXXV

L'EMPEREUR LÉOPOLD A MARIE-CHRISTINE (1).

L'Empereur approuve les observations de la Princesse touchant l'Électeur de Trèves. — Dispositions prises pour des mouvements de troupes en vue des affaires de France.

Le 18 janvier [1792].

Très-chère Sœur, j'ai reçu votre lettre, et longue lettre, relative à vos affaires et aux troupes demandées par l'Électeur de Trèves et les Princes françois. Je suis de votre avis, et crois qu'à moins d'une attaque positive des François on ne peut dégarnir de troupes les Pays-Bas. Extrêmement occupé de toutes les dispositions à donner pour les affaires françoises et les courriers à expédier; je n'ai que le temps de vous dire que je vais faire marcher dans quinze jours des troupes pour l'Autriche antérieure d'ici qui couvriront l'Empire, et que je vais préparer quarante m. hommes qui se tiendront prêts pour tout ce qui pourroit arriver. Soyez donc tranquille, et maintenez seulement autant que possible la tranquillité et le bon ordre chez vous. Vous saurez les détails par le major Kollonitsch, qui part dans deux jours. Je vous embrasse et suis

L.

---

(1) Archives de Son Altesse Impériale et Royale l'Archiduc Albert d'Autriche.

DCLXXXVI

MARIE-CHRISTINE A L'EMPEREUR LÉOPOLD (1).

On a été obligé de faire des arrestations. — Le procès se poursuit; les preuves de la culpabilité sont évidentes, mais on ne peut répondre de rien avec le conseil de Brabant. — La Princesse approuve l'idée de rétablir la nonciature. — Elle compte beaucoup sur le bon effet que produira le retour du comte de Baillet, s'il revient sans avoir pu remplir sa mission auprès de l'Empereur. — Tout cela ne serait rien sans les affaires de France. — L'Assemblée nationale dément, par ses motions, les déclarations pacifiques du Roi. — Le duc de Saxe-Teschen se félicite des dispositions militaires prises par l'Empereur, et demande que l'on porte au complet les troupes des Pays-Bas. — L'armée française est indisciplinée et en mauvais état; mais on ne peut jamais répondre de ce que peut faire une nation qui est dans le délire.

Bruxelles, ce 21 janvier [1792].

Je viens de recevoir, mon très-cher Frère, votre chère lettre sans date, mais que je suppose du 12, et vous en baise les mains, bien heureuse que vous approuviez ce que nous vous avons osé mander dans nos lettres antécédentes. Vous recevrez par la poste d'aujourd'hui un rapport d'office sur ce qui s'est passé par rapport aux arrestations qu'on a été obligé de faire. A cette heure on va les mettre à la voie légale et intenter leur procès devant le conseil de Brabant. A nous et à tous ceux qui nous conseillent il semble que les preuves que nous avons à alléguer sont claires et sans réponse, et que, quoique tous en général fort coupables, il y en a surtout, l'un ou l'autre, qui devra

---

(1) Archives de Son Altesse Impériale et Royale l'Archiduc Albert d'Autriche. Copie.

être condamné d'après ces preuves. Mais on ne peut répondre de rien avec des principes comme sont ceux adoptés présentement par les jurisconsultes de ce pays, le peu de fond qu'on peut faire sur le conseil de Brabant, vu que la timidité et en partie la mauvaise volonté y règnent; enfin, quand on voit tous les moyens que la chicane fournit et emploie ici pour échapper à la justice, même dans les faits les plus notoires, dans lesquels personne ne veut dénoncer ou témoigner en justice, soit crainte, soit fausse conscience; ainsi nous n'avons pu nous appuyer que sur des écrits que nous avons en main, qui nous semblent à nous évidents et sans réponse ou excuse.

Quant à l'article de rétablir la nonciature, nous sommes toujours unanimement persuadés qu'elle pourra faire quelque bon effet sur le peuple. Ce retour réel d'un nonce fera tomber l'idée qu'on a tâché de leur inculquer, que vous êtes personnellement brouillé avec le Saint-Siége; et si ce choix tombe sur un nonce tant soit peu sage et raisonnable, il pourra être utile en ce qu'il imposera aux menées absurdes que se permettent encore des moines et ecclésiastiques du pays, et surtout d'empêcher leur coalition en France. Mais il seroit impossible de se faire illusion que rien n'opérera sur les plus entêtés de ce corps; car je crois que si un ange du ciel descendoit, il ne pourroit rien effectuer. Une chose sur laquelle tous les modérés et bien pensants de tous les partis comptent beaucoup et qui fera un grand effet ici, en isolant les boute-feu et encourageant ceux qui désirent de bonne foi le calme et la paix, c'est si, comme vous le dites, M. Baillet et son compagnon reviennent bientôt sans que vous les ayez vus ni écoutés; car c'est de quoi les plus méchants d'ici et tiennent leur conduite et bercent leurs adhérents, que vous allez tout leurs (sic) accorder, et que vous désapprouvez et même ignorez tout ce qui se fait ici, tandis que je crains que nous ne vous assommions que trop jusqu'au dégoût pour le compte que nous vous rendons comment et par quels moyens nous tâchons de procurer votre service et arrêter l'effervescence de cet esprit d'opposition que l'espoir dont on les leurre des effets que produira sur vous la mission de M. Baillet ne fait qu'augmenter, et laquelle tombera tout de suite, si son prompt retour et inutilité de son voyage leur fait voir la fermeté de vos principes et la juste indignation que vous cause la conduite des États de Brabant.

(1) Toutes ces circonstances fâcheuses qui nous tiennent sans relâche dans un travail très-désagréable ne tireroient pas au fond à de grandes conséquences, si les affaires de France qui attirent à présent notre attention ne s'y mêloient et ne les rendoient pas par là plus critiques.

Il est impossible en effet de prévoir ce qui résultera enfin de la position où sont les choses dans ce pays-là et à quel parti l'esprit de vertige pourra les pousser encore, ces têtes exaltées. Cela devient d'autant plus dangereux, que malgré les belles déclarations données par le Roi des principes de bon voisinage adoptés par la nation à l'égard des pays limitrophes à la France et

---

(1) A partir d'ici la lettre est de la main du duc de Saxe-Teschen.

en particulier au nôtre, on voit élever à l'Assemblée nationale des motions qui paroissent ne pouvoir s'accorder avec ces principes, et après lesquelles on ne peut répondre d'un jour à l'autre qu'elle ne prenne quelque parti qui y seroit tout à fait contraire. Vous sentez donc par là combien nous avons de motifs d'un côté à être charmés d'apprendre que vous avez fait toutes les dispositions pour qu'en tous les cas les troupes destinées à passer par l'Empire puissent se mettre en marche au premier ordre, et combien nous en avons d'un autre à désirer que ce qui nous manque au complet et nommément en chevaux, soit rempli le plus tôt possible. Vous aurez vu tout cela par les rapports du maréchal Bender, et y aurez remarqué surtout ce qui nous manque encore de chevaux d'artillerie et de Fuhrwesen (1); et il ne vous sera pas échappé en examinant ces rapports, ainsi que ceux qui les avoient précédés, combien tous ces objets y requis sont importants dans un pays comme celui-ci, troublé par les inquiétudes internes, où nous n'avons pas de places fortes et qui touche à celui de voisins aussi peu sûrs, dont toute la frontière est bordée d'un double rang de forteresses bien munies d'artillerie et de tout ce qu'il faut pour en faire des dépôts et des points de ralliement avantageux aux opérations d'une guerre.

Ce qui me fait croire encore que, malgré tous les cris et fanfaronnades de leurs enragés, ils ne se porteront pas à nous la faire, c'est le mauvais état et surtout l'indiscipline dans laquelle leur armée, quoique nom-

---

(1) Charrois.

breuse, se trouve en ce moment. Mais j'en reviens à
dire qu'on ne peut jamais répondre de ce que peut
faire une nation qui est dans le délire, et c'est ce qui
doit déterminer à ne pas négliger en aucune façon l'attention et les précautions nécessaires pour ne pas être
pris à dépourvu.

DCLXXXVII

MARIE-ANTOINETTE A LA DUCHESSE DE FITZ-JAMES (1).

Elle est fort occupée de ce qui intéresse la duchesse. — Plaisir qu'elle aurait à la revoir. — Fluctuation continuelle des événements politiques. — Satisfaction générale que cause la conduite de la fille de la duchesse. — La Reine envoie de bienveillantes paroles au jeune Édouard.

Ce 23 janvier 1792.

Il m'est impossible, ma chere duchesse, de laisser partire m' d'osmond sans vous parler de ma tendre amitie.
Croyez bien que votre position et tous se qui vous interesse m'occupe vivement. j'ai souvent de vos nouvelles par ces dames et votre pere (2); je desirerois
bien que vous pussiez revenir, et mon amitié vous est
garant du plaisir que j'aurai a nous voir reuni. (3) on
me fait peur en disant, qu'a cause de vos affaires, vous
ne seriez pas en sureté icy; mais comme je desire trop

---

(1) Papiers de famille de M. le duc de Fitz-James. Orthographe conservée. Cette lettre est écrite sur papier poulet de Hollande, non doré, filigranes avec le nom *J. Kool*.
(2) Le comte de Thiard.
(3) Ici le mot *mais* effacé.

ce retour pour en perdre tout a fait l'esperance, je crois, si vous le pouvez, il vaut mieux rester ou vous etez que de risquer encore un voyage long et penible, et qui peut-etre augmenteroit de beaucoup les difficultes pour nous revoir. j'ai ete bien touchée de votre derniere lettre. je ne vous dis point de nouvelles de ce pays-cy. chaque jour, chaque heure dément ce qu'on vient d'apprendre : il n'y a de constant, de suivi et de réelle que notre profond malheure et ceux de tous les honnetes gens. le porteur de celle-cy pourra causer avec vous sur notre situation : il est sage et voit bien.

Je suis bien aise de pouvoir vous dire que tout le monde parroit content de votre fille, et qu'elle se conduit fort bien. mon interet pour vous me rend plus severe ; ainsi vous pouvez m'en croire. elle ma dit qu'edouard etoit enfin console du depart de son frere ; dites lui bien, a ce pauvre edouard, qu'il existe dans le monde une amie de sa mere qui s'interesse vivement a lui et a tous les siens. Adieu, ma chère duchesse, il faut que j'écrive encore a mes deux tantes ; je n'ai que le tems de vous embrasser de tout mon cœur.

Suscription :
A madame la duchesse de Fitz-James.

DCLXXXVIII

LE COMTE DE MERCY A MARIE-ANTOINETTE (1).

Mission diplomatique de M. Barbé de Marbois dont l'objet est encore inconnu. — Ce qui se passe à l'Assemblée prouve les inconvénients de l'ouverture d'un congrès. — Il faut s'assurer d'observateurs sagaces, d'informateurs qui fassent exactement connaître chaque jour les mouvements de tous les partis. — Désignation mystérieuse d'un homme propre à faire un de ces fins informateurs.

Le 24 janvier 1792.

J'ai fait connoître à Vienne la destination de M. de Marbois. Il eût été à désirer que l'on sût l'objet de cette mission, et la part que peuvent y avoir prise les Tuileries. Ce qui s'est passé à l'Assemblée justifie l'opinion que l'on a eue à Vienne de l'inutilité et même des inconvénients d'un congrès. Il paroit que le moment approche où les cours s'expliqueront entre elles d'une manière précise. On doit en être informé incessamment. Si la guerre éclate, il sera bien important que l'on sache aux Tuileries les mouvements de chaque jour et les intrigues de tous les partis. Il faudroit, à cet effet, des observateurs bien intelligents et actifs. On croit avoir les preuves que (2) y seroit propre. Par son canal, on établiroit un concert de notions et de mesures. Sans cet accord, bien des choses essentielles échapperont. On supplie de faire attention à cette remarque.

---

(1) Archives impériales de Vienne. ARNETH, p. 241.
(2) La minute sur laquelle cette lettre est copiée laisse le nom en blanc.

François **Barbé** de Marbois, dont il est question dans cette lettre, est le même qui, dans les dernières années de sa vie, fut connu sous le titre de marquis de Marbois. Homme d'État, diplomate, écrivain, magistrat, finalement premier président de la Cour des comptes et pair de France, il mourut le 14 janvier 1837, à l'âge de quatre-vingt-dix ans. Il avait longtemps travaillé au département des Affaires étrangères, et Louis XVI, qui en faisait grand cas, lui avait donné diverses missions. La destination qu'il lui avait assignée en janvier 92 était Ratisbonne, où il devait se rendre, en remplacement de M. de Béranger, avec la qualité de ministre, auprès de la Diète, pour essayer de s'entendre avec les plénipotentiaires de l'Empire sur les droits féodaux des Princes allemands possessionnés en Alsace et en Lorraine. Fort peu de temps après, il fut appelé à Vienne pour aider l'ambassadeur de France, le marquis de Noailles, avec mission spéciale de détourner l'Empereur de continuer les menaces de guerre sur les frontières de France. Il réussit, et Léopold, qui ne demandait que des raisons, voire des prétextes, pour faire rétrograder ses troupes, donna l'ordre au général Brentano de faire rentrer ses bataillons qui déjà s'avançaient vers l'Alsace. Moins heureux dans sa mission auprès de la Diète, il y avait laissé tout entière la question délicate relative aux Princes d'Empire, qui s'était fort envenimée.

Le 3 décembre 1791, l'Empereur avait notifié au Roi un *conclusum* de la Diète sur ce sujet. Le comité diplomatique de l'Assemblée, saisi de ce *conclusum*, avait fait, le 26 du même mois, par l'organe de Gensonné, son rapport sur les indemnités votées en principe par la Constituante, comme devant être accordées à ces Princes, à raison de leur dépossession légale.

On se rappelle cette nuit du 4 août 1789, où, par un élan commun de patriotisme et d'abnégation enthousiaste, le Clergé et la Noblesse, abdiquant leurs priviléges, furent l'occasion de décrets abolissant toute trace de féodalité dans le royaume, et où le Roi fut proclamé *Restaurateur de la liberté française* par l'emphatique et sentimental comte de Lally. La conséquence naturelle de ces mesures constitutionnelles, c'est que le droit public international s'y devait prêter, et que les Princes étrangers possédant des terres en France devaient y subir la loi commune. Dès lors, Louis XVI avait été invité, par un décret du 28 octobre 90, à négocier avec eux la cession de leurs biens, moyennant une indemnité convenable. La plupart des intéressés avaient montré de la répugnance à pareille concession; et l'Allemagne, bien aise de garder un pied sur le territoire français, les avait encouragés à la résistance. L'Empereur, tout empereur qu'il fût, avait à compter avec l'autorité oligarchique de l'Empire, représentée par la Diète. Il jurait à son avénement ce qu'on appelait la *capitulation impériale*, qui le plaçait sous le droit germanique. Qu'il s'agit de questions générales, telles qu'alliances, paix ou guerre, ou de questions particulières de territoires ou autres, affectant les intérêts de membres de l'Empire, Électeurs, Princes, Nobles immédiats, Villes libres, Abbayes, la quasi-souveraineté même venait entraver la souveraineté, il fallait que le chef du Saint-Empire romain les soumit à l'examen de la Diète. Or, le 2 octobre 1790, Léopold ayant juré, dans la capitulation de son avénement, de faire valoir les prétentions des Princes possessionnés en France, il écrivit au Roi, le 14 décembre, une lettre de grand office, pour lui demander le rappel de lois contraires aux traités de Munster en 1648, de Nimègue en 1679, de Riswick en 1697, de Vienne en 1738. Cette prétention de chancellerie à s'ingérer dans la constitution fondamentale du pays choqua et causa d'autant plus de surprise qu'une indemnité avait été offerte. Les territoires d'un même État ne sauraient être régis que par l'unité législative, et dès que la féodalité avait été abolie dans tout le royaume, il eût été absurde de supposer qu'on la pût rétablir en une ou deux provinces pour des étrangers, comme le demandait l'Empereur. C'était déjà beaucoup que, pour ménager tous les intérêts et prévenir tout *casus belli*, la Constituante eût voté une indemnité à ces Allemands possessionnés. Aussi, le 22 janvier 91, une réplique du Roi repoussait-elle la prétention de ses anciens vassaux. Le cabinet de Vienne commença par introduire des difficultés de forme pour la réception de la lettre royale, et les rapports prenaient, à cette occasion, un caractère d'aigreur menaçant. L'esprit public avait fait du chemin depuis la nuit mémorable du 4 août. Comment eût-il été possible, en 91, de renoncer à l'une des plus importantes conquêtes de 89? Qui en eût osé faire la proposition devant les susceptibilités de l'honneur national? Quelques-uns des Princes dépossédés, les Ducs des Deux-Ponts et de Würtemberg, de même que les Princes de Lœwenstein-Wertheim, Salm-Salm et Hohenlohe-Bartenstein, s'étaient montrés disposés à accepter un dédommagement pécuniaire; mais les autres opposaient une obstination calculée. En novembre 91, le différend était encore à vif. Porté par Léopold à l'examen de la Diète de Ratisbonne, il avait été l'objet d'un *conclusum* énergique fulminé avec hauteur par la Diète. Ce *conclusum* ne se bornait pas à dénoncer les décrets de 89 comme attentatoires à la souveraineté territoriale de l'Empire, il déclarait en outre que ni l'Empire ni l'Empereur ne tiendraient compte de la condescendance des Princes qui avaient montré des dispositions à se laisser indemniser. Désormais l'entente n'était plus possible sur ce point, et par la menace que Léopold avait faite à la France, avant l'intervention de M. de Marbois, de charger l'épée du vieux maréchal de Bender de demander une réparation si les Princes déchus n'étaient pas réintégrés dans leurs droits féodaux, ce Prince avait perdu tout l'avantage que lui avaient acquis, dans l'opinion publique en France, ses dispositions personnelles au maintien de la paix. En voulant gagner du temps, comme toujours, et, sans rompre, imposer par un coup de fermeté, il avait dépassé son but et jeté dans le camp français une grenade dont les éclats devaient rejaillir sur lui-même et compromettre l'indemnité proposée : grave complication au milieu des vifs mécontentements causés par les rassemblements hostiles de l'émigration de l'autre côté du Rhin. Malgré tout, encore une fois, l'intention de Léopold n'était nullement de rompre les liens politiques qui l'attachaient à la France.

DCLXXXIX

MADAME ÉLISABETH A LA MARQUISE DE RAIGECOURT (1).

Elle prêche madame de Raigecourt au sujet de la mort de son fils. — Conseils à mettre en pratique pour entrer dans la voie de Dieu. — Il y a eu du tapage pour le sucre; le calme est rétabli.

Ce 24 janvier 1792.

Tu veux que je te prêche, ma chère Raigecourt. J'en aurois bonne envie, si je croyois que cela te fût le moins du monde utile. Mais je ne puis te dissimuler que Dieu ne m'a pas accordé grâce pour cela. Si j'étois votre directeur, je sais bien ce que je vous dirois et ce que j'exigerois de vous; mais ne l'étant pas, tout ce que je me permettrai de te dire, c'est que je ne crois pas que tu sois dans la voie de Dieu. Tu te fais illusion par l'humiliation où tu tiens ton esprit, sur la douleur que tu reçois toujours de la mort de ton fils. Cette humilité nourrit ton amour-propre, aigrit ton cœur, met ton âme à la gêne, et nuit au sacrifice que Dieu a exigé de toi, que tu n'as pas encore fait et qu'il attend avec toute la patience et la bonté d'un père et d'un ami indulgent. Mais, me direz-vous, je dis à Dieu qu'il a raison. C'est fort bien; mais je te connois, Raigecourt : cette parole ne s'échappe jamais sans un serrement de cœur affreux. Eh bien, si j'étois toi, je ne dirois plus cette parole, mais bien celle-ci : « Seigneur, je m'abandonne à tout ce qu'il plaira à votre bonté

(1) Papiers de famille de M. le marquis de Raigecourt.

d'ordonner pour mon salut. Sauvez-moi, mon Dieu, et que je vous aime : voilà tout ce que je désire. »

Je joindrois à cette aspiration le sentiment de l'abandon du cœur, et le calme que nécessairement elle doit te faire éprouver. Joins à cela de demander à Dieu de faire lui-même pour vous et avec vous ce sacrifice que vous n'avez pas encore arraché de votre cœur. Joignez-le à celui de Jésus-Christ, mettez-vous en esprit au pied de la croix. Laissez couler le sang de Jésus-Christ sur vos plaies ; demandez-lui de les guérir. Et si, après avoir mis tout cela en pratique, vous vous trouvez soulagée et presque froide, prenez bien garde d'en remercier Dieu et de ne pas vous faire de reproches d'insensibilité, que vous croiriez peu mériter par le contraste de votre position. Mais, mon cœur, ne mettez tout ceci en pratique que si vous vous y sentez de l'attrait, si votre cœur est touché, car s'il ne l'est pas, tout cela ne vaudroit rien. Vis-à-vis de Dieu, l'esprit doit être mis totalement de côté, le cœur doit seul agir avec la plus grande simplicité et confiance.

J'ai fait remettre la lettre : on m'a dit que l'on te répondroit. Nous avons eu du tapage pour le sucre tous ces jours-ci (1). Aujourd'hui, tout est calme ; du moins, je le crois, car c'est sur le rapport des autres que je crois qu'il y en a eu, n'ayant pas vu le moindre mouvement.

La Princesse prend du quinquina. Son écriture n'est

---

(1) En effet, le 24, il y avait eu pillage du sucre dans les magasins d'épiceries de la capitale.

pas changée, ce qui me prouve qu'elle n'est pas affoiblie. Adieu, je t'embrasse de tout mon cœur et t'aime de même.

Je t'envoie des pratiques de dévotion que nous commençons samedi prochain.

DCXC

LES COMTES DE PROVENCE ET D'ARTOIS A L'IMPÉRATRICE CATHERINE II (1).

Le Prince de Nassau les a instruits des démarches de Catherine II auprès de l'Empereur. — Envoi d'un mémoire sur leur position et sur les divers partis à prendre. — Les signalements de la famille royale ont été envoyés à toutes les frontières de France. — Ils sollicitent le retour prochain du Prince de Nassau auprès d'eux.

[Coblentz, le 26 janvier 1792.]

Madame notre Soeur et Cousine,

Le Prince de Nassau vient de nous instruire de la nouvelle démarche que Votre Majesté a faite auprès de l'Empereur, et nous Lui demandons la permission de Lui en exprimer notre vive et respectueuse reconnoissance. Le plus cher de nos vœux seroit rempli, si Léopold adoptoit le plan que Votre Majesté vient de lui proposer, et il nous paroît bien difficile que le Prince s'y refuse. Peut-être notre juste admiration pour les grandes qualités de Votre Majesté, la reconnoissance, la confiance que ses bontés nous inspirent, nous font-elles illusion;

---

(1) Archives impériales de Russie, à Moscou.

mais il nous semble que lorsque Catherine II a parlé, tout doit céder à sa voix. Si l'Empereur y consent, nous devrons à Votre Majesté l'honneur d'être les libérateurs du Roi notre Frère et de notre patrie ; mais toute grande qu'est cette gloire, elle l'est moins encore que celle d'avoir été les instruments choisis par Votre Majesté pour opérer ce miracle. Mais quelque juste, quelque entière que soit notre confiance dans l'influence de Votre Majesté sur les déterminations du cabinet de Vienne, il est d'une saine politique de prévoir tous les cas, et c'est l'objet d'un mémoire que nous prenons la liberté de mettre sous les yeux de Votre Majesté et dans lequel nous Lui exposons, avec la franchise et la confiance que nous Lui devons à tant de titres, notre position actuelle et les différents partis que nous croyons devoir prendre, suivant les différentes circonstances que nos foibles lumières ont pu prévoir (1). En soumettant le tout à la Souveraine la plus éclairée du monde et à celle qui daigne se dire notre amie, nous sommes bien sûrs que la sagesse et la bonté dicteront les ordres qu'Elle nous donnera, et qu'en les exécutant nous prendrons le meilleur de tous les partis.

Le Prince de Nassau nous a instruits de la signature du traité de paix entre Votre Majesté et l'Empire ottoman, et nous La supplions d'être bien persuadée qu'indépendamment des facilités que cet événement Lui donne pour suivre ses généreuses intentions à notre égard, nous en aurions éprouvé la même satisfaction

---

(1) Le mémoire annoncé ici ne s'est pas retrouvé dans les Archives de Moscou.

pour l'intérêt seul de sa gloire et du bien de son Empire.

La position du Roi notre Frère est plus fâcheuse que jamais, et pour donner à Votre Majesté une idée de la captivité où on le retient, nos tyrans ont envoyé à toutes les frontières son portrait, ainsi que ceux de la Reine et du Dauphin, afin que s'ils échappoient à leurs geôliers, ils ne pussent sortir du Royaume (1). Votre Majesté sentira facilement combien cette position ajoute à nos maux personnels, mais nous osons L'assurer que notre courage n'en est pas ébranlé et que nous saurons toujours nous montrer dignes de Henri IV, notre aïeul, et de Catherine II, notre généreuse protectrice.

Nous ne saurions finir cette lettre sans remercier Votre Majesté du prêt inestimable qu'Elle a bien voulu nous faire en la personne du Prince de Nassau : il nous sert comme il sert Votre Majesté Elle-même, c'est tout Lui dire, et il nous est bien doux de penser que c'est une obligation de plus que nous avons à Votre Majesté. Il aura déjà, lorsque Votre Majesté recevra cette lettre, eu l'honneur de Lui rendre compte de ses négociations à Vienne et à Berlin, et joui du bonheur de La voir. C'est un bonheur dont nous osons être jaloux ; mais nous espérons que Votre Majesté, qui n'est jamais généreuse à demi, ne l'en laissera pas jouir longtemps et nous le renverra bientôt pour achever ensemble notre grand ouvrage.

Votre Majesté veut-elle bien recevoir l'hommage des

---

(1) Le fait de cette précaution de police politique est confirmé par d'autres documents.

sentiments aussi tendres que respectueux avec lesquels nous sommes,

  Madame notre Sœur et Cousine,

de Votre Majesté

  les très-affectionnés serviteurs,

   Frères et Cousins,

    Louis-Stanislas-Xavier,

    Charles-Philippe.

A Coblentz, ce 26 janvier 1792.

DCXCI

LE MARQUIS DE BOMBELLES AU COMTE OSTERMANN (1).

Il s'attache à dissiper les doutes éternels qui se sont élevés sur la réalité des pouvoirs de M. de Breteuil. — Panégyrique de cet ancien ministre. — Intrigues ourdies contre lui par M. de Calonne. — M. de Breteuil est seul chargé des intérêts du Roi au dehors. — Objet de la mission de M. de Bombelles.

    Pétersbourg, le 26 janvier 1792.

  Monsieur le Comte,

J'étois si fatigué hier que je n'ai pu donner toute mon attention qu'à l'accueil dont Votre Excellence m'a honoré, ainsi qu'à ce qu'elle m'a dit touchant les doutes d'une confiance absolue dans M. le baron de Breteuil. Ce point étant la base sur laquelle repose ma mission, il doit être exactement connu. La lettre que je porte

---

(1) Archives impériales de Russie, à Moscou.

dissipera tout nuage, mais j'ose croire que ce que je dirai à Votre Excellence jettera une entière lumière sur ce que de malheureux intérêts particuliers ont fait chercher à obscurcir.

Des services aussi importants que connus me dispensent, Monsieur le Comte, de tracer l'éloge de M. de Breteuil; toujours fidèle à de bons principes, il se retira du ministère lorsqu'il vit la religion du Roi surprise. Il revint malgré lui en place pour obéir à la voix du meilleur des maîtres. Mais rien ne pouvoit plus sauver des malheurs qu'il avoit eu le courage d'annoncer. M. de Breteuil se retira à Soleure. Le Roi jeta de nouveau les yeux sur cet excellent serviteur. Le plein pouvoir mis hier sous les yeux de Votre Excellence fut envoyé; l'Empereur en eut connoissance par le canal de M. le comte de Mercy; deux mois après je quittai l'ambassade de Venise, et devenu libre de mes mouvements, je fus chargé de notifier à Sa Majesté Impériale les vrais sentiments du Roi. J'eus en même temps l'ordre de seconder tous les désirs de M. le Comte d'Artois; j'obtins pour ce Prince (digne de tous les succès) ce qui avoit été refusé à M. de Calonne. L'Empereur consentit aussi à voir à Florence ce ministre, qui, jusqu'à ce moment, avoit éprouvé tous les dégoûts que doivent rencontrer la légèreté et la présomption.

L'Empereur, dans l'audience accordée à M. de Calonne, ne crut pas nécessaire de cacher jusqu'à quel point alloit la confiance du Roi en M. de Breteuil. Ce mot dit, la guerre fut allumée. M. de Calonne se déchaîna sans mesure contre ce choix, puis ne négligea rien pour persuader que le plein pouvoir n'étoit rien moins que positif. Les menées furent au point que l'Empereur parut adopter une partie des conjectures de M. de Calonne. J'entrevis au moins la nécessité de les anéantir, et j'apportai à Milan une lettre de la main de la Reine qui prouva à l'Empereur toute la témérité des doutes de M. de Calonne. Alors ce ministre se permit de publier que ce plein pouvoir étoit détruit par des lettres subséquentes écrites par le Roi à M. le Comte d'Artois.

S'il devenoit absolument nécessaire que la triste série de ces manœuvres fût connue de Sa Majesté l'Impératrice, je puis les mettre au grand jour; mais je m'estimerai très-heureux de n'avoir pas à reparler de tous les ressorts mis en jeu pour empêcher le bien et pour induire en erreur deux Princes animés des plus parfaites intentions.

Aujourd'hui, Monsieur le Comte, il n'est plus possible d'ignorer que le plein pouvoir de M. le baron de Breteuil (toujours subsistant) a repris une nouvelle force depuis que le Roi a déclaré à Coblentz que M. de Breteuil étoit uniquement chargé de ses intérêts au dehors.

Si M. de Mercy (très-instruit du vrai) avoit eu le tort de laisser renaître des doutes à l'Empereur, les dernières lettres de la Reine à Sa Majesté Impériale et à M. de Mercy doivent les faire cesser sans retour.

J'ajouterai, Monsieur le Comte, que tiré d'une paisible retraite pour la plus honorable des missions, je n'ai pas à craindre que Leurs Majestés Très-Chrétiennes se soient joué de ma crédulité. Le zèle le plus pur me conduit ici : il m'y tiendra lieu de talents. Je n'ai point à y faire preuve de dextérité politique, je viens solliciter l'appui de la première Souveraine de l'Europe. Catherine II, après avoir orné sa couronne de tous les genres de gloire, ne souffrira pas que le sceptre de mon maître soit plus longtemps brisé par des traîtres et des ingrats. Les avis de Votre Excellence dirigeront mes démarches. Elle a bien voulu me promettre ses sages conseils. Il ne me reste donc, à cet instant, que le soin bien cher de lui offrir l'hommage de la haute vénération avec laquelle j'ai l'honneur d'être,

Monsieur le Comte,

de Votre Excellence,

le très-humble et très-obéissant serviteur,

Le Marquis de Bombelles.

DCXCII

MARIE-CHRISTINE A L'EMPEREUR LÉOPOLD (1).

Elle a reçu par la Princesse de Tarente une lettre de la Reine Marie-Antoinette. — Les dispositions belliqueuses augmentent à la frontière. — Elle ne craindrait pas la guerre si les États de Brabant jouissaient de la tranquillité à l'intérieur; mais le mauvais esprit qui y règne la fait trembler. — La France a intérêt à attaquer l'Empire, en commençant par les Pays-Bas, dont les troupes méritent peu de confiance.

Ce 30 de l'an 792 [janvier 1792].

J'ai à répondre, mon très-cher Frère, à deux de vos chères lettres, m'ayant réservé de le faire par le capi-

---

(1) Archives de Son Altesse Impériale et Royale l'Archiduc Albert d'Autriche.

taine Ficquelmont qui est aux grenadiers à Vienne et qui vous remettra celle-ci (1). J'ose vous le recommander tout particulièrement comme s'étant distingué dans la guerre turque et pour ce qu'on dit de sa conduite et caractère. Il avoit attendu quelques jours M. de Mercy, lui ayant voulu donner bien des lettres, mais ce ministre est tombé malade et garde le lit. Ainsi, j'ignore s'il pourra écrire. Entre temps, j'ai reçu une petite lettre de ma sœur de France, qui ne dit pas grand'chose, par une de ses dames qui est venue passer quinze jours ici (2). C'est la même qui lui est si attachée, une jeune femme nommée la princesse de Tarente. Elle n'y dit guère autre chose hors que de rester ainsi seroit ce qu'il y auroit de plus cruel. Cette dame d'ailleurs n'étoit instruite ni chargée de rien verbalement. Chez nous, sur nos frontières, les dispositions de guerre s'augmentent; les troupes s'exercent, l'artillerie y est considérable, et les divers discours tenus à l'Assemblée nationale paroissent la plupart tendre à faire la guerre et à la commencer par ce pays-ci. Si dans

---

(1) Ce capitaine était le comte Joseph de Ficquelmont, né en 1755, mort en 1799, père du comte de Ficquelmont, ministre d'État en Autriche, qui succéda au prince de Metternich et mourut à Venise en 1859. Les Ficquelmont étaient Lorrains, émigrèrent, et prirent du service dans l'Empire. Le vieux comte Baillet de la Tour, également Lorrain émigré, était le beau-frère du comte Joseph.

Le comte de Ficquelmont, ministre d'État, mort à Venise, est le père de madame la princesse Clary actuelle.

(2) Voilà encore une de ces lettres qui auraient dû se retrouver aux Archives de l'Archiduc Albert d'Autriche et qu'on regrette de n'y point voir. Comment soutenir que les deux sœurs n'étaient pas ensemble en correspondance, quand on rencontre si fréquemment la preuve du contraire, bien que les lettres aient disparu des Archives où l'on s'attendrait à les voir déposées?

notre intérieur, si dans nos provinces tout étoit tranquille, je ne serois aucunement en peine de cette folie de nos voisins ; même je la trouverois avantageuse pour occuper et exercer vos troupes d'ici ; mais ce mauvais esprit qui règne, cet attrayant que présenta dans les commencements au peuple et à la majeure partie de la nation ce système françois, lequel n'est pas établi encore assez longtemps pour que l'homme de la campagne et du peuple sente le mal qui en résulte même pour lui, et qui ne se manifestera que dans quelques années ; enfin, ce désir de l'égalité et indépendance, qui règne généralement dans toutes les classes des hommes dans le siècle présent, ceci me fait trembler. — D'un autre côté, quoique je sens toute la folie et tout le destructif pour la France d'oser vous attaquer et l'Empire, de braver toutes les puissances réunies (si encore on peut compter bien sur cette réunion); cependant, dans mon foible raisonnement, il me semble qu'il ne lui reste aucun autre parti à prendre. Laisser subsister l'exemple de leur système destructif est si pernicieux pour toutes les monarchies et Souverains, si contagieux pour les peuples, qu'il est impossible de laisser les choses ainsi. Leur arrogance avec leurs voisins et leur mouvement continuel de propager leurs principes à tout ce qui les environne et qui est le seul moyen d'être encore quelque chose dans la balance de l'Europe, en mettant les autres Souverains et surtout la monarchie autrichienne, qui est par les Pays-Bas la plus voisine, dans le même état où ils se sont réduits, et par les réunir quasi à eux et se les attacher. Les plus sensés entre eux sentent et voient que cela ne peut être toléré et que la fin sera qu'à main armée on réprimera ces dogmes pernicieux et remettra le Roi sur son trône, ne fût-ce que pour l'exemple et pour se défendre de cette épidémie qui gagne si rapidement. Pour éloigner cet instant de leur destruction qu'ils ne sauroient éviter, il n'y a que le moyen d'attaquer, et aucune des provinces limitrophes [ne] leur fournit tant d'avantage en tout genre que celle que vous possédez ici. L'esprit de révolte, de mécontentement qui y règne, encore fomenté par eux, leur prête déjà la main. Le pays est ouvert, feu l'Empereur ayant détruit toutes les forteresses. Vous y avez de belles troupes, mais en partie vous les devez avoir pour contenir la révolte interne, et en grande partie elles sont wallonnes. Le danger de l'exemple des troupes françoises séduites par cet esprit de liberté et d'insubordination donne matière à réfléchir sur le fond à faire sur cette troupe brave par elle-même, mais que trop encline et habituée à secouer la gêne de la discipline.

DCXCIII

L'EMPEREUR LÉOPOLD A MARIE-ANTOINETTE (1).

Il lui envoie un mémoire en réponse à celui que lui a transmis le comte de Mercy. — Il se félicite de l'accord qui existe entre eux sur les points essentiels.

Vienne, le 31 janvier [1792].

Très-chère Sœur, je crois ne pouvoir mieux témoigner ma tendre amitié pour vous, chère Sœur, et pour

---

(1) Copié par moi aux Archives impériales de Vienne, en 1854.

le Roi, en ces moments critiques, qu'en vous ouvrant mes sentiments, sans la moindre réserve. Je m'en acquitte avec la plus entière cordialité par un mémoire que je vous envoie pour servir de réponse à celui que vous m'avez fait parvenir par le canal du comte de Mercy. Charmé de voir que nos idées et nos vues se rencontrent dans les points les plus essentiels, je ne puis que bien augurer de l'issue. Elle sera à la fois tranquille et heureuse, si elle répond aux vœux que me dicte l'attachement vif et éternel avec lequel je vous embrasse et suis

Votre tendre et fidèle Frère

LÉOPOLD.

DCXCIV

RÉPONSE AU MÉMOIRE ENVOYÉ PAR LA REINE (1).

Il importe d'assurer à la Constitution une existence solide et tranquille. — Le rétablissement de l'ancien régime est impossible. — Le but sera-t-il atteint sans guerre et sans troubles? — Vraie source de la crise actuelle. — On veut pousser l'Empereur à une rupture : il préservera la France et l'Europe d'une telle calamité. — Conditions de sa participation à un concert européen.

L'Empereur persiste invariablement dans les sentiments qu'il a fait connoître à la Reine par sa lettre du

---

(1) Copiée par moi aux Archives impériales de Vienne, en 1854.
Les Archives impériales de France possèdent une ancienne copie de cette réponse, et elle a été reproduite par la *Revue rétrospective*.
Voir page 108 le mémoire auquel répond le cabinet de Vienne, dans le sens atténué indiqué par la Reine. Voir page 91.

20 août (1). Ils s'accordent en tout point, quant au but qu'on doit se proposer, avec les principes qui sont développés avec autant d'évidence que d'impartialité dans le mémoire que la Reine vient d'envoyer. Les imperfections de la nouvelle Constitution françoise rendent indispensable d'y acheminer des modifications *pour lui assurer une existence solide et tranquille.* L'Empereur applaudit, à cet égard, à la sagesse des bornes que Leurs Majestés Très-Chrétiennes mettent à leurs désirs et à leurs vues. Le rétablissement de l'ancien régime est une chose impossible à exécuter, inconciliable avec la prospérité de la France. Le renversement des bases essentielles de la Constitution seroit incompatible avec l'esprit actuel de la nation et exposeroit aux derniers malheurs. Lier cette Constitution avec les principes fondamentaux de la monarchie est le seul but auquel on peut raisonnablement viser.

Les objets compris dans ce but sont tracés avec la précision la plus satisfaisante dans le mémoire envoyé par la Reine. *Conserver au trône sa dignité et la convenance nécessaire pour obtenir le respect et l'obéissance aux lois, assurer tous les droits, accorder tous les intérêts,* et regardant comme objets accessoires les formes du régime ecclésiastique, judiciaire et féodal, rendre toutefois à la Constitution dans la noblesse *un élément politique qui lui manque* comme partie intégrante de toute monarchie. Ces points d'amendement renferment tout ce qui est nécessaire de vouloir tout ce qui est possible d'exécuter avec stabilité.

---

(1) Voir cette lettre du 20 août 1791, tome II, page 262.

L'Empereur est décidé de les adopter exclusivement en tout ce que sa tendre amitié pour le Roi et la Reine, son intérêt pour un royaume allié et les soins qu'il doit à la sûreté de ses propres États et de l'Empire germanique lui feront entreprendre.

Il y a quatre mois qu'il partageoit également l'espoir que le temps, aidé de la raison et de l'expérience, suffiroit seul pour réaliser ces amendements. Les communications secrètes ci-jointes, n° 1, prouvent la bonne foi avec laquelle il seconda sur cet espoir les déterminations du Roi et de la Reine, et qu'il ne tint pas à ses soins que les mêmes vues n'aient été adoptées par toutes les Cours (elles l'ont toutefois été par la plupart et même par toutes eu égard à l'effet), ainsi que par les Frères du Roi et les émigrés.

Ce n'est pas que l'Empereur ne persiste encore à croire que le but devra et pourra être rempli sans guerre et sans troubles; car il est intimement convaincu que rien de solide ne pourra être effectué, qu'en se conciliant la volonté et l'appui *de la classe la plus nombreuse de la nation, composée de ceux qui voulant la paix, l'ordre et la liberté, sont aussi fortement attachés à la monarchie.* Mais parce qu'*ils ne sont pas tous parfaitement d'accord,* parce qu'*ils sont lents à se mouvoir et à se déterminer,* parce que leur attachement à la Constitution est plus obstiné qu'éclairé, tout porte l'Empereur à craindre que cette même classe de gens, abandonnée à elle-même, ou se laissera toujours maîtriser, ou que ses bonnes intentions seront prévenues et rendues infructueuses par le parti républicain, dont le fanatisme dans les uns et la perversité des autres suppléent au nombre par une énergie d'activité, d'intrigues et de mesures fermes et concertées, qui doit nécessairement l'emporter sur le découragement, la désunion ou l'indifférence des premiers. Plus les chefs (si bien caractérisés dans le mémoire) qui dirigent ce parti sentent que le temps et le calme anéantiront leur crédit, plus ils se livrent à des mesures désespérées et violentes, et cherchent d'entraîner la nation à des extrémités irrémédiables, pour subvenir par un fanatisme universel à la détresse des ressources et à l'insuffisance des moyens constitutionnels.

Telle est la vraie source de la crise actuelle. C'est par un dessein prémédité de réchauffer le zèle révolutionnaire de la nation que les rassemblements des Émigrés, qui n'arrivoient pas en somme totale à quatre mille hommes, et qu'il étoit facile de contenir par des mesures analogues à l'insignifiance du danger, ont servi de prétexte à un armement de cent cinquante mille hommes rassemblés en trois armées sur les frontières de l'Empire germanique. Au lieu des ménagements dus à la conduite de l'Empereur qui venoit d'y mettre le comble par le désarmement des Émigrés aux Pays-Bas, au lieu de se réconcilier des Princes d'Empire qu'on a dépouillés au fond contre la teneur évidente des traités, on force l'Empereur et l'Empire par des déclarations impérieuses et menaçantes, et par des armements excessifs, à pourvoir de leur côté à la sûreté de leur frontière et à la tranquillité de leurs États. On se livre en même temps aux invectives publiques les plus indécentes contre tous les Souverains; on ne se cache plus sur les desseins de séduction les plus perfides; — et pour ne point laisser douter de la réalité de l'intention, on en commence l'exécution par le plus proche parent et allié du Roi, en recélant, encourageant et partageant un nouveau plan de révolte aux Pays-Bas autrichiens. Les preuves de ces menées sont parvenues sous les yeux de l'Empereur dans le même instant qu'on cherchoit d'endormir sa bonne foi par un décret illusoire.

Sans doute tout cela n'est que l'ouvrage d'un petit nombre de forcenés qui abusent des circonstances pour entraîner la nation. Mais ils réussissent à l'entraîner. Dominants dans la nouvelle Assemblée nationale (si diverse de la première), en possession de tous les postes influents dans la capitale et dans les provinces, infatigables et sans scrupules dans les moyens, ils intimident où étouffent la voix de ceux qu'ils n'entrainent pas, et réparent leurs défaites passagères par des assauts qu'ils renouvellent jusqu'à ce qu'ils arrachent la victoire.

Qu'est-ce, en effet, que la courte satisfaction des deux *veto* permis au Roi vis-à-vis des déclarations et des armements auxquels ce Prince a évidemment été forcé (car prudence nécessaire et volonté libre sont deux choses bien distinctes)? Et que sert le *veto* en faveur de ses Frères, s'il est obligé de consentir dans les vingt-quatre heures à ce qu'ils soient mis en accusation, dans le moment qu'ils viennent de désarmer? Des applaudissements gagnés par de tels actes d'autorité ne peuvent relever l'espoir que du parti qui en a su dicter la nécessité.

En un mot, on a cherché et on a réussi à déjouer toutes les peines que l'Empereur a prises pour maintenir le calme et la paix. En continuant les armements sur la frontière de l'Empire, après que la France par l'entremise de l'Empereur (témoin les preuves secrètes n° 2) avoit obtenu pleine satisfaction sur le désarmement des Émigrés; en rompant par un décret précipité toute voie raisonnable d'accommodement avec les Princes germaniques lésés; en compromettant immédiatement la conservation des provinces belgiques; en donnant enfin les démentis les plus éclatants aux espérances de modération et d'amendement par lesquelles l'Empereur avoit réussi à suspendre le concert des Puissances étrangères, toutes plus ou moins alarmées ou offensées, on a voulu qu'il ne puisse s'empêcher de renforcer ses troupes dans ses provinces limitrophes, de concourir au maintien de la sûreté et de la dignité de l'Empire, et de consentir au renouvellement du concert général.

Les vœux des pervers qui ont amené ces extrémités seroient comblés, si l'Empereur, ulcéré par une telle conduite, et désespérant absolument du succès des moyens conciliants, se laissoit entraîner à des projets de rupture, épousoit hautement la cause des Émigrés, et se réunissoit avec ceux qui désirent une contre-révolution parfaite. Ils attendent sans doute avec impatience ce moment pour accabler le parti modéré et pour précipiter la nation par des secousses violentes dans un nouvel état de choses pire que l'état actuel et accompagné de maux sans nombre, mais qu'il n'y aura plus moyen d'empêcher ni de changer.

L'Empereur préservera, s'il est possible, la France et l'Europe entière d'un tel dénoûment. Il augmentera d'abord ses forces de l'Autriche antérieure d'environ six mille hommes, puisque cette mesure est indispensable quand on ne considéreroit que l'esprit d'insurrection qui germe déjà dans les contrées d'Allemagne qui bordent le Rhin. Il concourra à des armements plus considérables encore et proportionnés à ceux de la France, puisque ces derniers compromettent immédiatement la sûreté et l'honneur de l'Empire germanique et le repos des Pays-Bas. Mais renfermant le but de ces mesures dans les motifs de défensive et de précaution qui en rendent l'emploi nécessaire, bien loin d'abandonner et contredire les principes sages et salutaires dont il partage la conviction avec le Roi et la Reine, il tournera tous ses soins à les combiner avec les mesures dont il s'agit, et à les faire adopter également par toutes les Cours qui prendront part au nouveau concert, en proposant pour bases essentielles de celui-ci et pour *conditio sine qua non* de son concours :

Que la cause et les prétentions des Émigrés ne seront point soutenues, qu'on ne s'ingérera dans les affaires internes de la France par aucune mesure active, hors le cas que la sûreté du Roi et de sa famille soit compromise par de nouveaux dangers évidents, et qu'on ne visera enfin dans aucun cas à un renversement de la Constitution ; mais se bornera à en favoriser l'amendement d'après les principes ci-dessus et par des voies douces et conciliantes. Telles étant les vues de l'Empereur, dans lesquelles il est déjà parfaitement d'accord avec le Roi de Prusse, et auxquelles il est persuadé que les autres Puissances donneront également les mains, Leurs Majestés Très-Chrétiennes peuvent être tranquilles sur les effets qui en résulteront. Elles ne seront compromises par aucune démarche ni prétention incompatible avec le bien-être, la tranquillité et les dispositions immuables de la nation françoise. Les mesures qui seront prises, justifiées par l'exemple et la provocation de la France, loin de grossir le parti fanatique, ne tendront qu'à en imposer à ses fureurs, à encourager les vœux et les efforts de la classe modérée de la nation, et à préparer ainsi *une raisonnable et juste composition qui établisse le bonheur et la liberté de la France sur l'accord de tous les intérêts.*

Cette marche ne gênera en rien l'exécution du plan de conduite que se sont tracé le Roi et la Reine. L'Empereur est le premier à les exhorter de le suivre littéralement, et de ne point s'écarter ni des voies légales ni de l'esprit public sur ce qui touche la Constitution. Mais en même temps il leur conseille de se réunir intimement avec les personnes qui influent par leurs talents et leurs sentiments honnêtes sur le parti modéré. Il leur promet enfin de profiter des occasions sûres qui se présenteront pour continuer d'instruire Leurs Majestés de tout ce qui pourra les intéresser de connoître dans le développement ultérieur de ses mesures, et s'offre, à cet effet, à l'entretien d'une suite d'avis et de communications réciproques avec la Reine, ou même avec lesdits chefs du parti modéré, au cas qu'ils puissent envoyer au comte de Mercy un sujet de confiance dûment instruit et avec tout le secret que les circonstances exigent.

DCXCV

M. DE SIMOLIN, MINISTRE DE RUSSIE,
A L'IMPÉRATRICE CATHERINE II (1).

Récit de son entrevue secrète avec le Roi et la Reine de France avant son départ. — Marie-Antoinette lui a remis des lettres pour l'Empereur d'Autriche et pour l'Impératrice de Russie. — Toute sa confiance repose sur l'appui de Catherine II. — Le Roi de Prusse a demandé à être indemnisé des frais de la guerre, si elle a lieu. — Le cœur de la Reine de France est navré de la froideur et de la versatilité de son frère. — M. de Simolin s'est engagé à se rendre à Vienne pour exposer la situation à l'Empereur. — Opinion de la Reine sur les Princes. — Ils lui paraissent égarés et subjugués par M. de Calonne, et il importerait que leur influence fût annulée. — La politique de M. de Mercy est aussi changeante que celle de sa Cour. — Le Roi a fait proposer au duc de Brunswick le commandement de l'armée française.

Bruxelles, le $\frac{31\ \text{janvier}}{11\ \text{février}}$ 1792.

Madame,

Ayant eu depuis quelque temps des relations plus rapprochées avec la Reine, Sa Majesté me fit prier, il y a quelques semaines, de lui proposer un sujet dont la discrétion et la prudence me fussent bien connues, pour le charger d'une lettre pour l'Empereur son frère, et de la commission de lui exposer de bouche le vrai état des choses, la malheureuse situation du Roi et de la Famille royale, leur façon de penser qui n'est pas telle qu'ils sont obligés de faire paroitre, et de rectifier les informations fausses qui paroissent avoir été données là-dessus à Sa Majesté Impériale. Quoique j'aie

---

(1) Archives impériales de Russie, à Moscou.

cherché, avec la personne qui a été chargée de cet office, et qui est également étrangère, à trouver un sujet propre pour une telle commission, et avec lequel il n'y eût aucun danger à courir, nous n'avons pu fixer notre attention sur personne. La Reine, ayant appris peu de temps après que j'allois recevoir un congé pour m'absenter de mon poste, et que le choix de l'endroit où je voudrois aller me seroit abandonné, Elle me fit sonder si je ne serois pas disposé à me charger moi-même, à sa prière et à celle [du Roi], de cette commission délicate, persuadée comme Elle l'étoit que Votre Majesté Impériale trouveroit dans leur démarche une preuve irrécusable d'une confiance entière, en remettant entre les mains d'un de ses ministres leurs intérêts les plus chers, et qu'Elle se tenoit assurée d'avance qu'Elle daigneroit approuver ma déférence pour leur proposition. Voyant de près la position affreuse de Leurs Majestés Très-Chrétiennes, qui sont isolées et qui ne peuvent se fier à des François, qui sont indiscrets, présomptueux, et qui ont des rapports soit avec les Princes ou avec leurs amis, et flatté de la marque de confiance qu'Elles donnent à Votre Majesté Impériale en jetant leurs yeux sur moi, je n'ai pu me défendre de répondre que je me résignois à tout ce que Leurs Majestés trouveroient bon de m'ordonner, et que je serois comblé si j'étois capable de leur rendre un service utile et agréable, me rassurant également que ma conduite seroit approuvée de Votre Majesté Impériale.

Avant de prendre congé, j'avois déjà fait parvenir au Roi et à la Reine l'extrait de ma dépêche du 5 décembre, par laquelle j'étois chargé de leur donner tant en public qu'en particulier les assurances les plus fortes et les plus expressives de l'amitié de Votre Majesté Impériale, et de l'intérêt vif et constant qu'Elle prendra à leur prospérité, et des dispositions où Elle est d'y contribuer par tous les moyens qui sont à sa portée. Le même soir du dimanche, la Reine me fit parvenir par un de ses secrétaires qui possède sa confiance, avis que, le lendemain à six heures du soir, Elle me feroit chercher par le même confident pour m'introduire chez Elle en frac et en surtout. Sa Majesté me reçut dans sa chambre à coucher, et après avoir fermé Elle-même la porte extérieure à verrou, Elle me dit qu'Elle ne pouvoit m'exprimer les sentiments de reconnoissance dont Elle et le Roi étoient pénétrés pour l'amitié et les procédés généreux et magnanimes de Votre Majesté Impériale, et qu'Ils étoient sensibles à la preuve d'attachement et d'intérêt que je leur donnois, dont Ils conserveroient toujours le souvenir; Elle ajouta que je la trouvois occupée à minuter les lettres qu'Elle se proposoit d'écrire à Votre Majesté Impériale et à l'Empereur son frère; Elle me les donna à lire, me demandant si je croyois qu'Elle y pourroit ajouter quelque chose, Elle le feroit. S'étant assise et m'ayant dit de m'asseoir près d'Elle, Elle entra dans le détail de leur position, me disant que Votre Majesté Impériale étoit déjà informée de leur vraie façon de penser sur leur situation, par la lettre qu'Elle lui avoit adressée vers les fêtes de Noël par la voie du Baron de Breteuil, qui étoit chargé en leur nom de la correspondance avec les Puissances étrangères. Elle me fit l'honneur de me raconter l'évasion des Tuileries, qui selon Elle a été trahie par une de ses femmes de garde-robe, et ce qui lui est arrivé depuis le 21 juin; et il y avoit des moments dans son récit où ses yeux étoient inondés de larmes malgré Elle. Après une heure de conversation, le Roi entra et me fit l'honneur de me dire qu'Il vouloit me voir avant mon départ en particulier, et me confirmer ce que la Reine m'auroit dit, dont plusieurs faits ont été récapitulés. Elle dit en présence du Roi que Votre Majesté Impériale ayant été heureuse dans tout ce qu'Elle avoit entrepris dans le cours de son glorieux règne, Elle avoit la confiance dans son cœur qu'Elle le sera également dans la défense généreuse de la cause de tous les Souverains. Le Roi y applaudit et me donna à entendre que toute sa confiance reposoit sur Elle ; Il ajouta qu'à Pétersbourg et à Stockholm on paroissoit désirer qu'il pût sortir de Paris, mais qu'il n'en entrevoyoit pas la possibilité ni ce qu'il pourroit devenir, si ce n'est de jouer le rôle d'un Prétendant. Il me parla aussi d'une lettre que le Roi de Prusse lui a écrite, où ce monarque articule d'être indemnisé des frais qu'une guerre occasionneroit. Je rappelai à Sa Majesté que, dans la guerre de Bavière, le feu Roi de Prusse avoit su s'exécuter, quoiqu'il tint beaucoup à l'argent. Je sais cependant que l'intention de Leurs Majestés n'est nullement que les dépenses d'une guerre soient à la charge du Roi de Prusse, et qu'Elles pensent que la justice exige qu'elles soient remboursées à des termes éloignés dont on conviendra. Il est toutefois probable que si les Puissances marchoient toutes dans un parfait concert et sur la même ligne, Elles réussiroient à faire rentrer le parti des factieux et les Républicomanes dans le néant, sans être réduites à en venir à des voies de fait. De l'autre côté, il est à parier que si cet état de choses dure encore deux ans, la Royauté sera éteinte, et il n'y aura plus de Roi en France.

Le Roi ayant resté près d'une heure près de la Reine, se retira en me témoignant beaucoup de bienveillance et le désir de me revoir bientôt. Je lui répondis que le plus heureux moment de ma vie seroit où je pourrois me mettre aux pieds de Leurs Majestés. Avant de sortir de la chambre, le Roi et la Reine observèrent que leur sort étoit particulier, qu'Ils devoient chercher et trouver de l'intérêt et de la consolation auprès des étrangers, et tous deux convinrent que la Noblesse et les Parlements ont ruiné la France et qu'une banqueroute étoit inévitable.

La Reine ayant repris ensuite la conversation, ne m'a pas caché combien son cœur étoit navré de la froideur et de la versatilité de son frère, qui, dit-elle, conservoit sur le trône la façon de penser d'un petit Duc de Toscane, qui avoit fait dix-sept ou dix-huit enfants qui l'occupoient, et qui ne prenoit aucun intérêt à ses parents. Que son malheur étoit d'avoir été séparée de ce frère depuis vingt-six ans, et lorsqu'elle n'étoit qu'une enfant. Ce qui l'a touchée particulièrement encore, à ce qu'Elle m'avoua, c'est que l'Empereur n'a pas répondu à une lettre très-pressante qu'Elle lui a adressée au mois de septembre dernier par la voie de M. le comte de Mercy, et que ce silence montroit le peu d'intérêt qu'il prenoit à sa situation et à ce qui se passe en France, dont il devroit redouter la contagion.

Il n'est guère possible de rendre à Votre Majesté

Impériale tout ce qui a été dit dans un entretien qui a duré près de trois heures. Le résultat a été qu'à mon arrivée à Bruxelles j'expédierois incessamment une personne de confiance avec ma dépêche et la lettre de la Reine à Votre Majesté Impériale et la copie de celle à l'Empereur pour être rendue en ses mains propres ; qu'après avoir confié au Baron de Breteuil et au Comte de Fersen ma commission dans toute son étendue, et au Comte de Mercy avec quelque réserve, je partirois pour Vienne sous prétexte de profiter de mon congé pour voir des amis en Allemagne, et que la Reine en ayant été informée, avoit bien voulu me charger d'une lettre pour l'Empereur et me requérir de lui exposer, si j'en avois l'occasion, l'état des choses en France et la position du Roi et de la Famille royale ; que je tiendrois le même langage à l'ambassadeur de Votre Majesté Impériale le Prince Galitzin, et qu'après avoir reposé quelques jours je retournerois à Bruxelles pour y attendre les instructions qu'il Lui plaira me donner, et pour faire parvenir par le Baron de Breteuil aux Tuileries des notions sur l'impression que mes informations auroient faite sur l'Empereur et sur le Prince de Kaunitz, pour lequel je lui demandai quelques lignes qu'Elle me promit de m'envoyer avec ses lettres, et un portefeuille renfermant des papiers très-intéressants, qui doit être déposé au trésor royal, où ses diamants sont déposés déjà, depuis le mois de février de l'année dernière.

Au sujet des Princes, la Reine s'expliqua qu'Elle n'avoit aucun doute sur les sentiments d'attachement et d'amitié de ses Frères pour le Roi ; mais qu'ils paroissoient égarés et subjugués par M. de Calonne, qui, par leur moyen, espéroit de jouer le premier rôle en France ; qu'Elle désiroit que les Puissances, qui s'intéressent à la cause générale, employassent leur influence pour engager M. le Comte d'Artois à aller en Espagne ou à Turin, et que, pour détourner des maux incalculables, il seroit à souhaiter que l'influence des Princes et des Émigrés fût nulle, et qu'il n'y eût que les Puissances qui parussent.

Sur l'observation que je lui fis que le danger auquel sa vie et celle de la Famille royale pourroient être exposées seroit peut-être le motif ou le prétexte de la réserve de l'Empereur de se déclarer, Elle me dit que le Roi et son fils étoient nécessaires à la nation, qu'Elle ne craignoit rien pour eux, et pourvu qu'ils soient sauvés, tout Lui étoit indifférent, et qu'Elle redoutoit moins la mort que de vivre dans l'avilissement et d'avaler tous les jours des coupes de mortification, d'amertume et de fiel.

Je suis parti de Paris mardi le $\frac{27 \text{ janvier}}{7 \text{ février}}$ et je suis arrivé ici jeudi le $\frac{29}{9}$; et après m'être entretenu avec le Baron de Breteuil et le Comte de Fersen, qui m'ont communiqué des lettres et des pièces très-intéressantes, ainsi qu'avec le Comte de Mercy, dont la politique est aussi changeante que celle de sa Cour, je n'ai rien de plus pressé que d'expédier un ancien domestique, dont la fidélité m'est connue, avec cette dépêche importante, et de lui recommander toute la diligence que la saison et le temps peuvent permettre.

Espérant que Votre Majesté Impériale daignera accorder sa très-gracieuse approbation à ma conduite et au parti que j'ai pris sans attendre son agrément, je suis avec le plus profond respect,

   Madame,

  de Votre Majesté Impériale,

     le fidèle sujet,

        Jean Simolin.

P. S. La Reine m'a prié de faire agréer à Votre Majesté Impériale ses excuses sur le format de papier qu'elle a employé pour écrire sa lettre. La raison en est afin de pouvoir la cacher d'autant plus aisément, attendu que personne n'est à l'abri des violences dans ce pays-là. Il ne m'est cependant rien arrivé dans ma route ; ce n'est qu'à la frontière qu'on m'a demandé à voir mon passe-port.

La Reine m'a aussi chargé d'exposer à Votre Majesté Impériale la démarche faite envers le Duc régnant de Brunswick. Le Ministre de la guerre a écrit à ce Prince, et lui a proposé, au nom du Roi, le commandement de l'armée françoise, et Sa Majesté a dû accompagner cette proposition d'une lettre de sa part, dans laquelle Elle lui a dit des choses obligeantes. La réponse du Duc a été des plus respectueuses ; mais il a refusé cette offre, disant que sa qualité de membre du corps germanique, ses liaisons étroites avec la maison de Brandebourg, et l'état de sa santé, ne lui permettoient pas d'accepter cette proposition, à laquelle il étoit extrêmement sensible. Samedi dernier, M. de Narbonne a proposé dans le conseil d'écrire de nouveau au Duc et de lui réitérer la même proposition ; mais le conseil n'a pas été de son avis, et l'affaire est restée là.

Le Comte de Mercy et le Baron de Breteuil ont été d'avis que je me fisse présenter à Leurs Altesses Royales avant de quitter Bruxelles, ce qui s'est fait au cercle d'hier soir. Madame l'Archiduchesse, le jeune Archiduc et le Duc de Saxe-Teschen, m'ont fait un accueil très-gracieux. Dans une heure je vais monter dans ma voiture pour continuer mon voyage, qui, attendu les mauvais chemins, exigera douze jours, en faisant beaucoup de diligence. *Ut in humill. litt.*

JEAN SIMOLIN.

Bruxelles, le $\frac{31 \text{ janvier}}{11 \text{ février}}$ 1792.

C'est le jeune Custine, fils du général marquis de Custine, membre de la minorité de la Noblesse à l'Assemblée constituante, fameux depuis par la conquête de Mayence et par l'imprudente promenade militaire qu'il fit en Allemagne après cette conquête, qui avait été chargé de négocier auprès du Duc de Brunswick. Il devait proposer à ce meilleur élève du grand Frédéric, dont on connaissait le penchant pour la France, le poste de généralissime des armées françaises. Quelques contemporains ont prétendu que cette négociation apparente en cachait une secrète et plus importante. Quelques Girondins, et notamment Sièyes, qui auraient voulu conserver la royauté en changeant la dynastie, auraient fait offrir la couronne au Duc par le jeune négociateur. Cette étrange assertion, qui a pu se répandre à cette époque d'ébullition, traversée par tant de bruits exagérés, tant de caquetages politiques souvent absurdes, se trouve formulée dans les notes laissées par le célèbre publiciste constitutionnel, par l'ami de Malouet, Mallet du Pan, fort au courant des affaires de son temps. On la retrouve encore dans les *Mémoires tirés des papiers d'un homme d'État* (1), dans les *Mémoires secrets* du comte d'Allonville (2), et dans ceux du général de La Fayette (3), mais plus timidement exprimée.

Le jeune Custine, doué de l'esprit le plus souple et des manières les plus séduisantes, avait une de ces instructions militaires précoces et de ces rares cultures de l'intelligence qui le rendaient propre à se faire écouter. Un des points les plus délicats de sa mission était, avait-on dit, de proposer le poste de généralissime des troupes françaises au Duc, à l'insu de Louis XVI. On ajoutait que le brillant étourdi Narbonne, actif, bien intentionné, mais l'une des marionnettes de madame de Staël, se serait montré audacieusement ambitieux, et que, pareil à Necker, il aurait eu la pensée de se faire le ministre de la nation en dehors de l'autorité du Roi. Tout cela n'était qu'exagération de parti. On s'accorde, il est vrai, à dire que M. de Narbonne était plus homme de cour et de salon qu'homme de guerre et que grand politique. Il pouvait bien avoir ses ambitions légitimes, mais ce n'était nullement un intrigant à ambitions révolutionnaires. Il avait foi dans la constitution, et y voyait en toute sincérité le salut du Roi et de la monarchie. Dans tous les cas, il est à noter ici que, contrairement aux témoignages cités, M. de Simolin, dont on vient de lire la lettre, confirmée par les Mémoires du comte d'Allonville, reconnaît que cette proposition avait été présentée au nom du Roi; que le Roi lui-même en avait écrit au Duc, et que le ministre avait proposé ouvertement au Conseil l'avis de renouveler l'offre après qu'il eut rencontré des difficultés. Au grand poste de généralissime devait être attachée une allocation de deux ou trois millions et un établissement digne du rang du Duc, dans quelqu'une de nos

---

(1) Tome Ier, pages 192-197.
(2) Tome II, p. 319. Mais il faut reconnaître que ce témoignage et le précédent n'en forment qu'un, puisque Allonville a été, en grande partie, le rédacteur des *Mémoires tirés des papiers d'un homme d'État*.
(3) Tome IV.

provinces, comme jadis en avait joui le maréchal comte de Saxe, espèce de souverain à Chambord. Malgré toutes les grâces, toutes les séductions et cajoleries du diplomate improvisé, le Prince se borna à accueillir avec sensibilité la flatteuse proposition, mais il la déclina. Il était trop sage pour échanger l'éclatante et solide position qu'il occupait en Prusse contre la chance de mettre à la voile au cap des Tempêtes et se jeter à travers les périls du plus obscur avenir.

Pendant ce temps-là, on avait vu l'Assemblée, entraînée par l'ardeur impétueuse de la Gironde, se jeter tous les jours à pas plus précipités dans la grande voie de la révolution, et se préparer aussi à la guerre.

Le 29 décembre 1791, elle avait proclamé, sur la motion de Condorcet, une déclaration solennelle de principes, à savoir : que *la Nation française renonçait à entreprendre aucune guerre de conquête*, et n'emploierait *jamais ses forces contre la liberté d'aucun peuple.*

Le lendemain, en vue des hommages à présenter au Roi pour le renouvellement de l'année, elle avait abrogé à l'unanimité l'usage des félicitations verbales ou écrites à l'occasion de cette époque.

Enfin, c'est le 31 décembre que le ministre des Affaires étrangères était venu communiquer, au milieu des frémissements de l'Assemblée, l'office de l'Empereur menaçant de l'épée de Bender si l'Électeur de Trèves était attaqué.

Laurent-Louis-Philippe-François de Custine, que nous citions tout à l'heure, fut une des victimes de la Terreur comme son père. Ce jeune homme, qui, après son échec auprès du duc de Brunswick, fut envoyé par le Roi à Berlin pour y renouer les négociations avortées dans les mains du comte de Ségur, ne put pas même réussir à présenter au Roi de Prusse des lettres de créance. La bonne grâce de ses manières inspira quelques ménagements au cabinet de Berlin : on le laissa séjourner dans cette ville autant qu'il lui plut, mais toutes les portes officielles lui furent fermées. A son retour de cette humiliante mission, il devint l'aide de camp du général son père pendant presque toute la campagne d'Allemagne. Dépêché par lui, au commencement de 93, auprès des comités et des-ministres, il eut le bonheur de le justifier de la trahison dont ses actes militaires le faisaient accuser. Ses liaisons avec quelques députés de la Gironde, particulièrement avec Condorcet, surtout encore la chaleureuse activité qu'il avait montrée dans ses démarches lors du procès de son père, l'avaient signalé aux regards inquiets des dominateurs de l'époque. Le bilieux Robespierre l'avait dénoncé à la tribune et l'avait fait envoyer devant le même tribunal qui avait condamné le général à la mort. Là, le jeune Custine montra dans sa défense tant d'esprit, d'adresse, de netteté, et en quelque sorte tant de grâce, qu'un instant on le crut sauvé. Mais un tel tribunal, présidé par le fougueux Dumas, ne lâchait pas facilement une proie condamnée à l'avance. Dumas s'étant empressé, avec une insigne perfidie, de lire, en l'altérant, une des lettres écrites de Brunswick par l'accusé, celui-ci ne put tenir contre la mauvaise foi du lecteur. Il la releva avec une telle vigueur d'indignation et de logique, que le président, irrité de son humiliation publique, hâta le dénoûment du procès et envoya sur-le-champ sa victime à l'échafaud. Custine mourut avec un de ces courages admirables dont il y eut tant d'exemples à cette époque, et il est resté de lui les lettres les plus touchantes à sa femme sur leur séparation éternelle.

Pendant que s'agitait dans la salle le sort du malheureux jeune homme, il s'était passé aux portes de ce tribunal d'épouvante et de deuil une scène émouvante. Naguère, des femmes avaient été hurler autour du Palais de justice pour hâter le jugement du père, trop lent à leur gré. « S'il est blanchi, s'écriaient-elles, il faudra en faire comme de Montmorin, et, avec lui, de tous les scélérats qui sont dans les prisons. » De même, au procès du fils, une foule ameutée d'hommes et de femmes de sang rugissait comme la panthère. Elle s'était ouverte avec peine à la jeune épouse en pleurs de l'accusé, qui tenait dans ses bras un enfant à la mamelle. Les plus exaltés de la foule repoussaient l'aristocrate et faisaient mine de parodier sur sa personne les cruautés des juges pour le mari. Soudain, par un mouvement sublime de femme et de mère, une femme du peuple (le vrai peuple est bon), qui tenait aussi un enfant pendu à son sein, saisit le nourrisson de la jeune marquise et lui donna le sien en échange, comme protection. Le populaire, ému de surprise et de respect, comprit la leçon et se tut : la pauvre jeune mère, qui tout à l'heure allait devenir veuve, était sauvée.

DCXCVI

LE MARQUIS DE BOMBELLES AU COMTE OSTERMANN (1):

Envoi d'un Mémoire *sur les causes du désaccord existant entre le Roi et les Princes. — Annotation de la main de Catherine II. — Elle ne voit dans tout ce Mémoire que la haine de Breteuil contre Calonne. — Il faudrait les envoyer tous deux au diable. — Note de M. de Bombelles* sur la nécessité et les avantages d'un congrès armé.

Saint-Pétersbourg, le 31 janvier 1792.

Monsieur le Comte,

Votre Excellence désire un précis de ce que je crois être les causes de nos malheurs et d'un manque d'ensemble dans des démarches ayant un même but. Il est impossible de refuser son entière confiance à un ministre qui s'en empare en inspirant autant d'attachement que de respect. J'ai dit dans le mémoire ci-joint ce que je pense; c'est ma seule opinion qui l'a dicté, je n'ai l'ordre de desservir personne. On ne m'a pas choisi pour être l'instrument d'une cabale. Invariablement fidèle aux intentions de mon souverain, je les connois assez pour être sûr qu'il n'en aura jamais d'affligeantes pour les Princes ses frères : il les aime, il

---

(1) Archives impériales de Russie, à Moscou.

TOME V.

leur prouva sans cesse son affection, il leur rend de
même la justice qui leur est due.

L'Impératrice, qu'on peut nommer la rêverie des
nations, veut ajouter un nouveau rayon à sa gloire en
raffermissant le trône de Louis XVI, en remettant en
vigueur les sublimes lois de saint Louis, en rendant
à la France le gouvernement que consolidèrent la sagesse de Charles V, la valeur, la loyauté d'Henri IV,
et la supériorité des lumières de Louis XIV. Catherine II, qui réunit en elle les qualités qui distinguèrent
ces grands Rois, s'indigne des outrages faits à leur
vertueux descendant. Sa Majesté Impériale veut qu'une
parfaite union hâte le retour du bonheur dont jouissaient le Roi et les Princes. Je ne suis ici, Monsieur le
Comte, que pour attester que c'est le vœu le plus cher
de Sa Majesté Très-Chrétienne. Si j'indique les causes
d'un froid également pénible à des âmes également
belles, c'est pour que des entraves secrètes n'arrêtent
pas un instant tout ce que la France peut se promettre
de l'appui de Sa Majesté l'Impératrice.

J'ai l'honneur d'être avec les sentiments les plus
distingués et les plus respectueux,

  Monsieur le Comte,
   de Votre Excellence,
    le très-humble et très-obéissant serviteur,
     LE MARQUIS DE BOMBELLES.

Je vais m'occuper de l'exposé des motifs qui portent
à désirer un Congrès armé.

NOTE DU MARQUIS DE BOMBELLES

SUR LES CAUSES DU DÉSACCORD QUI EXISTE ENTRE LE ROI DE FRANCE ET LES PRINCES (1).

Depuis plusieurs siècles, toutes les assemblées de la nation françoise n'ont eu d'autre résultat que de compromettre sa tranquillité et d'aggraver les maux du Royaume en raison de ce que l'autorité de son souverain y reçut plus d'atteintes.

Ces observations, faites à M. de Calonne par les plus sages magistrats, les plus habiles jurisconsultes et ses plus intimes amis, lui parurent le langage de la timidité ; il se crut cette supériorité de talents et d'énergie qui feroit vouloir à des Notables tout ce qu'il leur proposeroit ; il assembla ces Notables, et les mêmes hommes qui se jouèrent de sa confiance se mirent en mesure de bouleverser l'État. Les modernes philosophes en préparoient de longue main la ruine, ils trouvèrent dans l'archevêque de Sens l'homme le plus capable de les servir à leur gré.

M. de Brienne, ayant assez d'esprit pour cacher son incapacité dans l'art de gouverner, s'étoit fait un parti et même une réputation en censurant les fautes de l'administration. Les plus honnêtes gens du Royaume, les personnes les plus occupées du bien, virent avec plaisir l'arrivée de M. de Brienne au ministère, et la bienveillance de la Reine pour ce prélat sembloit autorisée par l'opinion publique.

M. de Brienne se déclara l'ennemi de M. de Calonne ;

---

(1) Archives impériales de Russie, à Moscou.

12.

il aggrava les torts de ce ministre disgracié; alors M. de Vaudreuil, ami de M. de Calonne, fit trop adopter ses sentiments à madame de Polignac, et entraîna Mgr Comte d'Artois dans une opposition qui sagement conduite pouvoit servir à éclairer la Reine, mais qui par le peu de mesure qu'on y mit déplut avec raison à Sa Majesté.

Sur ces entrefaites, le cri de la nation força au renvoi de l'archevêque de Sens.

M. Necker lui succédant et travaillant plus méthodiquement à l'anéantissement de la monarchie, se vit l'idole des ennemis de la Royauté. Il sut mettre assez d'art dans ses premières démarches pour faire illusion à d'estimables citoyens et même à des personnes attachées sincèrement au Roi ainsi qu'à la Reine; Leurs Majestés crurent que l'état cruel des affaires nécessitoit les sacrifices proposés par M. Necker. M. le Comte d'Artois vit plus juste, et la Reine alors eut tort de lui savoir mauvais gré des sentiments qu'il manifesta contre les entreprises du perfide Genevois.

Les États généraux s'assemblèrent; bientôt le Roi et la Reine reconnurent tout ce qu'ils avoient à redouter d'un ministère qui les trahissoit. Leurs Majestés se rapprochèrent des Princes (1) : de concert on pensa à arrêter les progrès du mal; MM. de Breteuil et de La Vauguyon furent appelés; mais le Roi, pressé d'éloigner de sa personne M. Necker, ne fit point ce que M. de Breteuil avoit conseillé; ce ministre vouloit qu'on gardât

---

(1) Monsieur, qui s'étoit laissé aller à l'opinion de M. Necker, l'avoit abjurée. (*Note de l'auteur du Mémoire.*)

encore quelque temps M. Necker, qui se discréditoit par ses fausses démarches, et qui ne reprit faveur que parce qu'on l'éloigna trop tôt. Les scènes sanglantes commencèrent à donner à la révolution l'odieuse marche que ses chefs parcoururent avec une rapidité étonnante, avec une atrocité déshonorante pour l'humanité.

M. le Comte d'Artois sauva à la nation l'horrible crime qui se méditoit, et mettant sa personne en sûreté, il diminua les dangers de la Famille royale. Arrivé à Turin, ce Prince fit l'admiration et les délices de cette Cour. Il s'y forma un conseil de tout ce qui l'avoit suivi; personne dans ce conseil (excepté M. le Prince de Condé) n'avoit jamais été occupé d'affaires, je ne dis pas importantes, mais seulement sérieuses; rien n'alloit, et le seul avantage qu'eut M. le Comte d'Artois fut de montrer une sagesse qui contrastoit singulièrement avec la vivacité et l'on peut ajouter l'exagération des idées de M. le Prince de Condé. M. de Calonne arriva à Turin au commencement de l'automne de 1790. Voyant qu'il ne pouvoit y faire adopter tous les projets renfermés dans son livre, il se remontra aussi purement monarchique qu'il l'est peu dans divers articles essentiels de ce livre. Bientôt ce ministre, de tout temps fort dévoué à M. le Prince de Condé, adopta ses projets et les embellit des grâces de son style. Ces productions, ainsi que des vers de société, étoient rapidement lues, jugées de même, et toujours applaudies. Mais aucunes ne servirent à améliorer l'état des choses, particulièrement parce que trop de démarches se croisèrent, et furent confiées aux soins d'agents aussi maladroits qu'indiscrets (1). La seule idée à laquelle M. de Calonne tint fortement, étoit que l'on ne devoit espérer de l'appui pour la contre-révolution que de l'Angleterre et de la Prusse : M. de Bischoffswerder, qui n'avoit pas encore pris son parti, se mit fort en avant; et faisant paroître le Duc régnant de Brunswick, il persuada au chevalier de Roll (2) qu'au moyen de quelques sacrifices des frontières de la France on viendroit incessamment au secours du Roi. Mgr Comte d'Artois sentit bien qu'il ne lui appartenoit pas de transiger sur de si grands intérêts, et quoi qu'il lui fût dit sur l'importance du rôle que lui procuroient les malheurs du Roi, dans cette occasion comme toujours, M. le Comte d'Artois se montra le meilleur des frères, le plus excellent citoyen, et conserva seul la rectitude qu'il eût dû trouver dans les avis de ses entours.

M. de Calonne, voyant enfin que tout ce qu'il avoit attendu de Berlin et de Londres se réduisoit aux 400,000 livres prêtées par le Roi de Prusse, crut, d'après ce que l'Empereur avoit dit à Adelsberg (3), que quelques instances de plus détermineroient Sa Majesté à

---

(1) M. de Castelnau, envoyé à Vienne, s'y permit de dire à l'Empereur que quand, au milieu d'une contre-révolution, Leurs Majestés Très-Chrétiennes et leurs enfants seroient sacrifiés, M. le Comte d'Artois resteroit, et qu'on ne devoit songer qu'à sauver la monarchie. Cet imprudent propos fit bien du mal. L'Empereur, six mois après, se le rappeloit à Venise, et l'y répéta à plusieurs personnes.
(*Note de l'auteur du Mémoire.*)

(2) Le même qui est à Berlin présentement. (*Note de l'auteur.*)

(3) M. de Bombelles s'était rendu à Adelsberg en Carniole pour engager l'Empereur à venir au secours du Roi, et avoit reçu les réponses les plus satisfaisantes. Cette course eut lieu en août 1790.
(*Note du rédacteur du Mémoire.*)

confier à M. le Comte d'Artois le commandement d'une armée. A peine cet espoir fut-il conçu que M. de Calonne regarda comme perdu pour sa gloire et pour le succès de ses vues chaque jour qui différoit son arrivée à Vienne. Cependant, avant de s'y rendre, il avoit un autre objet à cœur, celui d'écarter Mgr Comte d'Artois de Turin, où la prudence et le flegme de Sa Majesté Sarde étoient devenus insupportables à M. de Calonne. Le Roi de Sardaigne de son côté montroit à M. le Comte d'Artois un grand mécontentement de l'extrême chaleur que M. de Calonne mettoit dans ses conseils et ses démarches.

M. le Comte d'Artois étoit attiré à Venise par un sentiment que ne connoissent que les belles âmes. Il céda aux instances de son ministre; il annonça sa résolution à M. de Bombelles; il n'étoit plus temps de la combattre. M. de Bombelles, qui n'avoit pas encore reçu ses lettres de recréance, leva les difficultés que le sénat vouloit faire, et M. le Comte d'Artois fut conduit depuis Vérone jusqu'à Venise comme si la France eût joui de l'éclat et de la puissance que lui donna Louis XIV.

Ce fut le 6 janvier 1791 que Mgr Comte d'Artois arriva dans la capitale des États venitiens. Peu de temps après, M. de Calonne, très-mécontent d'avoir échoué à Vienne, se rendit à Venise, où, dans les premiers mouvements d'humeur, il se livra aux plus indécentes diatribes sur l'Empereur et tous les enfants de Marie-Thérèse.

Deux mois après M. le Comte d'Artois, obligé de quitter Venise, chargea M. de Bombelles d'obtenir de l'Empereur que Sa Majesté vit M. de Calonne. Cette demande fut accueillie ; M. de Calonne eut la permission d'aller à Florence : il en revint convaincu que l'Empereur cédoit à tout ce qu'il lui avoit demandé ; mais ce voyage ne produisit qu'une tracasserie très-injustement intentée à un bon serviteur du Roi.

M. de Calonne ne voulant pas absolument que M. le Comte d'Artois retournât à Turin, décida ce Prince, contre l'intention de Sa Majesté Très-Chrétienne, contre diverses convenances, contre le véritable intérêt de M. le Comte d'Artois (1), à se rendre à Aix-la-Chapelle sans avoir vu l'Empereur en Italie. M. de Bombelles, guidé par son respectueux dévouement pour Mgr Comte d'Artois, eut le bonheur de changer cette détermination, très-dangereuse, vu le concours de mauvais sujets qui abondent à Aix-la-Chapelle. L'Empereur consentit à voir le Prince à Mantoue, promit qu'il lui faciliteroit un emprunt, et lui offrit un asile soit à Namur, soit à Luxembourg. Ce fut à ce moment qu'on fit violence à l'équité de M. le Comte d'Artois et qu'on l'obligea à montrer de l'humeur à un homme qu'il lui est impossible de ne pas estimer.

M. de Bombelles garda le silence sur cette pénible circonstance, mais le Roi et la Reine en eurent con-

---

(1) Alors le plan des Tuileries étoit que M. le Comte d'Artois, soutenu de l'armée sarde et des régiments françois qui devoient se donner, eût le commandement du Dauphiné, de la Provence et du Languedoc, avec les plus amples pouvoirs, en même temps que M. de Bombelles travailloit avec succès en Suisse pour mettre les excellentes milices helvétiques sous les ordres de M. le Comte d'Artois. Cette attitude eût bien valu celle qu'il lui a été si difficile de prendre à Coblentz. (*Note de l'auteur du Mémoire.*)

noissance par tout ce que se permirent les entours du Prince. Leurs Majestés virent avec peine qu'on fît un crime à M. de Bombelles de la fidèle exécution de leurs ordres; elles ne furent pas moins affectées de ce qu'elles surent qui se disoit à Worms et parmi les personnes qui approchoient intimement Mgr Comte d'Artois. L'ancien refroidissement reparut. M. de Calonne l'augmenta en se servant de son ascendant pour faire écrire à M. le Comte d'Artois des lettres mortifiantes pour le Roi. Un salon françois présidé par de très-mauvaises têtes avoit une correspondance suivie avec les Princes, et chaque alinéa de ces écrits étoit injurieux pour Leurs Majestés. M. le Comte d'Artois avoit souvent dit à M. de Bombelles que s'il savoit officiellement que M. de Breteuil eût la confiance de Sa Majesté, il s'entendroit avec lui. En conséquence, le Roi permit à M. de Breteuil de faire connoître son plein pouvoir à M. le Comte d'Artois. La lettre de M. de Breteuil informoit le Prince de bien des choses qu'on a publié lui avoir été cachées. La réponse (sans doute minutée par M. de Calonne) fut brève et désobligeante. Peu de jours après, le Roi fut arrêté à Varennes, et cet affreux malheur s'aggrava parce qu'on en prit occasion de calomnier les intentions du Roi en établissant que, si Sa Majesté fût arrivée à Montmédy, elle n'eût usé de sa liberté qu'en adoptant une Constitution qui annuloit l'existence du Clergé, de la Noblesse, de la Magistrature, enfin de la vraie monarchie. Cette imposture fut criée partout où des François étaient réunis : il leur arriva des écrits offensants pour le Roi, dans lesquels M. de Breteuil étoit annoncé comme l'auteur des plus funestes projets, projets qu'on osoit affirmer que la Reine favorisoit.

Monsieur parvint à passer les frontières et bientôt écrivit à M. le Baron de Breteuil pour lui interdire tout exercice du plein pouvoir. Monsieur sentit promptement qu'on l'avoit entraîné, et les deux Frères du Roi, voyant à Bonn le baron de Breteuil, lui témoignèrent être fâchés de ce que cette lettre renfermoit.

En attendant, toutes ces particularités avoient nui à l'union si nécessaire entre les Princes et les Tuileries. Le Roi, trop exactement instruit du langage des entours des Princes, se refusa à la confiance que ses frères ne sollicitoient que dans l'intention d'en faire le meilleur usage. L'indiscrétion qui régnoit à Turin et à Venise ne cessant pas à Coblentz, Leurs Majestés eurent encore ce motif de se tenir sur la réserve.

M. le Comte d'Artois, qui sentoit mieux que personne la droiture de ses intentions, s'indigna souvent en croyant qu'on lui supposoit les vues qu'auroient voulu, que voudroient lui faire adopter les ambitieux qui l'approchent. L'exposé des sentiments des Princes, envoyé à Sa Majesté l'Impératrice de Russie, fut toujours l'expression de la plus respectable vérité, mais il faudroit que les agents des Frères du Roi cessassent d'employer leurs veilles à entretenir un éloignement qui coûte autant au cœur du Roi qu'à celui des Princes.

Il n'appartient aujourd'hui qu'à Sa Majesté l'Impératrice d'établir et de cimenter une harmonie également désirée; rien ne doit plus résister aux grandes, aux bienfaisantes vues de cette auguste Souveraine. Catherine II, qui, ne se bornant pas à commander aux respects de l'univers, veut que les droits du sceptre soient partout révérés, — Catherine II, qui a si généreusement embrassé la cause de Louis XVI, ne permettra pas que des menées particulières retardent le retour de l'ordre en France et prolongent les chagrins du Souverain.

Ce ne sont pas des idées partielles, des tentatives opposées qui triompheront des difficultés. Le Roi, dont on a souvent aussi mal jugé les intentions que la position, se livre avec confiance à tout ce qui lui sera conseillé par Sa Majesté Impériale. Les Princes, par raison ainsi que par reconnoissance, suivront cette précieuse volonté; le plan tracé par l'habile main de l'Impératrice sera enfin suivi; le mouvement parti de Pétersbourg, donné aux Tuileries comme à Coblentz, sera reçu des Puissances de l'Europe; elles se mettront en action pour venger l'offense commune à tous les Rois : alors la postérité, changeant ce vers d'Horace :

Nil mortalibus arduum est,

rendra hommage à la vérité en disant :

Rien ne fut impossible à Catherine II.

Annotation de la main de Catherine II de Russie sur le Mémoire précédent (1).

» Dans tout ce mémoire, je ne vois que la haine de Breteuil contre Calonne.

» Quand la Reine, dans sa lettre, répète que les

---

(1) Archives Impériales de Moscou.

Princes ne doivent se trouver qu'*en arrière* (1), je vois bien de quoi il s'agit ; mais en même temps je vois aussi que l'arrière d'un très-grand parti, composé des vrais catholiques romains, des Princes, de la Noblesse, des Parlementaires, de quantité de militaires de tout grade, n'est pas le moyen de faire aller la bonne cause en avant. Il faudroit envoyer au diable les conseillers tels que le B. de Br. qui donne d'aussi mauvais conseils, et Cal. aussi, parce que, à la lettre, c'est un éventé.

» Ce qui discrédite le plus ce Mémoire est ce qui y est dit du Prince de Condé. On y appelle exaltée l'élévation de son âme. Cela sent la haine, ou bien aussi on ne sauroit s'élever jusqu'à lui. »

PRÉCIS SUR LES INCONVÉNIENTS D'UN CONGRÈS, ET MOTIFS POUR CEPENDANT DÉSIRER LA PROMPTE CONVOCATION D'UN CONGRÈS, PAR LE MARQUIS DE BOMBELLES.

Dès que M. le Prince de Condé, M. l'évêque d'Arras et M. de Calonne se virent réunis à Turin, ils se livrèrent à l'idée d'un congrès.

L'aimable sainte Thérèse a dit que l'imagination était la folle de la maison. Les imaginations de ces messieurs s'échauffèrent sur les avantages qu'ils crurent entrevoir en réunissant toutes les Puissances pour sauver la France des maux de l'anarchie : ils se persuadèrent qu'on avoit jugé trop à la rigueur le projet de l'abbé de Saint-Pierre, et que ce projet, adopté par Henri IV et le sage

---

(1) Voir la lettre de la Reine Marie-Antoinette, en date du 3 décembre 1791, à l'Impératrice Catherine II. Page 276 du quatrième volume.

Sully, valoit sans doute mieux qu'on ne l'avoit pensé;
ils ne virent nulle difficulté à ce qu'un congrès perpétuel, formé des envoyés de tous les Princes de l'Europe sans exception, exerçât sa souveraine dictature
indépendamment des guerres ou des différends qui
surviendroient entre les Puissances.

Ce projet, sérieusement remis au jour, fut annoncé
au cardinal de Bernis ainsi qu'à l'ambassadeur que le
Roi avoit alors à Venise. Celui-ci, du même avis que le
cardinal, fit un mémoire qui persuada le conseil de Turin des inconvénients d'une telle réunion, en supposant
même qu'elle fût possible à effectuer. La lenteur des
opérations de la diète de l'Empire et sa nullité prouvent
que si les représentants d'un corps fédératif ne peuvent
ni s'entendre ni marcher d'un même pied, cette intelligence seroit plus impossible à trouver parmi les ministres des Souverains, dont les intérêts, s'ils se combinent un instant, ne tardent guère à se croiser.

Mais les règles générales doivent parfois céder à des
circonstances impérieuses, et si un congrès perpétuel
ne se présente que comme un beau rêve de la philanthropie, il peut n'en pas être de même de l'idée d'un
congrès momentané, et dont l'objet bien connu, avant
sa formation, y seroit traité avec autant de célérité que
de véritable désir du bien, au moyen du bon choix des
plénipotentiaires.

Si l'Empereur eût pu réaliser ses premières intentions, si quarante mille Autrichiens eussent serré la
Flandre françoise, si vingt mille autres eussent soutenu en Souabe les dispositions des Princes allemands;
si les Suisses, comme ils le désiroient, eussent alors

mis vingt-quatre mille hommes en campagne; si le Roi de Sardaigne eût contenu le Dauphiné par le corps d'armée qu'il tenoit prêt : sans doute ces mesures valoient mieux que toutes les opérations d'un congrès; mais la cruelle destinée du Roi a voulu que jusqu'à présent rien de ce qu'il a désiré n'ait pu être effectué par celles des Cours dont Sa Majesté devoit se promettre le plus d'assistance. Souvent sa captivité a été alléguée comme mettant obstacle à ce qui pourroit se faire, et récemment cet infortuné Prince a eu le chagrin de se voir considérer comme libre, au moment où sa volonté est totalement méconnue, au moment où il n'agit contre ses vrais sentiments que pour arrêter les horreurs dont il est toujours menacé, non pour sa personne, mais pour des objets qui lui sont plus chers que sa propre vie.

Le Roi, pénétré de reconnoissance en voyant tout ce que fait Sa Majesté l'Impératrice pour favoriser sa cause dans les démarches des Princes ses frères; le Roi, qui reconnoît l'amitié de Leurs Majestés Catholiques et Suédoise dans la convenable conduite des Cours de Madrid et de Stockholm, est aussi surpris qu'affligé des changements survenus à Vienne depuis les conférences de Pilnitz. La Reine est encore plus étonnée d'apprendre que (sans doute à l'insu de l'Empereur) on la calomnie en lui prêtant des démarches pour empêcher Léopold de confondre l'audace de l'Assemblée nationale.

Dans cet état des choses, Leurs Majestés Très-Chrétiennes pensent qu'un congrès mettroit plus d'ensemble dans les opérations qu'elles désirent. Si malheureusement l'Empereur est détourné de ses bonnes intentions, il faut perdre bien du temps pour que de Pétersbourg on détruise les surprises faites à sa religion. Au lieu que rendu sur le même terrain, un ministre de Sa Majesté l'Impératrice, bien instruit de ses volontés, bien inébranlable dans l'exécution de ses ordres, aidé par les plénipotentiaires d'Espagne et de Suède, entraîneroit indispensablement ceux de Vienne et de Berlin.

Le Congrès armé étant adopté, la marche des troupes suivant le nombre fixé en seroit une conséquence. Comme ces mesures n'auroient encore rien d'hostile, l'Empereur ne devroit plus être embarrassé, soit en ouvrant le port d'Ostende, soit en donnant tout autre passage aux troupes russes et suédoises (1). Peut-être les Puissances pourroient-elles, par une proclamation unanime et préliminaire, empêcher l'Assemblée nationale de faire des folies gênantes; et cependant, à mesure que cette marche méthodique s'effectueroit, elle offriroit au Roi bien des moyens qui lui manquent aujourd'hui.

L'Assemblée s'est toujours rassurée par l'espérance qu'il n'y auroit aucun concert parmi les Puissances, et sur ce qu'à Vienne comme à Berlin elle feroit jouer tous les ressorts de sa propagande. Mais quand elle verra l'Impératrice parvenant à réunir les plénipotentiaires des premières Puissances et déterminant par son exemple et sa prépondérance la marche de corps de troupes, qu'enfin Sa Majesté Impériale portera dans ce

---

(1) Troupes qui pourroient fort contribuer à faire cesser les inquiétudes de l'Empereur sur ses provinces des Pays-Bas. (*Note de l'auteur du Mémoire.*)

Congrès la sage mais invariable volonté qui lui a valu les étonnants succès de tout son règne, alors l'inquiétude succédera à une folle présomption : l'Assemblée nationale ménagera d'autant plus le Roi qu'elle espérera de s'en servir contre les intérêts du trône, et les Cours, bien assurées des vrais sentiments de Sa Majesté Très-Chrétienne, justifieront son entière confiance en rejetant sans aucun examen tout ce qui ostensiblement émanera du souverain prétendu constitutionnel.

Le Roi espère que la première opération du Congrès sera de demander que Louis XVI soit remis en liberté, déclarant qu'on ne le regardera comme libre que lorsque étant éloigné de trente lieues de Paris, ayant une garde à son choix (1) qui ne sera pas de la milice nationale, il pourra s'entourer de qui il voudra, voir sans aucune gêne les ministres étrangers, et se composer un conseil comme bon lui semblera.

Si l'on cédoit à cette injonction, le Roi bien certainement ne tarderoit pas à rejoindre à la frontière l'une ou l'autre des armées des Puissances ses libératrices (2) : si l'Assemblée ose se refuser à la demande du Congrès, les troupes marcheront sans qu'on puisse formellement accuser le Roi d'avoir provoqué leurs mouvements. Les Princes se serviroient des intelligences qu'on doit leur

---

(1) Peut-être même ses anciens gardes du corps. (*Note du marquis de Bombelles.*)

(2) De Compiègne on peut, par une suite non interrompue de forêts, se rendre à la frontière sans passer par un seul village ; il n'y a qu'un moulin qu'il seroit aisé de garnir à temps, et quant à un ou deux passages de rivières, on se serviroit de nacelles de cuir, dont les contrebandiers font un usage aussi fréquent que sûr. (*Note du marquis de Bombelles.*)

supposer en France, et l'on ne se livre pas à un fol espoir en se flattant que l'accroissement du mécontentement général combattra en même temps et très-victorieusement une Assemblée qui se discrédite, ainsi qu'une Constitution qui croule avant d'être mise en œuvre.

Il n'est pas encore temps de parler des autres avantages que de bons François trouveront dans la tenue d'un congrès où Sa Majesté l'Impératrice inspireroit aux autres Cours son désintéressement et la noblesse de ses vues.

On ne s'appesantit pas non plus sur la part que prendroit l'Angleterre aux résolutions du congrès. Il est à croire que si les Cours de Pétersbourg, de Vienne, d'Espagne, de Berlin, de Suède, de Turin, ainsi que les Suisses, s'entendoient bien, le Cabinet de Londres engageroit difficilement le Roi d'Angleterre à manifester une opposition qui seroit contraire aux sentiments connus de Sa Majesté Britannique.

La Hollande pourroit encore moins chercher à gêner des volontés soutenues et ralliées par l'énergie de Sa Majesté l'Impératrice : l'on sait que les Cours de Naples et de Lisbonne sont parfaitement intentionnées, et qu'enfin, si les Vénitiens étoient ce qu'ils furent autrefois, la révolution n'auroit pas de plus implacables ennemis qu'eux.

On ne se fait donc pas illusion en se persuadant que dès que Sa Majesté l'Impératrice aura fixé les irrésolutions du ministère de Vienne, elle trouvera dans le reste de l'Europe bien moins d'obstacles que tous ceux qu'elle a su vaincre tant de fois et avec tant de gloire.

DCXCVII

L'EMPEREUR LÉOPOLD A MARIE-CHRISTINE (1).

Les affaires de France et les dispositions militaires à prendre, et l'alliance avec la Prusse, ont retardé le départ du major Kollonitsch. — Six mille hommes d'une part et quarante mille de l'autre n'attendent que la bonne saison pour partir vers le Rhin.

Sans date, mais très-probablement du 27 janvier.
(Reçue le 5 février 1792.)

Très-chère Sœur, le major Kollonitsch étoit depuis quatre jours tous les jours sur son départ, mais les affaires de France, les dispositions pour les troupes, deux courriers de Russie, l'alliance avec celle [la Cour] de Prusse (2) m'obligent de retarder son départ jusqu'à lundi. Alors, vous aurez tout, et le comte de Mercy sera informé à fond de tout. En attendant, six mille hommes partent dans quinze jours pour le Brisgau, et quarante mille hommes, sous les ordres du prince Hohenlohe, seront prêts à la bonne saison pour marcher au Rhin ou chez vous, selon le besoin. La convention avec la Hollande n'aura pas lieu.

Au lieu du général Corli, j'envoie occuper sa brigade chez vous le général Jordis. J'espère que vous en serez contente et me reporte pour tout le reste à mes lettres par Kollonitsch, que vous aurez tout aussitôt et peut-être avant celle-ci. Je vous embrasse tendrement et suis

L.

---

(1) Archives de Son Altesse Impériale et Royale l'Archiduc Albert d'Autriche.

(2) Alliance défensive conclue avec la Prusse le 7 février 1792, et immédiatement après avec la Sardaigne.

DCXCVIII

L'EMPÉREUR LÉOPOLD A MARIE-CHRISTINE (1).

Il traite avec les Puissances pour la formation d'un concert européen. — Mouvements projetés de troupes autrichiennes. — Oter à la France tout prétexte d'agression. — Le Roi et la Reine sont si mal conseillés qu'on ne sait comment les aider. — Le plus difficile est de contenir et de contenter les Princes français et les Émigrés. — L'alliance avec la Cour de Berlin va être signée. — La Russie poursuit surtout ses vues sur la Pologne. — La Hollande a modifié ses propositions. — Intrigues de l'Angleterre. — Les affaires des Pays-Bas se lient à celles de France. — Instructions sur la conduite à tenir. — Plans conçus par un marquis de La Valette. — Baillet. — Nomination à diverses charges de Cour. — L'Empereur donne avis à sa sœur de se méfier du comte de Fersen.

Le 31 janvier [1792] (2).

Très-chère Sœur, c'est le major Kollonitsch, qui part enfin, qui vous remettra cette lettre de ma part. Nous n'avons pas pu le faire partir plus tôt, vû que les différentes nouvelles de France, Berlin et Russie, et les

---

(1) Archives de Son Altesse Impériale et Royale l'Archiduc Albert d'Autriche. Orthographe conservée.

(2) Tous les personnages qui sont cités dans cette lettre, tous les événements qui y sont relatés, donnent la preuve irrécusable qu'elle a été écrite en janvier 92. On ne s'explique pas comment M. Adam Wolf, qui l'a publiée trois ans après que j'en avais relevé la copie à Vienne, y assigne la date de janvier 91. A cette dernière date, il n'y avait pas d'accord formel entre l'Empire et la Prusse. La publication intégrale des lettres de Léopold, qui n'a été entreprise qu'en opposition à celle que j'avais déjà faite de quelques-unes et que j'aurais à faire encore pour les années 91 et 92, copiées, par moi ou pour moi, dans les archives du gracieux Archiduc Albert, n'a pas toujours été heureuse. M. Wolf n'a été en tout cela que la montre à répétition de M. de Sybel, de Prusse; mais cette montre se dérange. La publication de l'éditeur de Vienne donne constamment des dates entières,

13.

courriers survenus, en ont retardé un jour après l'autre
l'expédition. Quant aux affaires de France, le Cte de
Mercy, à qui j'ay envoyé et communiqué non-seulement tout ce que j'ai reçu de France, mais mes intentions pour l'avenir, vous communiquera ce qui est
relatif aus affaires. Je crois donc superflu d'entrer
en détail sur ces matières. Je traite avec les cours
pour former notre concert vers la France, et j'offre
d'envoyer pour ma part 40 mille hommes qui sont
déjà commandés et se préparent sous les ordres du
prince de Hohenlohe, pour marcher sur le Rhin ou bien
ou cela sera nécessaire, mais qui ne se réuniront que
lorsque le concert sera établi, à moins que les François
n'attaquent l'Empire ; — dans lequel cas je les ferai
marcher tout de suite. En attendant, dans 15 jours,
6000 mille (*sic*) hommes, c'est-à-dire 4 bataillons sur le
pied de guerre et un régiment de cavalerie vont marcher dans l'Autriche antérieure, où ils formeront avec
les trouppes qui y sont déjà un corps de 10 à onze mille

---

jour, mois et année, sans réserve, et comme si elle reproduisait les
originaux de l'Empereur, tandis que ce Prince ne relate *jamais* le
millésime. C'est là une grave inexactitude. En outre, il est fort regrettable que la ponctuation illogique et antigrammaticale adoptée par
M. Wolf coupe et obscurcisse le discours. On ne peut pas supposer
que ce soit strict respect d'éditeur paléographe pour l'orthographe et
la ponctuation de l'illustre écrivain, car l'éditeur a transformé à la moderne l'orthographe de Léopold et parfois changé des mots. Mais soyons
modeste : nous-même et nos copistes nous n'avons pas toujours été
infaillibles, et nous sommes volontiers induit à excuser les *lapsus* et
les erreurs chez l'éditeur allemand, auquel nous pardonnons aussi
volontiers envers nous ses violences de critique plus passionné que
bien informé. Il y a une classe d'hommes qui regardent leurs opinions
comme des dogmes, leurs assertions comme des oracles, leurs affirmations comme des procès-verbaux.

hommes aux ordres du Lieut. gl: Vallis qui sera assigné
au maréchal Bender. Je me flatte que le Roi de Prusse
va envoyer 6000 hommes également à Clèves et Wesel,
et préparera ses 40 mille hommes, ainsi que l'Impératrice de Russie et le Roi de Suède leurs trouppes pour
le cas du concert réciproque auquel on invitera également le Roi de Sardaigne et l'Espagne. On croit toujours que les François nous feront une déclaration de
guerre formelle; mais je me flatte qu'après mes dernières et fortes déclarations, ils n'en feront plus rien.
En tout cas, je crois qu'il faut leur ôter tout prétexte
d'attaquer, gagner du temps pour former le concert
entre les Cours. Mais si jamais ils faisoient des insolences
aux confins, les repousser avec la plus grande vigueur.
Pour le Roi et la Reine, ils sont si mal conseillés et
entourés qu'on ne sait pas comment les aider, et il
paroît que la désunion et le mécontentement se met (*sic*)
tellement en France dans toutes les classes, que la
banqueroute et tous les inconvénients qui en sont la
suite sont inévitables. Ce qui est le plus difficile, c'est
de contenir et contenter les princes et les émigrés
qui ne voyent que leur affaire et ne voudroient qu'a-
voir de l'argent, de l'autorité, faire eux tout, et se
soucient fort peu du Roi. Ils ne font que se plaindre,
écrire et imprimer les choses les plus infâmes de moi, de
vous et enfin de tous ceux qui ne veuillent (*sic*) pas aveuglement seconder toutes leurs vues et projets. Je crois
que ma conduite envers eux est modérée et juste. J'ay
insisté pour qu'ils désarment, pour délivrer l'Électeur
des embarras qu'ils lui causoient, et empêcher l'Allemagne d'être attaqué avant que nous fussions prêts;

le concert formé, et dans cette saison. Je leur ay offert asile dans l'Autriche antérieure et ay engagé le Roi de prusse a le leur accorder dans ses États et a y engager le landgrave de Hesse pour les siens; mais je ne puis pas les contenter en tout, et j'avouë que je ne veux rien avoir a faire avec leurs alentours qui ne font que mentir partout et vous compromettre, et que je n'ay pas voulu ni cru devoir me mettre en avant moi seul sans les autres cours, pour faire une guerre ruineuse pour moi seul à la France, sans sçavoir ni être sûr de ce que les autres feront, ni des intentions de la Russie sur la Pologne.

Mon alliance avec la cour de Berlin va être signée. Je ne puis que m'en louer en tout point. 30 mille hommes sont promis réciproquement, en cas d'attaque au déhors ou troubles dans l'intérieur du pays. Et le Roi ira pour les affaires de france en tout d'accord avec nous; la Russie promet beaucoup, donnera quelque argent, desire d'occuper ses voisins pour suivre ses projets pour la Pologne qu'Elle ne veut communiquer a personne, et qui, je crains, finiront par empêcher l'Électeur d'accepter la Couronne.

La Hollande, sur les insinuations de l'Angleterre, a, comme vous scaurés, dejà changé ses propositions; et la convention entre nous et Elle, qui, de cette façon, ne seroit avantageuse qu'à Elle seule, n'aura plus lieu. L'Angleterre se conduit de façon, vis à vis de nous et de tout le monde, que je crois qu'un concert des puissances contre Elle sera également nécessaire. C'est Elle qui est la motrice des affaires de france et des Pays-bas. Elle cherche chicanne à l'Espagne, et va lui faire

perdre ses colonies et avoir, à ce qu'on dit, celles de
france, par un traité d'alliance avec celle-cy. Quant
à vos affaires chez vous, j'ai vû tout ce que vous m'avés
marqué sur ces mattières dans vos différentes lettres.
Je suis toujours d'avis que vos affaires tiennent à celles
de France et sont fomentées sous main par l'Angleterre, que le parti des États de Brabant est le plus mé-
chant, mais le plus foible; celui d'Eduard Walkiers
et des Vonkistes le plus considérable, fort, et pour cela
le plus dangereux, tenant à celui des François, qui y
dépensent beaucoup d'argent, pour tenir en échec ou
y procurer une révolte générale pour le cas qu'on dé-
garnit les Pays bas des trouppes ou que la guerre avec
la France aje lieu. Voilà pourquoi j'ay destiné les
40 mille hommes d'ici pour ce cas, lesquels, si ils
seront une fois sur le Rhin, si les affaires s'arrangent,
pourront alors servir en partie pour arranger les affaires
des pays bas. En attendant, il faut continuer à agir
selon la constitution, en règle, avec la plus stricte
justice, éviter de donner des sujets de mécontentement
au peuple, surtout dans les petites choses, mais ne
point céder, avancer dans les vojes légales et les faire
soutenir avec vigueur et en vous servant du militaire;
encourager celui-cy par toutes sortes de moyens, découvrir et punir tous ceux qui fomentent des troubles,
cocardes, rassemblemant, etc., car les émigrations et les
mécontents unis a Douay et Lille je ne les crains point;
faire prendre garde aux confins, tant de la france que
du côté de Liége, pour éviter toute insulte et proposer
les mesures plus vigoureuses que vous croirez utiles et
nécessaires. Je crois le Comte de La Mark et M. Edouard

Valkiers et compagnie, dans le moment présent, les plus dangereux de tous.

La P^se d'orange m'a écrit une longue lettre pour se plaindre de ce qu'on avoit imprimé un écrit sur l'administration et comptes des États de Brabant pendant l'insurrection dans lesquels plusieurs personnes de cour et confiance étoient nommés comme ajant reçû des présents et qu'elle souhaitoit qu'on examine cette affaire dans les formes. Marquez-moi, je vous prie, ce qui en est.

Nous avons eu ici, pendant 15 jours, le marquis de la Valette qui a fait plusieurs projets pour raccommoder les affaires des pays bas, entr'autres pour changer la forme des États et établir un conseil suprême. Il paroissoit bien intentionné, mais ses projets inexécutables. Il est parti tout à coup en disant qu'il parleroit aux États, feroit venir ici des députés et tout plein de choses semblables. Je vous en préviens pour le cas qu'il dise des choses pareilles ou se vante d'avoir des commissions, ce qui est faux.

Le Sr Baillet est encore toujours ici, et son compagnon ne se voit pas. Il frappe à toutes les portes, pleure et s'afflige. Il voudroit être reconnu, et assure que les États surtout de Brabant sont si bien intentionnés, et que, pourvu qu'une députation vienne ici, tout seroit arrangé. On lui a déclaré Qu'avant que les subsides ne sojent accordés, l'affaire des conseillers terminée, et tout le reste remis en règle, on ne vouloit entendre parler de rien. Il proteste qu'il n'est pas député et n'est qu'un simple particulier ; et c'est en cette seule qualité que le prince Kaunitz l'a vu à son assemblée. Moi, je ne l'ai pas même voulu voir comme tel, et il ne fréquente que le prince de Ligne rarement, et M. de Mérode qui ne l'aidera pas beaucoup. Quant à la charge de Grand Veneur, vous n'avez qu'à en faire la proposition. Je ne vois aucune difficulté pour que Mr Maldeghen l'occupe, et qu'ensuite Warensdorf, qui convient à vous et à mon fils, et qui est honnête, zélé et attaché, devienne son Grand Maître. Vous n'avés qu'à me marquer quels ordres j'ay a donner pour arranger tout cela à votre commune satisfaction.

J'ai dû arrêter encore deux jours Collonitsch (1) à cause des nouvelles déclarations venues de France et de ma réponse à la Reine que j'envois également aujourd'hui au Cte de Mercy. Portés-vous bien et sojés persuadé de toute la tendresse avec laquelle je vous embrasse et suis

L..

P. S. Je vous avertis de vous défier du Cte de Fersen. J'ai des preuves en main qu'il prévient et anime la Reine contre moi, nous fait des tracasseries et mauvais offices à toutes les Cours et surtout avec les François.

La question de la guerre était devenue depuis plusieurs mois, en France, l'objet des préoccupations générales. Les nouvelles publiques, les informations particulières apportaient incessamment des détails sur ce qui se passait aux bords du Rhin, et, suivant l'usage, les propos, en se transmet-

---

(1) L'Empereur diffère dans l'orthographe de ce nom, qu'il écrit par un K au commencement de sa lettre.

tant de bouche en bouche, altéraient les faits, qui du reste n'avaient pas besoin d'être grossis pour avoir leur gravité.

A la fin de la séance de jour de la Législative, le 11 janvier, le ministre de la guerre, le comte Louis de Narbonne-Lara, avait fait son rapport sur l'état des frontières et sur les dispositions des troupes. Le ministre avait développé un tableau brillant de la force de nos places, de la belle organisation de notre armée, de l'énergie d'enthousiasme des gardes nationales, du zèle de l'administration militaire. Partout, suivant lui, se développait un cordon de défense des plus respectables. L'armée « depuis Dunkerque jusqu'à Besançon, disait-il, présentait une masse de deux cent quarante bataillons et cent soixante escadrons, avec l'artillerie nécessaire pour deux cent mille hommes. Les magasins, tant en vivres qu'en fourrages, assuraient la subsistance de deux cent trente mille hommes et de vingt mille chevaux pendant six mois. On travaillait, ajoutait-il, à les augmenter encore », et indépendamment des effets de campement qui se trouvaient dans les places frontières, on devait en verser, à bref délai, dans les magasins de seconde ligne, pour cent mille hommes. Enfin tous les approvisionnements étaient prévus, et le dépôt des remontes générales, destiné à préparer et fournir en tout temps à la cavalerie de promptes ressources pour la porter au complet, avait déjà vaincu les principaux obstacles à sa parfaite organisation (1).

Or, l'inspection du ministre avait été trop rapide pour qu'il ne fût pas permis de considérer l'exposé comme plus séduisant que les faits dans leur réalité nue. On croit si facilement ce qu'on désire! Cinq mois après, le 13 juin, un Mémoire de Dumouriez, lu à la Législative, était de nature à rembrunir les couleurs du tableau décevant de Narbonne. Peut-être y avait-il à faire ici la part des rivalités et amours-propres de métier. De même qu'à leur avénement quelques ministres des finances présentent un triste bilan de l'administration de leurs prédécesseurs pour faire valoir les pro-

---

(1) Voir ce rapport *in extenso*, aux n°s 14 et 16 du *Moniteur* des 14 et 16 janvier, et tome XII, p. 32 de l'*Histoire parlementaire* de Buchez et Roux.

messes de l'avenir, Dumouriez, en prenant le portefeuille
de la guerre, avait-il atténué d'instinct les couleurs du tableau de son devancier. Toujours est-il qu'il peignait la faiblesse et le délabrement des troupes, le manque d'armes, de
vêtements, de chaussures, de chevaux, de vivres, de munitions, d'effets de campement; le mauvais état de la plupart
de nos places de guerre, le peu de compte à faire de quelques commandants, de quelques officiers ou suspects ou
ennemis; de nombre de commissaires des guerres, de commis
ou garde-magasins soupçonnés d'être vendus. Aussi Robespierre aîné, Danton, Billaud Varennes, Antoine, Camille
Desmoulins, Santerre, Panis, tous démocrates extrêmes qui
avaient leurs raisons pour ne pas vouloir de masses armées,
et qui étaient à l'affût de sujets d'opposition, avaient-ils pro-
testé, avec leur violence accoutumée, contre le zèle belliqueux du jeune ministre. Ces hommes soupçonnaient justement que, dans son dévouement constitutionnel, le comte
Louis eût été bien aise de mettre sous la main du Roi une
armée protectrice. Peut-être eût-il été plus juste de dire que
la gloire de prévenir la guerre, comme il l'a répété souvent
depuis, lui eût paru la première de toutes. Mais l'ennemi
était aux portes, mais le courant de l'opinion était à la guerre,
il fallait en préparer les moyens, fût-ce même pour assurer
la paix. L'Assemblée, d'accord avec l'opinion, et d'ailleurs
pleine de défiance dans les arrière-pensées du jacobinisme,
s'était laissé prendre au rapport ministériel. L'activité en
quelque sorte fébrile que déploya M. de Narbonne dans son
court ministère, tout ce qu'il réussit à préparer et qu'il n'eut
pas le temps d'achever, aurait dû lui valoir plus de justice
qu'on ne lui en a rendu. Il a pu se tromper, mais sa bonne
foi est incontestable, et il aurait, au besoin, son excuse
contre les mauvais vouloirs, dans son ardeur à remplir ses
devoirs de ministre, à ne négliger aucun détail pour orga-
niser la défense sur nos frontières menacées. L'Assemblée,
en général si fort en défiance pour tout ce qui partait du
gouvernement, s'empressa ici de montrer une satisfaction
entière, en votant l'impression du rapport et l'envoi aux
quatre-vingt-trois départements, aux gardes nationales et
aux troupes de ligne.

Le 14 janvier, le Girondin Gensonné avait présenté, au nom du Comité diplomatique, le rapport annoncé sur la note officielle communiquée par le Prince de Kaunitz à l'ambassadeur de France à Vienne. Ce rapport faisait ressortir le concert établi entre l'Empereur et le Roi de Prusse contre la France, en violation du traité signé en 1756 entre la France et l'Empire, et il concluait à l'envoi d'un message au Roi pour l'inviter :

1º A demander à l'Empereur, au nom de la nation française, une explication nette et précise sur ses dispositions à l'égard de la France ;

L'engagement de ne rien entreprendre contre la nation, sa Constitution, sa pleine et entière indépendance dans le règlement de son gouvernement ;

La promesse de lui fournir, dans le cas où elle serait attaquée, les secours qu'il lui devait, en vertu de l'article IX du traité du mois de mai 1756.

2º A exiger que ces explications fussent données avant le 10 février prochain, et à déclarer à l'Empereur qu'à défaut d'une réponse entièrement satisfaisante, son refus serait considéré par la nation comme une rupture du traité de 56, et comme un acte d'hostilité contre elle.

3º Enfin, on recommandait l'accélération des préparatifs de guerre.

Aussitôt après la lecture de ce rapport, un autre Girondin, Guadet, qui occupait le fauteuil en qualité de vice-président, avait demandé à en descendre pour monter à la tribune. Il avait parlé avec véhémence contre l'Empereur, et, aux acclamations frénétiques de l'Assemblée, il avait proposé de décréter, sur l'heure même, que la nation française regardait comme infâmes, traîtres à la patrie et coupables du crime de lèse-nation, tout agent du pouvoir exécutif, tout Français (*Plusieurs voix :* Tout législateur !) qui prendraient part, soit directement, soit indirectement, à un congrès dont l'objet serait d'obtenir une modification à la Constitution, soit à une médiation entre la nation et les rebelles, soit enfin à une composition avec les Princes allemands possessionnés en Alsace. Soudain, sans attendre les dernières paroles de l'orateur, les membres de l'Assemblée, se levant d'un élan commun, dans l'attitude dramatique du serment, avaient juré qu'ils ne souffriraient pas qu'aucune atteinte fût portée à la Constitution. Les tribunes, comme électrisées, s'associaient à ce mouvement théâtral, prêtaient le même serment, et l'on n'entendait qu'une explosion de voix tumultueuses criant : « Oui, oui, la Constitution ou la mort! »

Cependant, malgré tout cet enthousiasme, la discussion ne se termina point ce jour-là. Avant la reprise, le timide ministre de Lessart, qui, pour ne pas envenimer les débats, cachait une partie des négociations embarrassées avec le cabinet de Vienne, vint, le 16, communiquer à l'Assemblée des dépêches rassurantes de M. de Sainte-Croix. Elles annonçaient que le désarmement et l'éloignement des Émigrés étaient réels dans l'Électorat de Trèves, qu'en un mot les ordres de l'Empereur avaient reçu à la lettre leur exécution. Cette communication fut accueillie avec froideur. A la séance du lendemain, l'illustre professeur de droit public à Strasbourg, l'auteur de l'*Histoire des révolutions de l'Europe*, Koch, parlant au nom du Comité diplomatique, essaya de ramener les esprits à plus de calme, et de Lessart profita de la circonstance pour insinuer que, dans les causes les plus justes, il était des ménagements à apporter pour la revendication de ses droits; qu'assigner l'Empereur à terme fixe, à bref délai, l'enfermer impérieusement dans le cercle de Popilius, était une sorte d'appel et d'agression. Mais Brissot, sur le ton de violence de l'époque, prit et garda longuement la parole pour démontrer que le temps des mesures de patience, des explications dilatoires, des formes lentes de la diplomatie était passé en présence de la guerre sourde, de la guerre tout à l'heure ouverte, de Léopold :

« Le masque est enfin tombé, s'écrie-t-il; votre ennemi véritable est connu : l'ordre donné au général Bender vous apprend son nom : c'est l'Empereur. Les Électeurs n'étaient que ses prête-noms, les Émigrants n'étaient qu'un instrument dans sa main..... Il ne faut point vous dissimuler la nature de la haine de vos ennemis, si vous voulez en mesurer l'étendue. Votre constitution est un anathème éternel aux trônes absolus. Tous les Rois doivent donc haïr votre

Constitution. Elle fait leur procès; elle prononce leur sentence; elle semble leur dire à chacun : Demain tu ne seras plus, ou tu ne seras Roi que par le Peuple..... Encore une fois, votre ennemi véritable, c'est l'Empereur; c'est à lui, à lui seul, que vous devez vous attacher; c'est lui que vous devez combattre (1). »

Et il souleva les passions de l'Assemblée en rappelant tous les actes, qu'il qualifiait d'actes d'hostilité, qu'avait à reprocher la nation à ce souverain : et la circulaire de Padoue, et le traité préliminaire de l'Empire avec la Prusse; et la déclaration de Pilnitz, et l'article IV de la circulaire du mois de septembre, et les lettres impériales à Louis XVI, et l'immixtion dans nos affaires intérieures, et les menaces réitérées de susciter contre la France l'épée de Bender. Il concluait enfin à ce que ce traité du 1er mai 1756, violé par la cour de Vienne elle-même, fût déchiré, et que le Roi fût invité à notifier à l'Empereur qu'on lui ferait la guerre si, avant le 10 février, il n'avait pas donné des explications de nature à dissiper toutes les inquiétudes.

Il faut reconnaitre que l'Empereur n'avait en réalité commis contre la France aucun acte d'hostilité ouverte, et que l'office même du 21 décembre, sur lequel on voulait le sommer de s'expliquer, ne découvrait ce fantôme de Bender que pour le cas où l'Électeur de Trèves serait attaqué injustement, après avoir rempli tous ses engagements à l'endroit des Émigrés ; mais une phase de révolution est une phase de délire, il faut qu'elle ait son cours. Comment mettre un frein aux emportements du vertige? La Gironde, persuadée que la République ne pouvait s'établir que par la guerre, voulait la lutte entre les peuples et les rois. Les Brissotins se prodiguèrent dans la discussion; et ce fut bien vainement que le côté droit de la Chambre, composé d'esprits modérateurs, tels que Matthieu Dumas, qui en parle dans ses *Souvenirs* (2), Ramond, Jaucourt, Beugnot, Becquey, Daverhoult, se succédèrent à la tribune pour essayer de conjurer

---

(1) *Moniteur*, page 147 du tome XI de la réimpression.
(2) Tome II, pp. 47-75.

la tempête. Le 25 janvier, on avait adopté le décret suivant, qui rentrait dans le projet du 14, à savoir :

Art. Ier. Le Roi sera invité par une députation à déclarer à l'Empereur qu'il ne peut désormais entretenir des relations politiques avec aucune Puissance qu'au nom de la Nation Française, et en vertu des pouvoirs qui lui sont délégués par la Constitution.

Art. II. Le Roi sera invité à demander à l'Empereur, comme chef de la maison d'Autriche, s'il entend vivre en paix et bonne intelligence avec la Nation Française, s'il renonce à tout traité, convention, dirigés contre la souveraineté, l'indépendance et la sûreté de la Nation.

Art. III. Le Roi sera invité à déclarer à l'Empereur qu'à défaut par lui de donner à la Nation, avant le 1er mars prochain, pleine et entière satisfaction sur les points ci-dessus rapportés, son silence, ainsi que toute réponse évasive et dilatoire, seront regardés comme déclaration de guerre.

Art. IV. Le Roi sera invité à continuer de prendre les mesures les plus promptes pour que les troupes françaises soient en état d'entrer en campagne au premier ordre donné (1).

A l'animation de l'Assemblée M. de Lessart avait prévu cette décision, et il avait pris, vis-à-vis de la cour de Vienne, les devants par ses dépêches destinées à être communiquées au prince de Kaunitz. Ces dépêches enjoignaient au marquis de Noailles de demander des explications catégoriques sur l'office du 21 décembre, sur l'immixtion de l'Empereur dans les affaires intérieures de la France, sur ce qu'il entendait par le concert européen ; et il terminait par déclarer que si les réponses n'étaient pas satisfaisantes sur ces trois points, on se verrait forcé de recourir à la guerre. Aussi le Roi, s'appuyant sur ces démarches, fut-il en mesure de répondre au message de la Législative par le message suivant, que présenta le garde des sceaux au président :

---

(1) *Moniteur* du 26 janvier 1792, pages 215 et 216 du tome XI de la réimpression.

DCXCIX

Paris, le 28 janvier 1792.

J'ai examiné, Messieurs, l'invitation, en forme de décret, que vous m'avez fait présenter le 25 de ce mois. Vous savez que par la Constitution c'est à moi seul qu'il appartient d'entretenir les relations politiques au dehors, de conduire les négociations, et que le corps législatif ne peut délibérer sur la guerre que sur ma proposition formelle et nécessaire. Sans doute vous pouvez me demander de prendre en considération tout ce qui intéresse la sûreté et la dignité nationales; mais la forme que vous avez adoptée est susceptible d'observations importantes. Je ne les développerai point aujourd'hui; la gravité des circonstances exige que je m'occupe encore plus de maintenir l'accord de nos sentiments, que de discuter continuellement mes droits. Je dois donc vous faire connoître que j'ai demandé, depuis quinze jours, à l'Empereur une explication positive sur les principaux articles qui font l'objet de votre invitation. J'ai conservé avec lui les égards que se doivent réciproquement les Puissances. Si nous avons la guerre, n'ayons à nous reprocher aucun tort qui l'ait provoquée. Cette certitude peut seule nous aider à soutenir les maux inévitables qu'elle entraîne. Je sens qu'il est glorieux pour moi de parler au nom d'une nation qui montre un si grand courage, et je saurai faire valoir cet incalculable moyen de force.

Quelle preuve plus sincère puis-je donner de mon attachement à la Constitution, que de mettre autant de mesure dans les négociations qui tendent à la paix que de célérité dans les préparatifs qui permettront, s'il le faut, d'entrer en campagne avant six semaines? La plus inquiète méfiance ne peut trouver dans cette conduite que la conciliation de tous mes devoirs. Je le rappelle à l'Assemblée, l'humanité défend de mêler aucun mouvement d'enthousiasme à la décision de la guerre; une telle détermination doit être l'acte le plus mûrement réfléchi; car c'est prononcer, au nom de la patrie, que son intérêt exige d'elle le sacrifice d'un grand nombre de ses enfants. Je veille cependant à l'honneur et à la sûreté de la nation, et je hâterai de tout mon pouvoir le moment de faire connoître à l'Assemblée si elle peut compter sur la paix, ou s'il faut se résoudre à la guerre.

Signé : Louis.

Et plus bas : Duport.

Léopold n'avait pas attendu les communications du marquis de Noailles pour peser toute la gravité des circonstances. Instruit par le déchaînement de l'Assemblée dans la séance du 14, son parti était plus d'à moitié pris quand arriva le pressant *ultimatum* de M. de Lessart :

« Puisque les Français, s'écria-t-il, veulent la guerre, ils l'auront, et ils verront que Léopold le Pacifique sait la faire quand il le faut. Ils en payeront les frais, et ce ne sera pas en assignats (1). »

Sur-le-champ il convoqua un conseil extraordinaire, où il était entouré de Kaunitz et de Lascy. Les uns opinèrent pour l'offensive immédiate, les autres pour des mesures de prudence armée. Les autres voulaient qu'on se donnât le temps de tout préparer et qu'on attendît les premières agres-

---

(1) *Mémoires tirés des papiers d'un homme d'État,* t. I, p. 214.

sions de la France. Ce dernier avis, qui ne pouvait manquer d'être celui de Kaunitz et de Léopold, prévalut. On ordonna sans délai des préparatifs militaires dans toute l'étendue des États héréditaires. En même temps l'Empereur pressa, auprès de la cour de Berlin, la conversion des articles préliminaires d'alliance en un traité définitif. Loin de rencontrer à cet égard des difficultés, il trouva chez le roi Frédéric-Guillaume des dispositions plus belliqueuses encore que les siennes, et le traité fut signé le 7 février. Les deux Puissances se garantissaient mutuellement la sûreté de leur territoire, et si l'une d'elles venait à être attaquée, l'autre devrait lui fournir sur-le-champ un secours de quinze mille hommes de pied et cinq mille chevaux, lequel secours pourrait être augmenté, si besoin était. Elles s'engageaient, en outre, à maintenir dans son intégrité la constitution germanique et à ne contracter d'alliance nouvelle que d'un commun consentement. La Russie, la Grande-Bretagne, l'Espagne, les Pays-Bas, la Saxe, la Sardaigne, devaient être invités à accéder au traité. L'accession de la Sardaigne ne se fit pas attendre. De son côté, le Roi de Prusse appela son ministre Schulenbourg, son adjudant général Bischoffswerder et le duc de Brunswick, auquel il destinait le commandement général des troupes, et s'entendit avec eux sur les moyens d'action. De concert avec Vienne, il fut arrêté que l'on étendrait sur la frontière française, de Bâle à Dunkerque, un cordon de cent quatre-vingt mille hommes. Toutes les dispositions une fois fixées, le Roi envoya Bischoffswerder à l'Empereur avec mission de les lui développer, et, chemin faisant, de s'arrêter à Dresde pour tenter d'entraîner dans l'alliance l'Électeur de Saxe. Il est rare que les précautions que l'on prend pour éviter la guerre ne finissent pas par l'amener. En effet, bientôt les troupes vont être en marche, la guerre est préparée, les armées d'observation sur la double frontière vont devenir des armées d'attaque, il ne reste plus que la déclaration définitive pour commencer les hostilités. Mais le moment de la collision n'est pas encore venu. La guerre éclate d'abord dans le sein du ministère français, tandis que l'Assemblée poursuit ses violences et triomphe des dissensions du gouvernement.

DCC

MARIE-ANTOINETTE AU COMTE DE MERCY (1).

Ignorance où elle est des dispositions de l'Autriche. — L'Empereur s'expose mille fois plus que s'il agissait. — Qu'il sente une fois ses propres injures, et tout tremblera en France. — M. de Marbois. — Il y a guerre ouverte entre MM. de Lessart et de Narbonne. — Le meilleur des deux ne vaut rien. — Placement de fonds à l'étranger.

[Fin de janvier ou commencement de février 1792.]

M. de S. (2), qui va vous joindre, Monsieur, veut bien se charger de mes commissions. Il compte faire une course pour aller voir le Prince Gallitzin, et, d'après votre conseil, je l'ai prié de porter directement une lettre de moi à mon frère. L'ignorance totale où je suis des dispositions du cabinet de Vienne rend tous les jours ma position plus affligeante et plus critique. Je ne sais quelle contenance faire ni quel ton prendre. Tout le monde m'accuse de dissimulation, de fausseté, et personne ne peut croire (avec raison) qu'un frère s'intéresse assez peu à l'affreuse position de sa sœur pour l'exposer sans cesse sans lui rien dire. Oui, il m'expose, et mille fois plus que s'il agissoit. La haine,

---

(1) Copié par moi, en 1854, sur une copie, aux Archives impériales de Vienne. J'en ai vu, dans les mains du comte Georges Eszterházy, une copie ou minute de la main de la Reine.

Recueil d'Hunolstein, lettre originale qui porte la date du 16 janvier.

(2) Simolin, l'envoyé de Russie, qui partit de Paris le 7 février 1792 (voir sa lettre du $\frac{31 \text{ janvier}}{11 \text{ février}}$).

La Reine le recommanda aussi, de sa main, au prince de Kaunitz.

la méfiance, l'insolence, sont les trois mobiles qui font agir dans ce moment par ce pays-ci. Et parce qu'en même temps qu'on ne fera rien au dehors, cela est clair, il n'y a qu'à voir les moments où ils ont cru que réellement les Puissances alloient prendre le ton qui leur convient. Nommément à l'office du 21 décembre de l'Empereur, personne n'a osé parler ni remuer jusqu'à ce qu'ils fussent rassurés.

Que l'Empereur donc sente une fois ses propres injures ; qu'il se montre à la tête des autres Puissances avec une force, mais une force imposante, et je vous assure que tout tremblera ici. Il n'y [aura] plus à s'inquiéter pour notre sûreté. C'est ce pays-ci qui provoque à la guerre, c'est l'Assemblée qui la veut. La marche constitutionnelle que le Roi a prise le met à l'abri d'un côté ; et, de l'autre, son existence et celle de son fils sont si nécessaires à tous les scélérats qui nous entourent que cela fait notre sûreté. Et je le dis, il n'y a rien de pis que de rester comme nous sommes, il n'y a plus aucun secours à attendre du temps ni de l'intérieur. Le premier moment sera difficile à passer ici ; mais il faudra une grande prudence et circonspection. Je pense comme vous qu'il faudroit des gens habiles et sûrs pour être informés de tout ; mais où les trouver ? Si j'ai bien lu votre chiffre, n° 83, vous voulez indiquer Pelin. J'ai lieu de m'en méfier beaucoup : je suis presque sûre qu'il rend des comptes peu exacts. Au reste, c'est un intrigant comme tous les autres et qui est à tout le monde. M. de Marbois ne fera pas, j'espère, un voyage heureux. Je l'ai vu avant de partir : il pense à peu près comme moi sur cela. On le dit honnête homme; mais il est lié et protégé par des intrigants, nommément par M. Dumas (1).

Il y a guerre ouverte, dans ce moment ici, entre les ministres Lessart et Narbonne. Ce dernier sent bien que sa place est dangereuse, et il veut avoir celle de l'autre. Pour cela ils se font attaquer tous deux de tous côtés; c'est pitoyable. Le meilleur des deux ne vaut rien du tout. Vous ferez fort bien de placer notre argent. Mandez-moi si il faut pour cela que je fasse quelque démarche vis-à-vis de ma sœur. La course que M. de Laborde vient de faire m'a fait faire aussi quelques réflexions sur mon argent qui est chez lui. Je voudrais bien qu'il le plaçât en Angleterre. Voyez si vous voulez lui en écrire; ou mandez-moi ce que vous pensez sur cela.

Adieu, comptez toujours sur mon amitié.

---

(1). René-François Dumas, d'origine lorraine, avocat au commencement de la Révolution. Distingué par ses motions furibondes au club des Jacobins, il devint un des sicaires de Robespierre et l'un des plus cruels terroristes parmi les plus cruels. Devenu président du tribunal révolutionnaire, il ne se bornait pas à envoyer les accusés à l'échafaud, il jouait comme un chat-tigre avec ses victimes et s'amusait à les insulter de quolibets. C'est lui qui envoya au supplice les deux Custine; la maréchale de Noailles et Madame Élisabeth. Mis hors la loi avec Robespierre, il fut exécuté le 10 thermidor ou 28 juillet 1794.

Quant à Barbé de Marbois, l'honneur, l'intégrité, la probité mêmes, il n'avait rien de commun avec ce malheureux que d'avoir fait partie avec lui d'associations et commissions modérées où Dumas s'était égaré.

DCCI

MARIE-ANTOINETTE A L'EMPEREUR LÉOPOLD (1).

Lettre d'introduction de M. de Simolin auprès de l'Empereur.

Ce 1er février 1792.

Il y a longtemps, mon cher Frère, que j'ai désiré trouver quelqu'un qui pût vous mettre au fait de nos véritables sentiments et de la position exacte de ce pays-ci. Tout François vous auroit paru suspect d'exagération, d'un côté ou de l'autre. M. de Simolin, à qui sa Souveraine vient d'accorder un congé, veut bien se charger de vous parler de notre part. Vous pouvez y prendre entière confiance : il a vu et suivi la révolution depuis le commencement et dans tous ses détails. La sagesse de son esprit, la manière franche et loyale avec laquelle il a accepté la proposition que nous lui avons faite de vous aller trouver, la confiance dont l'Impératrice l'honore, enfin l'intérêt que cette Souveraine nous témoigne, tout doit vous donner entière confiance en ce qu'il vous dira de notre part. Je n'entre dans aucun détail, parce qu'il veut bien se charger de tout. Je me borne donc, mon cher Frère, à vous as-

---

(1) En 1854, quand je travaillai aux Archives impériales d'Autriche, je n'y ai trouvé ni original ni copie de cette lettre; je l'ai copiée aux Archives de Moscou, sur une transcription annexée à une copie de la note précédente. Plus tard, on a été plus heureux aux Archives de Vienne, et l'on a retrouvé la lettre, ce qui a permis à M. d'Arneth de la publier.

surer de la tendre et inviolable amitié avec laquelle je vous embrasse de tout mon cœur.

J'embrasse ma belle-sœur et tous ses enfants.

DCCII

MARIE-CHRISTINE A L'EMPEREUR LÉOPOLD (1).

Le Comte de Baillet espère toujours réussir. — M. de La Valette est un agent secret des États de Brabant; il s'efforce d'obtenir l'autorisation d'envoyer une députation à Vienne. — Son langage imprudent encourage les États à la résistance. — Extrait d'une lettre de M. de Buol annonçant que l'Empereur a rappelé les Gouverneurs généraux des Pays-Bas. — La Princesse se refuse à croire à cette nouvelle; mais de telles sottises répandues partout font le plus mauvais effet.

Ce 2 février 1792.

Je viens, mon très-cher Frère, de recevoir votre chère lettre du 22 et vous en baise les mains. Nous attendons avec empressement et avec inquiétude, ce que vous daignerez nous communiquer de ce qui sera résolu de concert avec les autres Puissances, lesquelles ont beau parler étant si éloignées de la France; mais vos pays sont bien à leur portée. Vous aurez déjà vu, par plusieurs lettres, comment M. Baillet espère toujours encore réussir; mais j'ose vous envoyer ici une copie d'une chose qui dévoile entièrement M. de La Valette et me prouve que, sur le jugement que j'en ai porté, je ne me suis pas trompée un moment, croyant qu'il étoit

---

(1) Archives de Son Altesse Impériale et Royale l'Archiduc Albert d'Autriche.

aussi un agent secret, mais non avoué, des États de
Brabant, et que tout son voyage à Vienne n'étoit que
de leur aveu et de leur mission. J'avoue que, hier, en
audience chez nous, il s'est entièrement dévoilé, offrant
de l'argent et les subsides, pourvu qu'on promette
avant et obtienne pour les États de Brabant la permission d'envoyer une députation solennelle à Vienne.
Comme, dans son discours, j'ai cru démêler en tout
point les phrases mêmes du pensionnaire de Jonghe,
j'ai osé appuyer avec force que jamais vous n'accor-
derez l'envoi de la députation à Vienne aux pieds du
trône que quand cette province se sera rangée en tout
comme les autres et que ceux-ci seront en règle tant
sur les subsides, arrérages, indemnités, et surtout que
l'affaire pour le conseil de Brabant, dont il ne peut plus
être question, soit totalement finie; que vous regardiez
plus à votre dignité et au retour à l'ordre et à l'obéissance qu'à cet argent qui vous est dû des subsides de
cette province, qui n'est qu'une petite partie de vos
revenus de ce pays. Votre dignité et votre souveraineté
dans ces provinces dépend (*sic*) de ceci, et je crois, cher
Frère, que nous avons bien fait de répondre ainsi.
Vous remarquerez aussi que M. de La Valette se prépare de nouveau à se rendre à Vienne, et que son imprudence, pour ne pas dire plus, a beaucoup fait re-
naitre l'espoir dans les cœurs et mauvaises têtes des
États de Brabant, que les relations de M. Baillet et la
fermeté de ne pas l'écouter leur avoit fait perdre totalement. Mais M. de La Valette va partout, tant chez vous
qu'en ville, dire que vous, cher Frère, aviez été singulièrement affligé et affecté au refus des subsides; ce qui

achève d'animer les États à tenir bon et à croire que tout dépend de cet accord. Voilà, cher Frère, un autre extrait d'une lettre, que je vous envoie, que M. Buol a écrite de La Haye (1). Si je ne vous connoissois aussi bien que je fais, et si je ne savois pas que, dans toute notre conduite, nous n'avons rien fait qui pût mériter votre disgrâce; au contraire, dans toutes vos lettres vous avez approuvé notre conduite, qui n'a été réglée que d'après vos ordres et pour le bien de votre service, il y auroit de quoi m'alarmer, d'autant plus que, passé quelques jours, il est venu de Coblentz un avis presque semblable d'un intime du conseil des Princes, qui dit positivement que vous aviez dit, cher Frère, au Prince de Nassau être si mécontent de ma conduite que vous alliez me rappeler d'ici; mais connoissant votre façon de penser, et ma conscience n'ayant rien à me reprocher, je suis tranquille, d'autant plus que notre parti est pris.

Si vous nous chassez de la place que nous occupons, mon mari se mettra, si la guerre a lieu, comme volontaire au régiment de Latour; moi, je le suivrai le plus à portée que je le pourrai pour le soigner en cas d'acci-

---

(1) Voici cet extrait :

« J'ai encore un point sur ma conscience. M. Haeften ajoute à sa dernière dépêche un *Post-scriptum* qui porte que Leurs Altesses Royales les Sérénissimes Gouverneurs généraux étoient rappelés. Cette nouvelle fait, comme de raison, la plus grande sensation ici. L'un demande à l'autre : « Pourquoi Sa Majesté rappelle-t-elle ces Princes? Est-ce pour marquer son indignation de l'esprit revêche des États de Brabant? Est-ce sur les instances de Leurs Altesses Royales elles-mêmes? » En un mot, on se fait mille questions. Apprenez-moi une réponse à faire. La plus conforme à mes vœux seroit celle que M. Haeften eût annoncé une fausse nouvelle. »

dent, et notre cher Charles, qui espéroit de suivre son père adoptif au champ d'honneur, et que celui-ci désiroit avoir avec lui si vous nous chassez, ne veut pas non plus rester ici sans nous, et vous demandera service ailleurs. Mais trève de badinerie. Je ne puis vous cacher que je trouve très-choquant qu'un ministre étranger ose écrire de Vienne de telles sottises, lesquelles ici font le plus mauvais effet, puisqu'on ne les répand que pour contrecarrer tout ce que nous faisons pour votre service, et à faire accroire aux gens que nous n'avons ni votre approbation ni votre confiance, et détruire par là tout ce que nous pourrions obtenir par la persuasion pour ramener les esprits. Recevez-nous ici, cher Frère, à vos pieds tous les trois : nous vous embrassons de tout notre cœur.

DCCIII

PROJET DE LA MAIN DU DUC DE SAXE-TESCHEN
ENVOYÉ PAR MARIE-CHRISTINE A L'EMPEREUR LÉOPOLD (1).

La seule conduite à tenir aux Pays-Bas est d'imposer à la France par une armée qui garantirait la neutralité de ces provinces en cas de guerre. — Observations sur le séjour du comte de Baillet à Vienne.

I. Le comte de Mercy sort dans ce moment de chez nous. Il nous a lu la lettre qu'il adresse aujourd'hui au Prince de Kaunitz, et il a désiré que j'ajoute encore quelques lignes pour vous exposer que, dans

---

(1) Archives de Son Altesse Impériale et Royale l'Archiduc Albert d'Autriche.

la position actuelle, il regardoit le seul principe que vous puissiez adopter, celui de tenir toujours ici une force suffisante pour en imposer à la France; que cette armée ne devoit cependant pas être destinée à en tirer les troupes que les plans concertés avec les Puissances et le soutien des droits des Princes allemands pourroient vous déterminer à employer ailleurs; mais que devant servir à garantir d'une certaine façon les pays qui y avoisinent et à maintenir celui-ci, elle devoit, par la position où elle se trouveroit en égard de la France, isoler ces provinces de tout démêlé avec cette Puissance-là, et leur procurer une neutralité et indépendance parfaites relativement à la guerre dans laquelle l'Empire et les Souverains confédérés pourront être enveloppés à l'occasion des circonstances actuelles.

M'étant acquitté de sa demande, il ne me reste qu'à en soumettre l'objet à votre jugement et décision.

2. Vous en jugerez si la continuation du séjour de M. Baillet à Vienne peut être avantageuse; et cela d'autant plus que les États se proposant, à ce qu'on assure, d'y faire remettre par lui des représentations, non-seulement sur les arrestations faites ici (dont les preuves des complots démontrent cependant tous les jours plus la nécessité), mais aussi sur les visites faites à l'abbaye de Tongerloo (où on a trouvé de la poudre et des armes cachées), il ne sauroit guère être envisagé que comme un chargé d'affaires formel de leur part, déguisé en particulier et par lequel ils voudroient traiter directement avec vous les affaires qu'ils peuvent vous faire parvenir d'ailleurs, parce qu'ils ont les voies prescrites d'ailleurs par les lois et les ordonnances.

DCCIV

MADAME ÉLISABETH A L'ABBÉ DE LUBERSAC (1).

On ne peut voir tout ce qui arrive sans être saisi d'horreur et de douleur. — Le peuple se lasse un peu des discours; il meurt de faim. — Nouvelles de la baronne de Mackau.

4 février 1792.

Minette (2) m'a priée, Monsieur, de vous faire passer cette lettre. Je ne sais si j'aurai le temps de causer avec vous; mais je profite toujours d'un petit moment pour vous dire combien je suis aise lorsque je reçois de vos nouvelles. Il ne me manque qu'une chose, c'est de vous entendre dire que vous êtes heureux; mais malheureusement c'est souhaiter l'impossible; car qui, dans cet instant, peut l'être? Mille inquiétudes, mille peines agitent trop l'esprit; et ce n'est pas avec un cœur comme le vôtre que l'on peut voir tout ce qui arrive sans être saisi d'horreur et de douleur. Notre ville est bien certainement une des plus calmes sous tous les rapports; mais elle n'a que cela pour elle; car assurément elle est bien remplie de gens corrompus. Mais le peuple se lasse un peu de leurs discours; de plus, il meurt de faim et pourroit bien finir par voir qu'il a été trompé : son réveil seroit furieux, mais il n'est pas encore proche.

---

(1) Publiée à la suite de l'Éloge de Madame Élisabeth par le comte Ferrand. J'ai fait d'inutiles démarches pour retrouver les originaux de ces lettres à M. de Lubersac, copiées dans l'émigration par le comte, et qui probablement se seront perdues à l'étranger.

(2) Mademoiselle de Mayé ou Maillé.

Madame de M. (1) se porte bien. A cela près de quelques douleurs de foie, elle a bien passé son hiver. Si elle est paresseuse pour écrire, elle n'en est pas moins fidèle à l'amitié; mais comme elle ne regarde pas ce défaut comme un péché, elle n'est point du tout disposée à s'en corriger. Cependant je suis sûre que pour vous elle fera des efforts surprenants.

Adieu, Monsieur; l'heure où je vais avoir du monde me presse de vous quitter; ce ne sera pas sans regret et sans vous assurer de nouveau de la sincérité des sentiments que j'ai pour vous et du désir que j'ai de vous savoir heureux, en bonne santé et tranquille.

DCCV

LE ROI GUSTAVE DE SUÈDE AU MARQUIS DE BOUILLÉ (2).

Il se plaint des indiscrétions commises à Coblentz. — Le Comte d'Artois serait capable de diriger seul les affaires; mais, comme tous les Bourbons, il recherche trop les conseils. — L'Impératrice de Russie aura les mains plus libres depuis sa paix avec les Turcs. — Le Roi Gustave est occupé de sa diète. — Il ne doute pas que tout ne s'y passe à sa complète satisfaction.

[6 février 1792.]

Monsieur le Marquis de Bouillé, j'ai ressu il y a quelques jours votre lettre du 9 Jan:. J'attens avec bien du plaisir l'arrivée de votre fils; il sera ressu comme quellqu'un qui vous apartient, c'est tout vous dire. J'ai gémi déja longtems sur le peu de secrét du conseille de

---

(1) La baronne de Mackau.
(2) Papiers de famille de M. le marquis de Bouillé. Orthographe conservée.

Coblentz, mais c'est la suitte ordinaire des secréts confiées à beaucoup de monde; j'ai été trop souvent dans le cas de conduire des révolutions ou de les combattre pour ne pas savoire qu'ils sont infaisables si un seul ne les dirige pas et qu'il est impossible de consulteer d'autres que son cœur. Si M le Cte d'Artois voulloit s'en croire, je suis certain qu'il seroit très capable de menneer à bón port la barque, mais c'est un malheur attaché aux Bourbons qu'avec touttes les quallitées qui font des héros, ils ont une déffiance d'eux même qui est véritablement injuste mais qui fait qu'ils prennent trop de conseills. Il n'y a rien de désespéré pourtant, car il semble que l'Imp: de Russie s'affermit de plus en plus dans ses résolutions gennéreuses par les obstacles mêmes qu'on veut lui sussitter, et depuis que la paix vient d'étre signée avec les Turcs à Jassi le 9 Jan: elle aurra les mains plus libre. Pour moi je suis occupé à la tennue de ma diette, qui, à la surprise de tous mes antagonistes et peut-être de mes amis, se passe dans la plus parfaitte tranquillité. J'ai creüe que voullant concourrir à remettre l'ordre chez mes amis, je devois commensser par l'ettablir chez moi et tàcheer de calmeer les esprits divisées. J'éttois sûr des trois ordres, et la Noblesse qui c'éttoit le plus acharnée contre moi en 1789, est rettennue par la plurallité dessidée et l'attachement constent des trois ordres inférieur. On tâche de lui faire comprendre que, dans le 18e siècle, il faut que ce premier ordre de l'Ettat se soutienne par la stabillité du Tróne et par sa protection et non en voullant luteer contre leur souverain. Ils n'entendent pas encore entièrement leur intérêt, mais ils pensent qu'ils, sont les plus foibles et commensènt à avoire assés de prudence pour ne pas voulloire heurteer l'oppinion de leur Roi et des trois ordres leurs cos-États dont les vollontées réunies font la loi. Dans cette situation des choses, je ne puis presque pas doutteer que tout ne se passe à ma satisfaction, et j'aurrois pour lors l'avantage d'être le seul souverain qui eût osée risqueer de reunire une aussi grande assemblé et d'y avoir réusi. Il est vrai que je connois un peu la Tactique des Diettes. Si je savois aussi bien celle de la guerre, je ne craindrois pas les Lukner ni les Rochambeaux; mais comme j'aurrois avec moi des bon soldats et pour second un Bouillé je ne doutte pas du succès. Sur ce, je prie Dieu qu'il vous est, Monsieur le Marquis de Bouillé, dans sa sainte et digne garde. Votre très affectionné. Gefle, ce 6 Fev. 1792.

GUSTAVE.

DCCVI

LE ROI DE PRUSSE FRÉDÉRIC-GUILLAUME II
AU ROI DE SUÈDE GUSTAVE III (1).

L'accueil qu'il a fait au comte de Ségur témoigne de l'intérêt qu'il prend à la cause des Rois. — Il annonce de prochaines ouvertures de sa part et de celle de l'Empereur.

Berlin, le 6 février 1792.

MONSIEUR MON FRÈRE ET COUSIN,

Je n'attendois que la lettre annoncée par Votre Ma-

---

(1) L'original autographe est déposé aux Archives des Affaires étrangères de Suède.

jesté pour Lui témoigner combien je suis sensible aux marques d'amitié et confiance qu'Elle me donne, en me faisant part de la prochaine arrivée de cette lettre importante. L'accueil que j'ai fait au comte de Ségur prouvera assez à Votre Majesté l'intérêt que je prends pour la bonne cause, que l'on peut nommer avec justice la cause des Rois.

Les ouvertures qui seront faites incessamment à Votre Majesté de la part de l'Empereur et de la mienne vous convaincront, Sire, que nous travaillons sérieusement à mettre un frein au mal, et par les voies les plus efficaces.

Les lettres de Votre Majesté me feront toujours le plus grand plaisir : j'ai déjà eu plus d'une occasion de faire connoitre mes vrais sentiments aux Tuileries ; et quand Elle y écrira, je La prie de donner les assurances que je resterai toujours inébranlablement attaché aux principes que j'ai témoigné d'avoir, et je me flatte de prouver dans peu, par des effets, la vérité de ces paroles.

Je ne cesserai d'être,

 Monsieur mon Frère et Cousin,

  de Votre Majesté,

   le bon frère, cousin, voisin et ami,

    F. Guillaume.

« Je me flatte de prouver dans peu par des effets la vérité de mes paroles », dit le Roi ; et d'abord il s'applaudissait de l'accueil glacial et insultant qu'il avait fait au comte de Ségur, envoyé auprès de lui avec mission de le détacher de l'alliance de l'Autriche. En effet, à l'audience qu'il lui avait accordée, le 12 janvier 1792, pour la remise de ses lettres de créance, il lui avait dit, avec un ton d'amertume et de mépris : « N'attaquez pas l'Autriche, laissez en paix l'Allemagne, et je ne vous ferai pas la guerre »; et sans rien ajouter sur la mission de l'envoyé français, il avait, comme nous l'avons dit au quatrième volume, page 380, affecté de ne lui parler que du Prince de Condé. La Reine de Prusse l'avait reçu avec une froideur hautaine, ne l'avait pas admis à son jeu, et les ministres Schulenbourg et Finckenstein se le renvoyant l'un à l'autre comme une balle de jeu de paume, s'étudiaient à éluder toute conférence avec lui. Le seul personnage qui lui montra de la bienveillance fut le frère du grand Frédéric, le vieux Prince Henry, à qui ses relations avec les gens de lettres de la France avaient laissé des dispositions sympathiques pour notre pays. Mécontent d'ailleurs du peu de cas que la Cour de son neveu Frédéric-Guillaume semblait faire de sa personne et de ses talents, irrité d'avoir à ronger son frein dans une complète inaction depuis la mort de son frère, il n'eût pas été éloigné de s'applaudir du triomphe des idées nouvelles de ses amis les philosophes. Cependant M. de Ségur, qu'on avait souffert à Berlin, depuis les avanies dont on l'avait abreuvé, s'était flatté encore de réussir à faire éconduire et désarmer les Émigrés; mais son illusion ne dura pas; il demanda son rappel, et le successeur qu'on lui donna (nous le disions quelques pages avant celle-ci) ne réussit même point à se faire recevoir par le Roi de Prusse. Cette conduite du gouvernement prussien était significative. La politique incertaine et vacillante du médiocre Frédéric-Guillaume tournait, pour le moment, toutes ses visées du côté de la France; il se lia fermement avec Léopold qui lui était si supérieur, et plein de la pensée qu'il allait continuer Frédéric le Grand, il passa des revues, fixa dans son esprit l'état des troupes avec lesquelles il ferait l'invasion du territoire français, se réserva de commander lui-même l'armée d'invasion avec le duc de Brunswick, et attendit impatiemment les événements.

DCCVII

L'EMPEREUR LÉOPOLD A MARIE-CHRISTINE (1).

Il approuve les arrestations pourvu qu'on traduise les coupables devant leurs juges naturels. — Il n'a pas vu le comte de Baillet et lui a fait dire de quitter Vienne. — Dispositions prises pour la défense des Pays-Bas en cas d'attaque de la France.

Le 7 février [1792].

Très-chère Sœur, j'ai reçu votre chère lettre et le rapport d'office où vous donnez part des arrêts que vous avez fait exécuter des personnes les plus suspectes. Je l'approuve entièrement, et vous pourrez continuer de même avec vigueur, pourvu qu'on les traduise par-devant leurs juges naturels et que les procès se fassent selon les règles et les lois du pays.

Ici, quoique je n'aie pas vu ni traité avec M. Baillet, qui est fort retiré et se conduit fort sagement, je lui ai fait dire que comme la conduite des États étoit fort irrégulière et que jamais je ne pouvois le voir ni recevoir comme député ou commissionné de leur part, et que son séjour ici pouvoit avoir l'air et faire croire au pays que l'on traitoit avec lui, ce qui étoit impossible et ne seroit jamais, il n'avoit qu'à partir d'ici.

Quant aux affaires de France, je me flatte qu'ils n'oseront attaquer ni l'Empire ni les Pays-Bas ; mais si jamais ils le tentoient, vous seriez bientôt secourus par l'armée de Bohême qui se prépare ; et en atten-

---

(1) Archives de Son Altesse Impériale et Royale l'Archiduc Albert d'Autriche.

dant, les six mille hommes pour l'Autriche antérieure vont partir, et vous allez recevoir ce qui manque pour le complet de toutes vos troupes. Dans peu de jours vous aurez de moi un autre courrier avec mes dispositions ultérieures. Ce attendant, je me flatte que vous ferez les dispositions nécessaires pour que les troupes soient réparties vers les confins de la France, pour être assurées de tout cas d'attaque, insulte possible. En attendant, je vous embrasse tendrement et suis

L.

DCCVIII

MADAME ÉLISABETH A MADAME DE RAIGECOURT (1).

Son opinion sur la mort de madame de Chapt. — Elle devient rabâcheuse et a de l'humeur comme un petit dogue contre tout. — Courage de madame de Tilly. — Incommodité de la Princesse.

Ce 8 février 1792.

Je suis fâchée de la mort de madame de Chapt, puisque tu en es fâchée ; mais, mon cœur, c'est une vraie sainte dans le ciel. Grand Dieu! qu'elle y est heureuse! Une pareille mort est bien faite en effet pour ranimer la ferveur. Je souhaite que tu en profites bien. Quant à moi, mon cœur, dont il te plait d'avoir bonne opinion, je te fais part qu'il m'en faudroit mille pour me faire un peu d'effet. Je ne suis pas plus contente de moi que tu ne l'es de toi.

Ta sœur me mande que madame (quelques lignes

(1) Papiers de famille de M. le marquis de Raigecourt.

coupées), je t'en fais mon compliment, car c'étoit une de tes croix de la savoir un peu éloignée de ce que tu désirois. Ton directeur lui a fait autant de bien qu'à toi ; mais tu sais déjà tout cela : — je deviens rabâcheuse. Que veux-tu? j'ai de l'humeur comme un petit dogue contre tout. Il faut bien que je te parle de choses qui sont au moins plus capables de réjouir le cœur. De plus, il siffle un petit vent qui endort. Ajoutez pardessus cela le commencement d'un rhume, et vous jugerez combien je suis aimable (lignes coupées).

Tilly me charge de te remercier. Elle a toujours un grand courage. La Princesse est encore malade. Cependant, une grande partie des accidents sont passés ou diminués. Il y a une seule chose qui m'inquiète, c'est qu'elle a les jambes enflées et un bras. J'espère pourtant que cet accident cédera aux remèdes qu'elle fait. Adieu, mon cœur, je vous embrasse et vous aime beaucoup.

Ce même jour 8, l'Assemblée décrète une amnistie en faveur des sous-officiers et soldats de l'armée qui, ayant passé en pays étranger avant le 1er juin 1789, rentreraient en France dans le courant de 1792.

Le lendemain, les biens des Émigrés étaient confisqués. Le 13, le Roi écrivait à la municipalité de Paris pour démentir les bruits de sa fuite prochaine.

Le même jour, le Corps législatif établissait près de son propre palais un corps d'artillerie sous le nom de garde d'honneur.

Apparition des premiers bonnets rouges, bonnets phrygiens, signes du parti girondiste et des républicains.

DCCIX

LE COMTE DE MERCY A MARIE-ANTOINETTE (1).

Les négociations entre les Cours sont devenues actives et sérieuses. — Les hésitations et les retards ne dépendent point de l'Empereur. — Toutes les mesures sont entravées par l'Angleterre et par les Princes français. — Conversation avec Simolin sur les affaires de France. — L'explosion ne peut tarder; l'essentiel est qu'elle soit générale. — Pelin. — Les scélérats sont souvent plus utiles que les honnêtes gens. — Le comte de La Marck. — Placement de fonds. — M. de Laborde.

Le 11 février 1792.

Le lendemain de l'arrivée de madame de Tarente, je suis tombé malade; je n'ai pu la voir ni profiter de cette bonne occasion d'écrire. Depuis ce temps-là, c'est-à-dire depuis trois semaines, je suis resté perclus, accablé de douleurs rhumatiques, et hors d'état de sortir de mon lit. Cependant rien n'a été négligé de ce qu'il y avoit à prévoir ou à préparer d'utile. Quoique l'on nous fasse languir après des courriers que l'on annonce sans cesse et qui n'arrivent jamais, je sais cependant que les négociations ont pris une tournure fort active et sérieuse, qu'il doit y avoir un plan finalement arrêté entre les Cours, et ce plan doit être apporté ici sous peu de jours. Je ne saurois assez répéter qu'il seroit injuste de rejeter sur l'Empereur des hésitations et des retards qui ne dépendent point de lui. Il est évidemment démontré que ce monarque, qui se trouve le premier à la brèche, n'est dans le fait secondé efficacement par personne. On lui excite mille tracasseries; on lui

---

(1) Archives impériales de Vienne. Anxeth, p. 246.

cause mille embarras. L'Angleterre contrarie toutes les mesures, et les Princes françois les déjouent d'une autre manière.

J'ai recueilli le peu de forces qui me restent pour avoir avec M. de Simolin un entretien bien substantiel sur l'état des choses. Je lui ai dit et le langage qu'il convenoit de tenir à Vienne, et la manière la plus utile d'y montrer les objets tels qu'ils sont. Je crois qu'il s'acquittera bien de sa commission. Aussitôt que je pourrai reprendre la plume, je viendrai encore à l'appui de ce qu'il aura fait. L'explosion ne peut manquer d'être très-prochaine ; mais l'essentiel est qu'elle soit générale, et on recommande particulièrement de surveiller l'Espagne et de ne pas perdre les moyens de tirer parti des Suisses. C'est en effet Pelin que j'ai voulu désigner. Je ne l'ai vu de ma vie. Je sais qu'il a existé de grands doutes sur son caractère ; mais il m'est démontré qu'il possède singulièrement l'art de manier la pensée, qu'il a une logique profonde, et que j'ai la preuve en main que la plupart des choses dont il a prévu et calculé la marche, sont en effet arrivées ainsi qu'il les avoit annoncées. Or il est possible qu'un tel homme soit un scélérat, mais c'est dans des temps aussi extraordinaires et critiques que ceux-ci qu'il faut savoir se servir même des scélérats : ils sont souvent plus utiles que ces bonnes et honnêtes gens qui, portant leur nullité dans tout ce qu'ils font, n'ont à offrir qu'un zèle stérile.

M. de La Marck doit être à Paris. Je désire bien qu'on ne me soupçonne pas de prévention à son égard, et bien certainement je n'en ai aucune ; mais je n'en suis pas moins convaincu que, tout défaut et tout inconvénient à part, il pourroit se rendre très-utile dans le moment actuel. Les fonds seront placés. Il y a même, à cet effet, une très-bonne occasion, mais il conviendroit d'en écrire à M⁶ l'Archiduchesse (1). Il suffiroit simplement, pour ne rien nommer, de s'en rapporter à ce que je serai chargé d'indiquer. Pendant le peu de moments que M. de Laborde a été ici, je lui ai parlé de ce qu'il avoit en mains, et j'ai vu que cet objet est dans la plus grande sûreté, le plus avantageusement possible, beaucoup mieux que ce qui est ici, de façon qu'il y a lieu d'être parfaitement tranquille à cet égard.

A la réception des nouvelles, et au retour de la santé que j'attends, je rendrai un compte plus précis, et tel que me le dictera ma fidélité et mon zèle.

DCCX

LE COMTE DE MERCY A MARIE-ANTOINETTE (2).

Exposé du plan de conduite que l'Empereur a soumis à toutes les Puissances. — Projet de déclarations, en cinq points, à adresser au Gouvernement français. — Cette démarche serait appuyée par une démonstration militaire commune. — La Cour des Tuileries doit éviter de contrarier ce plan. — L'Autriche ne peut s'offrir seule en holocauste pour les convenances de la France. — L'Empereur ne répugnerait point absolument à l'idée d'un congrès, mais la réalisation en est impossible.

Le 16 février 1792.

L'objet essentiel est de tâcher de remettre la royauté en mesure de regagner peu à peu son éclat et son au-

---

(1) Marie-Christine, gouvernante des Pays-Bas.
(2) Archives impériales d'Autriche. Arneth, p. 249.

torité. Vouloir d'un premier jet arriver à ce but seroit une dangereuse chimère. Elle est cependant la base du système des Princes émigrés. Ils ont accrédité ce projet dans les Cours du Nord et même en Espagne. Voici ce qu'on pense ailleurs de cette idée. La nation françoise est divisée en différents partis. Il est précieux d'entretenir cette division : elle seule peut opérer sans de violentes secousses la ruine de la Constitution. Si cette dernière est ouvertement attaquée par le dehors, alors tous les partis se réuniront pour la défendre, et la nation entière, cédant au prestige de sa prétendue liberté et égalité, croira devoir lui faire le sacrifice de ses discussions intérieures. C'est d'après cette opinion, dont la justesse paroit démontrée, que l'Empereur vient de fixer le plan qu'il va proposer aux autres Puissances. Il consiste à convenir unanimement de faire au gouvernement françois les propositions et déclarations suivantes :

1° Que, quoique l'on ne pense pas à s'ingérer dans les affaires intérieures et domestiques de la France, l'intérêt général de l'Europe, d'accord avec la base fondamentale posée par l'Assemblée constituante, a un motif absolu et majeur, fondé sur le bonheur des peuples, à ce que l'Empire françois soit maintenu sous une forme monarchique, que par conséquent les conditions nécessaires à cette forme ne peuvent être écartées, ce qui supposeroit, sans qu'on l'exprimât explicitement, le rétablissement de la noblesse, mais plus encore, le degré d'autorité, de splendeur, d'inviolabilité et de sûreté qui doit appartenir à un monarque; que c'est entre lui et sa nation à convenir d'une juste modification à cet égard ; que les Puissances étrangères, en s'abstenant de rien prescrire sur le mode, n'en sont pas moins autorisées à exiger qu'il en existe un convenable.

2° Que la France fasse cesser ses démonstrations hostiles contre l'Allemagne, en écartant les trois armées de cinquante mille hommes chacune ouvertement annoncées pour agir hostilement.

3° Que les Princes possessionnés en Alsace, et aussi injustement que violemment dépouillés de ce que leur garantissent les traités les plus solennels, soient rétablis dans l'intégrité de leurs droits et possessions.

4° Qu'Avignon et le comtat Venaissin soient restitués au Pape.

5° Que le gouvernement françois reconnoisse la validité des traités qui subsistent entre lui et les autres Puissances de l'Europe.

Pour donner à ces propositions et déclarations le poids nécessaire à les faire valoir, l'Empereur offre, indépendamment de son armée déjà existante aux Pays-Bas, de faire marcher quarante mille hommes, pourvu que le Roi de Prusse convienne d'employer une force égale au succès du plan proposé. Ces forces ne doivent pas débuter par être actives, et ne peuvent même le devenir qu'autant que la nation françoise, par quelque acte de violence et une réticence invincible, n'amenât par son propre fait les choses à un terme extrême. Les autres Puissances seront provoquées à s'expliquer sur la qualité du contingent auquel elles se décideront à l'appui de cette cause commune. On propose de convenir à Vienne de tout ce qui a trait à ce préalable indispensable. Il s'agira maintenant de voir quelles seront les réponses de toutes les Cours auxquelles le plan en question vient d'être proposé. Si ce plan est mûrement pesé et combiné avec toutes les circonstances antécédentes, on est convaincu qu'il sera trouvé le seul raisonnable et praticable, avec espoir de succès, dans une conjoncture pareille à celle, où l'on se trouve. Il seroit par conséquent très-impolitique de la part des Tuileries de déjouer ou de ne pas favoriser ce projet auprès des autres Cours. Il est essentiel, à cet effet, de ne point se livrer à des avis exagérés et fantastiques, qui ne conduiroient qu'à des malheurs certains, en voulant précipiter ce que la nature des choses ne peut amener que par des moyens lents, mais plus sûrs. On sait que de pareils avis n'ont déjà occasionné que trop de maux et des calculs injustes. C'en seroit un entre autres que de supposer que la monarchie autrichienne puisse et doive s'offrir seule en holocauste pour les convenances de la France. Les liens du sang les plus rapprochés, l'amitié et l'intérêt le plus intimes, ne peuvent souvent franchir toutes les bornes que la raison d'État, sa propre sûreté exigent de chaque Souverain. Il ne faut donc pas calculer sur des plans qui aboutiroient à mettre une seule Puissance à la brèche, et lui faire supporter tous les dangers. Il convient qu'à cet égard il y ait une mesure égale, et cette mesure devient le garant le plus solide des succès, parce qu'il est fondé sur la raison et l'équité.

Quoique l'idée d'un congrès paroisse proscrite par un décret de l'Assemblée, sanctionné par le Roi, l'Empereur ne répugneroit point absolument à cette mesure.

Mais il est maintenant impossible qu'elle puisse avoir lieu, à moins qu'après les propositions et les déclarations à faire à la France d'après le projet de l'Empereur, s'il est accepté, le Roi Très-Chrétien, en faisant sentir les embarras qui peuvent naître de l'état des choses, amenât la nation à désirer que le Roi se constitue médiateur entre elle et les autres Puissances de l'Europe, dans un congrès rassemblé pour aplanir les difficultés existantes.

Tout ceci seroit susceptible de plus grands développements, mais il seroit impossible de les exposer par la seule voie que l'on a d'en faire connoître les masses principales. D'ailleurs, une infinité d'incidents à prévoir donneront lieu sans doute à différentes modifications de ce plan. Il suffit d'en montrer l'esprit et d'en faire connoître les bases raisonnées et fondamentales. C'est aussi dans ce même esprit qu'a été rédigée la réponse de l'Empereur au Mémoire de la Reine. Si on a quelques remarques à faire sur tout ceci, on supplie de les envoyer promptement pour qu'il en soit fait l'usage le plus utile.

DCCXI

LES COMTES DE PROVENCE ET D'ARTOIS
A L'IMPÉRATRICE CATHERINE II (1).

Leur douleur en apprenant la mission de M. de Bombelles à Saint-
Pétersbourg. — Cette mission compromettra, si elle est connue, les
jours du Roi et de la Reine. — Ils sollicitent la continuation des
bontés de l'Impératrice pour le comte Eszterházy. — L'attitude de
l'Empereur les inquiète. — Le rétablissement de l'ordre en France
ne peut se faire que par les Princes seuls.

[A Coblentz, le 18 février 1792.]

MADAME NOTRE SOEUR ET COUSINE,

Quoique instruits pour ainsi dire par Votre Majesté
elle-même de la mission du marquis de Bombelles auprès d'Elle, nous osons nous flatter qu'Elle n'aura pas
improuvé le silence que nous avons gardé à cet égard
jusqu'à ce qu'il ne nous ait plus été possible de douter
d'une nouvelle aussi affligeante pour nous. Votre Majesté sait avec quelle ardeur nous avons désiré un rapprochement entre le Roi notre Frère et nous, Elle a été
instruite des sacrifices d'opinion et de plaintes personnelles que nous avons faits à ce grand objet; Elle ne
doit donc pas être surprise de notre douleur profonde
en apprenant une mission qu'on avoit soin de nous
cacher, et des efforts que nous avons faits pour repousser loin de nous cette triste vérité. Votre Majesté
jugera facilement combien l'imprudence de M. le baron
de Breteuil compromet en cette occasion les jours du
Roi et de la Reine : cette considération est celle qui nous

---

(1) Archives impériales de Russie, à Moscou.

touche le plus; assurés des bontés de Votre Majesté, nous croirions manquer à la reconnoissance qu'il nous est si doux de Lui devoir, si nous concevions un moment d'inquiétude sur les manœuvres de nos ennemis près d'Elle. Mais en même temps nous osons La supplier de consoler par un redoublement de bontés le comte Eszterházy, qui n'a pu qu'être infiniment sensible à cet événement; cette nouvelle marque de la protection de Votre Majesté est bien importante pour nous, mais en même temps elle ne l'est pas moins pour le Roi et la Reine. Si Votre Majesté retiroit ses bontés au comte Eszterházy, s'il quittoit Pétersbourg, l'objet de la mission du marquis de Bombelles ne seroit plus équivoque, et les jours de nos infortunés parents seroient plus exposés que jamais; au lieu que tant qu'on pourra ne considérer le marquis de Bombelles que comme un simple voyageur, attiré par le désir bien légitime d'admirer de près les grandes qualités de Catherine II, leur danger ne sera pas si grand. Nous devons même dire à Votre Majesté que nous avons pris le parti de nier absolument la mission, que nous avons recommandé au comte Eszterházy d'en agir de même; nous aimons bien mieux paroitre trompés que d'exposer, en avouant la vérité, des jours que nous voudrions défendre au prix de tout notre sang.

Notre position ici est toujours la même, mais les mouvements que l'Empereur fait faire à ses troupes, et le mystère qu'il continue à nous faire de ses projets, nous inquiéteroient vivement, sans la juste confiance que nous avons en Votre Majesté. Elle a daigné reconnoitre que c'était à nous à agir en première ligne dans la grande affaire de la restauration de la France, Elle a formé, de concert avec la Cour de Madrid, un plan à cet égard, digne en tout de sa grande âme; nous La supplions d'y tenir plus fortement que jamais. Votre Majesté est bien persuadée que ce n'est point le désir d'une vaine gloire qui nous fait parler ainsi, mais la ferme conviction que sans nous le rétablissement de l'ordre dans notre patrie est impossible, au lieu que par nous il est non-seulement possible, mais même facile.

Nous ne saurions finir cette lettre sans entretenir un moment Votre Majesté des sentiments avec lesquels nous sommes,

Madame notre Sœur et Cousine,

de Votre Majesté,

les très-affectionnés serviteurs, Frères et Cousins,

Louis-Stanislas-Xavier.

Charles-Philippe.

A Coblentz, le 18 février 1792.

Il y avait déjà longtemps qu'il existait un désaccord entre le marquis de Bombelles et le Comte d'Artois. M. de Bombelles était l'agent particulier du baron de Breteuil, qui avait, lui, la confiance de la Cour de France, et ne marchait pas en harmonie avec les Princes. Rien n'est plus propre à démontrer les tergiversations de Louis XVI que cette confiance qu'il accordait à Breteuil à l'encontre des Princes, au moment même où ceux-ci se croyaient en parfaite intelligence avec leur frère. « On vous a trompés, écrivait M. de Bertrand-Moleville aux Princes, pendant son ministère. Ce qui occupe le plus Leurs Majestés, c'est votre situation. Comment peut-on croire qu'avec l'âme élevée que vous leur connoissez, elles préfèrent rester sous le joug de scélérats infâmes plutôt que d'être secourues par leurs proches parents et par leurs serviteurs fidèles? (1) »

Plus tard, après le 10 août, quand on fouilla tous les papiers du Roi, on trouva, dans un portefeuille, la lettre suivante des deux frères du Roi à Louis XVI :

« Je vous ai écrit, mais par la poste; je n'ai rien pu dire. Nous sommes ici deux qui n'en font qu'un : mêmes sentiments, mêmes principes, même ardeur pour vous servir. Nous gardons le silence; mais c'est qu'en le rompant, trop tôt, nous vous compromettrions.... Si l'on nous parle de la part de ces gens-là, nous n'écouterons rien; si c'est de la vôtre, nous écouterons, mais nous irons droit notre chemin. Ainsi, si l'on veut que vous nous fassiez dire quelque chose, ne vous gênez pas.

» L. S. X.
» Ch. P. (2). »

En regard de ces paroles, mettez les termes de la lettre adressée le 14 octobre 91 aux officiers généraux, aux commandants des troupes de terre, et la proclamation du même jour touchant l'Émigration : « François qui avez abandonné votre patrie, revenez dans son sein. C'est là qu'est le poste d'honneur, parce qu'il n'y a de véritable honneur qu'à servir son pays et à défendre les lois. »

D'une autre part, Louis XVI, de bonne foi en acceptant la Constitution, mais avec l'espérance qu'elle se détruirait par elle-même, disait à Moleville :

« Je crois que l'exécution la plus exacte de la Constitution est le moyen le plus sûr qu'il y ait de la faire bien connaî-

---

(1) *Mémoires particuliers*, t. II, p. 311.
(2) *Extrait du Rapport de Louis-Jérôme* Gouier, *député du département d'Ille-et-Vilaine, à l'Assemblée nationale, sur les papiers inventoriés dans les bureaux de la Liste civile, fait à la séance du dimanche matin* 16 *septembre* 1792, *et imprimé par ordre de l'Assemblée*. Réimpression du Moniteur, p. 18 du tome XIV.

tre à la Nation et de lui faire apercevoir les changements qu'il convient d'y faire.(1). »

En résumé, l'Émigration était livrée à tous les tiraillements. Deux lettres de la marquise de Bombelles au marquis de Raigecourt, et qui font partie des papiers de famille du fils de ce dernier, jetteront quelque jour sur les motifs de la défiance du Comte d'Artois pour M. de Bombelles, que primitivement il avait fort en gré.

Voici ces lettres :

« Stuttgard, ce 5 août [1791].

» Vos deux lettres me sont parvenues hier, mon cher marquis, et je ne puis vous dire assez combien je suis touchée de la vivacité avec laquelle vous me témoignez désirer prendre la défense de M. de Bombelles. J'ai appris encore par une autre personne l'indignité des propos que tient M. le Comte d'Artois sur M. de Bombelles : que vous en dirai-je de plus, mon excellent ami? C'est le comble 1° de l'absurdité, ensuite de la méchanceté, — j'oserai même ajouter, de l'ingratitude. Je n'entreprendrai pas la justification de M. de Bombelles : mon amour-propre, je le confesse, y répugneroit. Sa conduite, dans tous nos malheurs, a été si droite, si pure, si courageuse, que ce seroit peut-être y jeter une ombre que de vouloir prouver ce qui est déjà démontré. Je vous protesterai cependant, à vous, que de la vie M. de Bombelles n'a montré au baron de B. (2) la correspondance de M. le Comte d'Artois, et que loin de vouloir mettre mal ce Prince avec ce ministre, il a toujours tâché de persuader à son ami d'avoir pour notre Prince les égards et la confiance qui lui étoient dus sous tant de rapports, et que lorsqu'on espéroit la réussite de l'évasion du Roi, M. de Bombelles, chargé de travailler conjointement avec M. de V. (3) à gagner les Suisses, étoit parvenu à obtenir trente mille hommes, et n'avoit demandé d'autre dédommagement de ses peines que la certitude que ce seroit notre Prince qui les commanderoit.

---

(1) *Mémoires particuliers de* BERTRAND DE MOLEVILLE, tome II.
(2) Breteuil.
(3) Viomesnil.

» Mais ce n'est pas cette prétendue correspondance qui est le grief de M. le Comte d'Artois, voici le prétexte de l'accusation de *trahison* contre M. de Bombelles. Ce dernier, étant encore à Venise, avoit reçu un courrier particulier qui lui portoit des ordres du Roi d'aller à Milan (à ce que je crois), pour remettre à l'Empereur des lettres et lui faire une ou deux demandes relatives au départ projeté du Roi. Dans le même moment, M. le Comte d'Artois avoit reçu quelques dégoûts de l'Empereur, ne pouvoit obtenir de le voir, avoit cependant le plus grand intérêt à s'accorder avec lui. M. de Calonne et le Prince dirent à M. de Bombelles, ou M. de Bombelles leur proposa d'aller à Milan; bref, mon mari, peiné de la situation de M. le Comte d'Artois, se sentant, d'après la confiance que l'Empereur lui avoit déjà témoignée, et les lettres particulières dont il étoit chargé, en force de bien servir M. le Comte d'Artois, se charge de traiter de ses intérêts, arrive à Milan, obtient pour M. le Comte d'Artois tout ce que ce Prince désiroit, et est chargé pour notre infortuné monarque des réponses les plus satisfaisantes. Voilà qui est à merveille. Mais M. de Calonne avoit envoyé en même temps à Milan son neveu, M. du Hautoir, qui demeuroit dans la même auberge que M. de Bombelles. Un matin, M. du Hautoir vient chez M. de B., cause avec lui. Sur ces entrefaites, M. de B. sort un instant, laisse M. du Hautoir seul chez lui, et oublie qu'il a laissé sur sa table un brouillon de lettre à l'Empereur, par laquelle il marquoit à ce souverain : *Je suis arrivé ici avec une double mission pour Votre Majesté.* M. du Hautoir, vraisemblablement, en prend copie, et à son arrivée, la communique avec empressement à M. de Calonne. Ce dernier, qui avoit déjà M. de Bombelles à cheval sur le nez et qui étoit fort impatienté de l'opposition qu'il mettoit sans cesse aux folies qu'il vouloit faire faire à M. le Comte d'Artois, s'anime d'un beau zèle, dit à M. le Comte d'Artois : « Vous êtes trahi : que veut dire *une double mission?* Qu'est-ce que cela peut être, sinon qu'une horrible trahison? M. de Bombelles est sans contredit un homme abominable. »

» Mon mari, à son retour, s'attendant à quelque témoignage de satisfaction, trouve M. le Comte d'Artois monté sur un grand ton de dignité, qui lui dit en propres termes qu'il a des preuves convaincantes de sa trahison, et qu'il eût à produire devant lui sa correspondance avec l'Empereur. A cette dure réception, M. de B. répond à M. le C. d. qu'il ne lui est pas difficile de deviner que M. du Hautoir aura lu sa lettre ; qu'au reste il ne la désavouoit pas, et qu'effectivement il avoit eu encore autre chose à dire à l'Empereur que ce dont Mgr l'avoit chargé; qu'il avoit reçu, à cet égard, des ordres particuliers du Roi qui, loin de contrecarrer la commission dont il s'étoit chargé pour lui, ne faisant que l'étayer, il avoit cru et croyoit encore pouvoir se charger de toutes deux sans blesser en rien les règles les plus sévères de la probité.

« *Qu'est-ce que le Roi?* reprend M. le Comte d'Artois; *Monsieur, dans ce moment-ci, il n'est de Roi que moi, et vous me devez compte de votre conduite.* »

» M. de Bombelles lui répondit qu'il avoit pour lui le plus profond respect et l'attachement le plus inviolable, mais que son obéissance et sa fidélité pour son Roi l'emporteroient toujours dans ses principes sur tout autre sentiment; qu'il lui réitéroit sa parole d'honneur qu'il ne se seroit jamais chargé de traiter de ses intérêts vis-à-vis de l'Empereur si les ordres du Roi avoient mis la moindre gêne à cette mission; qu'ils n'avoient fait au contraire que l'étayer, et que la preuve en étoit qu'il avoit obtenu de l'Empereur qu'il le verroit, en seroit bien traité, etc., etc., etc. M. le Comte d'Artois alors devint assez doux et assez poli; mais ce n'étoit pas là le compte de M. de Calonne, il falloit éloigner M. de Bombelles, et il y est parvenu. M. de Bombelles, peu de jours après son explication avec M. le C. d'Artois, a quitté les États vénitiens, et est allé en Suisse. Vous savez le reste.

» M. le C. d'Artois, depuis, s'est toujours entendu dire qu'il avoit été trahi; toute la société a fait chorus, il l'a répété, et il croit à présent mettre du caractère à soutenir le dire de ses entours, et il ne réfléchit pas qu'il cherche à déshonorer un brave homme qui l'a essentiellement obligé ainsi que tous ses amis, et à qui il ne reste que sa *réputation* pour placer un jour ses enfants et servir encore lui-même une cause à laquelle il a tout sacrifié.

» Voilà, mon cher, l'exacte vérité de tout ce qui s'est passé, et je n'ajouterai plus que deux réflexions pour blanchir entièrement M. de B. : la première, c'est que si par une fausse délicatesse il n'avoit pas voulu se charger de traiter des intérêts de M. le C. d'Artois vis-à-vis l'Empereur, qui que ce soit de ses entours ne pouvoit le remplacer, par la raison qu'aucun n'avoit les moyens de M. de Bombelles, qui est rompu sur les affaires, et en outre que l'Empereur les avoit tous alignés en déplaisance. Secondement, M. de Bombelles auroit-il pu, avant de partir pour Milan, confier le secret du Roi? Je vous proteste que, le soir, quinze que nous étions, tant hommes que femmes, de François à Venise, nous le serions tous dit tout bas à l'oreille. Un secret se peut-il ainsi garder? Mandez-moi à présent, pour ma propre consolation, que vous resterez toujours ami de mon mari, et l'estimerez comme il le mérite, et vous me consolerez des injustices qu'il éprouve. Quant à chercher à le rapprocher de M. le Comte d'Artois, cela me paroît absolument inutile. M. le Comte d'Artois n'a pas de caractère, mais il est fort entêté lorsqu'il a adopté une idée bonne ou mauvaise, et que ses entours, sans qu'il s'en aperçoive, l'alimentent. M. de Calonne a trop cherché à faire du tort à M. de B. pour n'être pas fort intéressé à le tenir hors d'état de persuader par sa présence à un grand nombre de gens qu'il est un honnête homme. Ce seroit donc perdre son temps que de lutter contre une ligue tramée par l'intrigue et la duplicité. Je veux bien cependant que vous disiez au maréchal de Broglie la vérité avec détail. Mais je crois, tant que le Roi sera captif, important de ne pas pousser la chose plus loin; je craindrois qu'elle ne le compromit. Souvenons-nous qu'il a déclaré, à son retour à Paris, n'avoir eu aucune correspondance avec les Puissances étrangères. J'aime mieux, je vous l'avoue, éprouver tous les dégoûts possibles et laisser un libre champ aux effets de la jalousie de M. de Calonne, que de donner prétexte à nos tyrans, par une sotte justification, de river les fers de notre infortuné Souverain et de sa malheureuse femme. Mon mari d'ailleurs n'est pas ici, et il me sauroit sûrement mauvais gré de répondre, sans son aveu, à des accusations qui, — tenez, mon cher ami, — n'ont pas le sens commun... Je regarde la guerre comme sûre et nourris dans mon cœur beaucoup d'espérances de succès. La neutralité de l'Angleterre est tout ce que nous pouvions désirer. C'étoit encore un grand point de contestation entre M. de B. et M. de Calonne. Ce dernier, en arrivant à Venise, ne voyoit que par l'Angleterre et vouloit persuader qu'elle feroit des prodiges. M. de B. prétendoit que tout ce que nous pouvions désirer et espérer étoit sa neutralité. C'est une chose bien incommode que l'opposition du bon sens aux égarements d'un esprit brillant. Adieu, mon cher marquis, j'embrasse votre femme, votre Hélène et vous aussi, et vous aime tous du meilleur de mon cœur. »

AUTRE LETTRE DE LA MARQUISE DE BOMBELLES AU MARQUIS DE RAIGECOURT.

« Wardeck, ce 7 septembre 1791.

» Vous avez reçu de mon mari une longue épître, mon cher marquis, qui vous aura instruit plus parfaitement de tout ce qui s'est passé entre lui et le C. d'Artois ; en voilà certes beaucoup trop sur une grande platitude, et il nous suffit que vous soyez au fait des méchancetés de M. de C. (1), car il seroit bien injuste d'en accuser notre Prince, que j'aime du fond de mon cœur, malgré les torts qu'on lui a fait avoir envers nous. J'ai appris avec un grand plaisir la manière touchante dont il a été accueilli de l'Empereur, et désire vivement que les démonstrations d'intérêt de ce chef de l'Empire nous amènent à des résultats solides. Ou son secret et celui des autres Puissances est inviolablement gardé sur les préparatifs de guerre, ou il se laisse leurrer par l'. N. (2). Je vous avoue que je suis impatientée de voir la guerre s'avancer aussi lentement, et que je crains toujours que l'hiver ne se

---

(1) Calonne. C'était toujours la même mésintelligence entre M. de Calonne et M. de Breteuil et ses agents. Chacun voulait tenir les rênes : — une des plaies de l'Émigration.

(2) L'Assemblée nationale.

passe en de vaines négociations qui donneront le temps à nos tyrans de se consolider et de nous perdre avec la France entière. Tandis que si, dans un mois, privés de numéraire, de secours militaires, surtout de chefs, on les attaquoit sérieusement, il faudroit bien qu'ils se soumissent. Si vous aviez sur cet objet quelques nouvelles consolantes, mandez-les-moi bien vite, car jusqu'à présent tout ce qu'on nous écrit nous fait craindre qu'on ne se laisse aller à des négociations au lieu d'agir. Ma Princesse me mandoit : « A la place de ton mari, je ne me serois pas chargé de la commission du C. d'., et j'eusse essayé avant tout d'établir entre le R. et le C. d'. une confiance qui auroit toujours dû exister. » Mais ma Princesse ne réfléchit pas à l'embarras où eût été M. le Comte d'Artois par le refus de mon mari, et cette conduite n'eût pas été propre à établir une grande confiance entre les deux frères. Je lui fais à ce sujet des représentations dont elle sentira, j'espère, la justesse; car j'avoue qu'il me seroit pénible qu'elle ne rendit pas à mon mari la justice qu'il mérite... »

P. S. *de M. de Bombelles.*

« Le 9 septembre.

» J'ajouterai à ce que vous mande ma femme que j'ai (autant que les circonstances le permettent) démontré à Mad. Élis... combien ses notions sur mon affaire avec M. le C. d'. ont été inexactement données. Ce Prince a reçu maintenant une lettre, en date du 26 août, écrite par un homme dans une position respectable, et d'une façon de penser plus respectable encore. Cet homme, dont M. le C. d'. tire et tirera d'importants services, lui articule, avec autant de noblesse que de fermeté, qu'il est instant que Mgr fasse finir « des propos légers, frivoles, inconséquents et méchants » ; enfin, cette lettre est une nouvelle pièce dont je serois fâché d'avoir à me servir, mais qui détruiroit sans réplique toutes les calomnies. C'est un chef-d'œuvre de logique et de sentiment de la part d'une personne qui déclare avoir vu tout ce que j'ai écrit, et prouve qu'elle a su tout ce que j'ai fait. N'en parlez pas, mais je n'ai pu vous laisser ignorer une démarche à laquelle la politique sembloit se refuser et qui m'a d'autant plus touché que j'ai trouvé dans un étranger ce que de mes compatriotes, fort mes obligés, n'ont jamais eu le courage ni l'équité de faire. »

DCCXII

MADAME ÉLISABETH A LA MARQUISE DE RAIGECOURT (1).

Envoi de livres. — La Princesse demande à être mise au fait sur ce qu'on dit de la Reine à l'égard du Comte d'Artois, qui est entouré d'intrigues. — Le frère de madame de Raigecourt lui a paru un peu étourdi. — Elle la rassure sur le salut de l'âme de son fils Stani, et parle du baptême de sa fille Hélène, dont la Princesse doit être marraine avec le Comte d'Artois. — La situation de Paris n'est pas mauvaise, mais elle changera vite si l'Empereur fait la guerre. Il faut se recommander à Dieu.

18 février 1792.

Je profite du départ de ton frère pour t'envoyer les livres que tu me demandes, et causer un petit moment avec toi. Je dis un petit moment, car à la vérité je n'ai pas le temps de t'écrire bien long, et puis je n'ai pas grand' chose à te dire. Si tu veux me mettre au fait de ce que tu me marques sur cette malheureuse belle-mère (2), tu me feras plaisir. J'en ai un peu entendu parler; mais je serois bien aise que tu me disses le nœud de l'affaire, de qui tu le tiens et comment on le sait. Tu penses avec quelle joie je verrois cette affaire arrangée. Depuis longtemps, c'est le plus cher de mes vœux. Le jeune homme est entouré d'intrigues qui ne

---

(1) Papiers de famille de M. le marquis de Raigecourt.
(2) La Reine. On a déjà donné plusieurs fois l'explication de cette espèce de chiffre : la belle-mère, le gendre, le jeune homme.

le touchent pas, mais qui sont bien désagréables. Je voudrois bien que la personne qui en est la cause fût éloignée. Ton frère m'en donne l'espoir; mais je ne sais s'il voit bien. Il m'a paru un peu étourdi, ton cher frère; j'en suis fâchée pour toi, mais je crains qu'il n'ait un peu pris le ton du lieu qu'il habite. Au reste, je puis avoir tort sur le jugement que je porte sur lui, car en un quart d'heure il est difficile de bien voir; mais tu me diras si j'ai tort. Tu aurois bien pu te donner la peine de m'écrire par lui si tu n'étois pas une vraie paresseuse, ou, pour mieux dire, si les cinq dents d'Hélène... A propos d'elle, je t'envoie ma procuration, et je demanderai à mon frère la sienne (1). Mais, mon cœur, soyez bien tranquille, j'ai consulté : votre Stani doit jouir de tous les bonheurs réservés à une âme aussi pure. Il n'est point nécessaire, pour être sauvé, d'avoir reçu les cérémonies du baptême. La personne à qui j'en ai parlé m'a dit : « Rassurez-la bien et avec d'autant plus de certitude de ne pas vous tromper que moi qui vous parle je ne les ai jamais reçues. » Soyez donc calme, mon cœur, et n'ajoutez pas à vos regrets celui-là, qu'avec raison vous regarderiez comme le plus grand de tous; — car peut-on jamais comparer la différence qui se trouve entre pleurer la mort éternelle d'un être qui nous est cher, à la privation de ne le plus voir lorsque l'on peut y ajouter la certitude de son bonheur? Que cette idée vienne adoucir tous vos maux! Ce sera pour vous un sujet de consolation après avoir beaucoup craint de n'avoir plus à pleurer que pour

---

(1) Pour le baptême.

vous, puisque vous croyez que ces larmes vous sont utiles.

La situation de Paris n'est pas mauvaise; mais si l'Empereur nous fait la guerre, elle changera bien vite : qui sait dans quel sens? Dieu seul. Rapportons-nous-en donc à lui de toute manière, c'est ce que nous avons de mieux à faire. Prie-le, mon cœur; demande-lui bien la conversion des âmes; demande-lui surtout avec instance de retirer l'aveuglement dont il a frappé ce malheureux royaume. Demande la même grâce pour ses chefs, car, nous n'en pouvons douter, sa main s'est appesantie sur nous d'une manière trop visible. Si tu étois à ma place, tu en jugerois encore mieux. Ce n'est donc que lui qui peut changer notre sort. Ranime ta ferveur pour le lui demander; prie-le aussi de ranimer la mienne. Adieu, mon cœur; je t'embrasse, je t'aime et désire que mademoiselle Hélène finisse bientôt de teter. Dit-elle Maman?

DCCXIII

MADAME ÉLISABETH AU COMTE D'ARTOIS (1).

Elle cherche à l'éclairer sur les sentiments de la Reine à son égard.

Le 19 février 1792.

Vous savez, mon cher Frère, quelle est mon amitié

---

(1) Cette lettre, qui fait aujourd'hui partie des papiers de la Bibliothèque impériale de France (volume in-folio, *Lettres originales*, 2. C. — F. n° 12763), provenait primitivement de M. le vicomte de Fontenay.

pour vous et si je me réjouis de vous savoir en bonne santé. Je crois, moi qui suis sur les lieux, que vous êtes injuste envers la personne. Vous n'avez pas de meilleure amie. Je prie Dieu qu'il répande sur vous ses bénédictions et ses lumières, et vous jugerez mieux. L'éloignement est par tous les côtés une calamité et une souffrance, puisqu'il jette des nuages où ne devroit luire que la sainte amitié. Je vous écrirai plus au long sur tout cela par l'occasion que vous savez, et je vous prouverai que jamais vous ne trouverez une amie plus vraie et plus tendre et dévouée que moi.

Élisabeth-Marie.

DCCXIV

MARIE-CHRISTINE A L'EMPEREUR LÉOPOLD (1).

L'Empereur a prévenu ses désirs en invitant le comte de Baillet à quitter Vienne. — Satisfaction que fait éprouver à la Princesse l'approbation donnée à ses actes. — Elle s'excuse du retard qu'elle a mis à répondre aux demandes d'informations de l'Empereur. — S'attendre à tout du côté de la France et se tenir prêt. — Mesures prises dans les Pays-Bas. — Trois armées françaises aux frontières. — Choix extraordinaire de ce moment pour accréditer le chevalier de La Gravière comme envoyé de France à Bruxelles.

A Sa Majesté l'Empereur.

[Bruxelles, 18 ou 19 février 1792.]

Nous n'avons pu éprouver qu'une bien vive satisfaction, cher frère, de voir par votre lettre du 7 du cou-

---

(1) Archives de Son Altesse Impériale et Royale l'Archiduc Albert d'Autriche.

rant, que vous avez prévenu nos souhaits en faisant dire au comte de Baillet de terminer à Vienne un séjour dont la prolongation avoit fait déjà ici un effet très-nuisible au bien des affaires; mais ce qui est bien plus consolant encore pour nous, c'est que vous y approuvez de nouveau tout ce que nous avions marqué avoir fait ici relativement aux personnes impliquées dans le complot découvert, et que nous voyons que les dispositions qui s'en sont suivies répondent parfaitement aux intentions que vous nous manifestez à cet égard dans cette lettre.

Tout enchantés que nous sommes de ces témoignages de votre contentement, nous ne pouvons, en attendant, nous empêcher de nous avouer une faute et de demander votre indulgence sur le retard où nous sommes encore des informations, avis et propositions que vous nous avez demandés, il y a déjà quelque temps, sur les mesures que nous pensions prendre et sur celles qui étoient émanées de votre part dans une dépêche du Prince de Kaunitz, pour mettre en règle la conduite des États de Brabant et l'affaire des subsides qu'ils vous ont refusés.

Daignez cependant ne pas l'attribuer à négligence ou à tiédeur, puisqu'en effet le travail que nous ont causé, depuis ce moment-là, les menées et les préparatifs hostiles des François et celui que l'affaire de la conspiration et d'autres objets pressants a donné aussi aux meilleurs ouvriers de nos départements; ont réellement absorbé ce temps; que ce n'est qu'à présent que nous pourrons suivre plus particulièrement ces objets, dans la discussion desquels nous avons lieu d'espérer que nous serons maintenant d'autant mieux secondés, que la connoissance de votre approbation sur notre conduite et du renvoi de M. Baillet donnera du courage à ceux que la hardiesse, dont on débitoit ici que vous étiez mécontent de nous et que vos principes tendoient à céder aux prétentions des États, et à acheter un repos imaginaire par des voies de ménagement et en mollissant vis-à-vis de ceux-ci, avoient rendus au dernier point pusillanimes et indécis.

Si on ne devoit consulter, dans l'époque présente, que ce que dicteroient la raison et le bon sens, on auroit tout motif de se persuader que les François n'oseront se porter à attaquer ni l'Empire ni ce pays-ci; mais avec une nation qui n'a plus aucun frein et où les têtes les plus exaltées et les plus enragées parviennent à entraîner les volontés de la multitude, il faut s'attendre aux démarches les plus forcenées et faire, de son côté, tout ce qui est possible pour réprimer et repousser leur fougue immodérée.

Vous êtes instruit, cher frère, des dispositions préparatoires qui ont été faites à cet effet; c'est en conséquence de celles-là qu'on est déjà occupé à faire chercher à Luxembourg la réserve d'artillerie, et que les changements des différentes troupes déterminés par le plan adopté auront également lieu. Il est possible et assez probable même que cela sera envisagé différemment par nos voisins. Et si les dispositions de guerre, dont nous recevons journellement de nouveaux rapports, augmentent et sont accompagnées des mouvements pour réunir leurs forces vers l'un ou l'autre point, l'on sera bien dans le cas d'en faire de même de notre côté.

Je ne manquerai pas de vous informer successivement de ce qui se fera et de tout ce que nous apprendrons d'intéressant.

Je vous envoie, en attendant, ci-joint un nouveau détail assez circonstancié que nous venons de recevoir sur la force et la distribution des troupes françoises formant les trois armées placées sur les frontières de ce pays-ci et de l'Allemagne, ainsi que quelques extraits des rapports venus de ces parties-là.

Vous serez peut-être surpris d'apprendre que c'est en ce moment-ci que l'on a donné à M. de la Gravière le caractère d'envoyé de France ici, et qu'il est chargé de nous remettre, en cette qualité, ses lettres de créance.

Le chevalier de la Gravière, premier secrétaire de l'ambassade du marquis de Noailles à Vienne, et qui l'avait remplacé, dans l'année 1786, en qualité de chargé d'affaires, avait été en effet choisi pour résider dans les Pays-Bas autrichiens au nom de la France.

DCCXV

LE PRINCE DE KAUNITZ A L'EMPEREUR LÉOPOLD (1).

Compte rendu de son entrevue avec M. de Simolin sur les affaires de France.

[25 février 1792.]

Monsieur de Simolin, rappelé de Paris par sa Cour, comme ne l'ignore pas Votre Majesté, pour rester jus-

---

(1) Archives impériales d'Autriche.

qu'à nouvel ordre à Bruxelles ou autre lieu des Pays-Bas autrichiens, à la réquisition de la Reine de France, a passé jusqu'à Vienne, sans même attendre qu'il y fût autorisé par sa Cour, pour avoir l'honneur de remettre à Votre Majesté, dans le plus grand secret, *une lettre de la Reine, et à moi celle que Votre Majesté trouvera ci-jointe, ainsi que pour lui exposer de bouche* (1) : que tout ce qui s'est fait et se fait encore journellement de la part du Roi, ne s'est fait et ne se fait que forcément, et en même temps pour réclamer vaguement son assistance, exactement sur le pied de l'ancienne chanson, c'est-à-dire de la façon la plus inconcluante et la plus déraisonnable qu'il soit possible d'imaginer. Je lui en ai dit ma pensée avec toute la force de la raison et toute l'énergie possible ; mais en lui protestant en même temps à plusieurs reprises que je ne lui parlois

---

(1) Ces lignes sont soulignées au crayon rouge dans l'original, vraisemblablement de la main de l'Empereur.

Voici cette lettre de la Reine, publiée sur un *duplicata* ou sur une copie par M. d'Hunolstein :

« Ce 1er février 1792.

» Croyez, Monsieur, à tout ce que le porteur de ce billet vous dira. Il voit juste et connoit bien notre position. Je suis charmée d'avoir une occasion d'assurer le respectable et bon serviteur de Marie-Thérèse que, quelque chose qui arrive, sa fille cherchera toujours à être digne d'une pareille mère et de l'estime de son ministre et ami.

» Marie-Antoinette. »

L'original, qui est aux Archives impériales d'Autriche, est écrit sur petit 8°, papier de Hollande, non doré, avec cette suscription de la main de la Reine : « *A monsieur le Prince de Kaunitz* » ; et au-dessous, de la main du Prince : « *La Reine de France*, par M. de Simolin, le 25 février 1792. »

pas en ministre, mais en simple particulier. Il n'a su me répondre que par des lieux communs qui ne servent à rien et ne mènent à rien, et il m'a fait de vives instances pour qu'il plaise à Votre Majesté de déterminer le jour et l'heure à laquelle Elle trouvera bon de le recevoir, comme un particulier, de la façon du monde la moins voyante que possible; et il m'a fait connoître en même temps qu'il comptoit s'en retourner aux Pays-Bas dès qu'il auroit eu l'honneur de voir Votre Majesté et qu'il auroit reçu ses ordres pour la Reine, à laquelle il avoit des moyens de faire parvenir en toute sécurité la réponse qu'Elle trouveroit bon de lui confier pour lui être rendue.

J'ai l'honneur d'être avec la plus parfaite soumission,

KAUNITZ R.

Vienne, 25 février 1792.

En marge est écrit de la main de l'Empereur :

Je vous renvoie, mon Prince, la lettre ci-jointe de la Reine de France et vous prie de faire avertir M. de Simolin de venir aujourd'hui lundi, à quatre heures après midi, chez moi, pour me remettre la lettre de la Reine, en l'avertissant qu'il peut venir seul en frac, sans aucune formalité, par ma retirade, directement chez moi. Je suis

LÉOPOLD.

DCCXVI

M. DE SIMOLIN A L'IMPÉRATRICE DE RUSSIE (1).

Compte rendu de la mission dont Marie-Antoinette l'avait chargé à Vienne. — Son entretien avec le Prince de Kaunitz. — Il lui expose la situation exacte de la France et de la Famille royale. — Il lui dit tout ce qu'il croit propre à émouvoir son sang et ses sentiments glacés. — Réponse étudiée de M. de Kaunitz. — Il n'appartient pas aux Puissances étrangères d'intervenir dans les affaires d'une nation libre, quand elles n'y sont pas ouvertement invitées. — Tout ce qu'il entend n'est que doléances et lieux communs. — Entrevue de M. de Simolin avec l'Empereur. — Opinion de Léopold II sur les affaires de France. — Dispositions prises dans l'éventualité d'une guerre. — M. de Breteuil. — Propositions à faire à l'Assemblée nationale. — Confidences du vice-chancelier Colloredo à M. de Simolin. — Mort de l'empereur Léopold.

Vienne, le $\frac{19\ \text{février}}{1^{er}\ \text{mars}}$ 1792.

Madame,

Je suis arrivé ici le treizième jour, par un froid excessif contre lequel je ne m'étois pas précautionné. Je me suis annoncé, le lendemain, chez l'ambassadeur de Votre Majesté Impériale, M. le Prince de Galitzin; et pour me faciliter un accès particulier auprès de M. le Prince de Kaunitz et auprès de Sa Majesté l'Empereur, j'ai cru ne pouvoir me dispenser de lui faire la confidence de l'objet de mon voyage à Vienne, en convenant avec lui de dire dans le monde qu'ayant voulu profiter du congé que Votre Majesté Impériale avoit daigné m'accorder de m'absenter de mon poste, j'avois formé le projet de faire une course à Saint-Pétersbourg; mais

---

(1) Archives impériales de Moscou.

que m'ayant remis à mon arrivée ici une lettre où l'on me prescrit de suspendre l'exécution de ce projet et de ne pas m'éloigner des contrées où je m'étois rendu en quittant Paris, j'allois retourner sur mes pas après m'être reposé une huitaine de jours.

Le même soir, M. l'ambassadeur me présenta à M. le Prince de Kaunitz, qu'il avoit prévenu que j'étois chargé de lui remettre une lettre de la part de la Reine de France, et que je désirois qu'il m'accordât une heure particulière dans son cabinet pour la lui rendre. Ledit chancelier d'État me fit un accueil fort marqué et distingué, qu'il n'a pas coutume de faire aux étrangers. Il me dit tout bas : Nous ne parlerons pas longtemps, pour ne pas faire naître des soupçons que nous avons des affaires ensemble. La conversation devint alors plus générale, et dans l'occasion il fit l'éloge du règne de Votre Majesté Impériale, qui, dans l'histoire du monde, fera toujours une époque brillante, et il me fit l'honneur de me dire que, depuis nombre d'années, je lui étois connu d'une manière avantageuse. A M. le Prince de Galitzin il avoit dit qu'il me recevroit entre cinq et six heures dans son cabinet. Je me rendis chez lui à l'heure fixée. Après un compliment que je fis à ce ministre, je lui remis la lettre de la Reine. Il l'ouvrit, la lut et dit : « Elle est bien courte et ne contient qu'un compliment. » Puis je lui dis que le Roi et la Reine de France m'ayant proposé de faire une course à Vienne, de me charger d'une lettre pour Sa Majesté l'Empereur, et de le mettre au fait de leurs véritables sentiments et de la position exacte de la France, sur lesquels il leur a paru qu'on a donné le change à Sa Majesté l'Empereur par des informations infidèles, j'avois estimé ne pouvoir me refuser à la volonté et aux désirs de Leurs Majestés Très-Chrétiennes, d'autant plus que je n'ignorois pas l'intérêt vif et constant que Votre Majesté Impériale prenoit à leur état et à leur prospérité. Je lui exposai ensuite ce dont la Reine m'avoit chargé, savoir : que l'acceptation de la Constitution n'avoit pas été libre, mais commandée impérieusement par les circonstances ; que si le Roi avoit été assuré d'un appui quelconque des Puissances étrangères, il auroit refusé, et que Leurs Majestés n'étoient pas contentes du tout, comme on a voulu l'insinuer, du nouvel ordre des choses qui s'y est introduit. Je lui parlai des dangers qui menaçoient tous les trônes et toutes les souverainetés si les principes de la Constitution françoise n'étoient pas extirpés, et si cette contagion gagnoit les autres États de l'Europe ; que la tranquillité des provinces belgiques en dépendoit, dont je ne craignois pas d'être démenti par M. le Comte de Mercy ; qu'il me sembloit que la révolution françoise étoit d'une nature dont l'histoire du monde n'offroit pas d'exemple, qu'elle devoit par conséquent suspendre la politique ordinaire des Puissances coalisantes pour les réunir au seul point de la conservation de la monarchie françoise, qui étoit bien dans la lettre, mais non pas dans l'esprit de la nouvelle Constitution, sauf à ces Puissances à reprendre les principes que leurs intérêts réciproques leur dictent, après que le danger général auroit été conjuré. Enfin j'ai dit à ce ministre tout ce que j'ai cru propre à émouvoir son sang et ses sentiments glacés.

Par la réponse étudiée qu'il me fit, il paroit que ce

que je lui avois dit n'avoit fait que blanchir. Il me dit que m'ayant écouté tranquillement, il me prioit de ne pas l'interrompre de mon côté. J'ai médité, continua-t-il, sur les affaires de France avec une tête froide que la nature m'a donnée. Je ne vois pas ce que le Roi et la Reine de France désirent : Est-ce le rétablissement de l'ancien ordre des choses? Cela est impossible. Si c'est une modification dans la nouvelle Constitution, il faut qu'elle se fasse de gré à gré. Les Puissances étrangères ne peuvent s'immiscer, ni de droit ni de fait, dans les affaires domestiques d'une nation indépendante, sans en être requises, et elles ne le sont pas. L'Assemblée nationale, sentant l'impossibilité de faire entrer en France cent mille hommes et de sacrifier autant de millions, paroit ne craindre rien. Qu'on en admette la possibilité, on ne pourra pas y laisser des armées, et après les avoir fait sortir de France, la nation feroit encore pire qu'auparavant et pourroit enfermer le Roi, ou s'en défaire même par une voie plus abrégée ; que la contagion des principes de la secte françoise n'étoit pas à craindre ; que chaque État n'avoit qu'à prendre soigneusement garde à ce qui se passoit chez lui et à veiller à ce que des émissaires de la *propaganda* n'y répandent pas leur venin ; et dans le cas où l'on en prit, de les faire pendre et même rouer, et que l'exemple de la dégradation de la France depuis l'adoption de ces principes avoit de quoi effrayer les nations qui voudroient l'imiter ; que ce que je venois de lui exposer étoit des doléances, des plaintes qu'il avoit déjà entendues, et qu'il défioit de répondre à ses raisons et arguments autrement que par des lieux communs et en battant la campagne; qu'il étoit de même impossible de former un concert entre les diverses Puissances, et de l'exécuter avec le même esprit d'union qui seroit nécessaire pour le succès; que le Roi par sa ratification avoit autorisé à croire que son acceptation de la Constitution avoit été libre et non pas forcée, et qu'il étoit content du nouvel ordre des choses.

C'est le résultat d'un discours qui a duré une bonne demi-heure; et après l'avoir écouté jusqu'au bout, je lui répondis que je ne présumois pas que l'intention de Leurs Majestés Très-Chrétiennes fût le rétablissement de l'ancien régime, dont la déclaration du Roi du 23 juin 1789 faisoit preuve, Sa Majesté y ayant offert, de son chef, plus que la nation n'auroit jamais pu désirer avant cette époque.; que je savois de plus que l'intention du Roi n'étoit pas que les secours qui lui seroient accordés pour le rétablir sur le trône fussent gratuits, et qu'il s'arrangeroit là-dessus, pourvu qu'on lui donnât de la marge et des termes raisonnables pour l'exécution de ses engagements. Quant au danger qu'il paroissoit appréhender pour le Roi et la Famille royale, je pouvois l'assurer que la Reine ne craignoit rien; que la nation ayant besoin du Roi et du Dauphin, leurs vies étoient en sûreté; et quant à sa personne, elle redoutoit moins la mort que de vivre dans l'avilissement et d'être abreuvée tous les jours de fiel.

Voilà encore des lieux communs, dit-il, que j'ai déjà entendus.

Je lui répondis que je lui rendois mot pour mot ce que la Reine m'avoit fait l'honneur de me dire; qu'à l'égard de la soi-disante liberté on n'auroit jamais dû ni pu présumer que le Roi auroit souscrit à sa dégradation et à l'avilissement de son trône, s'il eût pu faire autrement, et s'il n'eût pas voulu épargner à sa nation de plus grands crimes encore que ceux qui avoient déjà été commis. Par conséquent, les informations que Sa Majesté avoit accepté la Constitution de plein gré et qu'Elle étoit contente du nouvel état des choses, ont été inexactes, et que c'est pour en désabuser l'Empereur que j'avois été requis de Lui exposer verbalement les vrais sentiments de Leurs Majestés sur leur position actuelle qu'Elles m'avoient fait l'honneur de me confier.

M. le Prince de Kaunitz reprit la parole pour me dire que je ne devois pas prendre la réponse qu'il m'avoit faite comme venant de la part du chancelier de l'Empereur, mais d'un particulier qui avoit voulu me marquer sa confiance.

Avant de me retirer je lui dis qu'étant chargé de remettre, de la part de la Reine, une lettre en mains propres de Sa Majesté l'Empereur, je le priois de vouloir bien me procurer la faveur de me mettre à ses pieds. Le Prince me répondit que le lendemain il en préviendroit Sa Majesté Impériale, que cela ne souffriroit aucune difficulté et qu'il me feroit savoir le jour et l'heure qu'Elle auroit fixés pour m'admettre. Lundi je reçus un billet de M. le Prince de Kaunitz, auquel étoit jointe la réponse que l'Empereur lui a faite et dont je prends la liberté de joindre ici la copie, « qu'il me recevroit le même jour à quatre heures en frac sans aucune formalité. » Je n'ai pas manqué de me rendre au bourg impérial à point nommé. — En présentant à Sa Majesté la lettre de la Reine (1), je lui dis qu'Elle y verroit le sujet et l'occasion qui m'amenoient à ses pieds. Sa Majesté m'accueillit le plus gracieusement et me répondit qu'Elle en avoit déjà connoissance, et qu'Elle étoit bien aise de recevoir à la fin des nouvelles directes de sa sœur, toutes celles qui lui étoient entrées jusqu'à présent ayant tant varié, qu'à la fin Elle n'avoit plus su à quoi s'en tenir. Sa Majesté daigna écouter l'office dont j'étois chargé, ce que j'ai exécuté dans les mêmes termes que je l'avois déjà fait à M. le Prince de Kaunitz, de sorte que je ne le répéterai pas, pour ne pas tomber dans des redites. L'Empereur convint que l'acceptation de la Constitution avoit été commandée par les circonstances, et que le Roi n'avoit pu faire autrement sans s'exposer à des dangers majeurs. Il sentoit que le Roi et la Reine ne pouvoient être contents du nouvel ordre des choses qui a été introduit par la révolution, dont les principes tendoient à saper tous les trônes, à bouleverser toutes les souverainetés, et exigeoient par conséquent l'attention de tous les potentats, et que son opinion étoit également que la tranquillité de ses provinces belgiques tenoit à la révolution françoise et ne seroit pas rétablie tant qu'on ne parviendroit pas à y mettre des bornes et à arrêter ses progrès.

Sa Majesté me fit l'honneur de me demander si je croyois que la France lui déclareroit la guerre au 1ᵉʳ mars, comme l'Assemblée l'a décrété. Je pris la liberté de Lui répondre que, d'après la saine raison, on

---

(1) Cette lettre a été imprimée sous la date du 1ᵉʳ février 1792, page 214.

ne devroit pas s'y attendre, mais qu'avec une Assemblée telle que celle qui maitrisoit actuellement la France et qui étoit maîtrisée elle-même par les Jacobites et par les sociétés y affiliées, il étoit impossible de calculer ; que toutefois j'osois penser que non.

Elle me dit ensuite que six mille hommes étoient commandés pour renforcer le corps de troupes dans l'Autriche antérieure, qu'il sera formé une armée de cinquante mille Autrichiens et d'autant de Prussiens, qui sera capable de faire respecter ses possessions ; qu'il avoit sujet de penser que l'Angleterre ne verroit pas avec plaisir si les François attaquoient les Pays-Bas ; qu'Elle attendoit, le même soir ou le lendemain, M. de Bischoffswerder, qui apporteroit sans doute le plan de concert que la Cour de Berlin avoit à proposer ; qu'Elle avoit une expédition toute prête pour Votre Majesté Impériale, mais que le départ du courrier étoit retardé aux fins de pouvoir lui communiquer, par la même occasion, ledit plan et les observations qu'il pourroit y avoir à faire.

Sa Majesté me parla ensuite de l'envoi de diverses personnes vers lui, dont les unes avoient dit blanc, les autres noir, ce qui prouvoit qu'il régnoit une diversité totale dans les plans des différentes parties qui se nuisoient réciproquement, se plaignant de plus que toutes les communications, les plus secrètes même, s'étoient divulguées à Coblentz et transmises d'abord à Paris. Mais le point principal auquel Sa Majesté s'arrêta et auquel Elle revint à plusieurs reprises, c'étoit de savoir si M. le baron de Breteuil étoit effectivement celui à qui le Roi et la Reine avoient donné leur confiance, et qu'ils avoient autorisé à correspondre et à traiter en leur nom avec les Puissances étrangères.

J'assurai Sa Majesté que cela étoit positif; que je le tenois de la propre bouche de Leurs Majestés, et que tout ce qu'on Lui avoit dit de contraire à cet égard n'avoit aucun fondement.

Elle me parut satisfaite d'être tirée de cette incertitude et de voir le doute éclairé qu'on avoit fait naître sur ce point.

L'Empereur parut sensible à ce que l'on avoit insinué à la Reine, comme quoi il ne vouloit rien faire; qu'on faisoit tort à ses dispositions; qu'on auroit voulu le mettre seul en avant et lui laisser le soin de s'en tirer comme il auroit pu, à quoi il n'a pu s'entendre; que le plan de Sa Majesté Impériale paroissoit être, quand tous les moyens auroient été bien préparés et combinés, de faire faire à l'Assemblée nationale des propositions raisonnables et telles qu'elles pourroient être accordées, tant à l'égard du rétablissement de la monarchie et de l'affermissement du Roi sur le trône qu'à d'autres objets qu'il faudroit mettre en règle, tels que la restitution d'Avignon, non pour l'importance, mais pour les principes insoutenables que l'Assemblée avance; le rétablissement des Princes lésés arbitrairement dans leurs droits, l'explication sur l'observation des traités qui ont subsisté jusqu'à présent.

L'entretien étant fini, je demandai les ordres de Sa Majesté pour pouvoir m'en retourner à Bruxelles. Elle me répondit que je pouvois venir quand je voudrois en frac, et me faire annoncer chez Elle, ou qu'Elle m'enverroit chercher; me demanda où je logeois et si j'avois occasion de faire parvenir à la Reine avec sûreté ce dont Elle vouloit me charger; qu'Elle me remettroit une lettre et un mémoire qui exposeroit la position des affaires.

Je lui répondis qu'à Bruxelles l'occasion ne me manqueroit pas de lui faire tenir en toute sûreté les papiers que Sa Majesté voudroit bien me confier.

Je ne saurois omettre, j'estime même de mon devoir de faire connoître à Votre Majesté Impériale l'empressement et le zèle que son ambassadeur, M. le Prince de Galitzin, a apporté pour me faciliter, par les moyens qui sont en lui, un accès particulier près les personnes les plus marquantes de la Cour impériale, telles que le vice-chancelier de l'Empire, M. le Prince de Colloredo, et le vice-chancelier, M. le comte de Cobenzl; et quoique je n'eusse eu rien de secret pour ledit ambassadeur, dont la prudence et la discrétion me sont connues depuis nombre d'années, il m'a cependant laissé seul avec lesdits ministres de l'Empereur, pour ne pas nous gêner dans nos entretiens.

J'ai été infiniment content du premier, à qui j'ai fait une confidence entière de ma conversation avec M. le Prince de Kaunitz et avec Sa Majesté l'Empereur. Il est dans les principes et dans les dispositions telles que Votre Majesté Impériale et Leurs Majestés Très-Chrétiennes pourroient désirer pour le soutien et la défense générale de tous les Souverains de l'Europe. Il m'a fait des confidences sur ce qui s'est passé dans le Conseil lorsqu'il s'y est agi de la marche des troupes, à laquelle il n'y a eu de sentiment opposé que de la part de la chancellerie de Cour et d'État, ainsi que du baron de Spielmann, qui est un génie rétréci et d'un caractère craintif et difficultueux, qui m'ont prouvé la sincérité et la franchise de ce ministre. Il me dit avoir vu l'Empereur, le même soir, après mon audience; qu'il l'avoit trouvé plus animé qu'il ne l'avoit vu encore; qu'il étoit nécessaire de le pousser, et qu'il saisissoit toute occasion qui se présentoit pour lui dire qu'il n'y a pas de temps à perdre pour prendre un parti décisif, et que plus on traîne en longueur plus il y aura de difficultés à surmonter. En le quittant, il me dit que je voyois, par la franchise avec laquelle il m'avoit parlé, qu'il n'a eu aucune réserve, et qu'avant mon départ il auroit encore occasion de causer avec moi.

Ledit vice-chancelier, ayant appris par M. l'ambassadeur mon arrivée, m'a fait inviter chez lui à dîner avant que je lui eusse été présenté, et j'ai été très-édifié des dispositions qu'il m'a montrées pour le succès et l'avancement de la bonne cause.

L'ambassadeur de Votre Majesté Impériale venant de me faire dire qu'il dépêche un courrier avec la triste et inattendue nouvelle de la mort de l'Empereur, je dois finir mon très-humble rapport, que j'avois mis en chiffre pour être envoyé, au défaut d'une occasion, par la poste ordinaire. Cet événement m'a tellement frappé que je ne puis rien ajouter, sinon que je suis avec le plus profond respect,

 Madame,

  de Votre Majesté Impériale,

   le fidèle sujet,

    Jean Simolin.

DCCXVII

LE COMTE D'OSTERMAN, CHANCELIER DE L'EMPIRE
DE RUSSIE, A M. DE SIMOLIN (1).

Il lui transmet l'ordre de se rendre à Saint-Pétersbourg pour compléter de vive voix les détails de son entrevue avec la Reine.

[Saint-Pétersbourg, le 20 février 1792.]

Le courrier que Votre Excellence a dépêché de Bruxelles étant arrivé hier dans la journée, je n'ai pas tardé à mettre sous les yeux de l'Impératrice les dépêches du $\frac{31 \text{ janvier}}{11 \text{ février}}$ dont il étoit porteur. Sa Majesté Impériale a approuvé que vous vous fussiez chargé, Monsieur, de la commission que le Roi et la Reine de France vous ont déférée. Mais comme, dans le compte que vous en rendez à Sa Majesté, il manque plusieurs détails intéressants que vous n'avez fait qu'indiquer, la volonté de Sa Majesté est que vous vous rendiez incessamment auprès d'Elle pour l'en instruire aussitôt que vous aurez rempli l'objet de votre voyage à Vienne. Quant aux informations que vous devez en donner aux Tuileries, il vous sera facile de les faire passer par la voie du baron de Breteuil, auquel vous expédierez, à cet effet, un courrier exprès. Après quoi vous vous hâterez de vous rendre à Saint-Pétersbourg. Pour satisfaire au désir que vous m'avez témoigné d'avoir au

---

(1) Archives impériales de Russie, à Moscou.
Une annotation, en langue russe, sur la minute, indique que la dépêche est partie de Saint-Pétersbourg le 20 février 1792. Notre calendrier donnerait le 8.

plus tôt de retour votre valet de chambre, je vous le renvoie avec cette dépêche, à laquelle je n'ai rien à ajouter que les assurances de la considération distinguée avec laquelle je suis,

Monsieur, de Votre Excellence, etc.

DCCXVIII

MADAME ÉLISABETH A MADAME DE BOMBELLES,
SOUS LE NOM DE MADAME DE SCHWARZENGALD, A BASLE (1).

Elle compatit à l'indisposition de madame de Bombelles. — La Reine et ses enfants sont allés au théâtre. — Démonstrations enthousiastes du public en leur faveur. — Les Français sont une drôle de nation.

Ce 22 février 1792.

J'espère, mon cœur, que ton mal de tête est bien passé. Tu y es bien sujette depuis quelque temps. Tu me diras qu'il est difficile de l'avoir bonne dans ce temps-ci. Je suis assez de ton avis; mais il faut cependant se faire une raison et souffrir patiemment ce que l'on ne peut empêcher. Nous voilà au mercredi des Cendres; fais-tu ton carême? Ta petite belle-sœur me contera tout cela. Je serai charmée de l'entendre. Il me semblera que je me rapproche de toi, et cette illusion me fera plaisir.

Nous avons une neige affreuse depuis cinq jours et un froid assez piquant, chose très-désagréable. Malgré cela, la Reine et les enfants ont été aux *Événements imprévus*. Au duo : *Ah! comme j'aime ma maîtresse!* il y a

---

(1) Papiers de famille de M. le marquis de Castéja.

eu les plus vifs applaudissements; et lorsqu'ils disent : *Il faut les rendre heureux*, — une grande partie de la salle s'est écriée : *Oui, oui!* Bref, le duo a été répété quatre fois. Au milieu de tout cela, il y a des Jacobins qui ont voulu faire le train ; mais ils ont eu le dessous, à ce que l'on dit. C'est une drôle de nation que la nôtre : il faut avouer qu'elle a des moments charmants.

Dis à ta petite belle-sœur qu'un accès de paresse retenant avec violence ma main, je n'aurai pas l'avantage de répondre à son billet, qui, tout petit qu'il étoit, m'a fait grand plaisir. De plus, j'espère qu'elle sera bientôt ici ; et je ne trouve rien de bête comme d'écrire aux gens que l'on va voir.

Adieu, mon cœur, si tu pouvois venir avec elle, cela me feroit bien plaisir ; mais il faut encore attendre. Je t'embrasse et t'aime de tout mon cœur.

Cette lettre confirme le récit que madame Campan donne de la même scène (1). Pour les fêtes célébrées à l'occasion de l'acceptation de la Constitution, le Roi et la Reine avaient assisté à une représentation de *la Gouvernante*. Heureusement que la salle n'étant guère composée que de personnes attachées au parti de la Cour, tout s'était passé comme en famille. Mais les Jacobins avaient eu l'éveil, et s'étaient bien promis de prendre leur revanche en pareille occasion ; et si la Cour eût persisté à se montrer aux théâtres, ils fussent devenus une arène de gladiateurs. En effet, Marie-Antoinette s'étant rendue, le 20 février, avec sa fille et Madame Élisabeth, au théâtre des Italiens, où l'on représentait *les*

---

(1) *Mémoires*, t. II, p. 171, 172.

Événements imprévus de Grétry, on avait convenablement composé la salle et surtout le parterre. Malheureusement madame Dugazon eut l'idée de s'incliner vers la Reine en chantant, dans un duo, ces paroles : *Ah! comme j'aime ma maîtresse!* Les Jacobins présents au rendez-vous élevèrent à l'instant une clameur effroyable, et plus de vingt voix parties du parterre se mirent à crier : *Pas de maîtresse! Pas de maître! Liberté!* Alors des voix répondent des loges et des balcons : *Vive la Reine! vive le Roi! Vivent à jamais le Roi et la Reine!* Le parterre se divise, et l'on en vient aux mains. Les Jacobins ont le dessous; une garde nombreuse accourt et rétablit l'ordre; mais déjà le faubourg Saint-Antoine, averti, commençait à s'ébranler et parlait de marcher vers le théâtre. La Reine cependant n'eut que des acclamations à sa sortie. La Cour n'était plus accoutumée à ces ovations; aussi Madame Élisabeth, en sa surprise et sa joie, revient-elle dans trois lettres sur ce sujet. C'est la dernière fois, dit madame Campan, que Marie-Antoinette soit entrée dans une salle de spectacle. C'était prudence, car les soi-disant patriotes guettaient une occasion de scandale contre la Cour. En effet, deux jours après la date de la lettre qu'on vient de lire, le vendredi 24 février, il y eut au théâtre du Vaudeville un grand tumulte, qui avait commencé dans l'intérieur et continua au dehors. On avait échangé, pendant la représentation, des cris : *A bas les Jacobins! à bas les Aristocrates!* Les patriotes de la rue s'amassent autour du théâtre et veulent en forcer les portes pour prêter main-forte à leurs frères et amis du dedans; la garde s'y oppose. Alors ils s'arrêtent, attendent patiemment la sortie de ceux qu'ils appellent leurs ennemis, et se ruent sur eux à l'issue du spectacle. Ils les forcent à crier : « *Vive la Nation!* » S'ils s'y refusent, ils leur donnent, suivant la feuille du *Patriote français* (1), qui raconte le fait, « une petite correction civique ». La Reine n'assistait point à la représentation ; mais deux pages, que leur costume avait fait reconnaître, furent assaillis, maltraités et traînés dans les

---

(1) N° 930, p. 228 du volume.

ruisseaux enflés par le dégel. — « Ennemis de la liberté, s'écrie le *Patriote français* en terminant son récit, partout où vous vous montrerez, le peuple sera là ! » — Scène subalterne, — véritable guet-apens qui donne la mesure de l'abaissement auquel de vils meneurs avaient conduit le peuple.

DCCXIX

MADAME ÉLISABETH A LA MARQUISE DE RAIGECOURT (1).

Les bons Pères de la Vallée sainte. — La Princesse blâme la sévérité de madame de Raigecourt pour sa sœur Françoise. — La Reine et ses enfants ont été à la comédie. — La Nation française a de charmants moments.

Ce 22 février 1792.

Je verrai, mon cœur, dans un moment où ma bourse sera moins vide, ce que je pourrai faire pour ces bons et saints Pères de la Vallée sainte (2). Quelle vie que celle-là ! et combien nous devrions rougir en lui comparant la nôtre ! Cependant, une partie de ces saints n'ont peut-être pas autant de péchés que nous à expier. Ce qui doit consoler, c'est que Dieu n'exige pas de tout le monde ce qu'il exige d'eux, et que, pourvu que l'on soit fidèle dans le peu que l'on fait, il est content.

Je te trouve d'une grande sévérité pour Françoise (3). Je souhaite que cela tourne bien. Mais je ne puis te dissimuler que je trouve que tu joues gros jeu. Songe qu'elle n'est peut-être pas destinée à vivre retirée dans un chapitre ; qu'un temps viendra où elle pourra aller

---

(1) Papiers de famille de M. le marquis de Raigecourt.
(2) Les Pères de la Trappe.
(3) Sa sœur Françoise, comtesse d'Ampurie.

au bal, et que pour lors elle se livrera avec plus de fureur à ce plaisir. Je crois qu'il seroit plus prudent de l'y mener quelquefois et de s'attacher, dans les conversations que tu pourrois avoir avec elle, à lui faire sentir le vide des plaisirs de ce bas monde. Au reste, mon cœur, je ne sais pas pourquoi je te parle de cela, car Dieu, que tu consultes sûrement avec soin, te donne les lumières dont tu as besoin pour la bien conduire, et puisque son confesseur est de cette sévérité-là, je n'ai rien à dire. Mais, mon cœur, est-ce le tien que tu lui as donné? Si cela est, pourquoi ne l'aimes-tu pas? Il me semble que ton zèle devroit être satisfait de la pâture qu'on lui donne. J'en juge d'après cet échantillon. La Reine et ses enfants ont été avant-hier à la comédie. Il y a eu un tapage infernal d'applaudissements. Les Jacobins ont voulu faire le train, mais ils ont été battus. On a fait répéter quatre fois le *duo* du valet et de la femme de chambre des *Événements imprévus*, où il est parlé de l'amour qu'ils ont pour leur maître et leur maîtresse, et au moment où ils disent : *Il faut les rendre heureux*, une grande partie de la salle s'est écriée : *Oui, oui!* Conçois-tu notre nation? Il faut convenir qu'elle a de charmants moments. Sur ce, je te souhaite le bonsoir et te prie de bien prier Dieu ce carême pour qu'il nous regarde en pitié. Mais, mon cœur, aie soin de ne penser qu'à sa gloire, et mets de côté tout ce qui tient au monde. Je t'embrasse.

DCCXX

MADAME ÉLISABETH AU COMTE D'ARTOIS (1).

Elle cherche à le rapprocher de Marie-Antoinette. — Éloge de la Reine. — Tristes pressentiments. — Le désaccord entre les membres de la Famille royale les tuera tous. — La Reine a été jouée par Mercy : les gens de cette sorte font peur à la Princesse. — Paris est presque tranquille. — Incident curieux à la comédie : la Nation a des éclairs. — Dieu seul peut changer leur sort. — Occupations actuelles de la Princesse.

Le 23 février 1792.

Votre dernière lettre m'a été remise ce matin, mon cher Frère; et j'ai été bien heureuse d'y trouver moins d'amertume que dans la précédente. Cependant, je vous ai promis d'ajouter quelques mots à ce que je vous ai écrit il y a quelques jours, et je suis votre amie trop sincère pour ne pas le faire. Je trouve que le fils a trop de sévérité pour la belle-mère. Elle n'a pas les défauts qu'on lui reproche. Je crois qu'elle a pu écouter des conseils suspects ; mais elle supporte les maux qui l'accablent avec un courage fort, et il faut encore plus la plaindre que la blâmer, car elle a de bonnes intentions. Elle cherche à fixer les incertitudes du père, qui, pour le malheur de sa famille, n'est plus le maître, et je ne sais si Dieu voudra que je me trompe, mais je crains bien qu'elle ne soit l'une des premières victimes de tout ce qui se passe, et j'ai le cœur trop serré à ce pressentiment pour avoir encore du blâme. Dieu est bon, il ne voudra pas continuer à laisser subsister le peu d'accord qu'il y a dans une famille à qui l'ensemble

---

(1) Lettre communiquée en original par M. le vicomte de Fontenay.

et la bonne harmonie seroient si utiles ; j'en frémis quand j'y pense, et cela m'ôte le sommeil, car ce désaccord nous tuera tous (1).

Vous savez la différence d'habitudes et de sociétés que vôtre sœur a toujours eue avec la belle-mère ; malgré cela, on se sentiroit du rapprochement pour elle quand on la voit injustement accuser, et quand on regarde en face l'avenir. C'est bien fâcheux que le fils n'ait voulu ou pu faire rien pour gagner l'ami intime du frère de la belle-mère (2). Ce vieux renard la jouoit, et il eût fallu prendre sur soi, s'il avoit été possible, et faire le sacrifice de s'entendre avec lui pour le déjouer et prévenir le mal devenu effrayant aujourd'hui. De deux maux le moindre. Tous les gens de cette sorte me font peur : ils ont de l'esprit, mais à quoi leur est-il bon ? Avec cela il faut aussi du cœur, et ils n'en ont pas ; ils n'ont que de l'intrigue, et c'est bien désagréable qu'ils entrainent tant de gens. Il auroit fallu être plus fins qu'eux.

Paris est presque tranquille. L'autre jour il y a eu à la comédie, où étoit la Reine avec ses enfants, un tapage infernal qui a fini par une scène étonnante, dont beaucoup de gens ont été attendris : — la plus grande

---

(1) Rien ne rapproche comme la communauté de malheurs. S'il est vrai, ainsi qu'on l'a tant répété, que Madame Élisabeth n'ait pas toujours été en bon accord avec Marie-Antoinette, contre laquelle les tantes du Roi avaient essayé de l'animer, il faut reconnaître qu'il n'est aucune des lettres des deux belles-sœurs qui laisse transpirer de mutuels sentiments d'aigreur. Ici la Princesse prend la défense de la Reine, et l'on a lu précédemment une lettre à madame de Bombelles où elle se loue, en termes charmants, de Marie-Antoinette.

(2) Le comte de Mercy-Argenteau.

partie de la salle a crié *Vive le Roi!* et *Vive la Reine!* à faire tomber les voûtes : on a battu ceux qui n'étoient pas du même avis, et on a fait répéter quatre fois un duo qui prêtoit à des rapprochements. Mais c'est un moment, un éclair comme en a la nation, et Dieu sait si cela continuera. L'idée de l'Empereur me tourmente; s'il nous fait la guerre, il y aura une affreuse explosion. Que Dieu veille sur nous! Il a appesanti sa main sur ce royaume d'une manière visible. Prions-le, mon cher Frère; lui seul connoît les cœurs, et il est la seule digne espérance. Je vais passer ce Carême à lui demander de nous regarder en pitié, d'arranger les affaires entre cette famille que j'aime tant ; j'ai cela bien à cœur, je consacrerois ma vie à le demander à deux genoux, et je voudrois être digne d'être exaucée. Ce n'est que lui qui peut changer notre sort, faire cesser le vertige de cette nation si bonne au fond, et vous donner la santé et le repos.

Adieu. Que me demandez-vous? Quelles sont mes occupations aujourd'hui? Si je monte à cheval et si je vais à Saint-Cyr? — A peine ose-t-on faire ses devoirs depuis plus d'un an! Je vous embrasse de tout mon cœur. *Miserere nobis.*

DCCXXI

LE BARON DE BRETEUIL AU MARQUIS DE BOMBELLES (1).

Il approuve les premières démarches de M. de Bombelles à Saint-Pétersbourg. — Conseils sur l'attitude à prendre vis-à-vis du comte Eszterházy. — Congrès armé. — Exposé détaillé du plan concerté entre l'Autriche et la Prusse. — Répugnance de l'Empereur pour la réunion d'un congrès. — Le Roi ne sera tranquille que lorsque l'influence de la Russie se fera sentir. — M. de Breteuil craint que l'Autriche ne soit peu disposée à renverser la Constitution et se borne à rétablir une apparence de monarchie. — Ses instructions à M. de Bombelles sur le langage à tenir à l'Impératrice.

Bruxelles, le 23 février 1792.

J'ai reçu, Monsieur, votre lettre du 27 janvier. Je suis très-satisfait de votre premier entretien avec M. le comte d'Ostermann; vous avez fort bien fait de lui remettre la lettre que vous aviez à rendre à l'Impératrice. La bonté de cette Princesse, en vous donnant le choix d'une audience particulière ou de passer par son ministre, ne laisse rien à désirer. Il est certain qu'ainsi que l'a pensé Sa Majesté Impériale, une audience dès votre arrivée pouvoit fixer l'attention du corps diplomatique; je ne doute pas que l'Impératrice ne daigne successivement vous dédommager de cette première privation.

Je vois que M. d'Eszterházy ne vous a pas montré toute la peine qu'il a manifestée à Coblentz sur votre venue. Il faut que votre manière d'être avec lui le force à s'adoucir, autant qu'il doit être ramené par ce que vous avez à faire d'avantageux pour sa besogne; j'ai-

---

(1) Archives impériales de Russie, à Moscou.

merois mieux que vous n'eussiez pas dit que la Reine, en accordant beaucoup d'estime à M. d'Eszterházy, le croyoit trop causeur pour lui confier le secret de votre mission ; ces vérités ne sont bonnes qu'à aigrir, si elles revenoient ; il faut au contraire dire en toute occasion du bien de M. d'Eszterházy, pour que rien ne vous sépare l'un de l'autre qu'une ligne de sage discrétion. Si votre réserve étonnoit le ministre de l'Impératrice, vous diriez que vous avez des ordres pour parler le moins possible, mais vous prouverez en même temps par tous vos discours et vos démarches que rien dans votre mission ne peut contrarier les vues des Princes. Ils ne peuvent qu'approuver son mystère.

Vous avez très-bien expliqué à M. le comte d'Ostermann les raisons qui ont déterminé le Roi à insister sur un congrès armé ; je ne doute pas que Sa Majesté Impériale n'en sente toute la force.

Vous saurez peut-être, avant que cette lettre ne vous parvienne, que l'Empereur, après en être convenu avec la Prusse, a proposé aux Puissances qui s'intéressent aux malheurs de la France le plan suivant :

1° Leurs Majestés Impériale et Prussienne fourniront chacune quarante mille hommes qui seront portés sur le Rhin.

2° Les Puissances seront invitées à dire le nombre d'hommes qu'elles voudront employer pour les joindre aux forces susdites ou pour agir séparément de concert.

3° Tous les ministres accrédités à Vienne recevront des pleins pouvoirs relatifs à cette circonstance sans former un congrès *ad hoc*.

4° Il sera fait une déclaration commune et générale

des Puissances bien intentionnées pour les intérêts de la France, à l'effet de demander : 1° le rétablissement de tous les droits et possessions des Princes lésés par la Constitution et le rétablissement prompt de tout ce qui existoit à cet égard en avril 1789 ; 2° la restitution du Comtat d'Avignon ; 3° le désarmement de toutes les forces qui excèdent le pied de paix ordinaire des armées françoises et la suspension de tout préparatif hostile ; 4° le désaveu formel de toutes les menées qui, contre le droit des gens, tendent à détruire la tranquillité des gouvernements ; enfin un dernier article portant qu'on demanderoit la liberté du Roi et son rétablissement dans tous les droits monarchiques.

Si l'Empereur avoit voulu faire ces ouvertures positives dès le mois d'août ou de septembre, il en seroit sorti un plan fixe qui eût déjà été mis à exécution et qui (plus ou moins connu) eût toujours eu le droit d'embarrasser et de contenir nos séditieux ; mais ce n'est pas le moment de la plainte, il faut aller à notre objet sans revenir sur le passé.

Rien ne prouve plus la répugnance de l'Empereur pour un congrès et à la fois la crainte d'y être entraîné, que la proposition de tout concentrer à Vienne, où les ministres des autres Cours seroient plus dans la main de Sa Majesté Impériale.

Cependant si cette inquiétante forme de rassemblement politique convenoit aux Puissances occupées de nous rendre à nous-mêmes, surtout si elle étoit adoptée par l'Impératrice, le Roi sacrifiera son sentiment à cette opinion et la croira dès lors la meilleure ; mais vous ajouterez que jusqu'à ce que Sa Majesté Très-Chrétienne soit bien instruite des sentiments de l'Impératrice pour ou contre le congrès, elle restera persuadée que ce n'est que dans cette Assemblée que les différentes manières de voir les affaires de France pourront être éclairées ou contenues par celles des Puissances qui ont intérêt à la conservation et au rétablissement de la pure monarchie ; enfin vous répéterez que le Roi ne sera tranquille sur la discussion et la décision de si grands intérêts que lorsqu'il la verra décidément influencée par le poids et la considération que l'Impératrice a su donner aux opinions de la Russie.

Vous verrez ce qu'on pense de ces quarante mille Autrichiens et quarante mille Prussiens à porter sur le Rhin ; je n'imagine pas que l'Impératrice croie que l'ultérieure pensée soit de les rendre essentiellement utiles au plein retour de la prérogative royale et au total renversement de la Constitution factieuse ; je suis persuadé que, si l'Impératrice vous en parloit, elle ne montreroit pas une confiance absolue dans l'énoncé de principes entièrement généreux. Autant nous croyons à l'élévation des sentiments de Catherine II, autant nous est-il impossible de supposer que notre cruelle Constitution actuelle déplaise tout à fait à la politique autrichienne. En présentant des forces imposantes sur le Rhin, ne voudroit-on pas se donner la bonne grâce de rétablir une apparente, une honorifique monarchie, en même temps qu'on conserveroit (comme trop difficile à renverser) une partie de la monstrueuse Constitution qui met en léthargie l'autorité royale ?

Je laisse à votre sagesse à juger de la mesure que vous devez mettre dans ces observations, mais vous ne devez rien ménager sur ce qui prouvera l'entière confiance que met le Roi dans la noble et franche volonté de l'Impératrice pour empêcher les calculs de la vieille jalousie de prévaloir sur tout ce qui doit s'opposer à l'anéantissement de la monarchie françoise. Vous direz qu'il n'y a que le génie et le grand caractère de Catherine II qui puissent parvenir à ramener au vrai les fausses et dangereuses idées sur notre révolution; que cette révolution ne peut être ni assimilée ni confondue avec rien de ce genre, et que plus elle est compliquée dans ses dangers pour l'univers, plus il faut simplifier la manière de les anéantir pour nous; qu'un système régulier de politique n'y parviendroit pas, et que quiconque voudroit en établir la marche auroit sans doute d'autres vues; qu'il n'y a donc qu'une manière d'effectuer et de vouloir le rétablissement de la monarchie françoise, c'est de la rendre, non à ses abus, mais à tout ce qui la constituoit, c'est d'en reconnoître les avantages non-seulement pour la France, mais pour le système général de l'Europe. Système subverti (un peu plus tôt, un peu plus tard) si on laisse perpétuer l'anarchie ou si on ne la contient que par une Constitution mixte qui, en effaçant la France du rang des grandes Puissances, expose toutes les autres aux inconvénients d'un défaut d'équilibre.

Vous ajouterez que le Roi étant secouru avec l'empressement qu'exigent son intérêt et celui des grandes Puissances, Sa Majesté sent combien il est juste qu'un service aussi signalé ne soit pas à charge à ses amis, et qu'elle leur tiendra fidèlement compte des frais qu'entraînera la mesure de forces employées.

Comme vous seriez peut-être frappé d'inquiétude pour le Roi en voyant que la déclaration des Puissances sur sa liberté et le rétablissement de ses droits pourroit l'exposer à la fureur des factieux, je dois vous prévenir que le Roi et la Reine ne croient pas avoir à craindre aucun effet fâcheux des démarches vigoureuses des Puissances, et que d'ailleurs Leurs Majestés ont fait particulièrement connoître à l'Impératrice qu'Elles veulent qu'on compte pour rien leurs dangers dans tout ce qui pourra être fait pour mettre fin à leur affreuse position. Cette manière de se montrer est trop constante et trop digne de la royauté pour que vous n'en fassiez pas bon usage dans l'occasion, en la donnant de plus en plus à connoître à l'Impératrice.

Vous tâcherez de savoir comment on envisage à Pétersbourg l'alliance autrichienne et prussienne, et si on ne la croit pas une tromperie réciproque. Vous ne laisserez pas ignorer que le Roi de Prusse montre la meilleure volonté de servir utilement le Roi ; je voudrois bien que l'Impératrice et son ministre eussent l'extrême bonté de nous éclaircir sur ce qu'on peut mettre de confiance dans ces excellentes démonstrations.

DCCXXII

L'EMPEREUR LÉOPOLD A MARIE-CHRISTINE (1).

Il a fait déclarer à M. Baillet qu'il ne serait ni écouté ni reçu. — Il recommande à sa sœur de se garder du comte de Fersen, dont la fausseté et l'animosité contre elle, lui et même la Reine, lui sont connues.

Le 24 février [1792].

Très-chère Sœur, j'ai reçu votre chère lettre du 12 en réponse à celle que je vous avois écrite par Kollonitsch. J'ai répondu, avant-hier, à votre cher mari à la sienne sur les affaires surtout militaires. Aujourd'hui, je puis vous dire que j'ai fait derechef déclarer formellement à M. Baillet qu'il n'y avoit rien à faire pour lui ici, et qu'il n'y seroit ni écouté ni reçu, ni lui ni personne, avant que toutes les choses ne fussent en ordre. Les affaires françoises continuent, ainsi que mes dispositions. Je vous avertis de vous garder bien d'eux tous, mais surtout du comte de Fersen, dont la fausseté et

---

(1) Archives de Son Altesse Impériale et Royale l'Archiduc Albert d'Autriche.

Imprimé par A. Wolf, page 211, sous le millésime de 91, ce qui est une erreur. M. de Kollonitsch a été envoyé en courrier au commencement de 92, et c'est à la même époque que l'Empereur a dénoncé à sa sœur le comte de Fersen comme suspect, après avoir, dans des lettres précédentes, fait l'éloge de sa modération, de sa sagesse, de sa prudence comme de son dévouement à la Reine. Le *P. S.* de la lettre de Léopold, en date du 31 janvier 92, contient, comme on l'a vu, un même témoignage hostile à Fersen, dont cependant la fidélité à la cause de Marie-Antoinette n'a jamais souffert aucune altération. Les tentatives du comte de Baillet sont aussi de 92 et non de 91.

l'animosité contre vous et moi et même la Reine m'est connue. Je vous embrasse tendrement et suis

L.

DCCXXIII

MARIE-CHRISTINE A L'EMPEREUR LÉOPOLD (1).

Escarmouches des Français. — Désir que les grenadiers de Bohême arrivent promptement.

Ce 24 février 1792.

Après l'expression de regrets sur le retard des postes par suite de l'accumulation des neiges, après diverses recommandations de cour et des détails purement intérieurs et exclusivement relatifs aux Pays-Bas, la Princesse termine ainsi sa lettre :

Les François essayent par-ci par-là des impertinences, mais qui n'aboutissent à rien. Il seroit bien à désirer que le temps fût autre et que les grenadiers de Bohême nous arrivassent de toute façon. Votre fils se porte très-bien, et toujours aimable et charmant. Il se met avec nous à vos pieds, et nous vous embrassons.

---

(1) Archives de Son Altesse Impériale et Royale l'Archiduc Albert d'Autriche.

DCCXXIV

MARIE-CHRISTINE A L'EMPEREUR LÉOPOLD (1).

Grave indisposition de M. de Mercy. — Il recueille ses forces pour exécuter les ordres relatifs à une lettre de Marie-Antoinette. — Pressante recommandation présentée par Mercy en faveur du comte de La Marck, appuyée par Christine. — Apologie du comte, qui proteste de son dévouement pour l'Autriche, où il désire prendre de l'emploi.

Ce 26 février [1792].

Monsieur le Comte de Mercy, vivement attaqué, depuis près de trois semaines, d'un rhumatisme très-douloureux qui l'a tenu au lit jusqu'ici, et qui le met absolument hors d'état de répondre tout de suite à la dépêche que M. de Kollonitsch lui a remise, m'a fait prier par mon mari de le mettre à vos pieds et de vous exposer tout le chagrin dont il est pénétré de ce que ses forces ne répondent pas en ce moment à son zèle.

---

(1) Archives de Son Altesse Impériale et Royale l'Archiduc Albert d'Autriche.

M. Adam Wolf, qui a donné cette lettre, p. 212 de son recueil imprimé à Vienne, l'a, par erreur, portée à la date de février 91, quand tout établit qu'elle est, comme le n° DCCXXII, postérieure d'un an. La mission du major Kollonitsch dont il est question est, comme nous le rappelions tout à l'heure, de cette dernière date. C'est encore à cette même date que Mercy fit une maladie grave à Bruxelles, et qu'il travailla en faveur de son ami le comte Auguste de La Marck, depuis prince d'Arenberg, l'ancien ami du grand Mirabeau. Ce personnage avait quitté Paris au commencement d'octobre 1791, et depuis lors il faisait solliciter itérativement auprès de Léopold un emploi dans l'armée de l'Empereur, emploi que ce Prince persista à refuser, malgré les nouvelles instances de la présente lettre. M. de La Marck ne l'obtint que sous le règne suivant, vers le mois d'août 92.

Dans sa publication, M. Wolf a imprimé couramment sa date erronée, comme si c'était celle de la main de l'Empereur.

Il se propose toutefois de les rassembler du mieux possible pour remplir les ordres reçus relativement à la lettre adressée à la Reine dont il compte charger une dame qui va se rendre incessamment à Paris, et qu'il accompagnera d'une instruction donnée au secrétaire d'ambassade de Blumendorff, relative à ces expéditions (1).

Ce ministre nous ayant déjà demandé à plusieurs reprises si vous n'aviez encore rien répondu sur les rapports et propositions réitérées qu'il avoit faites, et qu'il nous avoit prié de vous rappeler au sujet du comte de La Marck, nous n'avons pas cru devoir lui cacher ce que vous venez de remarquer à l'égard de celui-ci (2).

Il n'a pas dissimulé à mon mari combien il étoit frappé de l'idée dans laquelle vous étiez sur son compte. Il a ajouté qu'il s'offroit pour garant que ce comte, revenu de bonne foi de son égarement, seroit bien éloigné de retomber dans les mêmes fautes. Il a avoué qu'il se croyoit personnellement compromis en quelque façon vis-à-vis de lui après les espérances qu'il lui a laissé entrevoir que vous pourriez avoir quelque attention favorable à ses demandes. Il a répété qu'il le croyoit très-décidé et en état de vous rendre de bons services tant ici qu'en France, s'il n'étoit pas rebuté; que sentant bien les raisons très-puissantes qui, vu le rôle sous lequel il a paru en ce pays-ci durant les trou-

---

(1) Ce chargé d'affaires d'Allemagne, laissé à Paris par le comte de Mercy-Argenteau, ne quitta cette ville qu'au mois de mai 1792, par suite de la déclaration de guerre que l'Assemblée législative avait imposée à Louis XVI.

(2) Voir, sur les dispositions de Léopold à l'égard de M. de La Marck, page 282 du tome III, à la note.

bles, devoient mettre absolument un obstacle invincible à l'y employer dans les troupes; il serviroit dans quelque autre partie de vos États, même la plus éloignée de ce pays-ci, et il a dit qu'il étoit persuadé même que si cet emploi effectif dût paroître également impossible ailleurs, la seule déclaration que vous vouliez le regarder encore comme attaché, ainsi qu'il l'étoit par le passé, à votre service, le satisferoit en ce moment et l'engageroit à se rendre à Vienne pour vous présenter les hommages de son zèle.

Il a désiré enfin qu'en mettant encore une fois tout ceci sous vos yeux, j'y ajoute de sa part la prière que si vous ne croyez pas pouvoir vous prêter aux sollicitations dudit comte, vous daigniez le lui faire savoir positivement et le mettre par là à même de lui donner une réponse catégorique et de lui faire connoître ce que vous aurez jugé convenable de lui faire déclarer sur ses demandes.

DCCXXV

MADAME ÉLISABETH A MADAME DE BOMBELLES,
SOUS LE NOM DE MADAME DE SCHWARZENGALD, A BASLE (1).

Regrets de la Princesse sur la mort de la vicomtesse d'Aumale, à qui elle devait beaucoup. — Elle est allée recevoir la récompense de ses vertus.

Ce 28 février 92.

Tu avois mieux jugé que moi, mon cœur, la maladie de cette pauvre V^{sse} (2). Je me flattois d'une guérison

---

(1) Papiers de famille de M. le marquis de Castéja.
(2) La vicomtesse d'Aumale. Voir sur cette dame la note de la

que le Ciel n'a pas permise. Elle est expirée presque subitement, dimanche, à onze heures du matin, en disant : « *Mon Dieu! ayez pitié de moi : je sens...* » La parole lui a été coupée. Le médecin ne la croyoit pas si près de sa fin. Je t'avois mandé, je crois, que tous les accidents avoient diminué, à l'exception de l'enflure. Aucun n'étant survenu, on ne pouvoit croire que sa fin fût aussi proche. Je perds une amie à qui je dois tout. Mais elle reçoit la récompense de ses vertus. Voilà sur quoi il faut s'appuyer. Ce malheur est affreux pour sa fille. On la dit au désespoir, ainsi que M. d. Cela doit être, et pour ce que tu me dis sur cette pauvre Vve et sur la lettre que tu m'avois écrite avant, ne t'en tourmente pas, mon enfant, et crois que je connois trop ton cœur pour qu'un peu de vivacité dont moi-même j'ai été cause par les réflexions que j'aurois mieux fait de ne te pas dire, puisse jamais faire impression sur le mien. Je t'aime trop pour cela. Ta belle-sœur ne sait point ce que je te mandois. Adieu, mon cœur. Je t'embrasse bien tendrement. Tu ne verras pas ton frère; cela me fait peine pour toi. Je pense que la petite t'en donne les raisons.

---

lettre écrite, le 11 janvier précédent, par la Princesse à madame de Raigecourt, page 82.

DCCXXVI

MADAME ÉLISABETH A MADAME DE RAIGECOURT (1).

Regrets sur la mort de la vicomtesse d'Aumale. —
Ses dernières paroles.

Ce 29 février 1792.

Vous savez bien, ma chère Rage, que notre étoile s'est toujours suivie : dans le moment où vous éprouviez, non pas, je crois, un malheur réel, mais une grande secousse, moi je perdois l'être à qui je dois tout. Madame d'Aumale, après avoir été malade trois mois, est morte subitement, dimanche à onze heures. Comme je te l'avois mandé, les accidents avoient cédé aux remèdes, à l'exception de l'enflure. Le médecin ne la croyoit pas hors de tout danger, mais la trouvoit mieux : elle est expirée entre ses bras, au moment où il s'y attendoit le moins. Sa dernière parole a été : *Mon Dieu! ayez pitié de moi : je sens...* Elle n'a pu achever. Je la crois bien heureuse; mais j'espère que tu n'en prieras pas moins pour elle. Quelle perte pour sa fille! C'en est une grande pour ses amies. Sa douceur, sa bonté, sa piété, tout étoit attirant en elle. C'est encore une grande croix pour cette pauvre de Tilly. Je dois lui écrire demain; son mari lui a annoncé cette nouvelle, Lastic ayant eu la bonté de lui écrire.

Donne-moi de tes nouvelles, je t'en prie. Je crains

---

(1) Papiers de famille de M. le marquis de Raigecourt.

que le saisissement que tu as eu ne te fasse mal. Cependant, j'ai confiance que la Providence veillera sur toi et sur la petite Hélène. Tu auras reçu peu de jours après que tu m'as écrit, une belle épître de moi, qui, j'espère, m'aura fait pardonner un peu de paresse. Adieu, mon cœur ; je t'embrasse et t'aime tendrement. Si je le peux, j'irai après-demain à Saint-Cyr : il y a un an que je n'ai *osé*.

DCCXXVII

LE COMTE DE MERCY A MARIE-ANTOINETTE (1).

Le plan proposé contre la France est adopté par la Prusse, qui propose de porter à cinquante mille hommes le contingent de ses troupes. — Reste à s'assurer le concours des autres Puissances et à graduer le leur suivant leurs moyens. — Secret à garder. — Le Roi de Prusse demande que les frais de la guerre lui soient garantis par Louis XVI. — Protestation, au nom de l'Empereur, contre l'interprétation erronée donnée à ses vrais sentiments. — Effacer les traces pénibles de cette injustice.

Le 1er mars 1792.

Le plan qu'annonçoit la note du 16 février prend une consistance réelle par l'adhésion décidée de la cour de Berlin. Cette dernière propose même de porter à cinquante mille hommes le contingent de ses forces, et l'Empereur admet, de son côté, une pareille augmentation. Il ne reste maintenant qu'à s'assurer d'un concours uniforme des autres Puissances dans la proportion que pourront admettre leurs moyens, et dans la

---

(1) Archives impériales d'Autriche. ARNETH, p. 253.

juste mesure d'intérêt qu'elles doivent prendre au sort de la monarchie françoise. En attendant que cet accord s'effectue, le plus profond secret est nécessaire pour empêcher qu'il ne soit déjoué. Entre temps, il s'agit de régler un point indispensable, et auquel le Roi de Prusse tient irrévocablement, c'est celui de convenir du refournissement des dépenses considérables qu'occasionnent le rassemblement et les mouvements d'une armée combinée de 100,000 hommes employés pour la cause de la France. C'est au Roi à décider la voie et les personnes par lesquelles cet arrangement devra être traité. Il devient urgent d'y pourvoir, toujours dans l'hypothèse qu'un accord général des Puissances rendra praticable le plan projeté. On croit avoir démontré qu'il étoit le seul dont il y ait à se promettre des succès réels et solides. Si cette assertion est fondée, on jugera aux Tuileries du degré d'intérêt que l'on a de coopérer à la réussite.

Pour peu que l'on veuille peser et combiner les circonstances du moment, on saisira sans peine le sens et le but des explications que le conseiller de l'ambassade impériale a été chargé de donner à Paris. On devroit s'en promettre des effets de la plus haute importance sous différents rapports. Il reste à la fidélité de celui qui écrit une dernière remarque à exposer; elle est la plus essentielle de toutes celles que peut lui dicter son zèle. L'Empereur a été vivement affecté de voir ses sentiments méconnus et ouvertement dénoncés au dehors comme douteux. On ne sauroit trop tôt effacer les traces d'une injustice qui dérouteroit la meilleure volonté, ainsi que les moyens de la rendre efficace. On s'en remet, à cet égard, aux réflexions ci-devant énoncées, et on espère qu'elles auront été accueillies par cet esprit d'équité et de sagesse auquel on s'est permis de les présenter.

DCCXXVIII.

MARIE-ANTOINETTE AU COMTE DE MERCY (1).

On ne peut tout restaurer d'un seul coup, mais rien de ce qui existe ne peut rester. — Causes dont le concours réuni prolonge l'anarchie. — Bonnes idées de l'Empereur, mais trop tardives. — La Reine tient toujours pour un congrès armé, en dépit d'un décret contraire de l'Assemblée. — Il ne faut pas prendre au sérieux la sanction donnée par le Roi aux mesures prescrites par la Législative. — La Reine proteste contre la pensée qu'elle entende que tout le poids de la guerre tombe sur son frère. — Confiance de la Cour de France dans le baron de Breteuil et le comte de Fersen. — La réponse faite par le Roi à l'Assemblée est une preuve de plus qu'il n'est pas libre.

Le 2 mars 1792.

Je trouve les réflexions envoyées le 16 février très-justes (2). Il est certain qu'il est impossible de croire qu'on puisse remettre tout à coup l'ancien ordre de choses tel qu'il étoit, mais en même temps rien de ce qui existe de celui-ci ne peut rester. Tous les jours, tous les instants prouvent que si l'on veut un gouvernement monarchique, la multiplicité des pouvoirs, les élections populaires, et enfin la force qu'on donne au peuple, tout doit prolonger l'anarchie, et par consé-

---

(1) Archives impériales d'Autriche. Arneth, p. 254.
(2) Voir la lettre n° DCCX, p. 231.

quent la ruine totale de la monarchie. La nation est en effet divisée en différents partis; mais il n'y en a qu'un seul dominant tous les autres. Soit lâcheté, indolence ou division même intérieure dans leurs opinions, aucun n'ose se montrer. Il n'y a qu'une force extérieure, et quand ils seront sûrs d'être soutenus, qu'ils auront le courage de se prononcer pour leur vrai intérêt et ceux du Roi. Les idées de l'Empereur sont bonnes, et les articles de la déclaration me paroissent bien, mais tout cela auroit été mieux il y a six mois. Cela fera encore perdre du temps, et on n'en perd pas ici contre nous. Chaque jour amène sa calamité et aggrave le mal. La perte de toutes les fortunes particulières, la banqueroute, la cherté des grains, l'impossibilité de les transporter d'un endroit à un autre, le manque total de numéraire et le peu de confiance qu'on a dans le papier; enfin, la manière dont on avilit tous les jours davantage la personne du Roi, soit dans des écrits et paroles, soit en tout ce qu'on l'oblige de dire, d'écrire et de faire, tout annonce une crise prochaine, et s'il n'a pas un soutien extérieur, comment pourra-t-il faire tourner cette crise à son avantage? La proposition de convenir à Vienne même de tout ce qui a trait à un préalable indispensable, me paroît sujette au même inconvénient de perdre du temps. Quand nous avons désiré un congrès (que je persiste encore à regarder comme le seul parti utile et avantageux), nous souhaitions qu'il fût à Aix-la-Chapelle ou à Cologne, comme au centre de tout. Il y a de plus l'avantage que ce congrès ne pouvant, ne devant être qu'armé, cela donneroit beaucoup plus de poids aux propositions et rapprocheroit

19.

naturellement les troupes de toutes les Puissances : si l'on traitoit à Vienne ou à Madrid, ce but seroit absolument manqué. Je ne peux pas croire, surtout après la dernière dépêche de M. le prince de Kaunitz, qu'un décret de cette Assemblée puisse arrêter mon frère, s'il étoit aussi bien convaincu que moi qu'un congrès armé est la vraie manière de sauver encore ce pays-ci. Quant à la sanction du Roi, il seroit bien malheureux que l'Empereur fût encore la dupe de ces marques de liberté du Roi, et il pourroit même faire soupçonner sa franchise, s'il persistoit dans cette croyance, surtout d'après la réponse qu'il m'a envoyée sur le dernier mémoire que je lui ai fait passer, où il s'explique parfaitement sur les *veto* donnés par le Roi et sur la manière dont on l'a forcé de revenir peu de jours après sur tous les articles. Il y a un article de la note que je n'ai pas compris, celui où il est dit que ce seroit un calcul injuste que de supposer que la maison d'Autriche doive seule s'offrir en holocauste pour les convenances de la France. Eh! qui est-ce qui a demandé jamais pareille chose? N'est-ce pas moi qui, dès le mois de juillet dernier, presque au moment même de notre arrestation, ai prié mon frère de se réunir avec toutes les Puissances, pour nous tirer de la position où nous étions? A cela il ne m'a pas répondu. Depuis, je n'ai jamais parlé que d'un concours général et de forces imposantes et réunies. Mais à peine ai-je eu des nouvelles de Vienne, et jamais de réponse. Je me dispense de parler de la dernière dépêche qui a été lue hier à l'Assemblée. La politique peut l'avoir dictée : je ne la comprends pas assez pour la juger. Les suites et l'effet pourront seuls fixer mes idées sur elle. Mon cœur se plait toujours à croire que mon frère veut réellement le bien et la gloire de sa sœur et de son beau-frère, et qu'il y emploiera tous les moyens de force que sa liberté lui donne.

Voilà un bien grand mémoire pour moi qui n'en sais pas faire. Aussi ai-je peut-être omis la moitié des choses que je voulois dire. Vous désirez qu'il y ait de l'accord entre Vienne et ici : vous en avez les moyens. Vous savez que le Roi et moi donnons toute confiance au baron de Breteuil et au comte de Fersen. Ils sont avec eux : ils savent mieux discuter les affaires que moi. Traitez avec eux : ils connoissent parfaitement nos intentions et notre position. Je désire bien vivement que votre santé se remette et que vous ne doutiez jamais, Monsieur, de tous les sentiments que j'ai tant de plaisir de vous vouer pour la vie.

J'ai oublié de parler de la réponse que le Roi fait à l'Empereur, et qui a été lue hier à l'Assemblée. Elle prouve plus que jamais que le Roi n'est libre sur rien.

Le 7 mars 1792.

On m'apprend dans l'instant qu'il est arrivé un papier chiffré; l'occasion étant prête à partir, je n'ai pas le temps de l'attendre et j'y répondrai quand je pourrai. Ce papier est absolument pour vous; vous en ferez l'usage que votre prudence vous dictera.

Un congrès armé n'était pas possible; l'Assemblée, qui appelait à elle tous les pouvoirs, comprenait à merveille que l'on n'eût décidé un congrès que pour discuter et imposer des modifications à la Constitution. La Reine avait raison de dire que c'était s'y prendre beaucoup trop tard. La Législative marchait tous les jours à plus grands pas vers les institutions républicaines. Lui proposer de rétrograder, autant eût valu prétendre faire remonter les fleuves vers leurs sources; c'eût été irriter le monstre, sans bouclier à lui opposer. On n'en était plus à déguiser une révolution radicale sous le nom captieux de réforme. Le 8 février, les *Annales* de Gorsas avaient imprimé un article qui débutait par ces mots : Des piques ! des piques ! des piques ! De leur côté, les Girondins, qui s'emparaient de l'Assemblée, poussaient avec fougue à l'armement du peuple, et le faisaient munir de piques à flammes tricolores. Déjà quelques Jacobins songeaient à se donner pour garde prétorienne un bataillon de ces *bravi* marseillais qui, depuis longtemps, faisaient trembler le midi de la France par leurs excès démagogiques. Toute proposition contre-révolutionnaire, venant du côté de l'Empire, n'avait pour résultat que d'ajouter à l'impopularité de la Reine. En attendant le dénoûment politique qui menaçait, la guerre, ainsi que nous le disions à la fin de la page 210, était dans le sein du ministère français. Formé d'éléments hétérogènes : aristocrate par de Bertrand-Moleville et par de Lessart; constitutionnel par Narbonne et Duport du Tertre; presque républicain par Cahier de Gerville; royaliste incolore dans la personne de Tarbé, travailleur honnête, simple, modeste, sans autre passion que celle du devoir de sa charge, ce ministère était livré à d'incessants tiraillements. Moleville, royaliste exalté, jaloux de la popularité de Narbonne et offusqué de ses déférences pour l'Assemblée, se montrait partisan de petits moyens réactionnaires, de demi-mesures qui plaisaient à la Cour, et avaient l'inconvénient de blesser la Législative. Narbonne, dont les sentiments étaient soutenus par la verve énergique de madame de Staël, voulait au contraire que la couronne s'appuyât franchement sur la Constitution et sur l'Assemblée, et blâmait hautement Moleville de ses tendances inconstitutionnelles.

Cependant Vienne avait répondu, sous les dates des 17 et 19 février, aux demandes d'explications adressées au prince de Kaunitz par M. de Noailles. Protestant de son attachement à la France, de son ferme désir de maintenir la paix, l'Empereur se plaignait, par l'organe de son chancelier d'État, qu'on eût travesti ses sentiments. Les ordres donnés au maréchal de Bender s'expliquaient dans la note par la nécessité constitutionnelle de couvrir un prince de l'Empire contre l'éventualité d'une agression injuste. Le désarmement et l'éloignement des Émigrés étaient un argument opposé aux accusations. Puis, abordant la question de la personne de Louis XVI, le Prince peignait des plus sombres couleurs la captivité du Roi, la démolition de la monarchie française, les empiétements incessants du parti républicain, qui voulait précipiter à la guerre contre l'Empire. La note se terminait enfin par une virulente sortie contre les provocations et les menées du parti des Jacobins, et proclamait la nécessité de démasquer publiquement cette « secte pernicieuse d'ennemis du Roi Très-Chrétien et de perturbateurs de la paix et du repos public. »

Le 28, une note remise à M. de Lessart par le comte de Goltz venait corroborer la note de Vienne, au nom de la Prusse, et déclarer le formel accord établi sur tous les points entre les deux cours. Une note analogue était remise à M. de Noailles par M. Jacobi, ministre de Prusse en Autriche.

Si donc on déclarait la guerre à l'Empereur, c'était aussi la déclarer au Roi de Prusse, peut-être même à toutes les Puissances de l'Europe.

De Lessart jugea les circonstances trop pressantes, les esprits trop enflammés, pour laisser l'Assemblée étrangère à de tels documents : il vint les lui lire le jeudi 1er mars (1). La lecture en fut accueillie par de bruyants murmures de dérision et de mépris pour l'Autriche. Essayant ensuite de se mettre lui-même à couvert, le ministre fit l'analyse d'une dépêche, sorte d'*ultimatum*, qu'il avait envoyée, en réponse au marquis de Noailles, à l'adresse du prince de Kaunitz. L'ambassadeur devait notifier à la cour de Vienne que le Roi regardait comme blessants pour sa dignité personnelle,

---

(1) Tous ces documents sont *in extenso*, pp. 522-528 du tome XI de la réimpression du *Moniteur*.

de même que pour l'indépendance de la nation, des discussions, des concerts et des alliances qui menaçaient le pays et tendaient à s'immiscer dans ses affaires intérieures. Il devait demander la rupture de ces concerts et alliances, presser la cessation de tous préparatifs hostiles; prendre acte de l'assurance donnée par l'Empereur de repousser les rassemblements d'Émigrés, et s'assurer que les forces autrichiennes dans le Brabant et dans le Brisgaw fussent replacées sur le pied où elles étaient au 1er avril .91. Cette satisfaction une fois donnée, l'état de notre cordon de défense serait réduit au chiffre ordinaire. Que si au contraire la réponse adressée au Roi ne portait pas les mêmes caractères, il y verrait la volonté de prolonger une situation dans laquelle la France ne voulait ni ne pouvait rester plus longtemps.

Cette communication avait été reçue d'abord sans trop de défaveur à l'égard du ministre, et celui-ci avait trouvé la journée bonne pour le cabinet. Mais, dès le lendemain, voici venir les Jacobins qui s'attaquent aux pièces diplomatiques livrées à la publicité, et les commentent avec une hostilité manifeste. Voici les journaux girondins qui se récrient sur le ton sans dignité des dépêches françaises, comparé aux termes hautains et impérieux des offices autrichiens. Ce n'est pas tout, l'esprit de parti, qui a éventé les rapports de la Cour avec les Feuillants Barnave, Duport et Lameth, accrédite le bruit que le dernier manifeste impérial, si directement outrageant pour la partie avancée de l'Assemblée, tout en la mettant sur un piédestal, est l'œuvre des Feuillants, transmise toute faite par la Reine au cabinet de Vienne, sous le couvert du comte de Mercy-Argenteau, qui intrigue à Bruxelles (1), et l'on n'attend pas, à l'Assemblée, le rap-

---

(1) Madame de Staël, dans ses *Considérations sur la Révolution française* (tome II, p. 37), regarde positivement l'office autrichien comme une *lettre pour ainsi dire intime*, composée par quelques députés de l'Assemblée constituante, et dont le modèle avait été envoyé par la Reine à Mercy. Elle nomme Barnave et Duport. Il est vrai que la Cour était en relations avec Barnave, Duport et les Lameth, les Lameth malheureusement toujours en arrière de deux mois sur ce qu'il convenait de faire. On a pu se convaincre de ces relations par

port du comité diplomatique sur la communication autrichienne, pour faire un mauvais parti au malheureux de Lessart. Sur ces entrefaites, des dissentiments éclatent plus bruyants dans le conseil : Moleville effraye le Roi de la popularité ambitieuse de Narbonne ; il le représente comme un jeune présomptueux affectant les airs de premier ministre, et aspirant à gouverner le Roi lui-même. Ces querelles indiscrètes transpirent au dehors, et les journaux girondins défendent le ministre attaqué ; les trois généraux de l'armée du Nord lui écrivent de Paris, où il les a mandés pour affaires de service, trois lettres de complaisance et de sympathie pour exprimer leur crainte de sa retraite. La publicité donnée à leurs lettres, destinées seulement à passer sous les yeux du Roi, irrite Louis XVI, et sur-le-champ, le 10 mars 1792, il renvoie son ministre par ce sec billet, qu'il fait porter par un valet de pied :

« Je vous préviens, Monsieur, que je viens de nommer M. de Grave au département de la guerre ; vous lui remettrez votre portefeuille (1). »

Alors éclate une irritation inexprimable. L'Assemblée est sur le point de déclarer, comme autrefois la Constituante l'avait fait pour Necker, que le ministre de la Guerre emporte la confiance de la nation et que le ministère tout entier l'a perdue, Cahier de Gerville excepté, qui, lui aussi, venait d'avoir une violente altercation avec le ministre favori de la Cour. Le Roi croit apaiser l'effervescence en sacrifiant également Moleville : vaine concession ; le déchaînement est à son comble. Le jeune Barbaroux, l'Antinoüs girondin, à la parole éloquente, mais encore inconnu, paraît aux Jacobins, et

---

la lecture du Mémoire de ces personnages, p. 108. Ce Mémoire ne manque pas de sagesse ; mais ce n'est plus le génie modérateur de Mirabeau. Ce grand homme avait voulu que le Roi quittât le foyer de l'incendie et allât chercher une sauve-garde au milieu de sa propre armée ; mais il n'avait pas indiqué comme une condition de salut les menaces de l'étranger. Dans tous les cas, il est probable que le cabinet de Vienne avait puisé dans le Mémoire de Barnave et de Duport les éléments de son office.

(1) *Mémoires particuliers de* Bertrand-Moleville, t. III, p. 297.

d'une voix solennelle, annonce que « les Marseillais vont se mettre en marche (1). » Des applaudissements forcenés répondent à cette nouvelle.

Déjà, le 18 février, M. de Lessart avait été dénoncé à l'Assemblée par l'abbé Fauchet, qui poursuit tout ce qui tient à la Cour, pour n'y avoir pas été goûté dans ses sermons.

Le 6 mars, le fougueux orateur populaire du faubourg Saint-Antoine, Gonchon, le même qui plus tard frappa de son sabre la princesse de Lamballe à sa sortie de la Force, était venu inviter l'Assemblée à surveiller le pouvoir exécutif.

« La manière de dénoncer un ministre était simple, dit le marquis de Ferrières dans ses Mémoires. Arrivait une adresse, ou même une simple lettre des administrateurs d'un département, d'un district, d'une municipalité; on se plaignait du ministre; on lui reprochait sa négligence, sa connivence avec les ennemis de l'État. Aussitôt un membre de l'Assemblée montait à la tribune, dénonçait le ministre. Les tribunes, remplies d'une foule d'hommes soudoyés, applaudissaient le dénonciateur, huaient les députés qui tentaient de défendre le ministre. La dénonciation était-elle éludée par un renvoi à l'ordre du jour, arrivait une seconde adresse ou une seconde lettre qui enchérissait sur les premières plaintes : suivait à l'instant même une seconde dénonciation plus chargée de faits; et ainsi, en se succédant sans interruption, jusqu'à ce que le ministre fatigué donnât sa démission, ou que, si plus tenace il s'obstinait maladroitement à garder sa place, un bon acte d'accusation en débarrassât l'Assemblée. Son successeur parcourait la même carrière (2). » Ajoutez que les comités créés pour chaque ministère dans le sein de la Chambre voulaient être les maîtres : ils harcelaient incessamment les ministres, contrariaient leur initiative, surveillaient avec méfiance tous leurs actes, quand ils ne les inculpaient pas. Le pauvre de Lessart était un honnête homme, qui avait accepté de bonne foi la Constitution, tout en préférant, au fond du cœur, le régime ancien

---

(1) *Journal des débats des amis de la Constitution*, n° 155.
(2) *Mémoires du marquis* DE FERRIÈRES, t. III, p. 47.

au nouveau. Son seul tort était d'avoir accepté le portefeuille des Affaires étrangères, trop pesant pour son caractère et pour ses talents, dans l'urgence des circonstances où l'on se trouvait. Mais chez lui l'excès de prudence n'était aucunement trahison; et si la Cour avait des connivences avec l'étranger, c'était Moleville qui en était le confident, ce n'était pas lui, quelque affection que lui portât le Roi. Étourdi par les plaintes du comité diplomatique, il avait cru détourner l'orage en donnant sa démission. Mais ce n'était pas le compte de la faction girondine, qui voulait le perdre et en faire un bouc émissaire. Brissot, l'infatigable orateur des haines et des ambitions de son parti, Brissot, le meneur du comité, avait préparé contre de Lessart un acte d'accusation en forme, ne contenant pas moins de dix-sept ou dix-huit griefs. Il l'avait lu au comité en présence de son ami le Genevois Étienne Dumont, qui l'avait écouté dans un silence plein de surprise et de douleur concentrée. Dès qu'il fut seul avec Brissot et Clavière, Dumont ne put se défendre de lui faire des observations. Tous ces griefs, lui objecta-t-il, rentraient les uns dans les autres. Plusieurs étaient contradictoires; d'autres tellement insaisissables par le vague de l'expression, qu'il serait impossible d'y répondre; ils étaient d'ailleurs artificieux et de nature à produire des préjugés violents, à exciter la haine publique contre l'accusé, quand il est de principe qu'un accusateur officiel doit soigneusement éviter les termes provocants et injurieux, etc. « J'étais indigné de cet écrit, ajoute-t-il : je le fus bien plus de la réponse de Brissot (1). Il sourit d'un rire sardonique et se moqua littéralement de ma simplicité. « C'est un coup de parti, me dit-il; il faut absolument que de Lessart soit envoyé à Orléans, autrement le Roi, qui lui est attaché, le remettra d'abord dans le ministère. Nous avons besoin de gagner de vitesse les Jacobins, et cet acte d'accusation nous donne le mérite d'avoir fait ce qu'ils feraient eux-mêmes. C'est autant que nous leur ôtons. Je sais bien que les griefs sont multipliés sans cause, mais il faut cela pour faire durer le procès. Garand de Coulon, qui est-

---

(1) *Souvenirs sur Mirabeau*, p. 378, 379.

à la tête de la haute cour nationale d'Orléans, est un juriste vétilleux, qui épluchera tous ces griefs l'un après l'autre, et de Lessart en a pour six mois avant qu'il sorte de cette affaire. Je sais bien qu'il sera absous, car nous n'avons que des soupçons et point de preuves; mais nous aurons gagné notre objet en l'éloignant du ministère. — Devant Dieu, lui dis-je, confondu de cette légèreté odieuse, vous voilà dans le machiavélisme des partis jusqu'au fond du cœur. Êtes-vous l'homme que j'ai connu si ennemi de tous les détours? Est-ce Brissot qui opprime un innocent? — Mais, me répondit-il déconcerté, vous n'êtes pas au courant de notre situation : le ministère de de Lessart nous perd, il faut l'écarter à tout prix; ce n'est qu'une mesure temporaire; je connais l'intégrité de Garand ; il faut sauver la France, et nous ne pouvons détruire le cabinet autrichien qu'en mettant un homme sûr dans les relations extérieures.....

» Depuis ce moment, je ne vis plus Brissot du même œil; je ne rompis pas avec lui, mais l'amitié s'affaiblit avec l'estime. »

Eh bien, ce Brissot n'était cependant pas un être féroce ni de fiel comme Robespierre; mais c'était avant tout un homme de parti : « Il avait en effet, comme le dit encore Dumont (1), il avait le zèle du couvent : capucin, il aurait aimé sa vermine et son bâton; dominicain, il aurait brûlé les hérétiques. »

Implacable esprit que l'esprit de corps! Aussi est-il un sentiment qui remue toujours puissamment en lisant l'histoire ou en voyant les faits, c'est l'horreur des corps : corps administratifs, parlementaires, judiciaires ou factions; c'est l'incompatibilité du jugement impartial, de la liberté vraie, avec l'existence des corps. S'ils résistent à ce qui est au-dessus d'eux, et c'est leur beau côté, ils oppriment de la même force tout ce qui est au-dessous. C'est la tyrannie la plus odieuse, parce qu'elle est la plus durable, la plus inexpugnable; c'est l'hydre renaissante, la tyrannie à mille têtes, à mille vies, à mille racines, la tyrannie que l'on ne peut briser, ni tuer, ni extirper; c'est la meilleure forme que

---

(1) *Souvenirs sur Mirabeau*, p. 357.

l'oppression ait jamais su prendre pour écraser les individus, au nom des intérêts généraux.

Ces violences juridiques exercées contre le malheureux de Lessart me rappellent un autre fait absolument identique, signalé par une note du poëte Arnauld, de l'Académie française, sur Marie-Joseph Chénier, à l'éditeur des œuvres complètes de ce dernier. Un journal adressait, tous les matins, à Chénier cette question que Dieu fit au premier des assassins : Caïn, qu'as-tu fait de ton frère? La persistance de cette question, qui renfermait une lâche calomnie, déchirait de désespoir le pauvre Chénier l'aîné. Un des fondateurs de la feuille en question, qui mérite d'être signalée à l'horreur de tout honnête homme, faisait chez Arnauld, après la mort de Marie-Joseph, l'éloge du talent et aussi celui du caractère de cet écrivain. « Vous voilà donc enfin juste, dit Arnauld à l'apologiste : l'esprit de parti ne vous aveugle donc plus? — Il ne m'a jamais aveuglé : telles ont toujours été mes opinions sur Chénier, répondit en souriant ce galant homme. — Mais, pendant dix-huit mois, ne l'avez-vous pas journellement accusé d'avoir fait égorger son frère? Avez-vous donc cru ce fait réel? — Moi! pas un moment. — Pourquoi donc ces accusations quotidiennes? — Vous me le demandez, dit-il à Arnauld avec un regard où se peignait autant de malice que de pitié; vous n'entendez rien à la politique, je le vois. — Eh bien! — Sachez que quand il s'agit de ruiner dans l'opinion un homme important du parti contraire, tous les moyens sont bons. Chénier était un des appuis du parti républicain; — voulant la ruine de ce parti, nous avons fait tout pour discréditer un de ses chefs, pour le démonétiser : voilà toute l'histoire. »

Cet aveu, si naïvement atroce, l'accusateur le fit aussi à Ginguené, et ce n'est pas sans rougir que ce dernier le reçut, « car en fait de politique semblable, disait Arnauld, il était aussi novice que moi, soit dit sans le déprimer. »

La feuille était *la Quotidienne;* l'accusateur, Michaud jeune, l'auteur des *Croisades*, de l'Académie française.

Brissot tint peu de compte des observations de Dumont. Une fois qu'on a allumé la guerre civile, on n'est bientôt plus maître de modérer sa victoire. « Duces partium, accendendo civili bello acres, temperandæ victoriæ impares (1). » Telle est en effet la conséquence des excès en politique : on s'est rendu redoutable, on cherche à devenir puissant pour se mettre à l'abri : il faut triompher ou périr (2).

Le 10 mars, le froid Gensonné ouvrit la séance de l'Assemblée par accuser tous les ministres à la fois. Vint ensuite le vif, éloquent et ingénieux Guadet, toujours prêt à monter à la tribune, qui frappe un premier coup contre M. de Lessart, et appelle le coryphée Brissot à la tribune pour vider la question. Alors Brissot, s'emparant avec véhémence de la parole, développe son thème insidieux, et prenant texte des réticences du ministre, de l'humilité de ses dépêches, de « la faiblesse, la lâcheté, la perfidie » de ses négociations (ce sont ses propres paroles), demande la mise en accusation du ministre des Affaires étrangères.

« Non, non, s'écrie-t-il en faisant allusion à son espèce d'*ultimatum;* non, ce n'est pas un ministre français qui a écrit cette lettre; non; elle sort de la plume de l'ambassadeur autrichien, tandis que l'on est tenté d'attribuer au ministre français la réponse de l'Empereur. »

La voix de l'orateur est couverte d'applaudissements, auxquels succède un tumulte extraordinaire. Enfin, après quelques courtes allocutions d'autres députés demandant avec timidité l'ajournement, Vergniaud, qui ne veut pas qu'on prenne le temps de réfléchir, sort de l'indolence habituelle dans laquelle couve son éloquence, s'élance à la tribune, et dans une ardente improvisation, il remonte jusqu'à l'époque où de Lessart occupait le ministère de l'intérieur. Il l'accuse d'avoir gardé, pendant deux mois, en son portefeuille le décret d'annexion d'Avignon et du comtat Venaissin à la France, il le rend responsable des crimes qui, dans cet intervalle, ont ensanglanté son pays.

« Une voix plaintive, dit-il, sort de l'épouvantable Glacière d'Avignon ; elle vous crie : Le décret de réunion a été rendu au mois de septembre dernier; s'il nous eût été envoyé sur-le-champ par le ministre de Lessart, peut-être

---

(1) TACIT., *Histor.*, IV, 1.
(2) DUMONT, *Souvenirs sur Mirabeau*, p. 376.

nous eût-il apporté la paix...... C'est notre sang, ce sont nos cadavres mutilés qui demandent vengeance contre votre ministre. »

Et poursuivant avec plus d'emportement encore, et portant plus haut ses coups, il fulmina ce formidable réquisitoire, dans lequel les foudres de Mirabeau semblaient s'être rallumées en ses mains :

« Lorsqu'on a proposé à l'Assemblée constituante de décréter le despotisme de la religion chrétienne, Mirabeau prononça ces paroles :

« *De cette tribune où je parle, on aperçoit la fenêtre d'où la main d'un monarque français, armé contre ses sujets par d'exécrables factieux qui mêlaient des intérêts personnels aux intérêts sacrés de la religion, tira l'arquebuse qui fut le signal de la Saint-Barthélemy.* »

« Et moi aussi je m'écrie : De cette tribune où je vous parle, on aperçoit le palais où des conseillers pervers égarent et trompent le Roi que la Constitution nous a donné, forgent les fers dont ils veulent nous enchaîner, et préparent les manœuvres qui doivent nous livrer à la maison d'Autriche. Je vois les fenêtres du palais où l'on trame la contre-révolution, où l'on combine les moyens de nous replonger dans les horreurs de l'esclavage, après nous avoir fait passer par tous les désordres de l'anarchie, par toutes les fureurs de la guerre civile.

» Le jour est arrivé où vous pouvez mettre un terme à tant d'audace, à tant d'insolence, et confondre enfin les conspirateurs. L'épouvante et la terreur sont souvent sorties, dans les temps antiques, de ce palais fameux. Qu'elles y rentrent aujourd'hui au nom de la loi; qu'elles y pénètrent tous les cœurs; que tous ceux qui l'habitent sachent que notre Constitution n'accorde l'inviolabilité qu'au Roi. Qu'ils sachent que la loi y atteindra sans distinction les coupables, et qu'il n'y aura pas une seule tête convaincue d'être criminelle qui puisse échapper à son glaive!

» Je demande qu'on mette aux voix le décret d'accusation. »

Et sur-le-champ, aux acclamations enivrées soulevées par cette odieuse véhémence, dont le constitutionnel Vaublanc essaye en vain d'atténuer le funeste effet, les ajournements sont écartés, et la mise en accusation est prononcée à une majorité considérable (1).

C'était à la fois un glaive lancé droit au cœur de Marie-Antoinette, une femme sans défense; c'était un cri de haine à *l'Autrichienne*, un doigt indiquant l'échafaud régicide. Et l'on accuse l'infortunée Reine, quand elle crie au feu! dans cet effroyable incendie! Au récit de cette affreuse séance, elle versa des larmes de sang. « Larmes de haine, dit-on : vouliez-vous donc que ce fussent des larmes d'amour (2)! »

De quelle douleur ne fut-elle pas pénétrée, quand, en même temps que ces paroles de mort, elle apprenait tout à coup, le jour même, que son frère l'Empereur Léopold avait cessé de vivre! Il avait pour successeur son fils l'Archiduc François, l'élève chéri de Joseph second, jeune prince qui n'était ni d'âge ni de force à soutenir le poids d'un si terrible héritage.

A la suite des débats, les ministres Narbonne, de Bertrand, de Lessart et Cahier de Gerville furent remplacés.

L'unanimité accusatrice dans l'Assemblée avait été remarquable. Nul n'avait parlé pour le ministre, si ce n'est le comte de Vaublanc et Aubert du Bayet, et encore d'une façon timide. Du Bayet avait même cru devoir se justifier de hasarder quelques mots d'excuse en faveur de l'accusé. En élevant sa pensée d'un exemple particulier à une induction générale, on pouvait se peindre ce que réservait l'avenir. Les têtes étaient si exaltées d'un côté, si faibles de l'autre, que quelques députés s'écrièrent qu'il n'était pas besoin

---

(1) Voir le détail de la séance dans le *Bulletin de l'Assemblée nationale*, p. 597, 604 et 608 du tome XI de la réimpression du *Moniteur*, et dans l'*Histoire parlementaire* de Buchez et Roux, t. XIII, p. 397 et 398.

(2) Edgar Quinet, *La Révolution*, t. Ier, p. 338.

Ce livre de M. Quinet est le livre d'un penseur. Son point de vue n'est pas le nôtre; ce n'en est pas moins, à nos yeux, un ouvrage de haut mérite, de ferme pensée, de talent et de style, dont il faut respecter la donnée générale, en ce sens que toute conviction sincère est respectable.

d'examen, et que plusieurs, pour se faire écouter sur un amendement, avaient dû voiler la statue de la Justice et prendre la précaution de dire : « Je ne parle pas pour le ministre. » Le parti était arrêté à l'avance. L'Assemblée ne croyait personnellement se tirer d'embarras qu'en tout rejetant sur la Cour, et la garde du Roi n'était pas même installée (1) !

Le maire Pétion vint, le lendemain, à la tête de la municipalité, féliciter l'Assemblée de ce « grand acte de justice », et il le fit en termes emphatiques dignes de cette époque d'effervescence.

Que devint l'infortuné de Lessart mis en accusation sans être entendu, par pure tactique de parti ? Les scellés furent apposés sur ses papiers, il fut arrêté, conduit par cinquante gardes nationaux à la prison de l'Abbaye, et transféré le lendemain à Orléans, pour y être jugé par la haute cour nationale inventée par les Girondins et qui devait y siéger. Au lieu de juges, il trouva des bourreaux. Renvoyé à Versailles quelques mois après, par l'ordre de Danton, avec les autres prisonniers d'Orléans, il fut égorgé avec eux, le 9 septembre, par les massacreurs marseillais. Parmi les victimes se trouvaient le comte de Montmorin et le duc de Brissac. Celui-ci résista longtemps avec courage à ses assassins. Mais après avoir eu deux doigts coupés et reçu plusieurs blessures, il fut tué d'un coup de sabre dans la figure.

« Le Roi a mandé les trois généraux pour leur reprocher de s'être mêlés de la conservation ou de la destitution des ministres. La Fayette s'est irrité de cet ordre. Il a dit chez le garde des sceaux : « Nous verrons lequel du Roi ou de moi aura la majorité dans le royaume. » — Il s'est rendu cependant à la Cour avec les autres. Il a dit des phrases. M. de Rochambeau s'est excusé en disant que M. de Narbonne était aimé de l'armée, et M. de Luckner a dit : « Ce ministre m'était commode. »

» Un autre fait important, c'est le Mémoire des trois

---

(1) Voir *Lettre de* PELLENC *au comte* DE LA MARCK, p. 296 du troisième volume de la *Correspondance entre le comte* DE MIRABEAU *et le comte* DE LA MARCK.

généraux à l'Assemblée, dont le préambule a pour objet de prouver que les maux du royaume viennent de la défiance qu'inspirent encore les intentions du Roi. Tout cela fait horreur... Superbe royaume, que vas-tu devenir ?

» On dit, rapporte Pellenc en terminant, que le Roi se conduit dans son intérieur comme un homme qui se prépare à la mort (1). »

DCCXXIX

MADAME ÉLISABETH À MADAME DE BOMBELLES (2).

On est tout désappointé du Carême : point de sermon ni de salut. — Indisposition de madame de Mackau. — Le rapprochement entre tous les membres de la Famille royale est plus éloigné que jamais.

Ce 6 mars 1792.

Te voilà donc enrhumée, ma chère Bombe, cela est très-mal. Tu prétends que ce sont les excès de ton carnaval ; franchement ce n'est pas trop bien, et j'espère que ton capucin en saura quelques petites choses. On est tout désappointé ici du Carême : point de sermon, de salut, rien enfin de plus que dans tout autre temps. Aussi la ferveur ne va-t-elle pas trop bien. Cependant ceux qui, dans ce moment, sont en moins mauvais état que moi, font tout en douceur de très-bonnes œuvres et toutes capables d'attirer la miséricorde de Dieu. Unis ta confiance et la simplicité de tes enfants à toutes les prières qui s'élèvent au ciel.

De peur que tu ne l'apprennes par madame de Tra-

---

(1) *Ibid.*, p. 297, 298.
(2) Papiers de famille de M. le marquis de Castéja.

vanet, je te dirai que ta mère a une fluxion sur le cou qui n'est pas grand'chose. Avec une bonne coiffe pendant deux jours, elle en sera promptement guérie. Elle a reçu des nouvelles de la petite de Strasbourg. Elle arrive à petites journées à cause de ses enfants. Voilà ce qu'elle mande. Mais ta mère est convaincue, et je suis bien un peu de son avis, qu'elle sera ici vendredi. Je sens que je serai charmée de la revoir. J'ai bonne envie de connoitre son Annette. Je suis fâchée que tu n'aies pas eu la consolation de passer quelque temps avec elle. Dans cet instant, ce sacrifice est plus pénible que dans tout autre, car l'on sait à peine ce que l'on fait aujourd'hui, et les projets de rapprochement paroissent si éloignés, que l'on ne peut se permettre aucune réflexion sur cela. Adieu, ma petite; je t'embrasse et t'aime de tout mon cœur.

C'est le 20 de ce mois de mars 1792 que fut appliqué le nouveau mode de décollation des condamnés à mort par la machine déjà usitée au seizième siècle, perfectionnée par le médecin Antoine Louis, secrétaire de l'Académie de chirurgie, et le mécanicien Schmidt, définitivement introduite par le médecin distingué Joseph-Ignace Guillotin, de Saintes, membre de l'Assemblée constituante, comme moins infamante que le gibet, et procurant une mort plus prompte et moins cruelle. D'abord appelée *Louisette*, la machine fut nommée *Guillotine*, du nom du docteur Guillotin.

DCCXXX

M. DE SIMOLIN A L'IMPÉRATRICE DE RUSSIE (1).

Il rend compte de l'audience qui lui a été accordée par le Roi de Hongrie après la mort de l'Empereur Léopold. — Le nouveau souverain confirme les dispositions manifestées par son père. — Entretien de M. de Simolin avec le comte de Cobenzl. — Le vice-chancelier partage les sentiments du prince de Kaunitz. — Il croit une contre-révolution impossible en France. — M. de Breteuil. — Politique plus qu'extraordinaire de la cour de Madrid. — Conversation de M. de Simolin avec le prince de Kaunitz.

Vienne, le $\frac{6}{17}$ mars 1792.

Madame,

La mort prématurée et inattendue de Sa Majesté l'Empereur, ayant suspendu toutes les affaires, il m'a fallu attendre jusqu'après l'enterrement et les obsèques pour obtenir, avant mon départ, une audience de Sa Majesté le Roi (2) et me mettre à ses pieds. Le grand chambellan, M. le prince de Rosenberg, ayant écrit lundi à M. l'ambassadeur prince de Galitzin que, quoique le Roi eût fixé dimanche prochain pour recevoir les Ambassadeurs et Ministres étrangers, Sa Majesté vouloit cependant me voir le lendemain à midi, attendu que j'étois pressé de m'en retourner à Bruxelles. Elle m'a reçu dans son cabinet, seul. Je lui

---

(1) Archives Impériales de Moscou.
(2) François II, le successeur de Léopold, est désigné, dans cette dépêche et dans les suivantes, sous le titre de *Roi de Hongrie et de Bohême*, parce qu'il n'avait pas encore été élu Empereur d'Allemagne. Il ne le fut qu'au mois de juillet suivant. C'est lui qui devint le beau-père de Napoléon Ier. Il régna jusqu'en 1835.

dis qu'Elle n'ignoroit pas sans doute le sujet qui m'avoit amené aux pieds de feu Sa Majesté l'Empereur, et qui me conduisoit en ce moment aux siens : que le Roi et la Reine de France n'ayant pu se défendre de croire que l'Empereur avoit été induit en erreur par des informations fausses, tant à l'égard de leurs sentiments personnels qu'à l'égard du véritable état des affaires de France, Leurs Majestés m'avoient fait proposer d'être le porteur d'une lettre de la Reine à l'Empereur et de Lui exposer leurs véritables sentiments et la position exacte de ce pays-là; que j'avois cru ne pouvoir me refuser à leurs désirs, connoissant l'intérêt vif et constant que Votre Majesté Impériale prenoit à leur état et à leur déplorable situation; que je ne doutois pas qu'Elles ne trouvassent en Lui un puissant appui et en même temps de la consolation de sa part.

Le Roi me fit l'honneur de me répondre qu'Il sentoit toute l'amertume de leur position, dont il étoit pénétré; que ses dispositions pour Elles étoient les mêmes que celles de feu l'Empereur son père, et qu'il ne laisseroit pas de leur donner des preuves de l'intérêt sincère qu'il y prenoit. Lui ayant dit que feu Sa Majesté m'avoit promis une réponse à la Reine, à laquelle seroit joint un mémoire qui exposeroit la situation actuelle des affaires, le Roi m'a dit qu'il me feroit remettre également une lettre à la Reine et un mémoire où seroit exposée la marche qu'il se proposoit de suivre, afin qu'elle puisse régler sa conduite en conséquence. Le Roi me dit ensuite qu'il étoit bien aise de me voir, que la commission dont je m'étois chargé me faisoit honneur, et qu'on n'apprendroit pas par lui le motif de mon voyage, ni que le prétexte dont je l'avois coloré étoit simulé. M. le prince de Galitzin m'ayant ménagé un entretien avec le vice-chancelier de cour et d'État, M. le comte de Cobenzl, je me suis rendu, au sortir de l'audience du Roi, à son bureau et je lui ai fait une confidence entière de ma commission, de l'entretien que je venois d'avoir avec le Roi et de celui que j'avois eu avec le feu Empereur, des réponses qu'il m'avoit faites, ainsi que des plans qu'il avoit l'intention d'exécuter. Ledit ministre, qui m'a témoigné une confiance réciproque, m'a exposé la marche qu'on alloit suivre actuellement, après l'avoir concertée avec la Cour de Berlin, dont Votre Majesté Impériale seroit informée aussitôt qu'on auroit reçu la réponse de ladite cour. Il m'a parlé du dernier office de l'ambassadeur de France qui demande une réponse prompte et catégorique tant sur l'abandon d'un concert avec d'autres Puissances, dont il a été question dans un des offices du feu Empereur, que sur la réduction des troupes sur les frontières sur le pied où elles étoient en avril 1791, et, que, dans ce cas, la France retireroit les siennes dans l'intérieur du pays. De même M. de Cobenzl paroissoit croire que si les François passoient le Rhin, en ce moment, tous les villages depuis Bonn jusqu'à Basle se déclareroient pour eux et s'accorderoient pour égorger les Princes, les comtes, les nobles qui leur tomberoient sous la main.

Les principes et les sentiments de ce ministre sur les affaires de France sont au reste les mêmes que ceux e M. le prince de Kaunitz, dont j'ai fait à Votre Majesté Impériale mon rapport. Il croit une contre-révolution impossible, attendu que la volonté de la nation sur la Constitution et sur une Assemblée est fortement prononcée, et il ajouta que, sur ce point, les vues des Princes et des Émigrés différoient totalement d'avec celles de la Cour des Tuileries, qui paroissoit vouloir se contenter de modifications dans la Constitution, tandis qu'à Coblentz on désiroit le rétablissement de l'ancien ordre des choses, qui ne sauroit avoir lieu. M'ayant demandé si on pouvoit prendre confiance en M. le baron de Breteuil, je lui dis que c'étoit lui à qui le Roi et la Reine accordoient leur confiance, à ce que Leurs Majestés m'avoient fait l'honneur de me l'assurer ellesmêmes. Il m'a parlé aussi de la politique plus qu'extraordinaire de la Cour de Madrid, qui désire que d'autres Puissances agissent tandis qu'elle prétend n'y concourir en aucune manière, de crainte de nuire à ses droits sur la France au défaut de la dynastie régnante, et au pacte de famille auquel elle paroissoit tenir beaucoup. M. le comte de Cobenzl me dit ensuite que, tandis qu'on alloit concerter avec la Cour de Berlin la réponse à faire au dernier office de l'ambassadeur de France, M. le prince de Hohenlohe, à qui le Roi destinoit le commandement de l'armée, concerteroit avec M. de Bischoffswerder le plan militaire éventuel d'opération, qui sera communiqué à Votre Majesté Impériale ainsi qu'aux Cours invitées au concert, pour savoir positivement comment et en quelle manière elles comptoient concourir à son exécution. — Ledit vice-chancelier me promit de me remettre le plus tôt que possible la lettre du Roi et le mémoire, afin de pouvoir retourner à Bruxelles, et de faire parvenir ces pièces à la Reine par une voie sûre pour servir de guide à sa conduite, et aussitôt que je les aurai reçues je ne tarderai pas à me mettre en chemin. — Ayant dîné, le jour de mon audience, chez le prince de Kaunitz, je lui dis, au sortir du dîner, que j'avois eu l'honneur de voir le Roi, et je lui fis part de la réponse qu'il a plu à Sa Majesté de me faire. J'y ajoutois que je n'attendois que ses ordres pour reprendre la route de Bruxelles. Il me répondit que le Roi et la Reine de France ne devoient pas douter de l'intérêt que le Roi prend à leur position et de ses dispositions à la rendre supportable, mais qu'on ne pouvoit leur dire que des choses vagues tout comme celles dont Leurs Majestés m'avoient chargé; qu'il étoit à présent à arrêter un concert, mais qu'il étoit impossible de déterminer quand et comment ce concert pourroit se faire et s'exécuter, et qu'il me verroit encore pour causer avec moi dans son cabinet. Je lui répondis que je serois toujours à ses ordres, et il me répliqua qu'il useroit de la liberté que je lui donnois.

Je suis avec le plus profond respect,

Madame,

De Votre Majesté Impériale

Le fidèle sujet,

Jean Simolin.

Léopold II, né le 5 mai 1747, était mort le 1er mars 1792, emporté par une violente maladie d'entrailles qui n'avait duré que deux jours. Il avait quarante-cinq ans. Sur le premier témoignage de Lagusius, son médecin particulier, on parla de poison (1), et les partis, chacun suivant ses passions, s'en accusèrent mutuellement. On nomma les révolutionnaires, qui avaient regardé ce prince comme le chef de leurs ennemis; on nomma aussi les Émigrés, qui l'avaient trouvé trop peu disposé à embrasser leur querelle les armes à la main, et l'avaient surnommé *Agamemnon cunctator*. Accusations sans fondement. Un crime n'était pas nécessaire pour expliquer la mort prématurée d'un voluptueux qui avait constamment abusé de lui-même et glissé sur la décadence des sens. On trouvera, à cet égard, sous toute réserve, des détails dans le premier volume des *Mémoires d'un homme d'État* (t. I, p. 245). On se rappelle la fameuse amazone liégeoise Théroigne de Méricourt, cette fille sanglante qui, dans la journée du 5 octobre 1789, avait demandé la tête de Marie-Antoinette, et qui s'étant rendue de Paris à Liége pour faire de la propagande révolutionnaire, fut arrêtée, livrée à l'Autriche et jetée dans la forteresse de Kufstein. L'Empereur eut la curiosité de la voir, et après une conférence avec elle, la fit relâcher pour l'avoir trouvée jolie (2).

---

(1) *Georg Von Lagusius, K. K. Rath und Leibmedicus*, ce qui veut dire conseiller impérial et médecin du corps.

Les médecins consultants qui furent appelés étaient le baron de Storck et Schreiberg, qui ne parurent point partager l'opinion d'un empoisonnement.

(2) *Mémoires secrets du comte d'Allonville*, t. II, p. 232.

« Je tiens ces détails et d'autres plus dégoûtants encore, ajoute le comte, de Monseigneur le Prince de Condé lui-même, qui avec indignation me répondit à cette question : — Que fera le frère, si l'on assassine sa sœur? — Peut-être osera-t-il prendre le deuil. »

Cette Théroigne de Méricourt était une femme d'ardeur fébrile, mais qui avait reçu de l'éducation, bien que née de simples laboureurs. Elle avait vu le jour en 1759, et avait trente ans quand on dit

Léopold II n'en fut pas moins un prince doué de grandes qualités. Pendant vingt-cinq ans, la Toscane avait reposé sous sa douceur et sa sagesse; et en somme, il faut reconnaître qu'au début de la Révolution le cabinet de Vienne avait été envers la France d'une parfaite loyauté. Tout fait présumer, il est vrai, que Joseph II eût montré plus de chaleur que Léopold pour le salut de sa sœur. Mais si l'on peut reprocher à celui-ci une prudence excessive, on ne saurait du moins l'accuser d'avoir eu, dans les graves circonstances où l'avaient placé les événements, aucune arrière-pensée, ni d'avoir jamais songé à faire tourner au profit de ses propres États les troubles de la France. On n'avait pas encore été saisi en Autriche de cette frénésie ambitieuse qui commençait à faire sortir des digues du droit public les monarchies du temps. Persuadé qu'en dépit de ce lieu commun que l'égalité remplace la liberté pour les Français, l'égalité civile une fois obtenue on s'élancerait à corps perdu à la conquête des libertés politiques, sans s'arrêter en chemin, Léopold répugnait à lutter contre le torrent. D'accord avec la circonspection de Kaunitz et de Spielmann, il avait reconnu tout d'abord que l'émigration grondant aux portes de la France serait un boulet à traîner par la coalition, et qui empêcherait toute transaction entre la royauté et les révolutionnaires. Il voyait l'Assemblée y répondre par des motions sévères que le Roi se refusait à sanctionner; le Roi perdre ainsi tout reste de crédit; les clubs pousser des cris de vengeance, de déchéance et de mort, et les périls de la famille royale s'accroître d'heure en heure. Lors

---

qu'elle se montra comme la grande héroïne des journées d'octobre 89. Elle avait été perdue à dix-sept par ses passions. Vêtue et armée comme une amazone, plume noire provocante au chapeau, elle exerçait une influence magnétique sur le peuple. Mais ce n'était pas une de ces femmes fortes, brutalement charpentées, de ces viragos furibondes à voix de mauvaises liqueurs, comme on en vit alors. Petite de taille, avec un teint couleur de « poire rousselet », elle avait plutôt des traits chiffonnés qu'une figure à grand effet. Elle parlait bas, et soufflait la révolution à l'oreille et comme en secret. (Voir les *Mémoires inédits de Marc-Antoine* BAUDOT, *conventionnel.*)

de l'acceptation de la Constitution par le Roi, l'Empereur
avait observé une sorte de relâchement dans les violences
des démagogues, et ne s'était pas cru autorisé à interposer
ses armes entre son beau-frère et l'Assemblée nationale.
Au moment où il mourut, sa politique désintéressée ne
s'était pas démentie, et ce n'est pas lui qui avait fait retourner notre vieille ennemie continentale, l'Autriche, à ses
traditions d'hostilité. Le comte François de Bourgoing, dans
son *Histoire diplomatique de l'Europe pendant la Révolution
française*, a suffisamment prouvé, avec l'impartialité de son
bon esprit, que ce fut la guerre, — la guerre non totalement
du fait de Léopold, — qui rompit alors sans retour les liens
entre les deux Puissances. C'est alors que, sous le fils de ce
prince, l'Autriche devait se montrer moins généreuse, et
demander une part dans notre territoire.

Quelles devaient être les conséquences de cette mort de
Léopold? La Cour de France allait y perdre, sans que la
coalition y pût gagner. Ferme dans sa modération, Léopold
avait fait tous ses efforts pour éviter une guerre devenue,
malgré lui, inévitable; s'il l'eût faite, il y eût apporté ses
qualités de prudence, et peut-être, sous sa direction, la coalition eût-elle triomphé. A supposer (qu'on me pardonne
cette supposition impie) que l'issue fût en effet victorieuse
pour les coalisés, la Révolution était arrivée à une telle puissance de domination qu'elle confisquerait infailliblement le
triomphe à son profit et achèverait le renversement de la
royauté. Qu'aurait gagné le pays à échanger un maître dé-
bonnaire contre une tyrannie à mille têtes? Si les coalisés
étaient battus, serait-ce à l'avantage de la chose publique?
Quels ne seraient point les embarras du pouvoir, régnant par
les baïonnettes étrangères, au milieu de démagogues fré-
missants! Et d'ailleurs qui pourrait garantir que l'étranger,
entré en armes et gêné d'avoir à occuper un si grand territoire, n'eût pas l'intention de s'indemniser de la guerre,
comme il l'eut en effet (1) plus tard, en livrant la France

---

(1) Voir, au tome suivant, l'extrait des Mémoires inédits du prince de
Nassau-Siegen, qui prit part à l'invasion de la France par la coalition.

aux horreurs d'un partage, source d'incessantes violences, d'interminables guerres *pro aris et focis!* En autres termes, qu'eût fait la coalition de son triomphe chez un peuple qui s'était compté, avait déjà été en possession de lui-même, et infailliblement se fût montré plus exigeant encore après la guerre qu'auparavant? Hélas! quand une révolution a jeté avec une telle violence l'un contre l'autre un peuple et un trône, elle les a rendus irréconciliables : l'un ou l'autre succombe, et le plus souvent une dynastie est balayée à travers l'histoire.

Catherine II, par les motifs que nous avons déjà déduits, n'était ni à portée ni en mesure de prendre la haute main dans le terrible litige. Quant au jeune successeur de Léopold, pour belliqueux que le fissent ses vingt-quatre ans, il n'était point de taille à y exercer une grande influence, ni à ouvrir ou fermer d'une main bien vigoureuse le temple de la guerre.

« Depuis deux ans que son père régnoit, dit le marquis de Noailles dans une dépêche de Vienne du 3 mars, il étoit initié dans toutes les affaires. Il est d'un caractère froid, mais il passe pour avoir l'esprit juste. Sa santé est extrêmement délicate, et il a besoin de grands ménagements, surtout pour sa poitrine. Il est venu ici à l'âge de dix-sept ans, et a reçu sa dernière éducation de son oncle Joseph II. Il peut avoir quelques-uns de ses principes, mais il n'a rien de son activité. Les militaires l'aiment plus qu'ils n'aimoient son père. Il a vécu avec eux dans les campagnes qu'il a faites contre les Turcs. Je me rappelle qu'au retour de la première, il disoit qu'il avoit vu de près les misères de la guerre, et qu'il ne falloit s'y exposer qu'à la dernière extrémité. Je souhaite que ce sentiment ait germé dans son âme, aujourd'hui que ses résolutions peuvent intéresser le bonheur de l'humanité. Il a écrit hier dans les termes les plus affectueux à M. le prince de Kaunitz, lui demandant l'appui de ses conseils. Je puis me tromper, mais je pense que le nouveau règne n'apportera aucun changement au système qui est établi; que l'alliance avec la Prusse, dont les ratifications viennent d'être échangées, sera confirmée; que tout au plus le principal lieu de la scène politique pourra se trouver pendant quelque temps à Berlin; que la situation présente des affaires fera sentir la nécessité de donner promptement un chef au corps germanique; que la capitulation étant toute dressée, on abrégera les autres formes d'usage le plus qu'il sera possible; que cette éminente dignité, qui n'est qu'un pesant fardeau, ne peut convenir qu'à l'héritier de la monarchie autrichienne. Ce que je crains le plus, c'est que, pendant l'interrègne, quelque court qu'il soit, les deux vicaires de l'Empire, l'Électeur palatin et celui de Saxe, n'aient pas tout le poids nécessaire pour contenir les Électeurs ecclésiastiques, qu'on sait être disposés à favoriser la cause des Émigrés; que ceux-ci ne cherchent à augmenter l'inquiétude et la méfiance, pour nous faire tomber dans leurs piéges en nous entraînant dans une guerre avec l'Empire, qui soit tellement engagée que le nouvel Empereur soit forcé d'y prendre part.

» Les seules troupes en marche jusqu'à présent sont celles qui vont dans le Brisgaw. Il n'est parti, que je sache, depuis deux jours, aucun ordre nouveau de la chancellerie de guerre. »

On devait s'attendre à ce que François cherchât à continuer son père, autant qu'il serait donné à son génie tempéré. Il conserva en effet dans son conseil intime le prince de Kaunitz et le feld-maréchal de Lascy; mais il était peu présumable qu'il entraînât à sa suite, comme l'eût pu faire Léopold, l'Empire d'Allemagne tout entier. Trop peu d'unité d'intérêts ou de politique régnait alors dans le corps germanique; l'arbre de la Constitution de ce corps avait trop vieilli pour qu'un esprit nouveau ne se fût pas glissé sous l'ancienne écorce, et ne menaçât point d'y produire des éclats.

C'était, comme l'avait prévu M. de Noailles, le Roi Frédéric-Guillaume, bien inférieur au Prince défunt, qui devenait le chef de la coalition, et qui allait la compromettre par son caractère à la fois téméraire et incertain. Suspendues quelque temps par le décès de l'Empereur, les négociations entamées entre les cabinets de Berlin et de Vienne furent bientôt renouées par le retour du général-major Bischoffswerder. C'est ce dernier qui avait poussé son maître à cimenter leur alliance; mais devait-elle se maintenir? Elle paraissait trop contre nature, trop opposée à toutes les traditions politiques du vieux parti prussien, fidèle à outrance à son antagonisme jaloux pour l'Autriche; et l'on pouvait s'attendre à ce que la communauté d'intérêts de la Prusse avec la Russie, du côté de la Pologne, assurât un jour plus de faveur en Prusse à l'illustre Catherine qu'au jeune roi de Hongrie.

Encore trois semaines, et une catastrophe nouvelle venait s'ajouter à la première catastrophe : le plus ardent des ennemis armés contre la révolution, le roi de Suède, Gustave III, succombait, victime d'une conspiration aristocratique.

DCCXXXI

MADAME ÉLISABETH A LA MARQUISE DE RAIGECOURT (1).

Excuses sur un jugement téméraire de la Princesse. — Diversité des jugements portés sur la lettre de l'Empereur. — Les aristocrates murmurent entre leurs dents, et en définitive tout le monde est mécontent. — Sévérité de madame de Raigecourt envers sa sœur Françoise d'Ampurie. — La Princesse ne voit point de mal dans la danse. — Dévotion de la duchesse de Laval.

Ce 7 mars 1792.

Je te prie de n'être point en colère contre moi, d'après le jugement que j'avois porté de ton Caton. Peut-être sa timidité y a-t-elle contribué. Mais c'est ce qu'il m'avoit dit sur l'affaire de M. de J.... qui avoit contribué à me tromper. Je suis charmée qu'il n'en soit rien et pour lui et pour toi.

Fais-moi le plaisir d'ouvrir un paquet que tu as à moi; tu y trouveras une lettre cachetée, dont le des-

---

(1) Papiers de famille de M. le marquis de Raigecourt.

sus est de l'écriture de madame d'Aumale. Envoie-la-moi tout de suite. J'ai reçu des nouvelles de son mari. Sa lettre est parfaite, et beaucoup mieux que l'on ne pourroit le croire d'après son extérieur. Ses regrets sont sincères, et son respect pour les moindres volontés de sa femme est parfait. J'ai été extrêmement touchée de sa lettre.

Comment trouves-tu la lettre de l'Empereur? Quel jugement en porte-t-on dans ton pays? Tu serois étonnée si je te disois que, dans celui-ci, personne n'a la même opinion sur cet objet, chose qui assurément n'arrive jamais. Les Jacobins l'habillent en Feuillant; les Constitutionnels sont fâchés qu'il parle des Jacobins; les aristocrates grognassent entre leurs dents; bref, tout le monde est mécontent. Pour moi, je le trouve conséquent avec toutes ses autres démarches: Dieu sans doute les conduit (1).

Tout ce que tu me mandes sur Françoise est fort bien raisonné; mais tu conviendras pourtant que ce sont des vérités sévères: mais tout cela tient au caractère. Si tu es sûre que cela convienne au sien, je trouve que tu as raison: il en est que cette sévérité cabreroit. Au reste, je t'avoue que je n'ai jamais cru qu'il y eût du mal à la danse; et n'ai jamais cherché à m'en instruire. Dieu m'a fait la grâce de la haïr si parfaitement, que je n'y ai jamais pensé.

Tu ne m'as jamais parlé de la dévotion de la du-

---

(1) La Princesse fait ici allusion à la note de la Cour de Vienne, en date du 19 février, corroborée par celle de la Prusse, en date du 28: le tout communiqué, le 1er mars, à l'Assemblée par de Lessart. Voir pages 294, 295.

chesse de L... (1). On dit que cela est très-vif. Pauvre femme! elle fait bien. Et Caroline (2), comment est-elle? Adieu; je vous embrasse et vous aime de tout mon cœur.

DCCXXXII

LOUIS XVI AU PRÉSIDENT DE L'ASSEMBLÉE NATIONALE LÉGISLATIVE (3).

Annonce de la nomination du successeur de M. de Narbonne.

Le 10 mars 1792.

Je vous prie, Monsieur le Président, de dire de ma part à l'Assemblée nationale que j'ai nommé M. de Grave au département de la Guerre à la place de M. de Narbonne.

LOUIS.

Comme on l'a vu, le comte Louis de Narbonne, qui avait eu le bon esprit de se ménager auprès des Girondins, s'était acquis trop de popularité et avait été trop battu en brèche devant le Roi par un ministre qui avait la confiance du Prince, pour rester longtemps en place. Il croyait en la Constitution et voulait la faire triompher dans l'intérêt de la monarchie; mais en même temps les amis mêmes du Roi se répandaient en imprudences et déclaraient qu'au fond le Prince ne pouvait y croire, que son adhésion n'était que le résultat de la contrainte, et que son unique préoccupation,

---

(1) La duchesse douairière de Laval, mère d'Adrien et d'Eugène.
(2) La duchesse Adrien de Laval.
(3) Archives générales de l'Empire, et *Moniteur*.

comme il le disait lui-même, était de ne point donner prise
sur lui. Mieux eussent valu de sages ennemis. M. de Grave,
qui était appelé à remplacer M. de Narbonne, était un homme
jeune et de peu d'expérience, mais il n'était pas dénué de
lumières, et le sentiment même de ce défaut d'expérience ne
faisait que lui inspirer de la réserve et une utile prudence.
Bien qu'il eût été fait ministre par l'influence des Lameth,
il fut bientôt à la disposition de Dumouriez, et celui-ci connut
ainsi tous les détails de l'administration de la guerre. Mais de
Grave ne tarda pas à être dégoûté des difficultés de son poste,
il s'en démit, et fut remplacé par Servan. Sans partager le mépris que madame Roland affiche pour cet homme dans ses Mémoires, on ne peut cependant oublier ce qu'en a dit Dumont,
qui le vit beaucoup à Londres, après son ministère. Personne n'était moins fait pour un ministère aussi orageux.
Sa probité était parfaite, son cœur était pur; mais il était
faible de corps et d'esprit. Il ne manquait pas de connaissances, et il se dévouait à son travail; mais il fallait du caractère, et il n'en avait point...... Son acceptation du ministère était une grande erreur de jugement. Après deux mois
de travaux infinis, il avait perdu la tête, à ce point qu'il
oublia son nom dans ses signatures, et que ne sachant plus ce
qu'il faisait, il signa *Maire de Paris*. Il a avoué lui-même
ce fait à Dumont (1).

---

(1) Étienne DUMONT, *Souvenirs sur Mirabeau*, p. 383, 384.

DCCXXXIII

MARIE-ANTOINETTE ET LOUIS XVI AU ROI DE BOHÊME ET DE HONGRIE, DEPUIS EMPEREUR (1).

Recommandation en faveur du baron de Goguelat, sous le nom de Daumartin (2).

Croyez en tout point, mon cher neveu, la personne que je charge de ce billet.

MARIE-ANTOINETTE.

Ce 13 mars 1792.

Je pense absolument comme votre tante, et j'y ai la même confiance.

LOUIS.

DCCXXXIV

LOUIS XVI AU PRÉSIDENT DE L'ASSEMBLÉE LÉGISLATIVE (3).

Annonce de la nomination de Dumouriez et de Lacoste en qualité de ministres.

Ce 16 mars 1792.

Monsieur le Président, je vous prie de faire part à l'Assemblée que j'ai nommé M. Dumouriez au département des Affaires étrangères, et M. Lacoste au département de la Marine.

LOUIS.

---

(1) Archives impériales d'Autriche.
(2) Voir sur Goguelat la note de la page 93.
(3) Lettre apportée à l'Assemblée par le garde des Sceaux. Archives générales de l'Empire.

Séparé des ministres que lui avaient donnés les Feuillants, ayant rompu violemment avec le brillant et actif ministre qui était la plus vivante expression du parti constitutionnel, Louis XVI se trouvait dans une impasse cruelle. Il lui fallait, à l'exemple de l'Angleterre dont il avait tant étudié l'histoire, choisir ses ministres dans le camp de l'opposition, s'appuyer, non sur la formidable Montagne qui grondait comme un volcan en éruption, mais sur cette impérieuse Gironde, qui elle aussi était républicaine, par méfiance pour le Roi, mais dont il pouvait espérer de gagner le cœur. Rude épreuve à risquer. Le coup frappé sur l'infortuné de Lessart par les Girondins, qui étaient loin encore de la période de la sensibilité et du repentir, avait ouvert à ces ardents tribuns les avenues du cabinet : ils n'avaient qu'à tendre la main pour saisir les portefeuilles.

Un homme se rencontra que de Lessart et de Narbonne avaient appelé naguère auprès d'eux, pour essayer de tirer parti de la souplesse de son caractère et de la variété de ses talents. C'était Claude-François Dumouriez, né le 25 janvier 1739, d'une famille originaire de Provence et connue au parlement d'Aix sous le nom de Dupérier (1). Homme étrange et complexe : diplomate, ingénieur à la fois et soldat; la parole franche, avec un œil faux et doux; aventurier impérieux et délié autant que héros, esprit d'audace supérieur à tous les obstacles, ouvert à toutes les grandes choses comme à

---

(1) Le bisaïeul de notre Dumouriez avait épousé une demoiselle Anne Moriès ou Mouriès, de famille noble, dont le nom fut adopté par quelques-uns des vingt-quatre garçons que leur fils eut de deux lits, avec huit filles. C'est par corruption parisienne que ce nom s'est changé plus tard en celui de Dumouriez. (Voir le début de la *Vie de Dumouriez,* page 5 du tome Ier, édition Baudouin.)

Chose curieuse! cet homme si vigoureux, si actif, si alerte, avait eu une enfance des plus débiles : il était resté noué jusqu'à l'âge de six ans et demi et emmaillotté dans une armature de fer, suivant les barbares traditions de la chirurgie du temps.

toutes les intrigues ; franc sceptique qui n'était opposé à aucun système, et s'inquiétait peu de la nature de la constitution monarchique, pourvu qu'elle fût solide (1), il n'était pas éloigné du système des deux chambres que les républicains avaient tant en aversion. En résumé, il avait cette qualité, ou ce défaut, de croire avant tout en lui-même. Fils d'un homme de mérite, modeste commissaire des guerres, intendant de l'armée du maréchal de Broglie en 1759, Dumouriez, qui avait reçu de son père un commencement de bonne éducation, achevée au collége de Louis-le-Grand, avait un instant songé à se faire jésuite, pour aller courir les saintes aventures de l'apostolat dans les pays lointains ; mais, introduit dans l'armée par son père, il s'était senti retenu dans l'essor de son génie et de sa fortune par les entraves de son siècle. Et cependant une action d'éclat lui avait valu, dès l'âge de vingt et un ans, la croix de Saint-Louis et le brevet de capitaine. Depuis lors, il avait frappé résolûment à toutes les portes, s'offrant tantôt à la Cour, tantôt à l'Assemblée, tantôt au ministère, et tout ce qu'il avait pu obtenir avait été d'être chargé par le duc de Choiseul d'aller en Pologne observer l'état du pays, et en même temps aider de ses conseils et de son épée les confédérés de Barr. Le Duc entrevoyait dans cette confédération un moyen d'allumer un incendie dans le Nord pour inquiéter la Russie et faire diversion aux tentatives de la Czarine sur la Turquie. Mais comme, de son propre aveu, Dumouriez était fort ignorant des intérêts et des affaires turbulentes de la Pologne, et qu'il ne voulait pas se jeter à l'étourdie à travers les troubles, il n'accepta qu'après avoir obtenu trois mois de répit pour s'instruire, dans les bureaux des Affaires étrangères, de tout ce qu'il ignorait sur cette question délicate depuis 1764, époque de l'élection du roi Poniatowski. Il se tira comme il put de tout le chaos qu'il rencontra chez les Polonais, ces « Asiatiques de l'Europe », comme il les appelait, et après avoir accru parmi eux sa réputation militaire, commencée en Allemagne et en Corse, il rentra en France, où il fut très-mal reçu du duc

---

(1) *Vie de* Dumouriez, t. II, p. 150.

d'Aiguillon, qui avait remplacé le duc de Choiseul, et le traitait avec rudesse comme une créature de ce ministre.

Dès avant cette mission en Pologne, Dumouriez avait été distingué par le comte de Broglie et par Favier, et, peu scrupuleux sur le choix des moyens propres à le conduire à la célébrité et à la fortune, il était devenu, sous leur direction, l'un des agents subalternes de la contre-diplomatie de Louis XV. En résumé, après tous ses efforts, après l'accomplissement d'une mission en Suède, pour le compte de la diplomatie secrète, à l'insu du ministre des Affaires étrangères, le duc d'Aiguillon, mission qui lui avait valu d'être arrêté diplomatiquement à Hambourg (octobre 1773), et de tâter pendant six mois de la Bastille et du château de Caen, il n'était parvenu qu'au grade de maréchal de camp, à un âge voisin de cinquante ans. Mais à cet âge il avait conservé toute la vivacité, toute l'énergie de la jeunesse. Dégoûté de la carrière scabreuse où il s'était engagé, il avait songé à donner une autre direction à l'activité de son esprit, et on l'avait vu successivement associé avec grand honneur aux gigantesques travaux de Cherbourg (1), commander en Normandie, commander ensuite en Vendée, et partout déployer une intelligence de génie dans la conception, une fermeté, une activité à toute épreuve dans l'exécution.

La Révolution n'était pas loin. 89 le trouva gouverneur de Cherbourg. Alors il se posait en mécontent, et se montra, dans plusieurs occasions, disposé à favoriser l'insurrection en Normandie, et tout à la fois il savait ménager encore les liens qui l'attachaient au patronage de quelques grands de la Cour. Quand les ducs d'Harcourt et de Beuvron, commandants de la province, furent contraints par les mouvements révolutionnaires de se retirer, il y demeura maître à peu près de tous les pouvoirs. Mais bientôt trop à l'étroit dans la province, privé d'ailleurs de sa position par la suppression de tous les gouvernements, il alla chercher dans la capitale un plus vaste théâtre à son ambition. Là, il ne tarda point à se lier avec tous les hommes les plus influents de la Révolution : La Fayette, Mirabeau, Vieillard, Ba-

---

(1) Voir page 112 et suivantes du IIIe volume.

rère, etc., et se fit voir en zélé patriote au club des Jacobins, qui venait de naître. De ce moment, il fit pleuvoir chez les ministres, chez tous les personnages en crédit, les fruits de son fécond et impatient génie : plans, observations, conseils sur la politique intérieure, sur la politique extérieure, sur le clergé, sur la garde nationale, sur la paix, sur la guerre, en un mot sur toutes les questions du temps. Puis, laissant un instant la place, il alla remplir encore, pour les meneurs, une fonction d'observation secrète en Belgique.

La mort du comte de Mirabeau, avec lequel il s'était lié et qui trouvait en lui une docilité d'esprit sympathique au sien, vint entraver ses espérances et le rejeter dans la foule qui courait à l'assaut des places. On fut sur le point de lui donner l'important commandement de Lyon ; mais le Roi, qui n'eût vu là qu'une imprudente concession aux exigences des Jacobins, s'y opposa fermement et ne consentit à lui confier que la ville de Nantes. La première démarche du commandant, à son arrivée, fut de conduire tout l'état-major de la place au club le plus violent. Bientôt la fuite du Roi vers Varennes donna à notre ambitieux l'occasion d'écrire à ses deux amis Vieillard et Barère de Vieuzac une lettre de chaud patriotisme qui fut lue à la Constituante. Cette épître, où il annonçait l'intention d'aller au secours de l'Assemblée avec toutes les forces qu'il pourrait réunir, lui fit le plus grand honneur parmi les coryphées de la gauche et de la Montagne, sans cependant le faire sortir encore de la sphère étroite de son commandement. Ce fut seulement dans les premiers mois de 92 que les vides faits par l'émigration dans les cadres de l'armée permirent qu'il passât lieutenant général à l'ancienneté. Il habitait alors alternativement Nantes et Niort, qui relevait aussi de son autorité. Dans cette dernière ville, il se lia avec un des commissaires civils envoyés dans la Vendée par l'Assemblée nationale, l'avocat de Marseille Gensonné, qui devait jouer un rôle à la Législative et l'affilier avec la Gironde.

C'est alors que de Lessart, encore ministre des Affaires étrangères, de Lessart dont il avait été le condisciple au collége de Louis-le-Grand, l'appela à Paris et lui fit confidence des embarras de sa politique. Dumouriez, qui n'oubliait aucun moyen de se faire agréer de Louis XVI, s'appuya également auprès de lui de la vieille amitié d'un autre condisciple, l'honnête de Laporte, intendant de la liste civile. Sur ces entrefaites, l'accusation portée contre le malheureux de Lessart avait rendu vacant le portefeuille des Affaires étrangères.

Ainsi se préparait l'avénement de Dumouriez au ministère, malgré les répugnances du Roi. Mais l'on avait persuadé à ce Prince que le plus sûr moyen de regagner la confiance publique était de se jeter dans les bras des Girondins. Telle est du moins l'opinion du marquis de Ferrières (1); et Prudhomme, de son côté, dit nettement que ce furent Vergniaud et Gensonné qui traitèrent avec la Cour pour lui faire adopter des ministres du choix de la Gironde.

Louis XVI se détermina donc à faire proposer par Cahier de Gerville à Dumouriez le portefeuille des Affaires étrangères. Mais comme il gardait de l'affection pour le pauvre accusé et qu'il croyait à la bonne issue de son procès, il crut lui devoir de ne pas le remplacer par un titulaire définitif, et n'offrit à Dumouriez que l'*interim*. Celui-ci, qui se sentait fortement appuyé, et qui d'ailleurs ne voulait point paraître devant l'Assemblée garder une place à un ministre feuillant, refusa, et obtint d'être nommé d'une façon pleine et entière.

Avec Gensonné pour prôneur et Brissot pour ami, il croyait en sa fortune et se promettait bien de l'assurer encore, en enchaînant par adresse les tempêtes toujours menaçantes du côté des Jacobins. Arrivé à Paris le 26 février, il était nommé le 15 mars et reçu le lendemain matin à l'audience de Louis XVI, qu'il étonna par la franchise et la rondeur de son langage :

« Sire, lui dit-il en l'abordant, l'ordre que vous m'avez donné d'accepter la place que j'avais refusée, me persuade que Votre Majesté est revenue des préventions qu'on lui avait inspirées contre moi. — Oui, entièrement. — Eh bien, Sire, je me dévoue à votre service. Mais la place de ministre n'est plus la même qu'autrefois : sans cesser d'être le zélé serviteur de Votre Majesté, je suis l'homme de la Nation. Je

---

(1) *Mémoires*, t. III, p. 53.

vous parlerai toujours le langage de la liberté et de la Constitution. Renfermé dans mes fonctions, je ne vous ferai point ma cour, et, à cet égard, je romprai toutes les étiquettes pour vous servir. Je ne travaillerai qu'avec vous ou au Conseil. Presque tout votre corps diplomatique est contre-révolutionnaire ouvertement. On me pressera de vous engager à le changer. Je contrarierai vos goûts sur les choix ; je vous proposerai des sujets que vous ne connaîtrez pas du tout, d'autres qui vous déplairont. Quand votre répugnance sera trop forte et motivée, comme vous êtes le maître, j'obéirai ; mais si vos choix sont suggérés par vos entours, et visiblement dans le cas de vous compromettre, alors je vous supplierai ou de me laisser le maître, ou de me donner un successeur. Pensez donc aux dangers terribles qui assiégent votre trône. Il faut le soutenir par la confiance publique. C'est une conquête à faire, Sire, et elle dépend de vous (1). »

Et après quelques autres paroles du même ton, il déclara sans façon au Roi que, pour prévenir toute accusation d'aristocratie, il se présenterait dès le soir même aux Jacobins, ce que le Roi, sentant l'importance de cette démarche, ne put s'empêcher d'approuver (2).

Lorsqu'il sortit du cabinet royal, à la suite de Louis XVI qui allait à la messe, les courtisans détournèrent les regards et le laissèrent passer comme un pestiféré, excepté deux ou trois de ses anciennes connaissances : le spirituel duc de Nivernois, le maréchal de Noailles et le digne et malheureux maréchal de Brissac. Il fut reçu, le même jour, par la Reine, qui lui adressa quelques paroles très-vagues et très-courtes pour l'engager à bien servir le Roi.

Avertis par le sort de de Lessart, le ministre de l'Intérieur, Cahier de Gerville, et celui de la Justice, Duport du Tertre, avaient donné leur démission, dont l'acceptation était encore suspendue. Le premier conduisait encore les affaires de son département, en attendant qu'on le remplaçât ; mais du Tertre ne reparaissait plus. Ce n'est pas qu'il eût quitté Paris, car il se trouvait sous le coup d'un décret de l'Assemblée in-

---

(1) *Vie de* Dumouriez, t. II, p. 140.
(2) *Ibid.*, p. 146.

terdisant à tout ministre, même démissionnaire, de s'éloigner de la capitale avant d'avoir rendu ses comptes. Cahier de Gerville, qui avait des affiliations avec l'opposition et s'était concilié des sympathies parmi les meneurs, n'avait rien à craindre; tandis que Duport du Tertre, sorti des Feuillants et qui, à ce titre, était odieux aux Girondins, avait tout à redouter. Nous le verrons, en effet, plus loin aux prises avec Brissot. Son département, de même que celui de la Marine et celui des Contributions, étaient donc vacants.

D'après l'usage consacré par Louis XVI, c'était au plus ancien du Conseil, par conséquent à de Grave, à prendre l'initiative des propositions pour les portefeuilles; — un des premiers actes du nouveau ministre fut de faire proposer Lacoste au Roi pour le département de la Marine. C'était un bon esprit, qui, dans les bureaux de ce ministère où il avait été premier commis, s'était fait la réputation d'un de ces travailleurs opiniâtres et pleins de lumières, qui sont la force des administrations publiques. Des bureaux il était passé dans les îles du Vent pour favoriser le nouveau régime colonial; mais il n'avait pu s'entendre avec le gouverneur de la Martinique, M. de Béhague, et était revenu en France, où ses talents et son caractère l'avaient fait signaler au choix du Roi. Homme honnête et de devoir, très-zélé patriote sans avoir jamais fait partie du club des Jacobins, il s'attacha beaucoup à Louis XVI (1).

Ainsi qu'il l'avait annoncé, Dumouriez alla rendre hommage de sa nomination aux Jacobins, où présidait Doppet en l'absence de Maillhe. L'apparition du ministre causa une vive émotion dans le club. Traversant d'un pas ferme la salle, la tête coiffée d'un bonnet rouge qui, à ce moment,

---

(1) Il donna sa démission le 10 juillet 92, et fut sur-le-champ nommé ministre en Toscane; mais l'Assemblée, qui ne voyait en lui qu'un Feuillant, refusa de confirmer sa nomination. Arrêté en février 93, il eut le bonheur d'être déchargé de toute accusation par le tribunal criminel de la Seine, et de ce moment il vécut dans une profonde obscurité jusqu'en 1800. Il fut alors nommé au Conseil des prises, que supprima la Restauration de 1814, et rentra dans sa précédente obscurité pour n'en plus sortir.

était de costume et qu'on lui avait remis à son entrée, il fut conduit droit à la tribune (1). Il y dit peu de mots, protesta de son dévouement à la Constitution, annonça qu'il allait gouverner pour eux et par eux, négocier dans le but d'assurer une paix solide et honorable ou d'arriver à une guerre décisive, et qu'enfin, la guerre une fois déclarée, il briserait sa plume pour reprendre son épée (2). Dumouriez ajoute dans ses Mémoires que, ces paroles dites, il se retira sur-le-champ. Une feuille du temps dit au contraire qu'il resta assez pour que Collot d'Herbois, Legendre et Robespierre lui adressassent des interpellations. Collot s'écria de sa voix de Stentor que le ministre devait agir désormais comme il avait parlé, et le ministre leva la main (3). Legendre s'étant opposé à l'impression du discours de Dumouriez, des clameurs furieuses couvrirent sa voix, et Robespierre, imposant le silence, déclara qu'il fallait ajourner les éloges au nouveau ministre jusqu'à ce que les faits eussent

---

(1) Le port de cette coiffure phrygienne le fit surnommer le ministre *bonnet rouge*, sobriquet dont il était fort peu fier dans sa vieillesse et dont il se défend en ses Mémoires. Lui et les Girondistes avaient trouvé en effet que ce signe de parti avait le tort de rappeler la *rose rouge* et la *rose blanche* des guerres civiles d'Angleterre, les *chaperons* du temps du roi Jean, et les Guelfes et les Gibelins. Ils en avaient fait l'observation à Pétion, qui gouvernait alors Robespierre et les Jacobins. Pétion s'était rangé à leur avis, avait promis d'écrire pour faire supprimer ce signe et avait tenu parole, autant qu'il était possible en un temps où tout le monde voulait être le maître et n'en faire qu'à sa guise. Robespierre repoussa, pour son compte, ce bonnet; mais la coiffure reparut à la fête de Châteauvieux, elle reparut le 20 juin, et l'on en coiffa également, au *Théâtre de la Nation*, le buste de Voltaire, qui, s'il eût vécu, eût été guillotiné comme aristocrate. Il resta aussi comme l'emblème de la liberté en tête des lettres officielles des sans-culottes ou de ceux qui avaient peur. Chose curieuse! la suppression du bonnet rouge au club des Jacobins date de la fin de la séance même où Dumouriez s'en affubla. Une demi-heure plus tard, il n'eût pas été forcé de le mettre. Voir la *Vie de* Dumouriez, t. II, p. 146-147, édition Baudouin.

(2) *Vie de* Dumouriez, t. II, p. 298, et *Journal des débats des amis de la Constitution*, n° 163.

(3) *Journal des débats des amis de la Constitution*, même numéro.

répondu à ses promesses; qu'il trouverait des appuis et des défenseurs dans le club tant qu'il se montrerait patriote; mais qu'un ministre qui prétendrait à plus d'influence dans cette société que tout autre membre y serait nuisible : « Au nom de la liberté, je jure qu'il n'en sera pas ainsi! » A ces mots, Dumouriez, courant à Robespierre, se précipite dans ses bras, au bruit des plus bruyantes acclamations (1).

C'était, à coup sûr, un début un peu vif pour un ministre de Louis XVI; mais il y avait déjà un an que Dumouriez avait eu l'étrange idée de dire à son ami de Laporte : « *Si j'étais le Roi, je me ferais Jacobin pour déjouer tous les partis* »; et longtemps depuis, en Angleterre où s'était abritée sa vieillesse, il continuait à penser que c'était ce que le Roi eût pu faire de mieux, car, disait-il, la face de cette société eût changé entièrement (2).

Le patriotisme de Dumouriez avait laissé derrière lui une traînée de feu à son ancien commandement de Nantes, et dès les premiers jours de son avénement au ministère, ce fut une joie éclatante dans les clubs. Une feuille de l'époque (3) rapporte même une lettre que lui adressèrent les dames patriotes et tricoteuses de la ville, signe caractéristique du temps :

« Il te souvient, écrivaient-elles, que nous t'offrîmes une couronne civique le jour où tu vins nous donner des preuves de ton patriotisme, au sein de la Société des Amis de la Constitution de Nantes. Tu l'as reçue, en disant que tu ne l'avois pas encore méritée, mais que tu ferois tout pour t'en rendre digne. Voici l'instant de la preuve : ou nous t'arracherons cette couronne que nous t'avions donnée, ou nous t'en donnerons une autre.

» Les Citoyennes patriótes de Nantes. »

On ne saurait douter que le général, aussi romanesque que patriote, n'ait répondu avec une courtoisie marquée à

---

(1) Même *Journal des débats des amis de la Constitution*.
(2) *Vie de* Dumouriez, t. II, p. 133.
(3) *Le Patriote françois*, n° 991; page 467 du volume de cette feuille de Brissot.

une telle lettre, en protestant de son zèle pour le service de la patrie, de son courage pour combattre les ennemis, et de sa détermination à se montrer toujours digne des sentiments que ces « braves citoyennes lui ont témoignés ». Sa réponse, que donne le *Patriote françois*, est datée du 5 avril.

Cependant il avait été vite à l'œuvre, et les trois mois qu'il resta au ministère des Affaires étrangères furent une période d'activité inimaginable. Il se multipliait, et toujours préoccupé de conserver tout à la fois son crédit en cour et sa popularité, il portait au Conseil, dès le lendemain de sa première audience royale, quatre dépêches pour l'Espagne, l'Autriche, la Prusse et l'Angleterre. Il y développait les principes sur lesquels il voulait inaugurer une diplomatie nouvelle, plus ferme, plus digne du Roi et du pays, et propre à relever la France, qui, malgré sa grande existence, était devenue, dans l'état politique de l'Europe, une puissance, tout au plus, de second ordre. Il était enjoint à chaque envoyé français de communiquer sa dépêche en entier au ministre des Affaires étrangères de chaque Cour; et même de lui en laisser copie.

Les dépêches plurent beaucoup à Louis XVI, qui ne put s'empêcher de dire qu'on ne lui avait montré jamais rien de pareil; sur quoi Cahier de Gerville lui dit ces mots : « Sire, voilà comment les ministres doivent toujours parler et écrire au nom de Votre Majesté. » Les courriers étaient tout prêts; les dépêches partirent le même soir.

Voici celle qui fut adressée à Vienne au marquis de Noailles (1) :

« Paris, le 18 mars 1792, l'an II de la Liberté.

» J'ai mis sous les yeux du Roi, Monsieur, vos trois dépêches des 29 janvier, 1er et 3 mars, chiffrées.

» Les affaires doivent prendre, par la mort de Léopold, une face nouvelle. Ainsi, le Roi n'attend pas une prompte réponse à la dépêche de M. de Lessart. La disgrâce que ce

---

(1) Archives des Affaires étrangères de France et Archives Impériales d'Autriche.

ministre vient d'éprouver est occasionnée, en grande partie, par la faiblesse de sa négociation. Il est fâcheux que vous ayez communiqué en entier à M. de Kaunitz sa lettre confidentielle, dont un extrait bien fait n'auroit pas donné à ce ministre les moyens de produire une déclamation violente qui ne pouvoit que nuire aux négociations pacifiques qu'on entrevoit dans la dépêche de M. de Kaunitz avoir été dans les principes de feu l'Empereur.

» La négociation de l'avenir va prendre une marche simple et vraie : telle est l'intention du Roi, et c'est ce qu'il m'a recommandé en me confiant le ministère. Ainsi toutes les dépêches que vous recevrez à l'avenir pourront être présentées sans danger au ministère du nouveau Souverain.

» La paix ou la guerre dépendent entièrement du cabinet de Vienne : ce que vous me mandez sur le caractère du Roi de Bohême et de Hongrie fait espérer qu'il envisagera les horreurs d'une guerre interminable, dont lui seul seroit dans le cas de faire les frais et d'essuyer les pertes, quand même il parviendroit à ruiner la France. Il pensera que le sacrifice de l'alliance, qui a été si utile à la maison d'Autriche, le laisseroit, après cette guerre, sans aucun allié, et d'autant plus en butte à ses ennemis naturels qu'il aurait eu plus de succès.

» Certainement, s'il favorisoit la fureur coupable des Émigrés qui déchire le cœur paternel du Roi, il n'en résulteroit pour lui qu'un état de foiblesse et d'épuisement pareil à celui dans lequel il auroit plongé la France elle-même; et alors il perdroit tout l'ascendant que deux cents ans de possession du Trône impérial ont donné à ses prédécesseurs. Il perdroit peut-être aussi cette éminente dignité, et en cas que par la suite il fût attaqué par ses alliés du moment, ce ne seroit pas dans la France épuisée et déchirée par une guerre civile, qui dureroit encore longtemps après la guerre extérieure, qu'il trouveroit des secours contre ses nouveaux ennemis. Voilà le tableau de ses dangers en cas de succès.

» Si au contraire la guerre qu'on semble nous préparer tournoit mal pour les Puissances assaillantes, alors les succès de la France seroient uniquement nuisibles au Roi de Bohême et de Hongrie, puisque lui seul possède les États limitrophes dans lesquels se répandroient nos troupes victorieuses.

» Il est possible qu'on présente pour appât à ce Souverain un prompt couronnement, et qu'on en fasse la condition de hâter la guerre, en la faisant comme chef de l'Empire; mais cette distinction de chef de l'Empire et de chef de la maison d'Autriche ne pourroit pas se soutenir une seule minute; dès lors tous les liens seroient rompus, et cette guerre lui deviendroit personnelle. Ainsi tout le poids en tomberoit sur lui, comme je l'ai dit plus haut.

» Voyons d'ailleurs quels sont les motifs de cette guerre dont on menace la France.

» L'affaire des Princes possessionnés? Mais elle peut s'arranger par la négociation, et au contraire la guerre romproit toutes les mesures qu'on peut prendre.

» La cause des Émigrés? Le Roi atteste qu'il a puisé dans son cœur tous les moyens de les faire rentrer en France; qu'ils sont en pleine désobéissance vis-à-vis de Sa Majesté, et coupables envers leur patrie.

» Le Roi de Bohême et de Hongrie pourroit-il prendre la défense des rebelles, et cet exemple ne seroit-il pas dangereux pour lui-même?

» Notre armement? Il a été provoqué par le traité de Pilnitz, par l'asile menaçant donné aux Émigrés sur nos frontières. Il est purement défensif, et il ne peut alarmer aucune Puissance en particulier, puisqu'il n'est offensif contre aucune. La preuve en est que le Roi n'a ordonné aucun armement maritime, parce que l'Angleterre n'a présenté aucune disposition menaçante.

» Je ne parlerai point des clubs et des pamphlets : ce ne peut pas être un motif de guerre. Si c'en étoit un, depuis longtemps les Puissances de l'Europe auroient été forcées de faire une croisade contre l'Angleterre.

» C'est dans notre Constitution, c'est dans nos lois nouvelles, c'est dans notre Déclaration des droits de l'homme surtout, que les chefs des nations doivent trouver nos principes et le fond de notre conduite.

» Le Roi des François sait par cœur, aime et suit à la lettre la Constitution; sa conduite sera invariable, et l'on peut compter entièrement sur la franchise de sa manière de négocier.

» Voilà ce dont vous devez bien persuader le nouveau Souverain et ses ministres; voilà ce qui doit anéantir les motifs de guerre qu'on lui présente. Chef d'une grande nation libre, le Roi fera tout ce qui pourra s'accorder avec sa dignité pour éviter une guerre fondée sur des motifs aussi puérils.

» Si les circonstances ou l'aveuglement des chefs des nations le forcent à se défendre, il présentera à la nation françoise les négociations qu'il aura faites pour avoir la paix, et alors il trouvera en elle les ressources et l'énergie nécessaires pour faire la guerre.

» Le concert des Puissances est évidemment dirigé contre lui : ce concert n'est que momentané, parce qu'il blesse l'ordre naturel des intérêts politiques. Il ne peut pas durer, et il cessera nécessairement ou après la guerre, ou pendant la guerre même. Dans tous les cas, le chef de la maison d'Autriche restera isolé et épuisé de finances et de troupes.

» Tout ce danger peut cesser de part et d'autre par une déclaration franche de la Cour de Vienne, et par un désarmement réciproque. Le prétexte de la nécessité de beaucoup de troupes dans les Pays-Bas, pour empêcher l'esprit de révolution d'y éclater, est un motif insuffisant. Plus on rassemblera de troupes dans ces belles provinces, plus les peuples seront vexés, ruinés et portés à l'insurrection. Les armées ne contiennent point les peuples quand ils veulent être libres : plus on oppose de forces, plus l'énergie s'augmente et devient fureur. Gênes en est un exemple pour la maison d'Autriche : cette ville médiocre a chassé de son sein une armée entière. La Révolution françoise en est un exemple encore plus frappant. Que les Belges soient heureux, qu'on leur maintienne leur Constitution, et ils seront tranquilles. La Cour de Vienne sait bien quels ont été les agitateurs de la Belgique : elle sait bien que l'Assemblée constituante a rejeté les Belges, parce que leur révolution théocratique étoit l'inverse de la nôtre.

» Ce sont ses nouveaux alliés qui lui ont rendu ce mauvais service; et lorsqu'ils ne se mêleront plus des affaires de la

Belgique, avec un bon gouvernement, il ne faudra que les garnisons ordinaires pour la maintenir.

» La diminution des troupes dans cette province est donc un des points nécessaires pour prouver les bonnes intentions du Roi de Bohême et de Hongrie, ainsi que l'expulsion des Émigrés armés et attroupés de toutes les provinces de la domination autrichienne.

» Cet exemple entraineroit les souverains inférieurs de la Ligue germanique : bientôt les attroupements et les soupçons cesseroient de part et d'autre; toutes ces menaces et ces préparatifs ruineux de guerre s'évanouiroient, et il ne resteroit plus qu'à arranger à l'amiable l'affaire des Princes possessionnés, qui ne peut pas se traiter au milieu du tumulte des armes.

» Quant au concert des Puissances, comme il n'a qu'un objet qui n'existeroit plus, comme c'est un monstre politique, il se détruiroit lui-même, et il n'en resteroit qu'un moyen de plus pour maintenir l'Europe en paix.

» Telles sont, Monsieur, les bases sur lesquelles le Roi vous ordonne de traiter avec la Cour de Vienne, pour avoir une réponse franche et décisive. Je rendrai compte à Sa Majesté du succès de votre négociation, et je suis persuadé qu'avec de la vérité et de l'énergie, en présentant à la Cour de Vienne ses véritables intérêts, vous parviendrez, sous très-peu de temps, à déterminer cette crise politique qui ne peut pas durer.

» *Le ministre des Affaires étrangères,*

» Dumouriez. »

Cependant, en apprenant la nouvelle de la mise en état d'arrestation de M. de Lessart, M. de Noailles, qui sentait l'impossibilité d'être désormais utile dans son poste, avait regardé son temps comme fini; et persuadé qu'il était de son devoir de céder la place à un autre, il déclina l'honneur de remettre de nouvelles lettres de créance au Roi de Hongrie et de Bohême, et, le 24 mars 92, il écrivit au Roi Louis XVI pour lui faire agréer sa démission, annonçant qu'il ne resterait à Vienne que le temps nécessaire pour recevoir les derniers ordres de Sa Majesté. Néanmoins, il devait continuer jusqu'à la fin à rendre compte avec la même exactitude de tout ce qui pourrait intéresser les affaires.

Le secrétaire d'ambassade, nommé Gabard de Vaux, homme de mérite et de probité, demanda également à se retirer.

Dans l'intervalle était arrivée à Paris la première note officielle envoyée de Vienne depuis la mort de Léopold, note de style hautain, tranchant et dur, et faite pour blesser le cabinet de France.

On verra plus loin la suite et la rupture finale de ces négociations brûlantes. Le char était lancé.

DCCXXXV

MARIE-ANTOINETTE A MADAME DE POLIGNAC (1).

Elle profite d'une occasion sûre pour lui parler à cœur ouvert. — Le poison n'est pas de ce siècle, c'est la calomnie qu'on emploie pour la tuer. — On les peint de couleurs atroces. — Leurs maux ne leur viennent pas seulement de leurs ennemis. — Elle est honteuse du peu d'énergie des honnêtes gens. — Son mépris de la mort. — Retour sur le passé. — Tendresses. — Madame Élisabeth. — Madame Royale. — Le *chou d'amour* (c'est-à-dire le Dauphin). — Elle ne veut pas parler de l'avenir.

17 mars 1792.

Vos deux lettres, toute aimable comme vous, me sont arrivé depuis longtemps, ma tendre amie; j'en ai versee des larmes d'attendrissement comme à toutes vos lettres, et mon pauvre cœur brisé avoit bien besoin de vous repondre. mais les communications ont ete fermez jusqu'icy, et nous sommes trop observés pour que je n'aie pas craint d'exposer le peu de personnes

(1) De mon cabinet. Orthographe conservée. Papier in-8° de Hollande vergé, non doré. Dernière lettre de la Reine à madame de Polignac.

dévouez qui nous servent encore. voici une occasion
secrete et sure de faire tenire cette lettre jusqu'à turin,
ou elle la jettera à la poste. j'en profite pour vous embrasser de toute mon ame et vous parler à cœur ouvert. non, ne le craignez pas, le poison n'est pas de
ce siecle-ci, c'est la calomnie qu'on employe; c'est un
moyen plus sur pour tuer votre malheureuse amie. on
retourne et on envenime les choses les plus simples et
les plus innocentes ; on aveugle sans cesse le bon bour-
gois, on enivre la populace ; on nous peint comme
des êtres sanguinaires qui veulent egorger tout Paris,
quand nous sommes prisonniers et le roi sans pouvoir;
quand nous voudrions rachetter le bonheur de la France
au prix de notre propre sang. mon dieu! nos ennemis le s'avent bien, car ils empechent le bon peuple
d'approcher de nous. dans les malheurs qui nous accablent, nous avons besoin de plus de courage que sur
un champ de bataille ; ou plustot, à vrai dire, c'en est
un réel icy. encore, si nos maux ne venoient que de
nos ennemis! mais dans notre interieur meme ; peu de
cœurs nous comprenne. il y a des entraves et des
combats continuels à livrer. en verité, je suis honteuse et indignée du peu d'energie des honnetes gens.
une captivité perpetuelle dans une tour isolee sur le
bord de la mer seroit moins cruel que les violences
et les luttes de toutes les secondes ou la foiblesse de
notre parti, la mauvaise volonté ou la sceleratesse des
autres, menace d'une catastrophe inevitable. mais,
vous le s'avez, je suis preparée a tous les evenements :
J'ai appris de ma mere a ne pas redouter la mort : autant vaut aujourd'hui que demain! ainssi, mon cher

cœur., comptez bien que, pour moi-meme, le caractere et le courage ne me manqueront pas. je ne crains que pour mes pauvres enfantes et pour ceux que j'aime, je pleure bien souvent au souvenir des jours que nous avons passées enssemble, et où votre amitié embellissoit tout : j'eprouve de la douceur a en pleurer; et je ne s'ais comment cela se fait, mais plus nos malheures augmentent, et plus mon cœur s'occupe de vous. nous nous portons tous assez bien, malgré nos peines, a ma mauvaise jambe pres, qui me fait toujours du mal aux changements de tems; mais qu'est ce que cela?

mon mary m'a chargée de mil choses pour vous et les votres. la bonne elisabeth vous aime ; c'est toujours une ange qui nous aide a supporter nos chagrins. elle et mes pauvres chers enfants ne me quittent plus. ma fille me parle de vous souvent, et votre petit mot qui a ete si long a nous arriver lui a fait un plaisir infini. aimable enfant! on n'est pas plus sensible et plus aimante! le *chou d'amoure* ne vous oublie pas non plus : c'est comme l'autre fois.

adieu, mon cher cœur. je vous embrasse du meilleur de mon ame. ah! si un jour! mais ne parlons pas de l'avenir, c'est trop dechirant d'y penser. adieu, adieu encore. mes compliments a votre mary et a vos parents. j'embrasse vos garçons et votre fille, et je compte qu'elle apprendra a ses enfants a m'aimer comme je vous aime tous.

Puisque nous suivons pas à pas les réformes introduites par l'Assemblée, rappelons que, le 19 mars 1792, amnistie fut prononcée pour les crimes et délits relatifs à la révolu-

22.

tion commis à Avignon et dans le comtat Venaissin. Ainsi, les sanglants exploits de Jourdan Coupe-tête dans la glacière d'Avignon échappèrent au châtiment que cette atrocité méritait.

Le 22, tous les employés de l'État avaient été tenus à justifier de la prestation du serment civique.

DCCXXXVI

LES COMTES DE PROVENCE ET D'ARTOIS AU ROI DE HONGRIE (1).

Depuis la mort de l'Empereur, le délire des révolutionnaires ne connaît plus de bornes en France. — Les jours de la Reine sont en danger. — Les Princes demandent au Roi de Hongrie de publier une déclaration en sa faveur.

[Coblentz, 23 mars 1792.]

Monsieur notre Frère et Cousin,

Persuadés de l'intérêt qu'à l'exemple de feu Sa Majesté Impériale, Votre Majesté prend à notre cause, qui est celle en même temps de tous les Souverains, persuadés que lui proposer une grande et généreuse action c'est flatter son âme par l'endroit le plus sensible, nous recourons avec confiance à Elle.

Les rebelles qui depuis trop longtemps oppriment et déchirent notre malheureuse patrie, ont osé méconnoitre Votre Majesté; ils se sont flattés que la mort de son auguste père les délivroit du seul ennemi qu'ils eussent à redouter. Depuis ce triste événement, leur délire ne connoît plus de bornes, les insultes les plus

---

(1) Archives impériales de Russie, à Moscou.

grossières sont prodiguées à la Reine notre belle-sœur, on a formé contre elle les complots les plus sinistres, et si leur exécution paroit différée, ce n'est que pour se ménager les moyens de frapper plus sûrement.

C'est à vous, Sire, qu'il appartient d'arrêter tant d'audace, d'empêcher tant de forfaits de se commettre; mais le temps presse, et chaque instant de retard ajoute un nouveau danger à ceux qui nous effrayent avec tant de raison. Montrez-vous, Sire, nous en conjurons Votre Majesté; qu'Elle publie une déclaration dans laquelle Elle annonce positivement qu'Elle fera sentir les effets de sa juste vengeance à quiconque osera attenter aux jours du Roi ou de la Reine, ou même outrager leur dignité, et ces jours si précieux seront en sûreté, et nulle insulte ne sera plus faite. Nous osons le dire à Votre Majesté, commencer ainsi son règne, c'est assurer d'avance sa gloire, c'est se montrer digne des hautes destinées auxquelles Elle est appelée. Nous seroit-il permis d'ajouter que les liens du sang qui nous unissent de si près à Votre Majesté, nous rendront plus chère encore la reconnoissance dont Elle nous imposera le devoir! C'est une vérité dont nous supplions Votre Majesté d'être aussi convaincue; que des respectueux sentiments avec lesquels nous sommes...

A Coblentz, le 23 mars 1792.

DCCXXXVII

LE COMTE D'ARTOIS
AU COMTE VALENTIN ESZTERHAZY (1).

La crise approche. — Il charge le comte Eszterházy de soumettre à l'Impératrice un plan d'action. — Ce plan sera également adressé à la Cour de Madrid. — Il ne sera communiqué à Vienne et à Berlin que lorsque l'Impératrice sera en mesure de l'appuyer. — Les moments sont précieux. — Les craintes de l'Électeur de Trèves sont en partie dissipées. — Les Princes ont demandé au Roi de Hongrie de publier une déclaration qui impose aux factieux. — Les républicains sont les maitres absolus en France. — Causes présumées du changement de ministère en Espagne. — Les Princes ont plus de motifs que jamais de se plaindre de M. de Breteuil. — Doutes que leur inspire la politique des Cours de Vienne et de Berlin.

Coblentz, ce 23 mars 1792.

Nous touchons au moment de la plus forte de toutes les crises, mon cher housard, et comme de raison nous invoquons notre adorable patronne avec plus de ferveur et de confiance que jamais.

Nous n'avons point envoyé de courrier à Pétersbourg au moment de la mort de Léopold, parce que nous attendions les premières réponses du nouveau Roi (2), et que nous n'avons rien de positif à mander sur les dispositions de ce jeune Souverain.

Nous attendions également un courrier du duc d'Havré pour fixer notre opinion sur les changements inouïs arrivés dans le ministère espagnol (3).

---

(1) Archives impériales de Russie, à Moscou.
(2) De Hongrie et de Bohême, François-Joseph-Charles-Jean.
(3) Le 28 février, le comte d'Aranda avait remplacé comme premier ministre en Espagne M. de Florida Blanca. D'Aranda, long-

Enfin, nous confiant avec plus d'abandon que jamais dans la générosité éclairée de l'Impératrice, nous voulions éviter la multiplicité des courriers; mais quoique nous n'ayons pas encore reçu les dépêches de Vienne et de Madrid, la position actuelle du Roi et du Royaume nous a obligés, par devoir, par honneur et par sentiment, de hâter le départ de ce courrier.

Je n'ajouterai rien à ce qui est contenu dans le Mémoire que vous mettrez sous les yeux de l'Impératrice; il contient le seul plan qui puisse être salutaire pour nos malheureux parents; et si notre protectrice veut consentir à nos demandes, elle nous donnera les moyens de parer aux dangers affreux dont le Roi et la Reine sont menacés, et qui deviendroient inévitables si les factieux pouvoient croire à des retards ou à de l'incertitude dans les résolutions des Puissances.

Ce même plan (dont le succès ne seroit pas douteux si nous avions les troupes hessoises) va être envoyé à l'Espagne, et nous ne doutons pas qu'il ne soit approuvé par un Roi Bourbon, et par un Ministre dont la fermeté et le grand caractère sont connus de toute l'Europe.

Nous l'enverrons également à nos agents à Vienne et à Berlin, mais excepté à Madrid, où nous pouvons parler avec toute confiance, nos agents auront ordre

---

temps ambassadeur d'Espagne à Paris, y avait beaucoup fréquenté les chefs de la coterie philosophique, et adopté une partie de leurs idées; il avait notamment conservé des relations avec Condorcet. Sa présence aux affaires eut donc pour conséquence d'éloigner du cabinet de Madrid toute pensée hostile à la France. L'Espagne resta neutre tant qu'il occupa le ministère. Il fut remplacé par don Manuel Godoï, depuis prince de la Paix, dans le courant du mois de novembre 1792.

de le tenir secret, et de se contenter d'appuyer avec la plus grande force sur les dangers et sur les humiliations dont le Roi et la Reine sont menacés, jusqu'au moment où l'Impératrice aura bien voulu faire valoir nos demandes et nous accorder sa puissante protection.

D'après cette marche, qui nous paroit dictée par la prudence, il est donc nécessaire que vous intéressiez la grande âme de l'Impératrice, et que vous la conjuriez en notre nom de bien juger l'horreur de notre situation, de se pénétrer de tous les déchirements que nous éprouvons, et de daigner réfléchir que les instants sont précieux, et qu'il est bien important, bien essentiel que ses Ministres à Vienne et à Berlin soient promptement instruits qu'ils doivent seconder et apprécier les démarches de nos agents.

Vous n'auriez pas de peine à démontrer que ce qui seroit salutaire dans un mois seroit entièrement inutile à une époque plus reculée.

Il est encore nécessaire que vous fassiez bien sentir à l'Impératrice que le plan que nous proposons ne peut et ne doit contrarier en rien celui des Puissances.

L'opinion du baron de Roll est que le Roi de Prusse entend que nous soyons placés en première ligne, et que nous puissions agir intermédiairement entre les armées autrichiennes et prussiennes. Si cela est, en occupant le haut Électorat de Trèves et les frontières de la Lorraine et des Évêchés, nous sommes naturellement placés entre la Flandre, où le Roi de Hongrie a une armée puissante, et le moyen Rhin, où les Prussiens ont toujours eu l'intention de se diriger.

De plus, nous sommes fort éloignés de vouloir presser les opérations, et tout ce que nous demandons est de marcher dans le plus parfait accord avec les Puissances ; mais, nous osons le demander à l'adorable Souveraine qui n'a jamais cessé de nous protéger, n'est-il pas nécessaire, n'est-il pas de notre devoir le plus strict et le plus obligatoire, que nous cherchions tous les moyens possibles de nous mettre à même de voler sur-le-champ au secours de notre malheureux Frère si ses jours sont en danger, et de soutenir en même temps le courage et l'espoir des vrais François dont le nombre augmente tous les jours, mais qui sont plus vexés, plus accablés que jamais sous le joug de nos tyrans ?

Soit par fermeté, soit par adresse, nous sommes parvenus à dissiper en partie les craintes de l'Électeur de Trèves ; non-seulement il nous persécute moins pour compléter le dispersement des camps que nous avions formés, mais il a fini par souffrir que nous réunissions dans l'Électorat les compagnies d'officiers et de gendarmes qui étoient dans le Brabant. Nous pouvons ajouter même que si l'Électeur recevoit un seul mot d'approbation de Vienne ou de Berlin, il seroit enchanté que nous réunissions toutes nos forces dans le haut Électorat et que nous couvrions les frontières.

Nous écrivons aujourd'hui au Roi de Hongrie pour exciter son amour-propre et la chaleur de sa jeunesse, en lui faisant un tableau affreux, mais vrai, des outrages auxquels sa tante est exposée, et pour l'engager à faire, d'accord avec le Roi de Prusse, ou seulement en son nom, une déclaration ferme et précise qui puisse en imposer aux factieux et suspendre au moins les coups qu'ils se préparent à porter.

Si nous obtenons cette déclaration, nous pourrons en retirer les plus grands avantages; si on nous la refuse, nous aurons fait au moins ce qui nous est dicté par le devoir et par le sentiment.

Les nouvelles de Paris varient tous les jours sur le plus ou le moins de dangers pour le moment, mais elles s'accordent toutes à prouver que les républicains sont les maîtres absolus et qu'ils veulent en venir aux dernières extrémités.

On donne bien des motifs différents au changement arrivé dans le ministère espagnol; les uns disent que Florida Blanca étoit d'accord avec nos démagogues, d'autres qu'il trahissoit son maître pour servir les intérêts de l'Angleterre. Enfin, des lettres disent que c'est tout simplement une intrigue de cour. Ne prenez tout ceci que pour une conjecture, puisque nous n'avons point de dépêches officielles; mais ce qui me donne de l'espoir, c'est que toutes les lettres et même tous les papiers publics assurent que M. d'Aranda nous sera très-favorable.

Il paroît certain que le canton de Berne a envoyé des ordres pour rappeler le régiment d'Ernest (1), et j'en suis d'autant plus content que cette démarche est subséquente à l'arrivée du ministre espagnol en Suisse.

Comme nous ne devons rien cacher à l'Impératrice,

---

(1) Le régiment bernois d'Ernest fut en effet rappelé à la suite des scènes violentes qui avaient eu lieu à Eu, et après lesquelles les autorités françaises l'avaient forcé de mettre bas les armes, sur la demande de bandes révolutionnaires venues de Marseille.

nous lui avouons que nous avons plus de motifs que jamais de nous plaindre du baron de Breteuil. Non-seulement lui et ses agents se permettent de tenir les propos les plus indécents sur notre compte, mais nous sommes instruits que la Reine, effrayée des dangers qu'elle court, a ordonné au baron de Breteuil de faire sur-le-champ une démarche très-vive auprès du Roi de Hongrie pour l'engager à la secourir sans délai ; et malgré ce qui avoit été convenu entre nous et les Tuileries, M. le baron n'a pas jugé à propos d'en écrire un seul mot au maréchal de Castries.

L'existence de ce maudit homme est aussi par trop funeste et trop nuisible, mais on doit compter sur notre prudence.

Je n'écris point à Nassau, parce que je ne sais jamais s'il sera encore à Pétersbourg ; mais mes lettres sont pour lui comme pour vous. Adieu, adieu, mon cher houzard ; vous connoissez ma tendre, fidèle et constante amitié pour vous.

P. S. C'est après mûres réflexions, mon cher houzard, que j'ai fait ajouter la note ci-jointe ; je persiste à penser que nos agents à Vienne et à Berlin doivent connoitre le plan, mais je leur recommande par-dessus tout de n'en pas ouvrir la bouche jusqu'à de nouveaux ordres de notre part.

Ainsi, gardez ma lettre pour vous seul ; mais il est naturel que nous nous ouvrions à l'Espagne, et l'Impératrice l'approuvera sûrement.

P. S. Servez-vous de tout le contenu de ma lettre ;

mais ne la montrez pas, parce qu'il vaut mieux que l'Impératrice ignore que le plan, qui n'est fait que pour elle et dont le succès dépend d'elle seule, est communiqué avant sa réponse aux agents de Vienne et de Berlin, à qui je recommande fortement de le garder pour eux seuls comme ne leur étant envoyé que pour les instruire. La politique autrichienne que suit le cabinet de Berlin nous a donné jusqu'à présent trop de suspicions pour lui livrer un plan qui, si elle a des vues obliques et intéressées, pourroit les contrarier. C'est même là un des principaux motifs de ce plan et peut-être le plus capable de déterminer en sa faveur l'Impératrice, qui sûrement ne veut pas que nos malheurs servent à l'agrandissement de Vienne ou de Berlin. Ayez soin de faire valoir cette raison.

Charles-Philippe.

DCCXXXVIII

MÉMOIRE ADRESSÉ PAR LE MARQUIS DE BOMBELLES
A L'IMPÉRATRICE DE RUSSIE (1).

Conséquences probables de la mort de l'Empereur Léopold sur les affaires de France. — La conduite des opérations passera de Vienne à Saint-Pétersbourg. — La formation du congrès armé en sera facilitée. — Catherine II sera la libératrice de Louis XVI. — Dénombrement des contingents à fournir par toutes les Puissances. — On se passera de l'Angleterre et de la Hollande. — Dispositions militaires à prendre.

Un événement aussi affligeant qu'impossible à prévoir, la mort de l'Empereur Léopold, ne doit pro-

(1) Archives impériales de Moscou.

duire dans le premier moment des changements essentiels qu'à l'égard des affaires de France : l'Assemblée nationale va se croire débarrassée d'un ennemi dangereux, qui, quoique lent dans ses opérations, paroissoit déterminé à la culbuter en suivant une marche méthodique et en se renfermant (en apparence) dans ce que lui prescrivoient ses devoirs de Chef de l'Empire.

Vraisemblablement l'Assemblée nationale ne montrera pas plus de sagesse dans cette circonstance que dans toute la série de ses décrets ; peut-être même, après quelques nouvelles folies, la verrons-nous se livrer à une sécurité dont il y aura plus d'un avantage à tirer ; mais, dans tout état de cause, le Roi de Hongrie ne peut (au moins de sitôt) suivre les errements de feu l'Empereur. Sa Majesté Apostolique devant désirer d'obtenir promptement la Couronne impériale, accélérera son élection en cultivant l'intimité établie récemment entre Vienne et Berlin ; mais le Roi de Hongrie sentira combien il lui est essentiel de marquer fortement dans ses premières démarches la suite de cette grande et antique déférence du cabinet autrichien pour l'empire de Russie. L'élève de l'Empereur Joseph aura particulièrement appris à connoître tout le prix de l'amitié et des conseils de Catherine II.

Il ne peut plus être question d'un plan tracé à Vienne ; mais on ne se fait sûrement pas illusion en pensant que le Roi de Hongrie (qui a déjà donné une haute idée de sa sagesse) se conformera avec empressement au plan qui sera définitivement arrêté à Pétersbourg, et d'après lequel on mettra promptement en œuvre tout ce qui hâtera la délivrance du Roi de France....

L'Espagne pensoit, il y a deux mois, que depuis que l'Empereur avoit changé de marche, il n'étoit plus question de s'arrêter à la formation d'un congrès ; mais la mort de Léopold semble aujourd'hui nécessiter et devoir presser ce rassemblement, parce que, sur ce prétexte, les armées de chaque Puissance se mettront en mouvement, en déclarant que ces armées ne s'approchent des frontières de la France que pour faire respecter les délibérations du congrès. Le Roi de Hongrie, le Roi de Prusse et tous les autres Princes de l'Allemagne seront requis par l'Impératrice de Russie. Sa Majesté Impériale peut aussi s'assurer des droits à la reconnoissance du Corps germanique, en le préservant des inconvénients de l'interrègne.

La constitution de l'Empire a mis des bornes à l'autorité du vicariat qu'exercent les Électeurs palatin et de Saxe ; mais la Puissance qui, en garantissant la paix de Teschen, a garanti la paix de Westphalie, peut et doit s'élever contre les usurpations faites au mépris de ce traité : l'union qui règne entre l'Impératrice et le Roi de Suède ajoute de grandes facilités à ce nouveau, à cet éclatant moyen ; il paroît se présenter pour que, sous tous les aspects, Catherine II soit la libératrice de Louis XVI.

L'Électeur de Trèves a déjà réclamé l'assistance de l'Impératrice en la regardant comme garante du traité de Westphalie. Il sera fort aisé de multiplier ces réclamations, quoiqu'il ne soit pas nécessaire de rappeler une grande Souveraine à un devoir qui lui est dicté par le sentiment de sa gloire.

Le Roi de Prusse (tout nouvellement) n'a pas rejeté

l'idée d'un congrès *armé*. On va donc, d'après ces données, se permettre de montrer sous un même point de vue quelles pourroient être les forces qui auroient pris poste aux frontières de la France avant les délibérations d'un congrès qui vraisemblablement n'aura pas lieu.

La Russie fourniroit.	20,000 hommes.
La Suède.	16,000 —
L'Autriche	30,000 —
La Prusse.	30,000 —
L'Espagne	20,000 —
Le Roi de Sardaigne.	12,000 —
Les Princes.	20,000 —
Et les Suisses pourroient en donner aisément.	12,000 —

Ces 160,000 hommes en représenteroient bien 200,000 au moyen des troupes autrichiennes déjà réparties dans les Pays-Bas, du contingent de l'Empire, et de ce que fourniroit peut-être aussi la Cour de Naples, pour bien montrer une ligue presque générale contre la Révolution.

Si, comme on peut le prévoir, on ne parvenoit pas à y faire entrer l'Angleterre et la Hollande, il s'agiroit de se passer de ces deux Puissances; de n'en pas être gêné, et de ne pas leur donner le temps de former des oppositions à force ouverte, oppositions difficiles à craindre si la majeure partie du reste de l'Europe se tient unie.

Les Russes et les Suédois ne sortant pas de la Baltique, n'offrent aucun moyen de chicane à d'autres

Puissances maritimes. En débarquant à Wismar, les troupes n'auroient, pour se porter sur Francfort, que cinquante lieues de France (1) de plus à faire; que si ces troupes débarquoient à Embden, il n'y auroit aucun passage à demander à la Régence de Hanovre. Le Roi de Prusse l'accordant à travers de ses États, les Princes saxons de la branche Ernestine ne se montreroient pas récalcitrants, par plus d'une bonne raison. Pendant la marche des Russes et des Suédois, aucun rassemblement apparent ne se feroit ni de la part du Roi de Hongrie, encore moins de celle des Princes; aucun prétexte ne seroit donné à l'Assemblée nationale pour entrer sur le territoire de l'Allemagne et ravager les Princes limitrophes. Tout le courroux se dirigeroit contre la Russie et la Suède; ces deux Puissances le braveroient d'autant plus aisément qu'on ne pourroit les atteindre ni par terre ni par mer, parce qu'on n'arme pas en six semaines une flotte lorsque l'anarchie règne dans les ports comme dans le reste du Royaume; parce que, parvint-on à l'armer, ses amiraux regarderoient à deux fois avant de se présenter dans la Baltique. Enfin les Autrichiens, les Prussiens, l'Espagne, le Roi de Sardaigne, les Princes et les Suisses, ne prendroient les armes qu'au moment où les armées russe et suédoise arriveroient près des bords du Rhin. Ces deux armées pourroient être jointes en Franconie par le corps des Princes, qui dans une couple de jours seroit aisément rassemblé.

Le résultat de ces mesures seroit de porter l'effroi,

---

(1) 200 verstes.

la confusion dans toutes les résolutions des démagogues. L'on ne répétera pas tout ce qui a été dit sur les déclarations unanimes des Puissances; mais on pense avec satisfaction que l'instant où l'Assemblée se croiroit tirée d'un grand embarras peut et doit être celui où l'on procédera le plus sûrement à la destruction de son monstrueux ouvrage, et que ce nouveau genre de gloire appartiendra principalement à Sa Majesté l'Impératrice de Russie.

DCCXXXIX

LES COMTES DE PROVENCE ET D'ARTOIS A L'IMPÉRATRICE CATHERINE II (1).

Ils supplient l'Impératrice d'appuyer la démarche qu'ils ont faite auprès du Roi de Hongrie, pour qu'il arrête, par une déclaration précise et vigoureuse, l'audace des régicides.

[Coblentz, 23 mars 1792.]

Madame notre Sœur et Cousine,

Votre Majesté verra par le Mémoire que nous prenons la liberté de Lui adresser et que nous La supplions de vouloir bien lire avec attention et bonté, combien son appui nous est nécessaire dans ce moment, le plus décisif peut-être qui se soit encore présenté pour notre cause. C'est toujours un nouveau plaisir pour nous de penser que nous allons contracter une nouvelle obligation envers Votre Majesté, indépendamment de la reconnoissance à laquelle Elle nous a si bien

(1) Archives Impériales de Russie, à Moscou.

accoutumés ; la protection qu'Elle daigne nous accorder nous élève à nos propres yeux et nous associe en quelque sorte à sa gloire.

La mort inopinée de l'Empereur nous avoit d'abord causé de justes alarmes, nous craignions un retard qui n'auroit pu être qu'infiniment préjudiciable aux intérêts du Roi notre Frère et de notre malheureuse patrie ; mais nous avons été promptement rassurés en apprenant les sentiments dont le nouveau Roi de Hongrie est pénétré pour Votre Majesté. Il nous est impossible de ne pas concevoir les plus hautes espérances d'un Prince qui sait si bien apprécier les qualités héroïques de Catherine II, et la juste confiance qu'il aura sans doute en ses avis nous est un sûr garant de ce qu'il fera pour une cause à laquelle celle de tous les Souverains est liée.

Nous prenons la liberté de mettre sous les yeux de Votre Majesté la copie d'une lettre que nous lui écrivons ; la démarche que nous lui demandons est d'une telle urgence par l'état affreux où nos malheureux parents sont réduits ; que nous avons pris le parti de la lui demander à lui seul et sans attendre le concours des autres Puissances. Nous n'en supplions pas Votre Majesté avec moins d'instances de daigner la faire aussi ; mais jamais nous n'avons mieux senti le malheur d'être si éloignés de notre immortelle protectrice. S'il falloit que le Roi de Hongrie attendît une adhésion dont il doit être bien sûr d'avance, les coups les plus affreux pourroient être portés avant que Votre Majesté pût les parer ; tandis que la terreur qu'une déclaration précise et vigoureuse, telle que nous la lui demandons, suffira seule pour arrêter l'audace des régicides. Si cependant, contre notre attente, ce Prince ne vouloit se déterminer qu'après avoir consulté Votre Majesté, nous croirions Lui faire injure de douter de la réponse qu'Elle lui fera et de la célérité de cette réponse.

Votre Majesté veut-elle bien agréer avec sa bonté ordinaire l'hommage des sentiments aussi tendres que respectueux avec lesquels nous sommes,

Madame notre Sœur et Cousine,

de Votre Majesté,

les très-affectionnés serviteurs,

Frères et Cousins.

LOUIS-STANISLAS-XAVIER,

CHARLES-PHILIPPE.

A Coblentz, ce 23 mars 1792.

DCCXL

LE BARON DE BRETEUIL AU ROI DES ROMAINS FRANÇOIS II (1).

Le Baron n'attend point d'être accrédité par le Roi et la Reine pour entretenir François II des intérêts de la France. — Goguelat envoyé en mission à Vienne sous le nom de Daumartin. — La faction qui domine en France est résolue à déclarer la guerre. — Ses projets contre la Famille royale. — Le Roi sera détrôné. — Le rassemblement sur le Rhin des forces réunies de l'Autriche et de la Prusse peut seul empêcher la réalisation de ces projets.

Bruxelles, le 24 mars 1792.

SIRE,

Le Roi et la Reine se proposoient d'écrire à Votre

---

(1) Archives impériales d'Autriche. ARNETH, p. 258.

Majesté et de me présenter à Elle comme l'homme de leur confiance. J'attendois cette lettre du Roi pour mettre mon respect aux pieds de Votre Majesté; mais je dois vous croire, Sire, assez instruit du rôle qu'il a plu au Roi de me donner dans ses affaires les plus importantes, pour me flatter que je n'ai pas besoin de m'accréditer auprès de Votre Majesté, pour me donner l'honneur de lui parler des intérêts de la France. La position du Roi et de la Reine se trouve dans ce moment si surveillée et si remplie de dangers, qu'il leur a été impossible de se livrer au besoin de laisser parler leur confiance et leur cœur à celui de Votre Majesté. Dans cette affreuse situation, le Roi et la Reine se sont déterminés à envoyer à Votre Majesté, sous le nom de Daumartin, le sieur Goguelat, attaché à leur service intérieur. Leurs Majestés n'ont pu donner à ce fidèle serviteur qu'un mot de leur main pour accréditer tout ce dont il aura l'honneur de vous rendre compte, Sire, si vous voulez bien lui permettre de vous approcher.

Vous jugerez, Sire, d'après les détails du sieur Daumartin, qu'il est impossible de réunir sur les mêmes têtes des malheurs et des dangers de tout genre plus déchirants et plus révoltants. Il est certain que la faction qui maîtrise le Royaume est résolue à porter l'audace jusqu'à déclarer la guerre. Elle veut, sans différer, faire deux points d'attaque à la fois dans l'Empire et sur le territoire du Roi de Sardaigne. Leur résolution, en commençant les deux entreprises, est de suspendre le Roi de ses fonctions, de séparer la Reine de Sa Majesté sous le prétexte de différentes accusations portées à dix-neuf chefs, dont le principal est d'avoir engagé feu Sa Majesté l'Empereur à former une confédération avec les grandes Puissances de l'Europe en faveur de la prérogative royale. On ne peut penser sans frémir d'horreur jusqu'où ces misérables peuvent porter cet abominable projet, ni se dissimuler que leur atrocité est sans mesure, parce qu'elle se voit sans frein. Il n'y a, Sire, que Votre Majesté qui puisse leur en présenter un assez fort et assez prompt pour la contenir. Le Roi s'assure de trouver, dans les principes comme dans l'âme de Votre Majesté, toute l'action des secours, devenue aujourd'hui aussi nécessaire aux dangers de sa personne qu'au rétablissement de la monarchie. Vous sentirez, Sire, en apprenant leurs projets d'attaques rebelles et leur plan de détrôner le Roi, combien il importe que le développement des forces que le Roi espère que Votre Majesté veut, comme feu Sa Majesté l'Empereur, employer de concert avec le Roi de Prusse, marche absolument en avant de sa déclaration proposée aux Puissances qui s'intéressent au sort de la Maison royale et de la monarchie françoise. La promptitude de toutes les mesures, Sire, en doubleroit la bienfaisance. Le rassemblement sur le Rhin des forces réunies de Votre Majesté et du Roi de Prusse seroit imposant pour la conduite des projets atroces des scélérats dans l'intérieur, et pour leurs intentions hostiles contre nos voisins. Je ne puis m'empêcher de dire à Votre Majesté que la sûreté de Leurs Majestés et le repos de la France entière sollicitent l'activité de son intérêt comme elle lui en assurera la reconnoissance. Je n'ajouterai rien à cette vérité que la confiance que doit déjà inspirer le cri public sur le caractère et l'amour de la gloire que Votre Majesté a fait voir dans ces deux campagnes contre les Turcs.

J'ai l'honneur d'être, etc.

DCCXLI

LE COMTE AXEL DE FERSEN AU ROI DE SUÈDE GUSTAVE III.

Relation des derniers événements de France, d'après un agent secret de Marie-Antoinette. — La situation du Roi et de la Reine fait frémir. — Renvoi de M. de Narbonne; ses causes. — Complot formé par les Jacobins pour perdre la Reine et suspendre le Roi de ses fonctions. — Souper chez M. de Condorcet. — Le Roi est prévenu par Duport; la conspiration avorte. — Les Jacobins règnent en maîtres. — Les bonnets rouges sont répandus partout. — Il est interdit de porter le deuil de l'Empereur, frère de la Reine. — Régiment de femmes armées de piques; la Reine s'était préparée à les recevoir. — Le Roi et la Reine ont détruit tous leurs papiers. — L'agent secret de Marie-Antoinette a été chargé par elle d'exposer à Vienne la situation, en réclamant de prompts secours. — Le comte de Fersen communique ces détails à Berlin et à Saint-Pétersbourg.

Bruxelles, le 24 mars [1792] (1).

La crainte que j'ai eu l'honneur d'exprimer à Votre Majesté, dans ma dernière dépêche, sur les suites incalculables de la supériorité des Jacobins, n'étoit malheureusement que trop bien fondée. Leur triomphe est complet : les Constitutionnels ont le dessous; et comme ils n'ont jamais été que de vils scélérats, sans

---

(1) Cette lettre, qui était chiffrée, et qui est déposée aux Archives royales de Suède, est évidemment de 92, puisqu'elle parle de deux faits qui datent du mois de mars de cette année : le renvoi de M. de Narbonne et l'accusation de M. de Lessart. Quand elle fut écrite, Gustave III avait déjà été blessé mortellement.

avoir les talents nécessaires pour justifier tous leurs crimes ; comme ils n'ont jamais eu ni plan ni projet, et qu'ils sont sans capacité et sans moyens, ils sont maintenant à bout et hors d'état de rien opposer à la faction qui domine, et de protéger le Roi contre elle. Jamais le Roi et la Reine n'ont été dans un plus grand danger. Leur situation fait frémir, et je vais tâcher d'en donner à Votre Majesté une esquisse, ainsi que des événements qui ont précédé ; le tout m'a été communiqué par un homme que la Reine m'a envoyé (1).

J'ai déjà eu l'honneur d'informer Votre Majesté du renvoi de M. de Narbonne, et des raisons qui y avoient engagé le Roi. Le projet de M. de Narbonne étoit, à l'exemple de M. Necker, dont il avoit adopté les principes, de se faire ministre de la Nation, indépendant du Roi. Pour y parvenir, il s'étoit lié avec les Jacobins; il s'étoit lié avec M. de La Fayette, et s'étoit fait écrire par les trois généraux les lettres que Votre Majesté aura lues dans tous les papiers publics ; il s'étoit brouillé avec tous les autres ministres et travailloit à les perdre. Pour déjouer ces projets, le Roi le renvoya. Cet acte de vigueur fut généralement approuvé ; mais l'Assemblée, qui la veille avoit accusé M. de Narbonne et crioit : *A Bicêtre!* voulut alors déclarer qu'il emportoit ses regrets et sa confiance. Les Jacobins, malgré l'arrestation de M. de Lessart, ne crurent pas encore leur victoire assez assurée, et se décidèrent à accuser la Reine. M. de La Fayette se réconcilia avec le Duc d'Orléans chez M. Pétion, et le sceau de cette récon-

---

(1) M. de Goguelat.

ciliation fut un souper chez M. de Condorcet, composé de MM. de La Fayette, Pétion, Brissot, l'abbé Sieyes, Condorcet et Narbonne, qui est l'auteur du plan; et M. de Condorcet y rédigea la dénonciation de cette Princesse, qui contenait dix-neuf chefs d'accusation. Quoiqu'ils ne soient pas connus en entier, on sait qu'ils portent principalement sur son intelligence avec l'Empereur et M. de Lessart, pour former le concert avec les Puissances et les exciter à attaquer la France. On devoit ensuite s'assurer de sa personne, la séparer du Roi et de son fils; suspendre le Roi de ses fonctions comme complice de toutes ces intrigues, sous le prétexte qu'il est impossible de lui confier la direction de la force publique lorsque les Puissances feront la guerre pour lui, et enfin de nommer l'éducation de Mgr le Dauphin et de le mettre entre les mains des hommes. M. Duport, qui, quoique constitutionnel, a encore conservé une liaison intime avec M. de La Fayette, fut informé de ce complot et en avertit le Roi. Pour le déjouer et empêcher qu'il n'eût son effet, les Constitutionnels imaginèrent d'en répandre le bruit partout, et cette mesure eut tout l'effet qu'ils en attendoient; et les Jacobins, se voyant découverts, n'ont osé suivre pour le moment leurs projets, dont l'exécution avoit été fixée au lendemain; mais ils ne l'ont cependant pas abandonné, et ils travaillent avec une grande activité à se préparer les moyens d'exécution nécessaires; ils se sont emparés de tous les spectacles, où ils règnent despotiquement; ils n'y font jouer que des pièces qui peuvent concourir à leurs vues; ils ont établi partout le drapeau national et un bonnet rouge sur une pique. Les bonnets rouges sont répandus partout : le duc d'Orléans et son fils se sont promenés l'autre jour devant les fenêtres du Roi avec ce signe jacobin sur la tête, et bientôt ils deviendront un moyen de persécution comme étoit autrefois la cocarde nationale. Personne n'ose porter le deuil : on a arraché le crêpe à des officiers et gardes nationaux. Le régiment de femmes armées de piques se forme, et l'on avoit le projet d'en aller présenter une à la Reine, qui étoit décidée à recevoir la députation, et à lui répondre de la manière et avec la fermeté qui conviennent à son rang et à son caractère. Les propos les plus séditieux et les plus atroces se font contre le Roi et la Reine par les Députés, soit dans l'Assemblée, soit dans le public ; enfin le triomphe des Jacobins est complet, et l'ascendant qu'ils prennent est effrayant. Les ministres, saisis de peur, ont tous donné leur démission, et ont été remplacés par des ministres jacobins. Dans cette extrémité, le Roi et la Reine ont pris toutes les mesures possibles ; ils ont brûlé et détruit tous leurs papiers : ceux qu'ils ont voulu absolument conserver sont en sûreté. Ils m'ont fait prévenir de ne plus leur écrire, et qu'ils n'oseroient plus avoir aucune correspondance ; et dans cet état, sans appui, et sans conseil, et sans consolation, Leurs Majestés attendent avec résignation et fermeté le sort qu'on leur prépare, sans avoir aucun moyen pour le prévenir, le seul qui leur restoit, celui de la fuite, étant impossible ; une partie des factieux l'auroient désiré, bien sûrs de les arrêter en chemin, et très-décidés à leur faire le procès.

Voilà, Sire, quelle est la position déchirante de la

famille de Bourbon; elle n'a d'appui que les Puissances étrangères : toute son espérance se fonde sur leur générosité, et Leurs Majestés réclament en ce moment plus vivement que jamais leurs secours. La Reine s'est décidée à m'envoyer par l'Angleterre un homme de confiance, qui est chargé d'aller à Vienne peindre à son neveu les dangers de sa position et de celle du Roi, lui demander une explication positive de ses projets et de ses intentions, et si elles sont telles que Leurs Majestés ont lieu de l'espérer, de demander au plus tôt un langage ferme et prononcé, appuyé de démonstrations plus fortes et de la marche des troupes, et lui représenter comment la plus grande promptitude est nécessaire dans l'exécution de ces démarches, puisqu'elles sont le seul moyen d'en imposer aux factieux et d'anéantir leurs projets. La personne qui va à Vienne a ordre de demander au Roi de Hongrie une réponse positive : il doit aussi l'instruire que les factieux paroissent décidés à commencer la guerre par des actes d'hostilité imminents. C'étoit depuis longtemps l'avis du général Luckner, et il vient de partir. Leurs Majestés pensent que c'est pour le mettre à exécution, et le Roi et la Reine ont désiré que j'instruisis (*sic*) Votre Majesté de tous ces détails et de la démarche qu'ils font près du Roi de Hongrie, et j'ai préféré pour cela l'envoi d'une estafette. Leurs Majestés ont désiré aussi que l'on fût instruit à Berlin (Vienne) et à Pétersbourg de leur position, et j'envoie de même une estafette à MM. de Carisien et de Stedingk, pour communiquer ces détails et les prévenir sur les ordres qu'ils recevront probablement de Votre Majesté. — Le Roi et la Reine n'ont rien osé écrire au Roi; Leurs Majestés ont simplement donné à la personne qu'Elles ont chargée d'y aller une autorisation pour qu'on ait en ce qu'il dira la confiance nécessaire.

DCCXLII

L'IMPÉRATRICE CATHERINE II DE RUSSIE A MARIE-ANTOINETTE (1).

Elle attendait pour répondre le résultat de ses démarches auprès des Cours de Vienne et de Berlin. — Mort de l'Empereur. — Sa confiance dans le nouveau Roi de Hongrie. — Elle veut faire connaître sans détour toute sa pensée. — La Reine devrait s'appuyer sur les Princes et les Émigrés. Ce sont les vrais défenseurs du Trône et de l'Autel.

[Mars 1792.]

Madame ma Sœur, ayant reçu successivement les deux lettres de Votre Majesté du 3 décembre et 1er février derniers, je me serois empressée d'y répondre sur-le-champ si je n'avois cru devoir à sa position une grande réserve sur toute correspondance qui, sans procurer à Votre Majesté les lumières et les avis dont Elle a essentiellement besoin, auroit pu la compro-

---

(1) Archives impériales de Russie. Minute.

Il est très-présumable que, faute de moyen sûr pour la faire parvenir à destination, cette lettre est restée en projet et a été remplacée par celle qui figure à la date des premiers jours de mai, et où l'Impératrice fait mention de la mort de Gustave III et de la déclaration de guerre de la France à l'Autriche.

Tout ce qui est souligné ici est, dans la minute, de la main de Catherine II.

Une note sur la minute donne à penser qu'elle est de mars 1792.

mettre inutilement. C'est pour cette considération que j'ai voulu attendre les résolutions des Cours de Vienne et de Berlin sur les différentes ouvertures que je leur ai fait faire relativement aux affaires de France, pour être à même, Madame, de Vous annoncer le parti que j'aurois pris et à la détermination duquel la connoissance des idées de ces Cours étoit indispensablement nécessaire. Quoique je ne sois pas plus avancée à cet égard à présent que je ne l'étois par le passé, l'événement inattendu et affligeant de la perte de l'Empereur, votre frère et mon ami et allié, qu'une mort prématurée vient de nous enlever, ajoutant aux chagrins de Votre Majesté et aux besoins de consolation qu'Elle doit éprouver, je n'ai pas voulu tarder plus longtemps de lui témoigner du moins toute la part et tout l'intérêt que je prends à cette aggravation de ses fâcheuses circonstances. Je ne doute point cependant que le nouveau Roi de Hongrie et de Bohême, lié à la cause de Votre Majesté et celle du Roi, son époux, par les mêmes motifs du sang et de l'intérêt de la Royauté en général, ne se montre également disposé à en soutenir les droits, et ne poursuive par conséquent avec chaleur et activité le plan dont son prédécesseur s'occupoit et qu'il étoit sur le point d'arrêter. Ayant la même confiance dans les principes et les sentiments de ce Prince par rapport au système d'union et d'alliance qui subsiste entre nos États respectifs, je tâcherai d'en profiter en toute occasion pour contribuer à déterminer ses actions dans le sens le plus favorable aux vœux et aux désirs de Votre Majesté; c'est sur quoi Votre Majesté peut compter comme sur une suite naturelle de l'intérêt qu'Elle m'inspire et des principes que j'ai manifestés à cet égard.

Mais puisque cette conduite de ma part m'a mérité la confiance et la reconnoissance de Votre Majesté, je me crois autorisée à lui parler sans détour et avec la dernière franchise de ma façon de penser la plus secrète sur le fond de la question, ainsi que sur la marche à y adapter. Je conviens avec vous, Madame, qu'il est inutile de s'occuper de la cause du mal, et qu'il importe uniquement de ne songer qu'au remède. J'ai moi-même donné les mains au rassemblement d'un congrès que Votre Majesté propose, comme à une mesure préparatoire. Mais aussitôt que cette mesure sera remplie et que tous les arrangements pour la soutenir seront pris, je ne vois *pourquoi Votre Majesté voudroit ce priver d'un grand parti que je crois plus utile de ranger du côté de Votre Majesté, que de le compter desobligé par le refus qu'on feroit de ses services; j'entend parler des Princes vos beaux freres et de cette Noblesse, de ce Clergé vraiment catholique, de cette Magistrature fidelement attaché au Roy, à la Religion et à son Autorité. Permettés moi de Vous dire que ce sont les vrays defenseurs du Throne et de l'Autel, et qu'il m'est dificile de les regarder autrement, ne leur ayant jamais entendu articuler une sylabe qui ne fut rempli d'amour, de zele et de fidelité, meme d'enthousiasme, pour leur Roy, et cela dans quel tems encore! dans celuy ou ce meme Roi, par un effet de la contrainte et de la violence, se voit obligé de paroitre abandonner ses droits. Personne n'étant plus a sa place en France, par concequend le Roy ne trouvant pas aussi a qui ce fier, ses emigrées ne pouroit* ils pas agir de leur propre chef sans compromettre le Roi, ni le frustrer du fruit de cette circonspection que lui impose le soin de sa sûreté? D'ailleurs, ceux des François qui, comme Votre Majesté le pense elle-même, gémissent en secret des maux de leur malheureuse patrie et désirent sa délivrance, n'auront-ils pas plus de confiance et plus d'empressement à venir se ranger sous les drapeaux de leurs Princes et de leurs compatriotes que sous ceux des Puissances étrangères? Cet appui de l'intérieur n'est-il pas indispensable à l'accélération ainsi qu'à la solidité de l'œuvre de la restauration de la France?

Voilà des réflexions, Madame, que j'ai cru devoir présenter à votre méditation, et qui me semblent faites pour la convaincre de l'utilité de la coopération des Princes, ses beaux-frères, aux sentiments et aux intentions desquels je vois avec plaisir que Votre Majesté rend une parfaite justice. Quant à moi, Madame, en les appréciant de mon côté à leur juste valeur, je continuerai à les diriger, autant qu'il sera en mon pouvoir, vers le but le plus proche de vos véritables intérêts. Au reste, j'ai non-seulement approuvé que le sieur Simolin se fût chargé, Madame, de la tâche que Vous lui avez confiée, mais je lui ai fortement recommandé de s'en acquitter avec tout le zèle que l'importance de l'objet exige, et j'espère que, malgré ce qui vient d'arriver à Vienne, cette démarche sera également efficace et salutaire. Tels sont du moins les vœux que me dicte mon amitié pour Votre Majesté et pour le Roi son époux, ainsi que la part que je prends à votre prospérité commune. Je finis également sans étiquette;

en Vous priant d'ajouter une foi entière aux sentiments dont je viens de Vous assurer et qui me feront trouver une satisfaction complète dans l'accomplissement des justes espérances que Votre Majesté en a conçues.

DCCXLIII

LOUIS XVI A L'ASSEMBLÉE NATIONALE LÉGISLATIVE (1).

Le Roi notifie à l'Assemblée législative la nomination de Roland au ministere de l'Intérieur et celle de Clavière au ministère des Finances.

[24 mars 1792.]

Messieurs, profondément touché des désastres qui affligent la France, et du devoir que m'impose la Constitution de veiller au maintien de l'ordre et de la tranquillité publique, je n'ai cessé d'employer tous les moyens qu'elle met en mon pouvoir pour rétablir l'ordre et faire exécuter les lois. J'avois choisi pour mes premiers agents des hommes que l'opinion publique et l'honnêteté de leurs principes rendoient recommandables. Ils ont quitté le ministère; j'ai cru alors devoir les remplacer par d'autres accrédités par leurs opinions populaires. Vous m'avez si souvent déclaré, Messieurs, que ce parti étoit le seul qui pût remédier aux malheurs actuels, que j'ai cru devoir m'y livrer, afin qu'il ne reste aucune ressource à la malveillance, pour jeter des doutes sur le désir con-

---

(1) Autographe de mon cabinet. Papier à lettre *in-quarto* de Hollande non doré. Grand filigrane. Grand X en un carré avec le nom *Honig* au-dessous.

stant que j'aurai toujours de prendre tous les moyens possibles pour opérer le bonheur de notre pays. En conséquence, je vous fais part du choix que je viens de faire de M. Roland de la Platière pour le ministère de l'intérieur, et de M. Clavière pour celui des contributions publiques.

Louis.

    Au bas de la page :
    T. L. P.

Sur le verso est le P. S. suivant :

La personne que j'avois choisie pour le ministère de la justice m'ayant demandé de faire un autre choix, lorsque j'aurai nommé un ministre pour ce département, j'en ferai part à l'Assemblée nationale.

Louis.

La révolution ministérielle n'était pas achevée. Comme on l'a vu, il restait à pourvoir aux portefeuilles de l'Intérieur, des Contributions et de la Justice. La Cour, cherchant un appui au milieu de ses adversaires, parce qu'elle savait bien que la majorité de l'Assemblée ne lui souffrirait pas des ministres d'une autre origine, allait recevoir des mains de la Gironde Roland et Clavière.

Étienne Clavière était, comme Necker, un ancien négociant genevois qui, fort habile dans la science des chiffres, avait amassé en toute probité une grande fortune. Exilé de son pays par le Roi de France, en 1782, sous le ministère du comte de Vergennes, après avoir échoué dans la fondation d'une colonie genevoise en Irlande, il s'était retiré à Paris, où, si l'on en croit le *Moniteur* du 29 mars 1790, il avait fait partie des nombreux Genevois qui avaient été des premiers admis à la société des Amis de la Constitution, qui s'assemblait aux Jacobins et qui en prit le nom. De ce nombre étaient du Roveray, Étienne Dumont, Odier, Biderman, Dentand, ancien syndic, Vieusseux père et fils, Flournois, Ringler, Grenus, Achard, Chauvet, Brousse, Lamoite, tous anciens membres du grand Conseil; Vernes, Reybas, Gasc et Anspach, ecclésiastiques; Thuillier et d'Ivernois.

Homme d'infiniment d'esprit, écrivain abondant, mais diffus, Clavière avait beaucoup écrit sur les questions de finances, avait fourni des notes à Mirabeau pour ses attaques contre Necker, avait publié un journal de compagnie avec Condorcet, et avait aidé Brissot dans la rédaction de son livre sur les États-Unis. Timide par tempérament, mais plein de fermeté dans l'esprit, « le poltron le plus entreprenant du monde », comme madame de Flahault le disait de Sieyes, il était susceptible des déterminations les plus énergiques, et, ce qui vaut moins, d'opiniâtreté. Chose singulière! il s'était de longue date senti un instinct profond d'élévation, et dès l'année 1780, passant avec le procureur général de Genève, du Roveray, devant l'hôtel du ministre des finances, à Paris, il lui était arrivé de s'écrier devant son compagnon de voyage : « Le cœur me dit que j'habiterai un jour cet hôtel. » Lui-même s'était pris à rire d'une prophétie aussi peu vraisemblable, et du Roveray l'avait cru un peu fou (1). Mais, ajoute Dumont, qui rapporte ce mot, les hommes ardents et à idée fixe entrevoient des moyens où les autres ne verraient que des impossibilités. N'avait-il pas d'ailleurs, pour encourager son ambition, l'exemple de Necker, son compatriote, qui, dans l'année 1777, était déjà directeur général de nos finances? A l'approche des États généraux, il avait publié des lettres sur la *Foi publique*, qui lui avaient concilié les créanciers de l'État. Son adroite ambition l'avait porté à s'attacher à Mirabeau, par lequel il pensait renverser Necker et se mettre à sa place. Mais la prophétie de 1780 ne devait pas s'accomplir encore sous la Constituante, et ce que Mirabeau n'avait pu effectuer alors, Brissot, ce Brissot que Mirabeau avait couvert de tant de mépris, en vint à bout par le crédit de ses amis de la

---

(1) *Souvenirs sur Mirabeau*, p. 399.

Gironde (1). Clavière fit donc son entrée dans l'hôtel des finances. Il plut d'abord beaucoup au Roi par son activité, par ses qualités laborieuses, appliquées et modestes, mais ne tarda pas à lui déplaire par les défauts de son humeur irascible, par sa connivence avec Roland et par les coups d'épingle dont il harcelait le Souverain au sein du conseil. Ce fut lui qui fut le créateur des assignats, et Dumont dit qu'il répandit sur ce sujet un si grand nombre de brochures qu'on en ferait des volumes.

Quant à Roland de Laplatière, l'homme le plus important du ministère après Dumouriez, Roland important surtout par sa femme, il avait rempli longtemps les fonctions d'inspecteur du commerce et des manufactures, s'était fait connaître par de nombreux ouvrages écrits sur ces matières dans des vues utiles, et s'était montré bon administrateur (2), mais sans vues, sans étendue d'esprit, sans tact politique : estimable rédacteur en un mot, qui se croyait un excellent ministre pour avoir dressé des mémoires ou minuté des circulaires, et dont on essayerait en vain de faire une des grandes figures de l'époque.

Austère de mœurs, austère d'aspect, une sorte de quaker endimanché, il parlait toujours de lui, dédaigneux de l'effet qu'il pouvait produire sur autrui. De haute stature, tout d'une pièce, il avait le ton rude et cassant, et cette espèce de roideur que donne l'habitude du cabinet; la voix mâle,

---

(1) *Souvenirs sur Mirabeau*, p. 401.

(2) Parmi les ouvrages de Roland, on distingue un grand travail sur l'*Art de l'imprimeur d'étoffes en laine et du fabricant du velours de coton*, publié en 1780, et qui se trouve compris dans le Recueil des Arts et Métiers donné par l'Académie des sciences ; six volumes de *Lettres écrites de Suisse, d'Italie, de Sicile et de Malte*, 1782, in-12, réimprimées en 1800; un *Dictionnaire des Manufactures et des Arts qui en dépendent*, trois volumes in-4º, faisant partie de l'*Encyclopédie méthodique*, et une foule de Mémoires, de Brochures, de Lettres et de Rapports.

Tous ces ouvrages sur des sujets économiques et commerciaux sont fort savants, mais d'un style négligé. Roland avait le travail facile, sans le génie de l'élégance.

le parler bref, les cheveux plats et blancs avec fort peu de poudre, un chapeau rond, un habit noir coupé à la bourgeoise, des souliers à cordons. Aussi fit-il sensation quand il parut pour la première fois à la Cour. Un tel dédain des usages y révolta comme une insolence, et le maître des cérémonies, effrayé pour l'étiquette, s'approchant, le sourcil froncé, de Dumouriez, en lui désignant Roland du coin de l'œil : « Eh! Monsieur, point de boucles à ses souliers! — Oh! Monsieur, répondit Dumouriez avec un air d'intelligence et un sang-froid à faire éclater de rire, tout est perdu (1). » Ce n'est pas que, dans sa négligence originale, le nouveau venu fût grossier d'extérieur. Il avait en somme, au témoignage de Dumouriez, une figure agréable et décente, et sans posséder le ton fleuri du monde, il alliait la franchise et la politesse de l'homme de bien à la gravité du philosophe. Mais sa tenue ordinaire, par trop négligée par-

---

(1) *Mémoires du marquis* DE FERRIÈRES, t. III, p. 54. Cf. les *Mémoires de madame Roland*, t. I, p. 377, édition Baudouin. Il est curieux que Dumouriez soit le seul qui ne mentionne pas dans ses Mémoires, cette anecdote qui est partout.

Les Mémoires de Charles-Élie marquis de Ferrières sont les plus instructifs de toute la collection des Mémoires sur l'histoire de la Révolution française. Bouillé a décrit l'Émigration; Dumouriez, la guerre; Louvet, les malheurs de la proscription; Riouffe, la terreur; Puysaye, la Vendée; madame Roland, la grandeur et la chute de la Gironde; Ferrières embrasse tout l'ensemble de la grande époque. Cet homme, qui siégeait à la Constituante, n'y prenait jamais la parole, mais il écoutait, observait, tenait note de tout, et sans que ses contemporains pussent s'en douter, il rédigeait les souvenirs les plus précieux et les mieux faits.

Dans tous les temps il y a de ces observateurs qui semblent être sans conséquence, parce qu'ils se taisent

... *egregii ...... altique silenti*.

Ils s'insinuent et se glissent, sont partout à la fois, comme le muet *spectateur* d'Addison; tout le monde pose devant eux, et ils se promènent dans la vie de tous sans qu'on y songe. Leur œil ferme porte à froid sur toute chose. Ce sont les sentinelles de l'histoire. Tenez-vous bien, vous tous, grands acteurs de la comédie humaine, leur plume a des yeux et des oreilles.

fois, laissait voir des habits percés au coude, jusque-là qu'il s'est, à ce sujet, attiré les reproches de l'immonde Marat. Quant à sa tenue de conseil, incongrue à la Cour, ce n'était après tout que l'inauguration, aux Tuileries, du costume de nos jours, simple et laid, mais commode, qui a fini par faire le tour de l'Europe et de l'Amérique.

Restait à nommer le ministre de la Justice, attendu que Duport du Tertre ne paraissait plus, comme nous l'avons dit. Brissot l'avait accusé de partager les opinions de de Lessart et de favoriser le projet d'un congrès. Il avait tenté conséquemment de le faire comprendre dans l'accusation lancée contre le ministre des Affaires étrangères. N'y ayant pas réussi, il avait suscité à sa place un député de la Somme, nommé Saladin, qui, le 4 avril, vint, au nom du comité de législation, faire, en grand appareil, un rapport contre du Tertre, sous prétexte qu'il était responsable de l'omission de certaines formalités de justice commises à son département. Il concluait à l'accusation et au renvoi devant la haute cour d'Orléans. Duport demanda à se justifier, le fit avec adresse, et fut en outre défendu avec force par Beugnot et par Quatremère de Quincy ; l'ordre du jour écarta la dénonciation, et sur-le-champ l'accusé absous fit définitivement accepter sa démission.

Par qui le remplacer? Roland et sa femme proposèrent d'abord le jeune Louvet, l'auteur du roman libertin de *Faublas*, que madame Roland, dont l'universelle curiosité pour les œuvres de l'esprit l'avait portée à tout lire et qui ne s'arrêtait point aux détails, appelait *un joli roman* (1). Louvet, remarquable par un esprit souple et incisif, avait secondé la Gironde dans la discussion de la guerre. Il n'en fallait pas davantage pour que Robespierre, toujours à l'affût de ce qui pouvait gêner l'essor des Girondins, le dénonçât sur-le-champ avec violence aux Jacobins. Alors on n'osa

---

(1) « Les gens de lettres et les personnes de goût connaissent ses jolis romans, où les grâces de l'imagination s'allient à la légèreté du style, au ton de la philosophie, au sel de la critique. » *Mémoires*, t. II, p. 193. *Portrait de Louvet.*

plus confier un tel ministère à un homme frappé d'impopularité, et l'on alla chercher à Bordeaux un bonhomme d'avocat d'assez solide instruction judiciaire, mais de caractère faible, du nom de Duranthon, qui prit définitivement la gestion de son ministère le 16 avril. C'était, au point de vue politique, une recrue peu puissante. On lui doit néanmoins cette justice qu'il se montra laborieux, zélé, ne se jeta dans aucune des factions du temps, et ne fut, malgré sa facilité et sa bonhomie, au service exclusif ni de la Gironde, ni encore moins des Jacobins : de même que Lacoste et Dumouriez, il demeura indépendant. Cette indépendance même le rendit antipathique à la Gironde ; elle le battit en brèche, et finalement le fit retourner à Bordeaux, parce qu'il avait montré de l'attachement au Roi, qui le lui rendait.

Le ministère girondin était donc au complet ; mais ces hommes, pour la plupart inconnus et ne répondant pas aux élégances aristocratiques traditionnelles, servaient de plastron aux brocards des courtisans. On les avait affublés du sobriquet de ministres *sans culottes*, dénomination flétrissante qui fit plus de mal que celle des *gueux* dans les Pays-Bas. Un courtisan s'étant avisé de dire à Dumouriez le surnom qu'on leur donnait à l'intérieur : « *Si nous sommes sans culottes*, répondit-il avec ce mélange d'à-propos et de cynisme qui lui était familier, *on s'en apercevra d'autant mieux que nous sommes des hommes* (1). » On ne manqua pas non plus de les taxer de ministres jacobins, ce qui avait bien quelque vraisemblance, mais était trop général. La moitié d'entre eux n'avait jamais mis les pieds dans le club envahisseur, témoin de Grave, Lacoste et Duranthon, qui n'en étaient pas pour cela des Feuillants, mais qui, tout patriotes qu'ils fussent, ne s'étaient jamais livrés à aucune intrigue de sans-culottisme. Dumouriez, Clavière et Roland avaient beaucoup hanté le club maudit ; mais l'autorité apaise, et une fois réunis avec leurs collègues autour d'une table de conseil, ils comprirent ce qu'une telle faction avait de gênant, et ils auraient plutôt songé à tenter de la dissou-

---

(1) *Vie de* Dumouriez, t. II, p. 146.

dre où de la capter qu'à en partager les violences. Il n'était plus temps. Roland en particulier, en arrivant, le 20 février 1791, à Paris avec sa femme, avait été droit à Brissot, son correspondant, dont les écrits commençaient à se teindre de républicanisme, et Brissot l'avait rapproché de Pétion, de Buzot, de Robespierre, d'autres encore que la conformité de principes et d'ambitions réunissait fréquemment; il avait même été nommé au comité de correspondance des Jacobins. A son retour à Lyon, où il occupait encore la place d'inspecteur des manufactures, il y avait, par admiration pour les Jacobins de Paris, fondé un club qu'il avait affilié avec ce grand modèle. Sa femme elle-même, — et sa femme c'était lui, — sa femme, pendant ce dernier séjour dans la capitale, ne se bornait point à suivre les séances de l'Assemblée, elle assistait avec une passion ardente aux séances des Jacobins, où; *avec un transport inexprimable, genou en terre, épée nue à la main*, on faisait serment *de vivre libre ou de mourir* (1). En ce temps-là, elle exaltait Robespierre. « On a envoyé, écrivait-elle, quand on eut arrêté le Roi à Varennes, on a envoyé Pétion au-devant du Roi; Buzot sort de maladie et peut à peine se faire entendre; heureusement que Robespierre rentrait dans la salle, armé de son énergie ordinaire (2). » Et ailleurs : « Encore un peu, et vous entendrez dire que le courage de Robespierre à défendre les droits du peuple était payé par les Puissances étrangères... Cela se dit déjà. Ce n'est pas assurément que je compare l'énergie de ce digne homme aux excès qu'on peut reprocher à Marat (3). »

Encore quatorze mois, et dans les luttes entre la Gironde et la Montagne, elle écrira : « Nous sommes sous le couteau de Robespierre et de Marat (4) »; et quatre jours après : « Mon ami Danton conduit; Robespierre est son mannequin (5). » Mais, en 91, elle voyait encore dans le dernier le

---

(1) Lettre de madame Roland à Bancal des Issarts, du 23 juin 91, p. 246.
(2) *Même correspondance*, lettre du 24 juin 91, p. 252.
(3) *Même correspondance*, lettre du 21 juillet 91, p. 308.
(4) *Même correspondance*, 5 septembre 92, p. 346.
(5) *Même correspondance*, 9 septembre au soir 92, p. 348.

plus honnête des hommes, et le club des Jacobins était ses galeries. Un jour, pleine d'enthousiasme et de flamme à l'issue d'une séance où elle vient d'entendre un discours triomphant de Brissot contre l'inviolabilité de l'autorité royale, tendant à prouver que le Roi *pouvait* être jugé et qu'il *devait* l'être : « Ce n'était plus un simple orateur, écrit-elle à son ami, c'était un homme libre défendant la cause du genre humain avec la majesté, la noblesse et la supériorité du génie même de la liberté. Il a convaincu les esprits, électrisé les âmes; commandé ce qu'il a voulu ; ce n'étaient pas des applaudissements, c'étaient des cris, des transports; trois fois l'assemblée, entraînée, s'est levée tout entière, les bras étendus, les chapeaux en l'air, dans un enthousiasme inexprimable. Périsse à jamais quiconque a ressenti ou partagé ces grands mouvements, et qui pourrait encore reprendre des fers!.... J'ai vu le feu de la liberté s'allumer dans mon pays : il ne saurait s'éteindre. Les derniers événements l'ont alimenté, les lumières de la raison se sont unies à l'instinct du sentiment pour l'entretenir et l'augmenter; il faudra bien qu'il dévore jusqu'aux restes du despotisme et qu'il fasse crouler tous les trônes. Je finirai de vivre quand il plaira à la nature : mon dernier souffle sera encore le souffle de la joie et de l'espérance pour les générations qui vont nous succéder (1). »

Et encore : « D'après ce qui se passe, il est évident qu'il eût été meilleur que le Roi ne fût pas arrêté, parce qu'alors la guerre civile devenant immanquable, la Nation allait forcément à cette grande école des vertus publiques... Nous devons rétrograder par la paix, nous ne saurions être régénérés que par le sang (2). » Le sang de la guerre civile : hélas! on a eu l'échafaud permanent où le sien a coulé !

Déjà, dix mois auparavant, elle écrivait à son ami Bosc, alors secrétaire de l'intendance des Postes : « Que fait-on de la liberté de la presse, si l'on n'emploie les remèdes qu'elle offre contre les maux qui nous menacent? *Brissot* paraît

---

(1) *Même correspondance*, lettre du 11 juillet 1791, p. 276, 277, 278.

(2) *Même correspondance*, lettre du 25 juin 91, p. 258.

dormir; *Loustallot* est mort, et nous avons pleuré sa perte avec amertume; *Desmoulins* aurait sujet de reprendre sa charge de *procureur général de la lanterne*. Mais où est donc l'énergie du peuple?..... L'orage gronde, les fripons se décèlent, le mauvais parti triomphe, et l'on oublie que l'*insurrection* est le plus sacré des devoirs lorsque le salut de la patrie est en danger (1) !

A tout prendre, de quelques dénominations que ces ministres se défendissent, les actes devaient répondre plutôt que les mots. Sans appartenir à ce petit nombre d'esprits extrêmes qui aspiraient au bouleversement de toute hiérarchie sociale, il faut reconnaître que leur origine était de nature à effrayer les « enragés de modérés » (on avait déjà de ces mots de proscription); il faut reconnaître qu'ils étaient l'œuvre de ces Girondins qui, après n'avoir voulu d'abord que le maintien, mais le maintien à tout prix, de l'ordre constitutionnel, et formé le centre gauche de l'Assemblée, finit par la victoire régicide du 10 août. « L'ambition du pouvoir, dit madame de Staël (2), se mêlait à l'enthousiasme des principes chez les républicains de 92, et quelques-uns d'entre eux offrirent de maintenir la royauté si toutes les places du ministère étaient données à leurs amis. Dans ce cas seulement, disaient-ils, nous serons sûrs que les opinions des patriotes triompheront. »

Il est évident qu'à leur entrée dans l'Assemblée, la plupart des Girondins n'apportaient point des idées de désorganisa-

---

(1) Page 136, de l'*Appel à l'impartiale postérité*, par la citoyenne ROLAND. Quatrième partie. Lettre du 27 septembre 1790.

Cet *Appel*, publié chez Louvet, au Palais-Royal, autrement dit Maison-Égalité, l'an III de la République (1795), est la première édition des Mémoires de madame Roland.

Cf. la même lettre, pages 581, 582, dans l'appendice aux Lettres de mademoiselle Phlipon, depuis madame Roland, aux demoiselles Cannet, publiées par C. A. Daüban, chez Plon, 1867.

Dans l'édition des Mémoires donnée par Berville et Barrière, chez Baudouin, cette correspondance avec Bosc, qui est d'un naturel charmant et d'une verve incomparable, est tronquée.

(2) *Considérations sur la Révolution française.*

tion; le nouveau ministère, issu de leur initiative, n'avait pas non plus des projets de cette nature; mais pour Roland, mais pour Clavière, mais pour Servan, qui ne tarda pas à remplacer de Grave, la sincérité des intentions constitutionnelles du Roi était en un état de violente suspicion. De là, pour mettre cette sincérité à l'épreuve, les picotements, les tracasseries incessantes qu'on faisait subir à un pauvre Prince tombé sous la tutelle d'une Assemblée sans contrôle ni contre-poids, se substituant à la souveraineté et ne consentant à maintenir un Roi que sous la condition de gouverner à sa place. Les moindres précautions que voulait prendre le malheureux Roi pour garantir ses droits et les derniers débris de son autorité constitutionnelle lui étaient imputées à violations de la Constitution, et en vain payait-il chaque jour d'un nouveau sacrifice de son autorité sa fidélité à ses serments, on le soupçonnait encore. Roland, qui dans son poste, se regardait comme un œil vigilant ouvert en un camp ennemi pour en surveiller les desseins et les mouvements, avait inauguré son ministère par la création d'un journal-affiche dont il avait confié la rédaction à Louvet, sous le titre de *la Sentinelle*. Et ce journal, subventionné par l'État, ce journal dont quelques numéros, au dire de Louvet lui-même dans ses Mémoires, furent tirés à vingt mille, n'avait d'autre destination que de balancer l'influence d'un Roi dont Roland était le ministre, de contrarier les opérations d'un gouvernement dont il était appelé à mettre en jeu les rouages (1). Et ce traître austère, en agissant ainsi, ne pensait point engager sa conscience : il se croyait un grand citoyen.

Quant à Dumouriez, il ne demandait pas mieux que d'être l'homme de la Nation, tout en restant, comme il l'avait promis, l'homme du Roi. Il jugeait bien, dans son habileté, qu'ici l'intérêt de la fortune était en harmonie avec les conseils de la conscience, et sa moralité était de force à aller jusqu'à les mettre d'accord. Il charmait le Roi par sa vivacité, par son esprit, par sa franchise. Sans nuire à la marche

---

(1) *Mémoires du marquis* DE FERRIÈRES, t. III, p. 60.

rapide des affaires, il pétillait de bons mots, de gaietés, d'anecdotes, mêlés parfois de vérités hardies, dans le conseil, au point de dérider jusqu'aux éclats le sérieux de Duranthon et de Roland. Il réussit tellement à gagner la confiance du Prince, que Louis XVI dit un jour au général de Montesquiou : « On m'avait représenté Dumouriez comme une mauvaise tête ; il ne me donne que de bons conseils. » Mais cette confiance n'était point partagée par la Reine. Aussi, dans son impatience, finit-elle par éclater. Voyant qu'il était le plus puissant sur l'esprit du Roi, elle voulut le voir. Un jour, à l'issue du conseil, Dumouriez fut invité par Louis XVI à descendre chez la Souveraine. Il obéit, et lui-même donne le récit qui va suivre :

Introduit dans la chambre de Marie-Antoinette, il la trouva seule, très-rouge, se promenant à grands pas, dans une agitation qui présageait une explication orageuse. Elle vint à lui d'un air majestueux et irrité, et lui dit :

« Monsieur, vous êtes tout-puissant en ce moment, mais c'est par la faveur du peuple, qui brise bien vite ses idoles. Votre existence dépend de votre conduite. On dit que vous avez beaucoup de talents. Vous devez juger que ni le Roi ni moi ne pouvons souffrir toutes ces nouveautés, ni la Constitution. Je vous le déclare franchement ; prenez votre parti (1). »

A cette vive apostrophe, Dumouriez répondit avec un accent qui tenait autant d'un attendrissement douloureux que du respect :

« Madame, lui dit-il, je suis désolé de la pénible confidence que vient de me faire Votre Majesté. Je ne la trahirai pas ; mais je suis entre le Roi et la Nation, et j'appartiens à ma patrie. Permettez-moi de vous représenter que le salut du Roi, que le vôtre, celui de vos augustes enfants, est attaché à la Constitution, ainsi que le rétablissement de son autorité légitime. Vous êtes tous les deux entourés d'ennemis qui vous sacrifient à leur propre intérêt. »

L'infortunée Reine, choquée autant que surprise de la contradiction, répliqua en haussant la voix :

---

(1) Ferrières fait le même récit.

« Cela ne durera pas; prenez garde à vous. »

« Madame, répliqua à son tour le vieux soldat, j'ai plus de cinquante ans : ma vie a été traversée de bien des périls, et en prenant le ministère, j'ai bien réfléchi que la responsabilité n'est pas le plus grand de mes dangers. »

« Il ne manquait plus, s'écria la Reine avec un accent de douleur et comme étonnée elle-même de son emportement, que de me calomnier! Vous semblez croire que je suis capable de vous faire assassiner. » Et elle fondit en larmes.

Agité autant qu'elle-même : « Dieu me préserve, exclama le général, de vous faire une pareille injure! » Et il ajouta des paroles flatteuses et attendries propres à calmer cette âme altière et brisée.

Elle se calma en effet, dit Dumouriez, s'approcha de lui et s'appuya sur son bras. Il continua : « Croyez-moi, Madame (c'est toujours Dumouriez qui raconte), je n'ai aucun intérêt à vous tromper, j'abhorre autant que vous l'anarchie et les crimes. Croyez-moi, j'ai de l'expérience. Je suis mieux posé que Votre Majesté pour juger les événements. Ceci n'est pas un mouvement populaire momentané, comme vous semblez le croire. C'est l'insurrection presque unanime d'une grande nation contre des abus invétérés. De grandes factions attisent cet incendie; il y a dans toutes des scélérats et des fous. Je n'envisage dans la révolution que le Roi et la Nation entière. Tout ce qui tend à les séparer tend à leur ruine mutuelle; je travaille autant que je peux à les réunir; c'est à vous de m'aider. Si je suis un obstacle à vos desseins, si vous y persistez, dites-le-moi, je porte sur-le-champ ma démission au Roi, et je vais gémir dans un coin sur le sort de ma patrie et sur le vôtre (1). »

Dumouriez se flatte, en terminant son récit, que la fin de cette conversation avait établi entièrement la confiance de la Reine. Alors ils passèrent ensemble en revue les diverses factions, et il lui prouva qu'elle était trahie dans son intérieur, en lui citant des propos tenus dans sa confidence la plus intime. Enfin elle lui parut entièrement convaincue, et le congédia, dit-il, avec un air serein et affable.

---

(1) *Vie de* Dumouriez, t. II, p. 163 et suivantes.

Avait-il en réalité, comme il le croyait, conquis la confiance de la Reine? il est permis d'en douter quand on lit, sur cette même scène dramatique, le récit de madame Campan. A l'issue de l'entrevue, elle trouva la Reine extrêmement troublée et ne sachant plus où elle en était. « Les chefs des Jacobins, lui dit la Reine, se faisaient offrir à elle par l'organe de Dumouriez, ou bien Dumouriez, abandonnant le parti des Jacobins, était venu s'offrir à elle; elle lui avait donné une audience. Seul avec elle, il s'était jeté à ses pieds, et lui avait dit qu'il avait enfoncé le bonnet rouge jusque sur ses oreilles, mais qu'il n'était ni ne pouvait être Jacobin; qu'on avait laissé rouler la révolution jusqu'à cette canaille de désorganisateurs qui, n'aspirant qu'après le pillage, était capable de tout, et pourrait donner à l'Assemblée une armée formidable, prête à saper les restes d'un trône déjà trop ébranlé. En parlant avec une chaleur extrême, il s'était jeté sur la main de la Reine et la baisait avec transport, lui criant : *Laissez-vous sauver!* Mais la Reine disait qu'on ne pouvait croire aux protestations d'un traître; que toute sa conduite était si bien connue, que le plus sage était sans contredit de ne point s'y fier; que d'ailleurs les Princes recommandaient essentiellement de n'avoir confiance à aucune proposition de l'intérieur; que les forces du dehors devenaient imposantes; qu'il fallait compter sur leurs succès et sur la protection que le Ciel devait à un Souverain aussi vertueux que l'était Louis XVI, et à une cause aussi juste (1). »

Hélas! la Reine doutait bien à tort de la sincérité de Dumouriez, qui, dans cette circonstance, était d'une parfaite bonne foi. Un des grands malheurs de la Famille royale est de n'avoir pas su placer à propos sa confiance, et d'avoir tenu trop de compte des dévouements si compromettants de l'étranger, qui exaltaient à l'extrême les fureurs des démagogues. S'il était vrai que les Français fussent des enfants mutinés, comme leurs grands parents de l'Europe le prétendaient (2), c'était par la raison qu'il les fallait corriger;

---

(1) *Mémoires de madame* CAMPAN, t. II, p. 200, 201.
(2) Voir les *Considérations sur la Révolution française*, par madame DE STAEL, t. III, p. 366.

plutôt que de les comprimer par une force qui ne pouvait
que les révolter davantage. Les secours étaient trop loin, et
Barnave, désespéré de ne point être écouté, s'était épuisé en
vain à dire à la Reine que la Famille royale serait perdue
avant que ces secours parvinssent jusqu'à elle. En rejetant les offres et les services de l'homme d'entreprise et de
génie qui plus tard sauva la France dans les défilés de l'Ar-
gonne, Marie-Antoinette s'est, je le crains, privée de l'unique appui qui lui restât encore. Encouragé par une entière
confiance, peut-être eût-il sauvé le monarque avant le
20 juin.

Une fois au complet, les ministres vécurent d'abord dans
la meilleure intelligence. Ils se réunissaient à dîner, seuls,
tour à tour les uns chez les autres, les trois jours de conseil
royal de chaque semaine, et le bon accord s'affermissait.
Chacun apportait à cette réunion son portefeuille, et dans
une sorte de conseil intime et familier, on se communiquait
mutuellement les affaires, on en accélérait l'expédition en
se mettant d'accord, pour n'avoir plus à discuter devant
le Roi.

Mais par malheur, au bout d'un mois, Roland voulut que
chez lui sa femme et ses amis fussent de la réunion. Or,
quatre fois par semaine il rassemblait tous ses amis politiques en présence de sa femme, parce qu'elle était sédentaire
et que son appartement, plus vaste, était aussi plus central.
Alors, grâce à cet arrangement, ses amis étaient présents le
jour des agapes ministérielles, et il en résulta que l'abandon
et l'unanimité furent détruits.

Madame Roland, en ses Mémoires, se défend d'être jamais
sortie de son rôle de femme dans ces réunions politiques, et de
s'être jamais mêlée d'une manière active des discussions.
Mais loin de nier qu'elle y ait été présente, elle avoue que
cette disposition lui convenait parfaitement, en ce qu'elle la
tenait au courant des choses auxquelles elle prenait un vif
intérêt, et qu'elle favorisait son goût pour suivre les raisonnements politiques et étudier les hommes. « Les conférences se tenaient en ma présence, dit-elle, sans que j'y
prisse aucune part. Placée hors du cercle et près d'une table,

je travaillais des mains ou faisais des lettres…. Je ne perdais pas un mot de ce qui se débitait, et il m'arrivait de me mordre les lèvres pour ne pas dire le mien (1). Ce qui me frappait davantage et me fit une peine singulière, c'est cette espèce de parlage et de légèreté au moyen desquels les hommes de bon sens passent trois ou quatre heures sans rien résumer.

» J'aurais quelquefois souffleté d'impatience ces sages que j'apprenais chaque jour à estimer pour l'honnêteté de leur âme, la pureté de leurs intentions : excellents raisonneurs, tous philosophes, savants politiques en discussion, mais n'entendant rien à mener les hommes….. ils faisaient en pure perte de la science et de l'esprit. »

Il est difficile de supposer qu'avec la nature de son génie, madame Roland soit toujours restée muette dans la chaleur de ces discussions, soit aux conférences générales, soit aux assemblées des ministres.

Quoi qu'il en soit, Dumouriez et Lacoste protestèrent contre l'adjonction de personnes étrangères au conseil, et convinrent de ne plus porter désormais leurs portefeuilles à ces dîners. Dès lors commencèrent les défiances et les conflits

---

(1) Voyez *Mémoires de madame* ROLAND, t. I, p. 361 et 363, édition Baudouin. Cf. *Vie de* DUMOURIEZ, t. II, p. 174.

Dumont confirme ce dire de madame Roland : « J'ai vu chez elle, dit-il, plusieurs comités de ministres et des principaux girondistes. Une femme paraissait là un peu déplacée, mais elle ne se mêlait point des discussions; elle se tenait le plus souvent à son bureau, écrivait des lettres et semblait ordinairement occupée d'autre chose, quoiqu'elle ne perdît pas un mot. » (*Souvenirs sur Mirabeau*, p. 394.)

Madame Roland explique quelque part ces deux aptitudes qui semblent s'exclure, cette faculté d'abstraction au milieu de conversations dont elle ne perdait rien :

« L'habitude du genre épistolaire, dit-elle, me permet d'entretenir ma correspondance en écoutant toute autre chose que ce que j'écris : il me semble que je suis trois : je partage mon attention en deux comme une chose matérielle, et je considère et dirige l'emploi de ces deux parts comme si j'étais une autre. » (Voyez PROSPER FAUGÈRE, *Introduction* à son édition des *Mémoires de madame Roland*.)

entre Dumouriez et les Girondins, dont madame Roland était l'Égérie.

DCCXLIV

MADAME ÉLISABETH A MADAME DE RAIGECOURT (1).

L'arrivée de madame de Tilly lui enlève une partie de ses soirées. — Courage et vertu de cette dame dans l'abime de malheur où elle est tombée et d'où la relève la religion. — Madame de Sades. — Captivité de la Princesse. — La maison du Roi et la Garde nationale.

Ce 25 mars 1792.

Il y a bien longtemps, mon cœur, que je ne vous ai écrit. L'arrivée de Tilly en est un peu cause : tu juges qu'elle m'emporte une partie de mes soirées; j'éprouve une grande consolation de pouvoir causer avec elle. Vous ne pouvez vous faire une idée de son courage et de sa vertu; elle a même conservé de la gaieté; et à la voir, on ne pourroit se douter de l'excès de son malheur : la religion seule donne cette force. Heureux qui sait en faire un si bon usage! Ta sœur ainée va toujours un train terrible (2); elle a passé dernièrement une journée bien heureuse au Calvaire. Vive la liberté! Pour moi, qui en jouis tant que je peux depuis trois ans, j'envie le sort de ceux qui portent leurs pas où ils veulent; et si je pouvois passer quelques jours un peu calmes, cela me feroit grand bien.

Je verrai pour votre protégée, mon cœur, s'il est possible de la faire entrer au pensionnat.

---

(1) Papiers de famille de M. le marquis de Raigecourt.
(2) Madame de Sades.

La Maison du Roi va bien : la Garde nationale la voit d'assez bon œil; et à l'exception d'une cloison abattue de force chez le Roi, d'un crêpe insulté violemment dans le jardin (1), tout va à merveille. Adieu, je t'embrasse de tout mon cœur.

J'attends ta lettre pour te parler du projet que tu as formé de revenir ; mais j'espère que tu ne te décideras pas sans que je t'aie répondu.

Aux termes de la Constitution de 1791 (titre III, ch. 2, art. 12), Louis XVI, jusque-là entouré de sa garde suisse et de la garde nationale, ne devait plus désormais choisir les hommes de sa garde que parmi ceux qui étaient actuellement en activité de service dans les troupes de ligne, ou parmi les citoyens qui avaient fait depuis un an le service des gardes nationales, pourvu qu'ils fussent résidants dans le royaume et qu'ils eussent prêté le serment civique.

Le 16 mars, avaient eu lieu l'installation et la revue de cette nouvelle garde constitutionnelle du Roi. Louis XVI adressa un discours à chacune de ces gardes. Il remercia les gardes nationales des preuves de zèle et d'attachement qu'il en avait reçues, s'applaudissant de leur avoir donné, en se mêlant à eux, l'occasion de mieux connaître ses intentions et son constant amour pour le bonheur du peuple, il les chargea de faire apprécier ses vrais sentiments à leurs concitoyens, et de repousser, en toute circonstance, les bruits injurieux que des méchants répandaient contre lui et sa famille pour troubler la tranquillité publique. Enfin il leur déclara qu'il se verrait toujours avec plaisir entouré d'eux, et qu'ils pourraient augmenter, autant que le leur suggérerait leur zèle, le petit nombre de ceux qui étaient appelés à lui former, comme volontaires, une garde d'honneur.

A la garde constitutionnelle il recommanda le bon accord, l'union cordiale et fraternelle avec la garde nationale. Il

---

(1) Crêpe porté à cause de la mort de l'Empereur Léopold.

lui rappela que le serment qu'elle venait de prêter à la Constitution devait être sans cesse présent à ses yeux.

Dès que le Roi eut cessé de parler à la garde nationale, un M. Vincent, commandant en chef du bataillon de Saint-Germain des Prés, prit la parole :

« Roi des Français, dit-il, la garde nationale parisienne, tous les bons citoyens de la capitale, apprennent avec douleur et voient avec peine la réforme fatale de la compagnie des Cent-Suisses de Votre Majesté, et de sa non-incorporation dans la nouvelle formation de sa maison militaire. »

Le Roi répondit :

« Je prendrai tous les moyens de replacer dans ma maison les Cent-Suisses réformés, desquels je suis et j'ai toujours été content.

» Je suis très-sensible à la démarche que vous faites au nom de la garde nationale parisienne; mais la Constitution ayant prescrit ma garde, je ne puis y employer la compagnie des Cent-Suisses en corps. »

On verra plus loin quel a été le sort de cette garde.

DCCXLV

LE BARON DE BRETEUIL AU MARQUIS DE BOMBELLES (1).

Nouvelles de France apportées par un émissaire de la Reine. — Situation de la Famille royale. — Projets des factieux. — M. de Breteuil a communiqué ces détails au Roi de Hongrie, en le pressant d'agir énergiquement. — Il invite M. de Bombelles à réclamer l'appui de l'Impératrice pour décider la Cour de Vienne. — Il ne partage pas ses doutes sur l'empressement de Catherine II à servir les intérêts du Roi. — M. de Bombelles doit mettre tous ses soins à hâter, au nom de Louis XVI, l'envoi d'un courrier au roi de Hongrie. — Rôle que joue le duc d'Orléans.

Bruxelles, le 25 mars [1792].

Ce qui fait l'objet de cette estafette vous affligera aussi profondément que je le suis et ranimera de même

(1) Archives impériales de Russie.

votre zèle pour que la grande et bonne âme de l'Impératrice augmente, s'il est possible, la chaleur de son intérêt pour le Roi et le Royaume.

Vous saurez donc que le Roi et la Reine sont tellement surveillés et ont tant de motifs de craindre les plus grandes atrocités, que la raison et la prudence leur défendent également d'écrire et de recevoir des lettres. Il leur a fallu, pour m'instruire de ce qui se passe autour d'eux, me dépêcher un homme sûr, dont je connois le zèle et la vérité, pour me faire de bouche les détails de leur affreuse situation. Je fais passer ce fidèle serviteur à Vienne pour en rendre compte au Roi d'Hongrie; il lui apprendra tous les projets que nos scélérats veulent exécuter et qu'ils exécuteront, si une force imposante n'y met promptement ordre. D'abord, ils sont résolus à faire la guerre, et vous pouvez assurer qu'ils ne tarderont pas à entrer à la fois dans l'Empire et dans les États du Roi de Sardaigne. Ils croient qu'en se hâtant de prévenir le concert des Puissances, ils auront des avantages partout où ils entreront; que les sujets les favoriseront, et qu'ils donneront autant de considération que de courage à leurs troupes en se portant à déclarer la guerre. Ils sont décidés à suspendre le Roi de ses fonctions, à tenir la Reine loin du Roi, sous le prétexte de différentes accusations portées à dix-neuf chefs, dont le principal est d'avoir engagé feu l'Empereur à former une confédération avec les grandes Puissances de l'Europe pour le rétablissement de la prérogative royale. M. le Dauphin sera séparé du Roi et de la Reine, et remis entre les mains des plus scélérats. Le Condorcet

paroît celui qui doit présider à cette éducation. On ne
peut penser sans frémir d'horreur jusqu'où ces misérables peuvent porter les abominables projets, ni se
dissimuler que leur atrocité est sans mesure, parce
qu'elle est sans frein. Vous communiquerez ces douloureux détails au ministre de l'Impératrice et à Sa
Majesté Impériale elle-même, si vous en avez l'occasion. Vous lui direz qu'en les faisant connoître au Roi
d'Hongrie, je lui dis que la sûreté de Leurs Majestés
et le repos de la France entière sollicitent l'activité de
son intérêt; que si véritablement il est dans ses principes de venir au secours de nos malheurs, la promptitude seule de ces secours peut nous être essentiellement utile. Je presse pour qu'il mette en action le
déploiement de ses forces, de concert avec celles du
Roi de Prusse. Je lui fais voir combien il importe que
les mesures les plus vigoureuses se montrent en avant
de la déclaration arrêtée entre feu l'Empereur et le Roi
de Prusse, pour être proposées aux Puissances qui
s'intéressent à la Maison royale et à la monarchie
françoise; enfin tous mes raisonnements portent sur la
nécessité de mettre en action, sans différer, les secours qu'on nous destine. Vous y conformerez les
vôtres, et vous serez sûrement entendu volontiers par
la bonne volonté et le courage de l'Impératrice. Il
faut lui demander de vouloir bien aider de plus en
plus à décider la Cour de Vienne au mouvement vigoureux dont nous avons un si pressant besoin. Il
faut lui répéter la confiance sans mesure que le Roi
met dans son amitié, dans ses principes, et lui bien
dire que la partie saine de la nation n'a de véritable

espoir que dans le poids de sa volonté et de sa considération en Europe.

Tout ce que vous me dites du prince de Nassau vient à l'appui de toutes mes observations sur la loyauté de son caractère, sur la sagesse de ses principes; mais je vois avec peine qu'il ait détruit absolument sa fortune à Coblentz et qu'il n'ait pas, pour la rétribution de ses nobles sacrifices, la possibilité de présenter à l'Impératrice tout ce qu'elle devoit se promettre de la noble et grande impulsion qu'elle avoit donnée aux affaires des Princes et de tout bon François. Je ne partage cependant pas la crainte que vous avez que Sa Majesté Impériale veuille abandonner ou se ralentir sur son intérêt à cet égard : l'Impératrice n'est pas d'un caractère à se détacher facilement des moyens de gloire, et certes celle d'avoir personnellement empêché le renversement de la monarchie françoise ne seroit pas l'action la moins brillante de son histoire.

Je dois d'ailleurs vous dire que je ne vois rien dans les relations de l'Impératrice avec le Roi de Suède qui annonce du penchant à ne plus agir chaudement sur ce qui nous regarde, de concert avec Sa Majesté Suédoise. Son langage, au contraire, est toujours aussi suivi dans son intérêt que celui du Roi de Suède, qui, je vous assure, ne foiblit pas, mais qui ne peut avoir son effet qu'autant que l'Espagne lui fournira l'argent nécessaire.

Mais, Monsieur, ce qu'il y a de plus urgent, ce qui est le plus recommandé à votre zèle et commandé à votre sentiment, c'est que, parlant au nom du Roi, vous sollicitiez l'envoi le plus prompt d'un courrier à Vienne et partout où l'âme de l'Impératrice, remuée par les plus touchants malheurs, peut électriser et hâter le secours si pressant à obtenir. Jamais vous n'aurez rendu un plus grand service à notre infortuné maître, qu'en vous assurant des soins que Catherine II daignera prendre pour le tirer de l'affreuse position où il se trouve.

Je vous renvoie, Monsieur, pour la connoissance de mille autres détails plus atroces les uns que les autres, à la lettre que le comte de Fersen écrit à M. le baron de Steeding. Je ne doute pas que cet ambassadeur ne les communique au ministère de l'Impératrice; mais vous insisterez particulièrement sur l'horreur du rôle qu'a repris M. le duc d'Orléans et sur ce qu'il laisse à redouter.

J'ai l'honneur, etc.

DCCXLVI

MARIE-ANTOINETTE AU COMTE DE MERCY (1).

Annonce de la marche des troupes d'attaque contre la coalition étrangère et l'Émigration.

[Le 26 mars 1792.]

M. Dumouriez ne doutant plus de l'accord des Puissances par la marche des troupes, a le projet de commencer ici le premier, par une attaque de Savoie et une autre pour le pays de Liége. C'est l'armée La

---

(1) Lettre chiffrée. Archives impériales d'Autriche. ARNETH, p. 259.

Fayette qui doit servir à cette seconde attaque. Voilà le résultat du conseil d'hier. Il est bon de connoître ce projet pour se tenir sur ses gardes et prendre toutes les mesures convenables. Selon les apparences, cela [se] fera promptement.

Voilà une lettre qui eût fait dire que *Madame Veto* voulait livrer la France à l'Autriche, et cependant, pour être juste, il ne faut pas oublier que Marie-Antoinette n'appela d'abord l'étranger que par mesure de précaution, sur la frontière; qu'elle réclamait un congrès *armé*, toujours dans le même esprit, et qu'enfin elle avait autant d'horreur de la guerre étrangère que de la guerre civile; et si à la fin, quand elle vit la marée montante de la révolution prête à l'engloutir, elle se tourna en suppliante vers sa famille, qui pourrait lui jeter la première pierre? Elle détestait cordialement la Constitution, cela est vrai, et ne l'avait pas caché à Dumouriez; mais elle n'aurait pas voulu la détruire au prix du sang français. Personne au monde n'était moins sanguinaire, et jamais dans aucune de ses lettres on ne surprend une expression de vengeance et de représaille. Qu'on lise sa lettre du 19 décembre 1790 à son frère Léopold (1), on y trouvera ces nobles paroles :

« Je vous fais mon bien tendre et sincère compliment sur la soumission du Brabant. Vous devez être bien heureux de la manière dont cela s'est passé, et je partage vivement ce sentiment avec vous. Il est bien doux de pouvoir pardonner sans répandre une goutte de sang de ses sujets, dont nous autres devons toujours être avares. »

Sont-ce là de vains mots? Non, c'est l'expression d'un sentiment vrai, d'une âme sensible et tendre; c'est le cri du cœur, et l'on ne trouverait pas, dans toute sa correspondance la plus intime, la plus confidentielle, le plus petit mot qui contredit ce fait.

---

(1) Page 401 de notre premier volume.

Demander un cordon menaçant de troupes étrangères sur la frontière, menacer encore d'un congrès *armé*, n'était, dira-t-on, qu'une politique puérile : il était peu raisonnable de croire imposer ainsi à une nation en ébullition, de prétendre à fonder une restauration sur la peur et l'anarchie. A la bonne heure; mais s'il y avait mauvais calcul, est-ce à dire qu'il y eût férocité?

« Il est en politique et en morale, disait madame de Staël, des devoirs inflexibles, et le premier de tous, c'est de ne jamais livrer son pays aux étrangers. » D'accord; mais, encore une fois, il ne s'agissait pas de livrer son pays. D'ailleurs, ce grand principe du respect exclusif de la patrie, de la terre de nos pères, de nos gloires et de nos malheurs; ce principe des peuples libres de l'antiquité, obscurci depuis les anciens; cette vérité auguste qui germait dans les pensées des philosophes des dix-septième et dix-huitième siècles pour rayonner d'une fraîche nouveauté sous la Révolution, ce principe moderne des nationalités, peut-on l'invoquer à la rigueur contre Marie-Antoinette? « L'État, c'est moi, » disait Louis XIV; et de fait, sous l'ancienne monarchie, les traditions ne tenaient guère compte que du Prince. Était-il possible que la Reine eût suivi le mouvement qui, sous l'influence des études classiques, avait poussé vers le droit naturel et déterminé finalement les attaques contre la hiérarchie sociale? Sans aucun instinct des nécessités politiques du moment en vue de l'avenir; fixée personnellement sur le fond des choses, la Reine hésitait toujours sur les moyens. La pleine lumière s'est faite de nos jours, soit; mais était-elle aussi brillante pour tous, au temps de la Reine? l'était-elle surtout dans le milieu où cette princesse avait pris naissance, dans le milieu où elle avait vécu? Que celui-là se montre qui oserait dire : A la place de la Reine, j'aurais dissipé les ténèbres, banni tous mes souvenirs personnels, secoué tous les préjugés de mon éducation et discerné de haut la vérité, comme le pouvaient faire les philosophes ou politiques du temps.

Élevée près de sa glorieuse mère, elle n'avait eu sous les yeux que des spectacles de grandeur et d'autorité sans contrôle, et n'avait entendu que des maximes de droit divin. D'abord, la plus adulée des Dauphines et des Reines en

France, sous un gouvernement qu'elle croyait, qu'elle devait croire éternel, ses yeux avaient vu la fin d'un règne amolli par l'absolutisme, et ses premiers pas sous la couronne, légère alors, aujourd'hui d'épines, ne lui avaient fait rencontrer que les traditions d'une monarchie de quatorze siècles. Comment Louis XVI, après le pilori du retour de Varennes, rivé sur un trône avili, réduit à une sorte de détention, à une impuissance radicale, tout en demeurant soumis à la plus redoutable responsabilité, comment Louis XVI n'aurait-il pas rêvé la ruine, ou du moins la modification d'une Constitution qu'il avait jurée sous le feu de la presse et des clubs, sous la contrainte de toutes les violences, de toutes les lâchetés révolutionnaires? Comment ne pas comprendre que, le jour où il eut vu ses derniers adhérents dépassés par le flot populaire, le parti légal et modéré devenu impuissant à se maintenir entre les deux partis extrêmes qui se disputaient la victoire : l'un voulant tout conserver, l'autre tout détruire; en un mot, quand il eut vu l'état constitutionnel auquel il s'était rattaché se transformer en un état purement révolutionnaire, tout à l'heure républicain, comment, disons-nous, ne pas comprendre qu'épouvanté de sa faiblesse, il n'ait plus compté que sur l'Europe, que sur l'appui de l'étranger? Cette pensée, du reste, était devenue alors celle des meilleurs esprits du temps : les Mounier, les Malouet, les Lally, les Mallet du Pan.

Henri IV, qui demanda contre ses sujets des secours en hommes et en argent à Élisabeth d'Angleterre, n'en est-il pas moins resté le seul Roi dont le peuple ait gardé la mémoire? Les huguenots, sous les Valois, avaient appelé sur la terre de France les Suisses, les Allemands, les Anglais; les ligueurs, les Guise si populaires, qui avaient attiré les Espagnols, ont-ils été pour cela voués à l'exécration des siècles? Le grand Condé, le grand Turenne, passés à l'ennemi, en ont conduit les phalanges contre la mère patrie; n'a-t-on pas trouvé, à leur égard, des excuses dans la considération des temps, dans les préjugés de caste? N'en sont-ils pas moins pour tout Français au nombre des héros de notre Élysée historique?

Mettons-nous toujours au point de vue des personnages

que nous avons à juger; tenons toujours compte des préjugés
et des passions des temps. Que si de telles considérations
nous rendent indulgents pour ceux à qui la violence a donné
la victoire, ayons d'autant plus d'indulgence pour les victimes. Ici je n'approuve pas, j'explique, je justifie en équité.
J'adopte les arguments de M. de Lescure (1), de M. Gustave
Chaix-d'Est-Ange dans son beau travail sur la Reine (2),
et ceux de M. de Mouy dans ses brillants articles sur Marie-
Antoinette et Madame Élisabeth (3). A son point de vue,
Marie-Antoinette ne pouvait considérer la Révolution que
comme une usurpation audacieuse et sacrilége. Travailler à
replacer la monarchie sur ses assises séculaires devait être,
à ses yeux, une opération méritoire, un devoir impérieux,
une œuvre de salut et de bonheur pour le pays.

Partant de ce qu'elle était avant la Révolution, que l'on
considère ce que la Révolution avait fait d'elle, dans quel
abîme elle l'avait plongée! Une femme de caractère, qui,
dans son sexe, eût été le plus puissant esprit de son temps si
madame de Staël n'eût pas existé avec la même force et de
plus le tact de l'éducation et de la connaissance du monde,
madame Roland, blessée en son implacable orgueil d'être
née dans la classe qui obéit, quand ses facultés étaient faites
pour commander, s'était donné le ridicule de se poser en
rivale de Marie-Antoinette, de la fille des Césars, devenue
Reine de France. Au temps même où l'infortunée princesse,
déjà rendue veuve par la guillotine, séparée avec violence
de ses enfants, livrée à toutes les misères et à tous les outrages, subissait l'horrible martyre de sa prison, de son inter-
rogatoire, en attendant la délivrance de son héroïque mort,
madame Roland écrivait d'elle que ce n'était « qu'une étourdie, joignant à l'insolence autrichienne la présomption de la
jeunesse et de la grandeur, l'ivresse des sens et l'insouciance
de la légèreté, séduite elle-même par tous les vices d'une

---

(1) *La Vraie Marie-Antoinette.*
(2) Le Procès de la Reine, *Journal officiel de l'Empire français*,
n° du 1ᵉʳ janvier 1869 et suivants.
(3) *Articles du* Constitutionnel, nᵒˢ des 1ᵉʳ janvier 1867 et
22 avril 1868.

Cour asiatique auxquels l'avait trop bien préparée l'exemple de sa mère (1). » Et ce portrait calomnieux, trop peu délicat de sentiment pour être digne d'une femme, avait eu cours dans toute la société girondine, et c'est ainsi qu'on travestissait les grâces charmantes, l'ineffable bonté, l'inépuisable bienfaisance, l'honnêteté de la jeune Souveraine ; c'est ainsi qu'on l'avait vouée au mépris public, à l'exécration de la multitude, et qu'on lui avait préparé les degrés de l'échafaud !

« Les Français, avait encore écrit madame Roland, le 4 septembre 1789, à Bosc, son ami, les Français sont aisés à gagner par les belles apparences de leurs maîtres, et je suis persuadée que la moitié de l'Assemblée a été assez bête pour s'attendrir à la vue d'Antoinette lui recommandant son fils. Morbleu ! c'est bien d'un enfant dont il s'agit ! C'est du salut de vingt millions d'hommes (2) ! »

Qui ne gémirait de voir une si vive intelligence aller plus loin encore de la passion à la sanglante injustice ? « Vous n'êtes, disait-elle à ce même familier, vous n'êtes que des enfants ; votre enthousiasme est un feu de paille ; et *si l'Assemblée nationale ne fait pas en règle le procès de deux têtes illustres, ou que de généreux Décius ne les abattent, vous êtes tous f..... (3).* »

Or, à l'époque où s'écrivait cette lettre, était-on déjà en 93, quand la Terreur eut ouvert un champ de carnage que se disputèrent les grands oiseaux de proie ? Non, l'on n'était encore qu'au milieu de 89, au temps des généreux sacrifices et des grandes pensées.

Ainsi, l'on taxait la Reine de fourberie et de trahison. C'était contre l'infortunée une guerre à mort. Elle n'eût pas demandé mieux que d'être Française jusqu'au bout des

---

(1) Voir l'*Appel à l'impartiale postérité*, seconde partie, p. 7. *Mémoires de madame* ROLAND, édition Baudouin, p. 380 ; édition Dauban, p. 351 ; édit. Faugère, p. 247.

(2) *Appel à l'impartiale postérité*, quatrième partie, p. 133, 134.

(3) Lettre du 26 juillet 1789 à Bosc, page 130 de la quatrième partie de l'*Appel à l'impartiale postérité*. Voir aussi l'édition des Lettres à Bosc donnée chez Plon par M. Dauban, à la suite des *Lettres aux demoiselles Cannet*, p. 573.

ongles, comme elle le dit en une de ses lettres; mais on l'eût voulue constitutionnelle ardente, on lui eût voulu sur la tête un bonnet rouge; et observez comment s'y prenait la Révolution pour la convertir. On en faisait une Jézabel, une Catherine de Médicis, un être rempli de plus de vices que n'en peut contenir l'humanité; on la représentait comme une Messaline livrée à toutes les dissolutions, comme une furie ne respirant que la rage de se baigner dans le sang français. Et toutes ces horreurs se criaient dans les rues, sur les toits, à la tribune des Jacobins, sous les fenêtres du château, tant que le jardin des Tuileries avait été ouvert. Elles se répandaient en pamphlets, en affiches, en feuilles à deux sous à l'usage des fanges antisociales. Quelque député dénonçait-il ces feuilles dégoûtantes, ces propos avilissants, on passait à l'ordre du jour. En était-il qu'on renvoyât au Pouvoir exécutif, composé de Girondins, ce Pouvoir, loin d'en réprimer les auteurs, était le premier à les exciter (1), et le journal de Roland, rédigé par Louvet, n'était en retard d'aucune insulte.

La Reine osait-elle se mettre à la fenêtre du Carrousel, sur-le-champ elle était insultée. Un canonnier l'apostrophant un jour d'une injure grossière, ajoutait : « Que j'aurais de plaisir à voir ta tête au bout de ma baïonnette! » Dans le jardin, quel spectacle pour elle! D'un côté, un homme monté sur une chaise, lisant à haute voix des horreurs contre elle et contre le Roi; d'un autre, un militaire ou un abbé qu'on traînait dans un bassin, en les accablant d'injures et de coups (2). Une autre fois encore, c'était un homme du peuple en immonde posture sous les fenêtres (3). Et l'on s'étonne qu'elle se révoltât sous l'outrage, sous la calomnie, sous les menaces incessantes d'assassinat et d'échafaud! Fallait-il donc qu'elle attendît avec reconnaissance qu'on vînt, comme elle le dit elle-même, l'étouffer avec son mari sur le parquet de son appartement (4)? Et l'on s'étonne qu'elle appelât à son se-

---

(1) *Mémoires du marquis* DE FERRIÈRES, t. III, p. 59, 60.
(2) *Vie de* DUMOURIEZ, t. II, p. 166.
(3) *Mémoires de madame* CAMPAN, t. II, p. 205.
(4) ID., *ibid.*

cours ses défenseurs naturels, ses protecteurs : sa famille et les honnêtes gens, étrangers ou nationaux ! La Terreur nous avait rendus à l'état de nature : il n'y avait plus qu'un sauve qui peut général; il n'y avait plus de nationalités. Là où il n'y a plus d'humanité, il n'y a plus de patrie.

DCCXLVII

MADAME ÉLISABETH A MADAME DE BOMBELLES,
SOUS LE NOM DE MADAME DE SCHWARZENGALD, PAR SAINT-GALL EN SUISSE,
A ROSCHACK (1).

Manière de forcer l'attention d'une personne qui ne veut pas écouter.

Ce 27 mars 92.

Il y a bien longtemps, ma Bombe, que tu n'as eu de mes nouvelles. Mais, tiens! madame de Tilly est ici. Elle m'emporte une partie de ma journée; et du reste, j'ai si peu de temps à moi, que vraiment je n'ai pas celui de t'écrire comme je l'aurois voulu.

J'ai vu ta petite belle-sœur ce soir. Je suis sûre que je l'ennuie à en crever. Mais je ne m'en inquiète pas beaucoup, parce que je suis persuadée que le meilleur moyen de la faire changer est de lui parler beaucoup de ce qui nous est arrivé. En conséquence, dès que je me trouve avec quelque personne, j'en parle sans lui adresser la parole, et il faut bien qu'elle écoute. Un jour, j'ai eu une conversation plus intéressante tête à tête avec elle. Elle met dans ses opinions une douceur charmante, et qui tienne (*sic*) plus au sentiment qu'à toute autre chose. Elle fera bien ses pâques. Sa cousine

---

(1) Papiers de famille de M. le marquis de Castéja.

et moi, sans nous donner le mot, nous lui en avons parlé. Elle en a été fort touchée, et sa cousine lui facilite les moyens.

La personne que vous avez crue morte m'a paru touchée de ton chagrin. Heureusement elle se porte bien. Ce que tu me marques de ton mari me fait plaisir. Je souhaite que l'on fasse tout ce qui seroit nécessaire pour cela. Je n'ai pas le temps de t'écrire plus longuement aujourd'hui, vu qu'il est minuit passé. Adieu, je t'embrasse de tout mon cœur.

Le 28 mars, les hommes de couleur et les nègres libres sont admis à voter dans toutes les assemblées paroissiales et les colonies, à émettre leurs vœux sur la Constitution qui leur convient, et à nommer des députés à l'Assemblée nationale.

Le 31, le Roi dénonce à l'Assemblée un traité conclu le 3 février précédent entre les Princes français et le Prince de Hohenlohe.

DCCXLVIII

LE ROI DE HONGRIE ET DE BOHÊME FRANÇOIS II A MARIE-ANTOINETTE (1).

Il a connaissance du message remis par M. de Simolin à l'Empereur défunt. — Il assure la Reine de tout son intérêt.

Vienne, le 30 mars 1792.

Madame ma Sœur et très-chère Tante, M. de Simolin a présenté à feu l'Empereur, mon Frère, la lettre

---

(1) Archives impériales de Moscou et de Vienne.

que Votre Majesté l'avoit chargé de lui remettre, et elle a été reçue de sa part, ainsi que les détails que verbalement il a ajoutés, avec tous les sentiments du vif et tendre intérêt qu'il prenoit à elle. Ce ministre s'est offert à vous faire transmettre la présente, et en conséquence elle vous parviendra par son canal. L'Empereur n'a jamais manqué de faire tout ce qui étoit possible et, d'après les circonstances, lui paroissoit le plus conforme à vos vrais intérêts. Plus à portée que personne de connoître le fond de ses intentions, je puis en assurer positivement Votre Majesté, et je la prie d'être persuadée que les miennes à son égard y sont bien parfaitement conformes. Puissent les circonstances me mettre bientôt à même de pouvoir lui en donner des preuves!

Je supplie Votre Majesté d'être convaincue que rien ne sera plus conforme à mes vœux, et que je m'empresserai toujours à lui témoigner le tendre et respectueux attachement avec lequel je serai toute ma vie, etc.

DCCXLIX

LE BARON DE BRETEUIL AU MARQUIS DE BOMBELLES (1).

Il regrette les préventions inspirées à l'Impératrice contre l'attitude de la Cour de France à l'égard des Princes. — La Reine n'a jamais entendu les empêcher de concourir au rétablissement de la monarchie. — Elle a seulement voulu qu'ils fussent dirigés, pour ne point compromettre la cause du Roi. — Fin de la mission de M. de Bombelles. — Dernières instructions. — Assassinat du roi de Suède.

Bruxelles, le 5 avril 1792.

J'ai reçu, Monsieur, les lettres que vous m'avez fait l'honneur de m'écrire depuis le 2 mars jusqu'au 15. Je suis extrêmement peiné de l'affliction que vous causent les préventions données à l'Impératrice contre la conduite des Tuileries et la mienne envers les Princes; mais j'ai une trop grande idée des principes solides de Catherine II pour ne pas croire, ainsi que vous, que rien ne lui fera abandonner un ouvrage si noblement entrepris par elle et qui lui offriroit de nouveaux moyens de gloire. Je conçois cependant que la manière dont on a cherché à faire envisager votre voyage a pu inspirer un instant de dégoût pour une grande affaire, montrée à Sa Majesté Impériale si fort en petit par l'opposition supposée du Roi et de la Reine envers les Princes. Je voudrois donc, Monsieur, pour remédier à ce mal autant qu'il vous sera possible, que, fondé sur les vérités que vous pouvez dire et sur la confiance que vous méritez, vous tentassiez encore de faire complétement connoître à Sa Majesté Impériale les sen-

---

(1) Archives impériales de Russie.

timents de Leurs Majestés Très-Chrétiennes, et que vous articulassiez bien positivement que, par cette phrase à laquelle il a été donné tant d'attention, la Reine n'a jamais entendu exclure les Princes ni la Noblesse de jouer le rôle qui leur appartient, ni les éloigner de la place que leur courage leur assigne dans l'exécution des mesures convenues par les Puissances pour le rétablissement de la Monarchie et de la prérogative royale.

La Reine, en parlant des Princes, n'avoit eu pour objet que d'engager l'Impératrice à vouloir bien les diriger dans toutes leurs démarches, et leur faire sentir la nécessité de les soumettre au Roi avant d'y donner aucun mouvement. Vous ne pouvez trop parler de l'amitié du Roi pour ses Frères, en faisant l'exposé du désir qu'a Sa Majesté que l'Impératrice veuille bien employer l'autorité de ses bienfaits sur ces Princes pour les empêcher de se compromettre et avec eux la cause du Roi.

Quand vous aurez fait, Monsieur, tout ce qui dépendra de vous pour détruire les différentes impressions défavorablement données à votre voyage, je ne vois rien qui puisse empêcher d'y mettre fin quand vous le voudrez. Vous serez le maître d'aller voir Moscou; mais il faudra, à votre retour, rester assez de temps à Pétersbourg pour que votre départ ne paroisse pas précipité, pour qu'on ne puisse pas y trouver le plus léger air de mécontentement.

Si l'Impératrice vous accorde l'honneur de prendre congé d'elle particulièrement, vous profiterez de cette faveur pour faire encore connoître à Sa Majesté Impériale la satisfaction qu'elle causera au Roi en traçant aux Princes ce qu'ils auront à faire ou à ne pas faire.

Vous ne pouvez, Monsieur, trop fortement exprimer la confiance et l'entier abandon du Roi dans l'amitié de l'Impératrice; c'est sur ce sentiment et les ressources du génie de cette Souveraine que le Roi compte le plus essentiellement pour lier enfin le concert des Puissances, si lentes à sentir combien il est de leur intérêt de mettre fin aux désordres de la France. On n'y parviendra qu'en se pénétrant de la nécessité de rendre à la prérogative royale toute sa force et sa puissance.

Je ne sais si, malgré le plaisir que j'aurois à vous voir et à m'entretenir avec vous sur l'état fâcheux de nos affaires, il ne seroit pas prudent (vu le bruit qu'a fait votre voyage) que vous différassiez de vous rendre ici et que vous allassiez d'abord rejoindre en Suisse votre famille, afin de dérouter les bavardages des folliculaires, excités par l'humeur que l'on a à Coblentz. Vous avez des moyens sûrs de me faire parvenir la réponse de l'Impératrice à la lettre de la Reine; je suppose que cette réponse vous sera remise, et que, portant la consolation dans l'âme de la Reine, elle ajoutera beaucoup à la satisfaction qu'ont déjà Leurs Majestés Très-Chrétiennes des nouvelles preuves de zèle et de dévouement que vous leur avez données pendant votre séjour à Pétersbourg.

Je m'imagine, Monsieur, que vous m'aurez dit, avant la réception de cette lettre, l'effet qu'aura produit sur la grande âme de l'Impératrice l'assassinat du Roi de Suède : ce forfait, conduit par la main de nos scélérats; est bien propre à faire sentir la nécessité de détruire une association déterminée à porter partout le fer et le poison; on ne peut faire cesser le danger de leurs projets qu'en renvoyant vers eux la terreur qu'ils cherchent à inspirer. On peut croire que cette vérité trouve sa place au milieu de toutes les fortes raisons qui doivent hâter les mesures propres à rétablir la Monarchie françoise dans toutes ses antiques formes. Rien ne nous fait encore voir bien clairement quels sont à cet égard les principes du Roi d'Hongrie, mais il seroit difficile qu'ils fussent moins conformes à nos vrais intérêts que ceux qui dirigeoient sourdement la conduite de l'Empereur Léopold.

J'ai l'honneur, etc., etc.

DCCL

MADAME ÉLISABETH A MADAME DE BOMBELLES (1).

Conjectures sur le caractère des enfants de la Marquise.

Ce 6 avril 92.

La petite m'a dit que tu lui avois écrit dans le fort de ton inoculation. Je n'ai jamais vu d'enfants si souffrants que les tiens pour cette opération. Enfin, j'espère que tu en es bien dehors. La petite part après-demain pour Neuilly. Armand sera un vrai lutin; il est gentil de manières, cet enfant. La petite m'en paroit tout aussi idolâtre que toi, de tes quatre marmots.

---

(1) Papiers de famille de M. le marquis de Castéja.

Comment va Louis? Se prépare-t-il bien à sa première communion, et espères-tu qu'elle fixera un peu sa tête?

Je suis bien aise que tu sois plus contente de ton nouveau guide spirituel. Sur ce, je t'embrasse de tout mon cœur et te prie de ne pas m'oublier dans tes prières.

DCCLI

MADAME ÉLISABETH A LA MARQUISE DE RAIGECOURT (1).

Assassinat du Roi de Suède. — Le jeudi saint.

Ce 6 avril 1792 (2).

Comme je ne veux pas que tu me grondes, je t'écris le jeudi saint : n'est-ce pas beau? Aussi tu n'auras qu'un très-petit mot. Voilà donc le Roi de Suède assassiné! Chacun à son tour. Il a eu un courage incroyable. Nous ignorons encore sa mort; mais il y a à parier qu'il l'est, d'après la manière dont le pistolet étoit chargé.

Tu es toute en dévotion. As-tu eu un bel office, un beau reposoir? Ta petite te permet-elle d'y aller? Adieu, mon cœur; je t'embrasse bien tendrement. Quand tu sèvreras, je m'occupe de te faire avoir un logement, car le tien a été donné.

Depuis la révolution opérée par Gustave III dans ses États et sa victoire sur l'ancienne aristocratie, la Noblesse entre-

---

(1) Papiers de famille de M. le marquis de Raigecourt.
(2) La Princesse se fait plus vieille d'un jour, car le jeudi saint tombait le 5 et non le 6 avril.

tenait contre lui une hostilité patente ou secrète. Il s'était formé un complot entre les jeunes comtes de Horn et de Ribbing, les barons Bjelike et Pechlen, et le lieutenant-colonel Lillienhorn, pour le tuer et rétablir l'ancienne Constitution. Après deux tentatives à Stockholm, et une troisième pendant la tenue de la Diète à Gèfle, en janvier 92, qui toutes avaient échoué faute d'occasions favorables, un gentilhomme, ancien officier des gardes, nommé Anckarstroem, qu'un procès perdu, dans lequel était intervenu le Roi, avait animé contre lui d'une haine mortelle, vint offrir son bras. Le comte de Horn lui disputait cet affreux honneur, et ce fut le sort qui en décida. La nuit d'un bal qui devait avoir lieu à Stockholm du 15 au 16, fut désignée pour le moment de l'exécution. En vain des bruits d'attentat prochain étaient dans l'air depuis longtemps; ces sourdes rumeurs n'ayant été suivies d'aucune tentative connue, le Roi s'était aguerri contre des dangers que son orgueil croyait imaginaires, et, au mépris d'une lettre anonyme l'avertissant, le jour même du bal, qu'il y était attendu par la mort, il partit en souriant avec le comte d'Essen, et se mêla gaiement à la foule.

« Eh bien! dit-il au comte en s'asseyant dans une loge, n'avais-je pas raison de mépriser cet avertissement tragique? Si l'on en avait voulu à ma vie, quelle plus belle occasion de me l'arracher? » Alors il se lève et se perd de nouveau dans le tourbillon. Mais voilà soudain qu'il se fait autour de lui un mouvement extraordinaire, des masques le pressent, et l'un d'eux, le jeune de Horn, le désigne en lui posant la main sur l'épaule et prononçant ces mots convenus : *Bonsoir, beau masque!* Un coup de pistolet tiré à bout portant retentit, et le Roi tombe frappé mortellement.

On ferme sur-le-champ les portes, le lieutenant de police accourt, on fait évacuer la salle en sa présence, et tandis qu'on transporte le blessé dans une pièce voisine, des gardes postés à l'issue font démasquer tous les assistants, prennent les noms de chacun, fouillent les habits, interrogent les visages. Anckarstroem, qui s'était perdu dans la foule en jetant son pistolet et un poignard, fut le dernier qui sortit. Nul ne se trahit, nul ne fut arrêté. Mais les armes retrouvées et reconnues par l'ouvrier qui les avait vendues à Anckarstroem, le dénoncèrent. On le trouva chez lui, où il s'était retiré paisible. Interrogé, il nia d'abord avec énergie, et finit par tout avouer en se glorifiant de son crime (1). Le baron Bjelike avait prévenu son arrestation en s'empoisonnant. Anckarstroem fut le seul qui fut exécuté, après avoir passé aux verges pendant trois jours. Les autres furent bannis, y compris Lillienhorn, qui, faiblissant au moment de l'exécution, était celui qui, par une lettre trop dédaignée, avait prévenu le Roi.

Au premier moment on n'avait pas cru la blessure forcément mortelle, bien que le pistolet fût chargé de trois balles et de quelques clous. Gustave vécut encore quatorze jours, sans se faire illusion sur son état, et au milieu des plus cruelles douleurs supportées avec un courage héroïque, il eut le sang-froid de tout préparer pour que son fils lui succédât sans difficulté. Il nomma, sous la présidence du duc de Sudermanie, un conseil de régence qu'il chargea de la conduite des affaires et de la poursuite des meurtriers, dont il ne voulut plus entendre parler. Il reçut en visites de condoléance ses parents, ses amis, et même ceux de ses anciens adversaires que le régicide avait révoltés, et, chose curieuse! toujours occupé de ces affaires de France dans lesquelles il avait voulu jouer un rôle, on le surprit un jour s'écriant : « Je voudrais bien savoir ce que Brissot dira de ma mort. »

Ces étranges paroles une fois répandues, on se livra aux plus ardents commentaires. Seraient-ce, se demanda-t-on, comme tout à l'heure l'affirmait M. de Breteuil, les révolutionnaires de France qui auraient armé l'assassin? Accusation absurde, — comme s'il ne suffisait pas des deux coups d'État frappés par la victime en 1772 et 1789; comme s'il ne suffisait pas des immenses rancunes de la noblesse suédoise jouée et brisée tout à la fois, pour expliquer l'événement! La seule connexité qui pût exister entre la faction d'Anckarstroem et le foyer jacobin de la France, c'est peut-être la contagion des violences de notre pays, qui aurait

---

(1) *Mémoires du marquis* DE BOUILLÉ, p. 335.

exalté jusqu'au crime certaines rancunes aristocratiques de la Suède.

Ainsi Marie-Antoinette perdait presque d'un coup deux appuis sur lesquels elle fondait ses plus chères espérances : l'Empereur son frère, et Gustave, le plus actif, sinon le plus puissant, des ennemis de la Révolution. La mort de ce Prince devait changer totalement la politique extérieure de la Suède. Autant Gustave s'était montré empressé à combattre les ennemis de Louis XVI, autant le duc de Sudermanie s'étudia à faire garder à son pays une prudente neutralité, commandée par la médiocrité de ses ressources et sa position géographique.

DCCLII

LOUIS XVI AU ROI DE HONGRIE ET DE BOHÊME (1).

Il demande une réponse positive sur le but des dispositions militaires que prend le Roi François. — Il a librement et de sa propre volonté accepté la Constitution. — Il envoie M. de Maulde ambassadeur pour aviser aux moyens d'assurer la paix.

[14 avril 1792.]

Monsieur mon Frère et Neveu, la tranquillité de l'Europe dépend de la réponse que fera Votre Majesté à la demande que je dois aux grands intérêts de la Nation françoise, à ma gloire et au salut des malheureuses victimes de la guerre, dont le concert des Puissances menace la France.

---

(1) Autographe de mon cabinet. Au haut est écrit, de la main du Roi, N'a pas été envoyé.

Il y en a une copie aux Archives du département des Affaires étrangères, Correspondance d'Autriche, Ambassade du marquis de Noailles. Voir Buchez et Roux, t. XIV, p. 22.

Cette lettre était l'œuvre de Dumouriez.

Votre Majesté ne peut pas douter que c'est de ma propre volonté et librement que j'ai accepté la Constitution ; j'ai juré de la maintenir ; mon repos et mon honneur y sont attachés ; mon sort est lié à celui de la Nation, dont je suis le représentant héréditaire, et qui, malgré les calomnies qu'on se plait à répandre contre elle, mérite et saura toujours conserver l'estime de tous les peuples. Les François ont juré de vivre libres ou mourir ; j'ai fait le même serment qu'eux. Le sieur de Maulde, que j'envoie mon ambassadeur extraordinaire auprès de Votre Majesté, lui expliquera les moyens qui nous restent pour assurer la paix et prévenir les calamités qui menacent l'Europe entière. C'est dans ces sentiments que je suis,

Monsieur mon Frère et Neveu,

de Votre Majesté,

bon Frère et Oncle,

Louis.

Paris, le 14 avril 1792.

Depuis l'avénement de Dumouriez, les événements de la politique extérieure avaient marché d'un pas rapide. La mort de deux Souverains ennemis de la Constitution française avait fait moins d'effet dans l'Assemblée et dans le public de Paris qu'à la Cour. Les passions de tous les partis étaient trop exaltées, les esprits trop violemment préoccupés, pour laisser le temps de tenir compte des événements du dehors. La Gironde voulait la guerre, sans en raisonner les dangers. Dumouriez, qui n'était point homme à se mettre à la remorque d'une coterie, telle brillante qu'elle pût être, voulait également la guerre, mais il la voulait restreinte, et c'est pourquoi, après les échecs de Ségur, le jeune Custine avait été envoyé en Prusse; c'est pourquoi M. de Talleyrand avait été dépêché à Londres pour essayer de gagner le cabinet d'Angleterre; c'est pourquoi l'habile diplomate Bourgoing, nommé depuis le 5 février ministre plénipotentiaire à Madrid, recevait de pressantes instructions pour concilier le comte d'Aranda à la France, contre laquelle son prédécesseur Florida-Blanca s'était montré si hostile. « Suivons l'exemple des Romains, dit-il aux membres du Comité diplomatique, en invoquant, selon l'usage du temps, les souvenirs de l'antiquité; suivons l'exemple des Romains; n'ayons qu'une guerre à la fois, prenons-nous-en à la Puissance la plus forte, et dissimulons les injures des Puissances de second ordre. » Franc sceptique, Dumouriez, que madame Roland qualifiait de « roué très-spirituel, de hardi cavalier, qui devait se moquer de tout, hormis de ses intérêts et de sa gloire (1) », n'était point sceptique en politique extérieure : élève du comte de Broglie et de Favier, il avait hérité de leur aversion déterminée pour la maison d'Autriche, et lui qui avait été envoyé par le duc de Choiseul à travers les troubles de la Pologne, qui avait assisté au plus funeste résultat de la politique de ce ministre, le premier partage de ce royaume, il avait pris en haine toute l'œuvre diplomatique du duc, et son bonheur eût été de mettre à néant le traité, d'un avantage si fort contesté, élaboré par lui à Vienne entre la France et l'Empire, et signé à Versailles le 1ᵉʳ mai 1756 par les comtes de Bouillé et de Bernis avec le comte de Stahrenberg. Dumouriez ne se trompait pas sur les arrière-pensées ambitieuses de l'Autriche, qui, dans le cas où, malgré ses répugnances, la guerre viendrait à éclater, aurait volontiers cédé aux séductions de l'exemple du partage de la Pologne, en démembrant de la France l'Alsace et la Lorraine. Aussi les premières démarches du ministre auprès du cabinet de Vienne furent-elles empreintes d'un caractère agressif tendant à rétablir l'équilibre avec les dépêches tranchantes de Kaunitz. Celui-ci, voyant la guerre imminente, dédaignait de recevoir l'ambassadeur de France,

---

(1) *Mémoires de madame Roland*, t. I, p. 376, édition Baudouin.

et prétextant son grand âge, laissait à son vice-chancelier, le comte Philippe de Cobentzl, le soin de traiter avec le marquis de Noailles. L'ambassadeur, malgré l'envoi de sa démission et le refus de présenter de nouvelles lettres de créance, qui lui avait valu d'être décrété d'accusation par l'Assemblée, avait continué à suivre les affaires, et, se ravisant, avait donné communication des dépêches de Dumouriez à M. de Cobentzl. La déclaration du cabinet de Vienne, en date du 18 mars, qui répondait à l'ultimatum *in extremis* de M. de Lessart, et qui était arrivée aux mains de Dumouriez lors de son inauguration au ministère, intimait des conditions inacceptables, à savoir : satisfaction pleine et entière à donner aux Princes possessionnés, toute faculté d'indemnisation écartée; restitution de ses biens au Clergé, d'Avignon et du comtat Venaissin au Pape ; enfin, adoption de mesures vigoureuses qui réprimassent les troubles intérieurs de façon à faire cesser les alarmes des autres États.

C'était, à vrai dire, le rétablissement de la Monarchie sur les bases de la déclaration du 23 juin 1789, par conséquent le rétablissement de la Noblesse et du Clergé comme *ordres*. Or, il est de notoriété que la Révolution avait été dirigée plus encore contre les priviléges de la Noblesse que contre l'autorité royale. C'était, en un mot, affecter de regarder le Roi comme nul, la Nation comme rebelle, l'Assemblée comme illégale (1).

Dumouriez avait répondu sur-le-champ, le 27 mars.

Les assignats étaient hypothéqués sur les biens du Clergé, devenus biens nationaux et pour la plupart déjà vendus. Pour satisfaire aux prétentions autrichiennes, il eût fallu tout bouleverser dans le pays et dans la propriété, ruiner les propriétaires, annuler les assignats, déclarer la banqueroute, se replacer sous le joug d'une Noblesse ameutée à l'étranger et plus préoccupée de relever une royauté conservatrice de priviléges que de sauver son Roi.

La bonne foi d'une offre d'indemnité en faveur des Princes possessionnés devait suffire à toutes les exigences de l'Allemagne, dans l'état actuel de la Constitution de la France.

---

(1) *Vie de* Dumouriez, t. II, p. 207, édition Baudouin.

La réunion d'Avignon et du comtat Venaissin aux départements français apparaissait encore au ministre comme un vain prétexte, puisque le Comtat, enclavé au milieu de nos provinces méridionales, avait longtemps appartenu à la France, et que la France n'avait jamais laissé prescrire son titre, depuis 1273 que Philippe le Hardi avait ouvert le Comtat, comme apanage temporel, à Grégoire Ier et à ses successeurs. C'était naguère un procès entre le Roi de France et le Saint-Père; c'était aujourd'hui un procès entre la Nation française, le Roi des Français et le Pape, qui pouvait tout au plus finir par des indemnités, comme l'affaire des Princes possessionnés.

Dumouriez niait en outre que le rédacteur de l'*ultimatum*, M. de Cobentzl, crût plus que M. de Noailles aux observations qu'il lui avait faites, et qui, bien loin d'amener une négociation pacifique, obligerait à rompre toute conférence diplomatique.

Il se fatiguait, en résumé, de voir continuer ainsi et traîner une négociation d'où dépendait le sort de toute l'Europe, et d'en être réduit à réfuter tous les huit jours des arguments rebattus qui avaient l'air de ne lui être faits que pour gagner du temps.

« En vérité, ajoutait Dumouriez, quand le ministère de Vienne aurait dormi de suite pendant les trente-trois mois qui s'étaient écoulés depuis la séance royale, et qu'à son réveil, sans autre information, il eût dicté cette note, il n'aurait pu proposer des conditions qui fussent plus incohérentes avec la marche qu'avait prise la Révolution (1). »

Il déclara donc nettement que si le successeur de Léopold voulait maintenir ses traités avec la France, il devait rompre sans balancer ceux qu'il avait faits à son insu et avec des intentions hostiles contre elle, et retirer les troupes qui nous menaçaient, attendu que cet état de perplexité était contraire, d'une part, à la bonne foi d'un ancien allié, de l'autre, aux intérêts de la Cour de Vienne elle-même.

Si cette déclaration de la part du Roi de Hongrie et de Bohême, ajoutait Dumouriez, n'était pas très-prompte et

---

(1) *Vie de* Dumouriez, t. II, p. 206.

très-franche, le Roi, au retour du courrier que le ministre demandait à l'ambassadeur de lui renvoyer, se regarderait décidément comme en état de guerre, et il serait fortement soutenu par la Nation entière, qui soupirait après une prompte décision.

Enfin, il enjoignait à l'ambassadeur de tâcher de terminer cette négociation d'une manière ou d'autre avant le 15 avril. Que si d'ici à cette époque on apprenait que les rassemblements de troupes continuaient et augmentaient, il ne serait plus possible au Roi de retenir la juste indignation d'une nation fière et libre, qu'on cherchait à avilir, à intimider et à jouer, jusqu'à ce que tous les préparatifs fussent faits pour l'attaquer.

Une dépêche de M. de Noailles, qui se croisa avec cette dernière de Dumouriez, faisait savoir qu'en définitive l'Autriche ne voulait pas nous attaquer, mais qu'elle se préparait à nous faire des demandes sur lesquelles il serait très-probablement difficile de s'entendre avant d'avoir essayé de la force des armes.

En effet, dès que le vice-chancelier eut reçu communication de la lettre du ministre des Affaires étrangères de France, il s'empressa de répliquer, le 7 avril, par une nouvelle édition de la note du 18 mars; et s'en référant d'une manière formelle aux termes de cet office, il déclara, au nom du Roi de Hongrie et de Bohême, que cette pièce contenait la réponse explicite aux demandes que l'ambassadeur de France avait été chargé de renouveler, et qu'on pouvait d'autant moins changer les dispositions exprimées dans cette note, qu'elle renfermait aussi l'opinion du Roi de Prusse sur les affaires de France, opinion de tout point conforme à celle du Roi de Hongrie et de Bohême.

Dumouriez communiqua sur-le-champ cette réponse à l'Assemblée, qui la reçut avec indignation. On s'écria d'une voix unanime qu'il fallait venger l'honneur national. C'était la guerre, et les Girondins saisirent l'occasion de faire triompher leur thème favori. Louis XVI, en nommant un ancien maréchal de camp, neveu du maréchal d'Armentières, Emmanuel de Maulde, son ambassadeur à Vienne, avait préparé pour son neveu le Roi de Hongrie et de Bohême la lettre particulière de créance qu'on a lue plus haut et dont cet agent devait être porteur. Mais la déclaration de guerre, intervenue le 20 de ce même mois d'avril, mit obstacle au départ, et la lettre n'a été connue que par la lecture qu'en fit Dumouriez à la Législative dans la séance du 19, avec celle du rapport qu'il avait adressé au Roi sur l'urgence des circonstances.

Ainsi, le sort en était jeté : une guerre allait éclater, une des guerres les plus longues, les plus terribles, les plus fécondes en grands capitaines, en héroïsmes, en conquêtes, en bouleversements d'États, en catastrophes cruelles, en péripéties inattendues. Si, dans le fait, c'est la France qui a déclaré la guerre, est-ce elle seule qui doit porter la responsabilité des désastres qui l'ont suivie? La France n'a-t-elle pas fait que devancer une attaque inévitable, qu'entreprendre de briser par les armes une coalition formidable dont par négociations l'on n'avait pu réussir à dissoudre les éléments? L'alliance offensive et défensive de l'Autriche avec la Prusse, avec la Russie, avec la Suède, ses efforts pour entraîner l'Espagne, n'avaient-ils pas déchiré notre traité de 1756? Après les deux dernières notes si provocantes du cabinet de Vienne, le vase d'amertume avait débordé, on était virtuellement, sinon actuellement, en état de guerre, et la déclaration n'était plus qu'une affaire de forme.

DCCLIII

LE COMTE DE MERCY A MARIE-ANTOINETTE (1).

M. de Marbois et le Prince de Salm-Kyrbourg. — Les Cours étrangères sont divisées d'opinion sur la conduite à tenir. — Mouvement de troupes. — M. d'Aranda. — Aucune trace de poison dans le corps de l'Empereur défunt.

Le 16 avril 1792.

Il sera fait sur-le-champ bon usage de la note con-

---

(1) Archives impériales d'Autriche.

cernant M. de Marbois et le Prince de Salm-Kyrbourg (1). On attend avec impatience des nouvelles, dont le retard est occasionné par plusieurs causes inévitables dans l'ensemble des circonstances du moment. Il est bien essentiel de ne pas se méprendre sur ces causes, et malheureusement, faute des données nécessaires, on pourroit facilement s'y tromper à Paris.

M. de Simolin a eu des entretiens dont il a été mécontent. On sera peut-être informé, et cela pourroit induire à des jugements mal fondés. Le fait est que les idées du Nord ne conduiroient qu'à des systèmes impraticables et propres à tout ruiner. D'autres Cours, qui tendent au vrai but, voudroient y ramener une union de mesures et d'efforts. Il est probable qu'elles réussiront à persuader. Alors les choses marcheront d'un pas ferme et assuré.

Le corps de troupes destiné pour le Brisgau y arrive dans ce mois. De plus grandes forces se préparent. Elles sont même prêtes, mais elles n'ont pu encore être mises en mouvement. Si les François attaquent par Liége, les Prussiens s'y porteront et ont dix mille hommes au voisinage. La première étincelle de guerre

---

(1) Frédéric III, Rhingrave de Salm-Kyrbourg, né à Limbourg vers 1746, Prince intrigant, lâche et dissolu, qui prit parti, en 1787, pour les patriotes hollandais, dans l'espoir de faire chasser le Prince d'Orange et de se mettre à sa place. Favorisé par Calonne, il avait obtenu en France un brevet de maréchal de camp, qu'il avait vendu, et il était retourné en Hollande pour y continuer ses intrigues. De retour à Paris, il se montra partisan de la Révolution, tout en vivant avec faste dans l'hôtel qu'il avait fait bâtir et qui est devenu celui de la Grande Chancellerie de la Légion d'honneur. Arrêté en 1794, il fut conduit aux Carmes et condamné à mort le 23 juillet, comme complice d'une prétendue conspiration réactionnaire ourdie dans cette prison.

entraînera tout le reste. Le nouveau Roi (1) ne variera pas; mais il ne faut croire que ce que diront de lui de fidèles serviteurs connus. Il est essentiel et urgent, par rapport à Berlin, que l'on s'explique sur les refournissements des dépenses qui seront faites. On doit autoriser quelqu'un à cet effet et le désigner. Il faut savoir ce que pense M. d'Aranda et le faire connoitre. On est ici en bonne posture, bien préparé, et on ne craint rien.

A l'ouverture du corps du défunt (2), il ne s'est pas trouvé trace de poison.

DCCLIV

MADAME ÉLISABETH A MADAME DE RAIGECOURT (3).

Fête de Châteauvieux. — La Liberté promenée tremblante sur un char a prêté au ridicule. — Les sans-culottes. — Les Gardes nationaux. — Pétion. — Prochaine arrivée à Paris de madame de Raigecourt. — Nomination du gouverneur du Dauphin. — Mort du Roi de Suède.

Ce 18 avril 1792.

Je te fais mon compliment, mon cœur, de ce que ta petite a reçu les cérémonies du baptême. Ta sœur ne m'a pas encore envoyé le discours de ton saint évêque (4); j'espère l'avoir sous quelques jours. Tu crois peut-être que nous sommes encore dans l'agitation de la fête de Châteauvieux. Point du tout, tout est

---

(1) De Hongrie et de Bohème.
(2) L'Empereur Léopold.
(3) Papiers de famille de M. le marquis de Raigecourt.
(4) L'évêque de Verdun, Jean-Baptiste Aubry, sacré le 13 mars 1791.

fort tranquille. Le peuple a été voir dame Liberté tremblante sur son char de triomphe, mais il haussoit les épaules. Trois ou quatre cents sans-culottes suivoient en criant : *La Nation! la Liberté! les sans-culottes! Au diable La Fayette!* Tout cela étoit bruyant, mais triste. Les gardes nationaux ne s'en sont point mêlés. Au contraire, ils étoient en colère, et Pétion est, dit-on, honteux de sa conduite. Le lendemain, une pique et un bonnet rouge s'est promené dans le jardin, sans bruit, et n'y est pas resté longtemps.

Oui, mon cœur, je serai bien aise de te voir; mais il faut voir la tournure que tout ceci prendra. La première fois que je t'écrirai, je te dirai si j'ai pu te trouver un logement. J'en ai bonne envie; car il me déplairoit beaucoup de te savoir à l'autre bout de Paris, et de ne pouvoir te voir autant que je le voudrois, — au lieu que si tu étois dans le château, nous passerions souvent les matinées ensemble. Je t'avoue que cette idée me tourne un peu la tête, et je la voudrois déjà voir exécutée; mais patience. Depuis trois ans nous sommes au régime; peut-être qu'à la fin nous nous en trouverons bien.

Bombe fait faire sa première communion à Louis : il me semble qu'il s'y prépare fort bien : elle y met tous ses soins. Tu as encore le temps d'attendre avant d'en être là. Tu es bien heureuse, car cela doit bien troubler.

Le gouverneur de M. *le Prince Royal* est nommé d'aujourd'hui, c'est M. de Fleurieu, celui qui a été ministre. L'Assemblée, à cette nouvelle, a renvoyé la lettre du Roi au comité pour savoir si c'est au Roi ou à elle à le nommer. C'est, dit-on, un honnête homme. Pour moi, je ne le connois pas. Adieu, mon cœur, je t'embrasse et t'aime de tout mon cœur. Le Roi de Suède est mort avec beaucoup de courage. Quel dommage qu'il ne fût pas catholique! il eût été un vrai *héros;* son pays serait tranquille.

Le 6 avril, Gaudin, au nom du comité de l'Instruction publique, fait à l'Assemblée un rapport pour la suppression des Congrégations séculières et régulières. La proposition est adoptée. Lecoz, évêque assermenté du département d'Ille-et-Vilaine, parle en faveur des Congrégations vouées à l'instruction de la jeunesse; et Lagrevol, de celles qui se sont vouées au soulagement des malades. Torne, évêque également assermenté de la métropole du Centre, convient que la saine politique demande la suppression des Congrégations séculières, comme on a depuis longtemps provoqué celle des Congrégations monastiques, attendu, dit-il, que toutes les corporations en général sont dangereuses, et qu'il est bien difficile que l'attachement au contrat religieux ne l'emporte pas sur le contrat social. Mais il défend avec force les Congrégations vouées à l'éducation publique, et dont l'essor littéraire n'a pu être arrêté que par les efforts du despotisme épiscopal et par ceux de la Société célèbre qui arma contre ses rivales les foudres de deux cours à la fois. La Constitution ne connaît pas de prêtres, comment connaîtrait-elle des corporations sacerdotales? La distinction dans les grades religieux n'en doit pas être une dans l'ordre politique. Chef dans l'ordre théocratique, le prêtre n'est dans la société que citoyen. Il n'est reconnu comme ministre du culte que par les sectateurs de sa croyance, et seulement au lieu et au moment où il exerce son ministère. Il conclut à la prohibition des costumes religieux hors des temples du culte, non pour le motif mesquin de restreindre la liberté des vêtements, mais pour anéantir les signes encore vivants des corporations éteintes. Sur cette proposition, un décret est rendu qui prohibe le port public de tout costume ecclésiastique, de religieux et de religieuses, à quelque communauté qu'ils appartiennent.

On remarque que le zélé Fauchet ôte sur-le-champ sa calotte et la met dans sa poche. L'évêque de Limoges, Gaivernon, fait hommage à l'Assemblée de la croix, marque distinctive de son caractère épiscopal, déclarant qu'il la consacre à l'entretien d'un garde national sur la frontière, et que désormais il portera une croix d'ébène quand il sera dans l'exercice de ses fonctions religieuses (1).

Le 15, on célébrait une fête décrétée le 8 février 92 par l'Assemblée, en l'honneur des soldats du régiment suisse de Châteauvieux, insurgés en août 90, et dont les méfaits d'alors étaient transformés en actes d'héroïsme. C'étaient ces mêmes soldats qui avaient été tués ou mis aux galères pour s'être révoltés contre leurs chefs, avoir pillé la caisse de leur régiment, fait feu sur la garde nationale et massacré le brave Desilles dans les troubles de Metz, réprimés par le marquis de Bouillé. Événement funeste qui avait effrayé les vainqueurs eux-mêmes en faisant voir le progrès des idées nouvelles dans l'armée jusque-là si dévouée, et qui, rendant le marquis tous les jours plus odieux à ses troupes, contribua tant à le faire désespérer de l'ancien régime. La fête du jour avait pour objet de flétrir la défection de ce général et d'exalter la haine populaire contre les ennemis de la Révolution.

Le jacobinisme avait préparé de loin la réhabilitation de cette échauffourée sanglante. Les coupables, déclarés criminels de *lèse-nation* au premier chef, par décret de la Constituante, le 16 août 1790, ramaient au port de Brest. Vint le 14 septembre 91, où l'acceptation de la Constitution par le Roi amena, sur la proposition de La Fayette, une amnistie générale pour les délits politiques. Sur-le-champ on s'empressa d'ouvrir la question de savoir si la révolte de Châteauvieux serait comprise dans l'amnistie. Le parti jacobin s'agita pour la faire décider par l'affirmative. En vain

---

(1) *Réimpression du* Moniteur, t. XII, p. 61 à 63.

les cantons suisses protestèrent, en vain demandèrent-ils que, pour l'honneur des principes, on maintînt les condamnés dans les fers, les meneurs saisirent la Législative de la question. Alors ils déployèrent toutes leurs influences, exploitant, dans l'intérêt de leur cause, la haine du nom de Bouillé et le souvenir de la rude répression de La Fayette contre l'émeute armée du Champ de Mars. Depuis 90, les semences factieuses avaient fructifié. C'était, en vérité, se faire illusion que de croire encore à l'existence d'une royauté depuis l'enlèvement de la Famille royale de Versailles à Paris, depuis les humiliations dégradantes du retour de Varennes : il n'y avait plus qu'un simulacre de Trône : le régicide avait commencé; la couronne royale n'était plus qu'une couronne d'épines. Désormais l'incompatibilité était patente entre le représentant de l'ancienne dynastie et l'emportement des idées nouvelles. Les républicains n'en étaient plus à se dissimuler, à voiler leur république : il n'y avait plus en jeu que la tête qui avait porté le bandeau royal. En décembre 91, les Suisses de Châteauvieux n'étaient déjà, dans le rapport de Mailhe le Jacobin à l'Assemblée, que des coupables égarés. Dans l'hiver de 91-92, on accoutumait le peuple à les absoudre en représentant sur les petits théâtres des pièces sentimentales dont ils étaient les héros (1); en mars 92, ils étaient devenus des martyrs, et l'on allait les chercher en triomphe au bagne de Brest : un décret de la Chambre qui faisait jouir ces grands coupables du bénéfice de l'amnistie, les avait innocentés incontinent. Une souscription s'ouvrit en leur faveur, et l'on annonça une fête pour célébrer leur délivrance. En même temps toutes les feuilles révolution-

---

(1) *Le Suisse de Châteauvieux*, drame-vaudeville en deux actes, par Dorvigny, représenté pour la première fois le 5 novembre 1791 sur le théâtre de Molière ; *le Mariage de Rosette ou la suite du Suisse de Châteauvieux*, pièce en deux actes, mêlée de chants, jouée pour la première fois sur le même théâtre le 15 mars 1792 ; *Philippe et Georgette, ou le Suisse de Châteauvieux*, comédie en un acte et en prose, mêlée d'ariettes, par Monvel, musique de Dalayrac, représentée pour la première fois sur le théâtre italien le 18 décembre 1791 ; *l'Arrivée des Suisses de Châteauvieux*, pièce en un acte, représen-

naires éclataient en chants de triomphe, auxquels répondait une explosion terrible de la presse adverse. Feuillants, Royalistes, Constitutionnels, entrèrent en lice, et Aclocque, commandant en chef de toutes les gardes nationales de France, protesta au nom de celle de Metz, décimée naguère par les nouveaux triomphateurs. Un programme de la fête n'en fut pas moins lancé sous la date du 23 mars, et les quarante-huit sections de Paris furent invitées à nommer des commissaires pour y prendre part.

Alors luttes nouvelles, éclats nouveaux. Roucher, le poëte des *Mois*, avait été élu par la section de Sainte-Geneviève, dont il était le président. « J'accepte, citoyens, répondit-il, à condition que le buste du généreux Desilles soit porté en triomphe par les soldats de Châteauvieux, afin que tout Paris étonné contemple l'assassiné porté par ses assassins. » Sur une pareille réponse, les Jacobins écumèrent de fureur, et l'un de ces malheureux à qui tous les moyens sont bons, un certain Mahé de La Touche, y répliqua dans les *Annales patriotiques* par des insultes et par je ne sais quelle accusation de vol, de pillage de caisse financière. Sur-le-champ le poëte indigné déclara dans le *Journal de Paris*, qu'il allait traduire en justice l'auteur de cette abominable calomnie. Et de fait, si chacun était assez résolu pour défendre le droit dans son droit, il y aurait sur la terre moins d'infamie.

La peur d'un procès en diffamation fit reculer le calomniateur, et les *Annales patriotiques* se rétractèrent en deux articles. Sans perdre de temps, Roucher fit insérer au *Journal de Paris* les deux rétractations, en les accompagnant de ces vives paroles :

---

tée pour la première fois sur le théâtre des Variétés, à la Foire Saint-Germain, le 27 mars 1792; *le Suisse de Châteauvieux*, opéra-comique en un acte, dont la première représentation eut lieu sur le théâtre des Délassements-Comiques le 12 avril 1792. Enfin, le 19 suivant, le théâtre Molière donna en l'honneur des Suisses de Châteauvieux un bal auquel ils assistèrent.

On voit qu'on s'y était pris de loin pour préparer l'opinion, puisqu'en novembre et décembre 91 les théâtres s'occupaient déjà de célébrer ces malheureux.

27.

« Je demande aux bons citoyens d'avoir le courage de leur vertu. Ces factieux, ces calomniateurs, ces brigands, qui nous agitent, nous diffament et nous égorgent, ne sont forts que de notre faiblesse. Essayons de leur tenir tête, et l'audace à l'instant ne sera plus que de la lâcheté (1). »

Cependant les apologies de la fête impie continuaient avec violence. Écoutez le langage dont Hébert, dans sa feuille du *Père Duchesne*, en exaltait la pensée, tout en vomissant d'abjectes insultes à l'adresse de la malheureuse Marie-Antoinette.

« Le règne des coquins n'est pas de longue durée, f.....; tôt ou tard, il faut que justice se fasse. L'exécrable Bouillé est couvert d'opprobre, et les soldats malheureux qu'il a persécutés vont être vengés des tourments qu'il leur a fait endurer. C'est en vain, f....., que le traître Lessart vouloit faire périr aux galères les braves soldats de Château-Vieux; malgré lui, malgré Madame Veto, nous avons brisé leurs chaînes. A sa barbe et à son nez, ils vont être conduits en triomphe.

» Ah! f.....! quelle joie! quel bonheur de lui voir manger du fromage dans ce beau jour! Je crois l'apercevoir à travers de sa jalousie, comme le jour de la fête de Voltaire; c'est alors, f....., qu'elle rugira comme un tygre enchaîné, de ne pouvoir s'abreuver de notre sang. « Les voilà, s'écriera-t-elle, ces victimes échappées à ma rage. En vain mon fidel Blondinet (2), d'accord avec son cousin Bouillé, aura manigancé le massacre de Nancy; en vain m'aura-t-il promis de faire expirer sur la roue tous les Suisses rebelles à mes volontés, et qui refusent de massacrer le peuple de Paris, ce peuple que j'abhorre, ce peuple dont tant de fois j'ai juré inutilement la perte. Tous mes projets sont évanouis. O bienheureuse Médicis, que ne suis-je née dans ton siècle! Les poignards du fanatisme me vengeroient des outrages que j'éprouve; mais, hélas! aujourd'hui que me servent mes millions? A quoi m'ont réussi tous les coups de chien que j'ai

---

(1) L'*Histoire parlementaire* a donné *in extenso* cette polémique, t. XIV, p. 62 à 65.

(2) La Fayette. Le Père Duchesne l'appelait aussi le *Cheval blanc*, par allusion à la couleur de sa monture.

prémédités? En vain je me suis liguée avec les prêtres réfractaires; c'est en vain que, d'intelligence avec moi, ils recommandent, au nom de Dieu, de ne reconnoître que le pouvoir Veto, et de f..... à bas la nation. Les mouchards que je soudoye pour cabaler dans des spectacles reçoivent tous les jours des croquignoles..... »

» Voilà, f.....! n'en doutez pas, les gentillesses qui sortiront de la gueulle de Madame Veto, quand elle contemplera la fête que nous préparons aux Suisses de Château-Vieux; mais, pour la faire crever de dépit, il faut nous surpasser dans cette journée. O vous tous, braves sans-culottes, et vous, bonnets de laine de toutes couleurs, qui composez l'armée des Piques, réunissez-vous pour célébrer dignement ce beau jour! Dans l'ancien régime, quand il naissait un petit Louveteau, c'étoit un remue-ménage de b..... dans Paris. Ce n'étoient que fontaines de vinaigre, que cervelats de cheval! La famille *Veto*, qui faisoit alors son jouet du peuple, quoiqu'il fût son maitre, son souverain, l'humilioit tant qu'elle pouvoit; mais, f.....! le peuple a repris sa revanche; c'est à nous maintenant de faire danser les rois.

» Ah! f.....! quelle joie! quelle ribotte! Comme nous ferons sauter les peintes à la Courtille!.....

» Si ces braves soldats, ainsi que les gardes-françoises, n'avoient pas refusé de faire feu sur le peuple, c'était f....; pas plus de constitution que de beurre. Paris auroit été saccagé, et Madame Veto seroit dans la jubilation; elle marcheroit sur sa cendre avec le héros de Bagatelle (1) et la trib... de Polignac, et se croiroit au comble du bonheur, en s'écriant : Ici fut Paris; là étoit le faubourg Saint-Antoine.

» Je veux, f....., qu'on profite de cette occasion pour purifier le Champ de Mars, qu'on y dresse un bûcher sur lequel seront attachées les effigies de Bouillé et son cousin, celles de Barnave, de Thouret, des Lameth, et de tous les gueux qui ont trahi le peuple (2). »

---

(1) Sobriquet que donnait Hébert au Comte d'Artois, possesseur de la petite résidence de Bagatelle, au bois de Boulogne.

(2) Voir le n° 120 du Père Duchesne :
Les grands préparatifs du Père Duchesne pour recevoir les Suisses

Dans un autre numéro (1), Hébert revient encore sur ce sujet avec le même ton courtois de la halle, et, toujours heureux de trainer le nom auguste de la Reine dans tous les outrages, débute ainsi :

« Je savois bien que Madame Veto remuerait de cu et de tête pour empêcher la Fête que nous préparons... Eh bien ! f:...., il faut, pour confondre Madame Veto et les scélérats qu'elle soudoye, il faut rappeler un souvenir qui va la couvrir d'opprobre.

» Après la conquête de la Bastille, après que tous les animaux féroces de la ménagerie que l'on nomme la Cour, furent mis en déroute ou emmuselés, après que lui [celui] qui, depuis tant de siècles, pouvoit d'un seul mot nous faire passer le goût du pain, fut obligé de nous faire amende honorable et prier les François d'oublier tous ses crimes, lorsque le peuple souverain cessa d'être enchaîné par son commis, — toute la race Veto jura la perte des soldats qui avoient abandonné leurs drapeaux pour se ranger sous ceux de la liberté. Le sabat autrichien ne cessa de conspirer contre les gardes-françoises....., et, malgré le serment que nous avions fait de ne jamais abandonner ces braves b....., l'Autrichienne a eu l'adresse de les disperser tous, à force de leur faire endurer les traitements les plus cruels. A Vincennes, à La Chapelle, son fidel Blondinet lui avoit promis de les faire massacrer jusqu'au dernier..... C'est la même main qui a conduit sur la roue les plus braves soldats de Château-Vieux et enchaîné les autres comme des scélérats.....

---

de *Château-Vieux; la grande Ribotte qu'il leur prépare pour les consoler de tous les tourmens qu'ils ont endurés pour la liberté. Sa grande joie de voir Madame Veto manger du fromage, le jour où ces braves b...... seront conduits en triomphe dans Paris. Invitation à tous les Sans-Culottes, à tous les bonnets de laine, à l'armée des Piques, de profiter de cette occasion pour purifier le Champ de Mars.*

(1) Le n° 123 : *Contre les Valets et les Mouchards de Madame Veto, qui veulent empêcher la Fête que les bons Citoyens préparent pour recevoir les Suisses de Château-Vieux. Sa grande consigne à tous les Sans-Culottes pour qu'ils éguissent leurs piques pour f..... le tour aux Aristocrates qui veulent troubler cette Fête.*

» Quant à ce Desilles, dont l'aristocratie a voulu faire un héros, il est faux, f.....! que ce soient des Suisses de Château-Vieux qui l'aient envoyé voir Henry IV; ce sont les soldats qu'il commandoit. Il y a gros, f.....! qu'il ne se seroit pas mis à la gueule du canon, s'il avoit prévu qu'on y f..... la mèche. D'ailleurs, f.....! en supposant que ce b......-là ait eu le courage de braver la mort, est-ce pour la cause du peuple? Non, f.....! c'étoit au contraire pour le mannequin que les aristocrates appellent leur auguste maître......

» Aux piques! f.....! braves Sans-Culottes! aiguisez-les pour exterminer les aristocrates, s'ils osent broncher. Que ce beau jour soit le dernier de leur règne. Nous n'aurons de repos que quand la dernière tête d'aristocrate sera abattue. »

De son côté, cet insigne histrion, Marat, le sanglant rédacteur de l'*Ami du peuple,* écrivait dans sa feuille :

« On accuse les soldats de Château-Vieux d'avoir été insubordonnés à leurs chefs, de s'être révoltés contre le décret relatif à la garnison de Nancy, de s'être mis en défense contre la force publique commandée pour les soumettre, et d'avoir trempé leurs mains dans le sang des gardes nationaux de Metz...

» Oui, les soldats de Château-Vieux étaient insubordonnés à des officiers fripons qui les opprimoient pour les piller plus à leur aise, et à des chefs atroces qui les poignardoient pour les punir de ce qu'ils ne vouloient être ni volés ni opprimés.

» Oui, les soldats de Château-Vieux ont résisté à un décret barbare qui alloit les livrer au fer d'une armée d'assassins, s'ils refusoient de se soumettre à leurs chefs tyranniques.

» Oui, les soldats de Château-Vieux se sont mis en défense contre les aveugles satellites qui s'avançoient sous les ordres d'un conspirateur sanguinaire, pour les asservir ou les massacrer.

» Oui, les soldats de Château-Vieux ont fait mordre la poussière à quinze cents assassins féroces, satellites soudoyés et volontaires nationaux qui accouroient pour les égorger!

» Que leur reproche-t-on? D'avoir violé quelques décrets iniques d'un législateur corrompu? Mais c'étoit pour obéir aux plus saintes loix de la nature et de la société, devant lesquelles toute autre doit fléchir. Loin de leur faire un crime de leur courageuse résistance à leurs oppresseurs, à leurs assassins, on doit leur en faire un mérite : toutes les loix naturelles et humaines les y autorisent. L'Assemblée constituante avait consacré ce droit fondamental de la Constitution... Aux yeux de tout homme de cœur, ils méritent les éloges dus aux héros de la liberté. »

Et il ajoute qu'il n'a qu'un regret, c'est qu'ils n'aient point passé au fil de l'épée l'exécrable Bouillé, avec tous ses officiers et tous ses satellites qui auroient refusé de mettre bas les armes ! « Combien il est malheureux qu'ils ne soient pas venus dans la capitale punir de mort le despote et tous les Pères conscrits qui avoient trempé dans l'horrible conspiration !

» La sainte doctrine de la résistance aux mauvais décrets peut seule sauver l'État; l'Ami du peuple la prêchera-t-il donc à des sourds (1) ! »

De pareilles provocations ne pouvaient que soulever les colères des gens de bien.

André Chénier, qui trouvait bon, honorable et doux de se présenter, par des vérités sévères, à la haine des despotes insolents qui tyrannisaient la liberté au nom de la liberté même, envoya, tête levée, au *Journal de Paris*, des lettres où il flétrissait avec une fougue intrépide les prôneurs de cette fête anarchique et insensée. Entraînés par son exemple, plusieurs de ses amis, Chéron, de Pange et Roucher, signèrent aussi dans le même journal de courageux articles sur le même sujet, et le bruit de leurs attaques fut couvert, comme l'avait été le bruit des siennes, par les clameurs forcenées des sociétés populaires. « Je ne signe pas, écrivait un autre, de langage non moins énergique; parce que je n'ai pas le courage d'André Chénier : j'ai la foiblesse de craindre les proscriptions. » Quant à l'infatigable André, il ne se bornait pas à adresser lettre sur lettre au journal; pour tenir tête à la rage des clubs, il envoyait des adresses à l'Assemblée législative et au département de Paris, pour les conjurer de s'opposer à une fête dont les seuls ennemis du bien public pouvaient s'applaudir.

---

(1) N° 637, du dimanche 22 avril 1792.

Ce n'est pas tout; il la flétrit encore dans une ode, dans un ïambe, et dans plusieurs autres pièces aussi vigoureuses. C'est le jour même de la fête que parut avec son nom, dans le *Journal de Paris*, son *Hymne* si connu *aux Suisses de Châteauvieux* :

> Salut, divin Triomphe! entre dans nos murailles!
> Rends-nous ces guerriers illustrés
> Par le sang de Desille et par les funérailles
> De tant de Français massacrés.
> . . . . (1).

« On dit, avait-il écrit le 2 avril, que dans toutes les places publiques où passera cette pompe, les statues seront voilées. Sans m'arrêter à demander de quel droit des particuliers qui donnent une fête à leurs amis (2) s'avisent de voiler les monuments publics, je dirai que si, en effet, cette misérable orgie a lieu, ce ne sont point les images des despotes qui doivent être couvertes d'un crêpe funèbre, mais bien le visage de tous les hommes de bien, de tous les François soumis aux loix, insultés par les succès de soldats qui s'arment contre les décrets et pillent leur caisse militaire; que c'est à toute la jeunesse du royaume, à toutes les gardes nationales de prendre les couleurs du deuil, lorsque l'assassinat de leurs frères est parmi nous un titre de gloire pour des étrangers. Ce sont les yeux de l'armée qu'il faut voiler, pour qu'elle ne voie point quel prix obtiennent l'indiscipline et la révolte. C'est à l'Assemblée nationale, c'est au Roi, c'est à tous les administrateurs, c'est à la patrie entière à s'envelopper la tête pour n'être pas de complaisants ou de silencieux témoins d'un outrage fait à toutes les autorités et à la patrie entière. C'est le livre de la Loi qu'il faut couvrir, lorsque ceux qui en ont déchiré les pages à coups de fusil reçoivent les honneurs civiques (3). »

---

(1) Voir p. LXXXIX de l'excellente édition des *Poésies* d'ANDRÉ CHÉNIER, publiée par M. BECQ DE FOUQUIÈRES.

(2) On avait déclaré d'abord que la fête serait une fête particulière et non publique de la Nation.

(3) *OEuvres en prose* d'ANDRÉ CHÉNIER, p. 119. Ch. Gosselin, 1840. In-12.

Et il ajoute que, dans une ville où un véritable esprit public aurait donné aux citoyens le juste sentiment de leur dignité, une aussi scandaleuse bacchanale ne trouverait partout devant elle que silence et que solitude; partout les rues et les places publiques abandonnées, les fenêtres désertes, partout le mépris (1).

Mais voici venir le *vertueux* Pétion qui, dans une lettre aux sections, prétend expliquer ce que devra être cette fête qui excite tant de rumeurs. A l'entendre, ces soldats de Châteauvieux seraient les premiers qui, avec les gardes-françaises, auraient brisé les fers de la nation. Que des citoyens projettent d'aller à leur rencontre et de célébrer leur délivrance; qu'ils invitent leurs concitoyens à cette fête patriotique; qu'ils y invitent leurs magistrats, quoi de plus simple et de plus naturel?

Dans une seconde lettre au directoire du département, il va plus loin, il accuse l'esprit de vertige qui s'est emparé d'un grand nombre de têtes, il traite d'intrigants et d'artisans de manœuvres les contempteurs des héros du jour.

A ce mot d'intrigants, la verve d'André Chénier s'indigne et s'exalte : « Monsieur Pétion, s'écrie-t-il dans un article du *Journal de Paris,* les intrigants sont ceux qui se dévouent aux intérêts d'un parti, pour obtenir des applaudissements et des dignités; les intrigants sont ceux qui, étant magistrats publics, flattent lâchement les passions de la multitude qui règne et les fait régner; qui injurient, outragent et appellent *intrigants* les citoyens courageux qui ne veulent ni régner ni obéir à d'autres loix que les loix mêmes. Voilà quels sont les *intrigants*; et ceux qui, détachés de tous les partis, seuls, éloignés de toute société tumultueuse, s'élèvent sans ménagement contre ces hommes avides et injustes, les font connoître, bravent leur haine et méprisent leur inimitié; ceux-là, monsieur Pétion, ne sont pas des intrigants; ils sont des hommes probes et libres, estimés et honorés par tous les hommes probes qui sont capables d'être libres... (2). »

---

(1) *OEuvres en prose* d'ANDRÉ CHÉNIER, p. 121.
(2) *Id.*, p. 128.

Dans ces attaques véhémentes qui rappellent les grandes accusations de l'antiquité, quelque chose frappe de terreur, c'est ce souvenir que derrière toute parole des adversaires dont les bourreaux étaient les licteurs, se dressait le couteau de mort. En effet, Louis Chéron, emprisonné sous Robespierre, ne dut sa liberté qu'au 9 thermidor (27 juillet 1794). Quarante-huit heures avant ce jour de délivrance, la tête d'André Chénier, vouée à la guillotine par Robespierre et Collot d'Herbois, était tombée sur l'échafaud avec celle de Roucher, son ami. Arrêté le 7 mars 1794, il paraissait le 25 juillet suivant (7 thermidor), à onze heures du matin, avec l'auteur des *Mois*, au tribunal révolutionnaire, et à cinq heures après midi ils n'étaient plus. Mais n'anticipons pas.

Grâce aux invectives envenimées du *Père Duchesne*, de l'*Ami du peuple*, des proclamations de Pétion, grâce aux vociférations des clubs démagogiques, l'indignation se propageait dans la capitale contre la fête projetée; des pétitions tendant à y faire renoncer se couvraient de signatures; et quand Pétion, en sa qualité de maire de Paris, fit afficher dans toute la ville un arrêté prohibant le port de toute arme le jour de la fête, pour honorer, disait-il, la liberté, dont les fêtes devaient être libres comme elle, un Feuillant exaspéré, Dupont de Nemours, fit répandre par milliers un pamphlet adressé à Pétion, où, répondant par la violence à la violence des meneurs, il disait : « Quoi ! pour mieux honorer les assassins, vous voulez désarmer tous les frères d'armes des assassinés (1) ! »

Inquiet de l'ardeur des protestations, le club des Jacobins changea le nom de la fête : ce ne fut plus la fête de Châteauvieux, ce fut celle de la *Liberté*. Alors apparut à la tribune la livide figure du futur dictateur, du dieu de la guillotine, du funeste Robespierre. Il déclama contre les tyrans, contre l'état-major de la garde nationale, contre La Fayette, contre Bailly, et finalement il couronna de lauriers civiques les soldats de Châteauvieux (2).

---

(1) Voir Buchez et Roux, *Histoire parlementaire*, t. XIV, p. 87.
(2) Voir le *Journal du Club des Jacobins*, n° 173.

Pendant que le triomphe était disputé et se préparait, les triomphateurs, laissant la rame des galères, s'acheminaient vers Paris, fêtés et couverts de fleurs sur leur route par les clubs jacobins. A Versailles, ceux de la ville les reçurent comme des héros et les menèrent au théâtre, où l'on donnait la tragédie de *Brutus*. Le lendemain, par un rapprochement ridicule avec les fondateurs de la révolution de 89, on leur fit les honneurs de la salle du Jeu de paume, puis on les fit asseoir à un banquet. Une fois arrivés à Paris, on les conduisit à l'Assemblée nationale pour y être admis à la séance. Bien entendu, les tribunes avaient été remplies de frères et amis. La proposition souleva dans la Chambre de tumultueux orages, au milieu desquels le royaliste Jaucourt (1),

---

(1) Arnail François, comte puis marquis de Jaucourt, né en 1757, quand mourut centenaire le discret Fontenelle. Lui-même ne devait mourir qu'en 1852, à l'âge de quatre-vingt-quinze ans. Il a été l'une des figures les plus intéressantes de la fin du dernier siècle et de la moitié de celui-ci. Issu d'une famille très-ancienne, alliée aux ducs de Bourgogne, il était arrière-petit fils de l'ami de Henri IV, l'illustre Duplessis-Mornay, et neveu du fameux chevalier de Jaucourt, si distingué dans les sciences, et l'un des rédacteurs de l'Encyclopédie. A vingt-cinq ans, il était colonel du régiment de Condé-dragons. Fort goûté à la Cour, il s'en éloigna quand il la vit s'opposer à la Constituante; et lorsqu'il fut appelé à la Législative, il se fit excuser par sa sœur, la comtesse du Cayla, d'avoir cessé de faire sa cour à sa Souveraine Marie-Antoinette : « Mon frère craint de déplaire à Votre Majesté. — Dites bien à M. de Jaucourt, répondit la gracieuse et clairvoyante Reine, que je l'aime infiniment mieux à l'Assemblée qu'à Coblentz. »

Jaucourt n'en était pas moins assis aux bancs de la minorité royaliste qui défendait pied à pied la monarchie contre les démolisseurs. A l'ardeur de l'homme d'action il unissait une verve mordante, et la vivacité de ses mots a laissé de longs souvenirs. On connait sa demande touchant l'ami de Robespierre : « Je prie M. le Président de faire venir un verre de sang pour rafraichir M. Couthon. »

Après le 10 août, sa position n'était plus tenable à l'Assemblée. Il fut obligé de fuir; mais on l'arrêta par ordre de la municipalité, et il fut jeté à l'Abbaye. A grand'peine il échappa aux massacres de septembre, et sans madame de Staël, qui se mit en campagne avec toute l'ardeur d'une femme de cœur et vint à bout de gagner Manuel, il

le féroce paralytique Couthon, l'honnête de Haussy, essayèrent de se faire entendre. D'un bout à l'autre de la salle on échangeait des insultes et des menaces.

« Si les soldats de Châteauvieux, dit Jaucourt, ne se présentent que pour témoigner à l'Assemblée leur reconnaissance, j'appuie avec plaisir la demande qu'ils font d'être admis à la barre; mais je demande expressément qu'après avoir été entendus, ils ne soient point admis à la séance. » (Des cris *A bas! à bas!* partent de l'une des tribunes.)

« Une amnistie, ajoute l'orateur sans s'intimider des cris, n'est ni un triomphe ni une couronne civique. Je veux croire que les soldats de Châteauvieux ont été égarés; mais

---

était perdu. La fermeté et l'intégrité de son caractère n'étaient plus alors une protection, il se vit forcé de se réfugier en Angleterre pour échapper à la guillotine. Mais la nostalgie de la patrie le tourmenta, à ce point qu'il se risqua à rentrer en France avec Joseph de Broglie. A peine avaient-ils mis le pied sur la terre de France, qu'ils rencontrèrent une jeune femme allant à la pêche : « Qu'y a-t-il de nouveau? » fut leur première question. « Ils ont tué le Roi, répondit la femme : ils lui ont ouvert le paradis et nous l'ont fermé. »

L'échafaud était en permanence, Manuel lui conseilla de fuir de nouveau. Il se réfugia donc en Suisse, sur les bords du lac de Bienne, et ne rentra en France qu'au rétablissement de l'ordre.

D'abord membre, puis président du Tribunat, en 1802, il fut sénateur en septembre 1803. Enfin, il devint premier chambellan de Joseph Bonaparte, roi de Naples, fut du petit nombre de ceux que Napoléon mit hors la loi pendant les Cent jours, et fit partie du gouvernement provisoire avec le prince de Talleyrand, le général Beurnonville, le duc de Dalberg et l'abbé de Montesquiou.

La première Restauration, dont la durée fut aussi courte que ses fautes furent nombreuses, l'appela à la pairie et au ministère des Affaires étrangères pendant l'absence de M. de Talleyrand, qui représentait le pays au congrès de Vienne. Il passa ensuite à la Marine, et quand il fut arrivé à ce qu'il appelait la *maîtresse heure*, il laissa la réputation d'un homme qui avait su rester homme de bien par excellence dans toutes les situations de sa vie.

Un autre Jaucourt, qui était son proche parent, s'était montré officier du premier mérite et avait passé pour le plus habile général de cavalerie; celui-ci suivit les princes dans l'émigration, et fut, sur la terre étrangère, le ministre de la guerre de Louis XVIII.

la garde nationale, mais les soldats de la troupe de ligne, qu'ils ont combattus aux portes de Nancy, se sont dévoués à la défense de la loi, et eux seulement sont morts pour la patrie. »

Il continue avec vigueur sur ce ton, et ses paroles, couvertes des applaudissements de la droite, soulèvent les murmures de la gauche.

Paraît à son tour le général Gouvion :

« J'avais, s'écrie-t-il, un frère, bon patriote, qui, par l'estime de ses concitoyens, avait été successivement commandant de la garde nationale et membre du département.

» Toujours prêt à se sacrifier pour la loi, c'est au nom de la loi qu'il a été requis de marcher sur Nancy avec les braves gardes nationales. Là, il est tombé percé de cinq coups de fusil. Je demande si je puis voir tranquillement les assassins de mon frère... »

De violents murmures éclatent dans les tribunes, et une voix s'élevant dans l'Assemblée, crie : « Eh bien! Monsieur, sortez. » Les tribunes applaudissent.

En vain Gouvion essaye de continuer, sa voix est couverte par les cris violents partis de ces mêmes tribunes : *A bas! à bas!*

L'assemblée, soulevée tout entière d'un mouvement indigné, rappelle elle-même les tribunes à l'ordre.

« Je traite, s'écrie Gouvion, avec tout le mépris qu'il mérite, et avec..... je dirais le mot, si je ne respectais l'Assemblée, le lâche qui a été assez bas... »

Les cris de l'Assemblée et des tribunes lui coupèrent la parole, et, au milieu du tumulte, Choudieu se nomma comme l'interrupteur de Gouvion; les tribunes applaudirent de nouveau.

Après quelques mots prononcés encore par Gouvion, ce général sortit de la salle.

Finalement, les Jacobins l'emportèrent, et les soldats de Châteauvieux eurent les honneurs de la séance, à une majorité de huit voix, c'est-à-dire de 281 voix contre 265, sur 546 votants. Trois salves partirent des tribunes.

Alors commença un défilé de citoyens et de citoyennes, gens à piques et à bonnets rouges, qui de Versailles avaient escorté les Suisses ou s'étaient recrutés dans les sociétés et les bouges populaires de Paris (1).

Le général Gouvion avait quitté l'Assemblée pour n'y plus reparaître.

« En quittant la tribune, dit Mathieu Dumas dans ses *Souvenirs* (2), Gouvion sortit de la salle par le côté d'où le mot injurieux était parti. Je me hâtai de l'accompagner. Dans le peu d'instants que nous restâmes ensemble sur la terrasse des Feuillants, Gouvion me dit : « Je ne remettrai jamais les pieds dans cette salle. » Il rentra chez lui, et lorsque j'allai le retrouver après la séance, il avait déjà adressé sa démission au président. « J'attendrai pendant vingt-quatre heures, me dit-il, celui que j'ai traité de lâche, et demain au soir je partirai pour l'armée. Là sans doute je trouverai une glorieuse fin à tout ceci. » Je ne pus le persuader de renoncer à son dessein ; et peu de jours après, aux avant-postes de l'avant-garde du général La Fayette, le brave Gouvion était tombé frappé du premier boulet ennemi. »

Qui avait eu l'idée de la fête, premier essai du démagogisme pour inaugurer la toute-puissance de la rue? Qui en fut l'ordonnateur, d'après le programme de Tallien, aidé de David pour les dessins et de Gossec pour la musique (3)? Ce fut un histrion ambulant, un bouffon qui ne faisait que changer de tréteaux, comme dit André Chénier. Ce fut Collot d'Herbois, qui brûlait depuis longtemps de jouer un rôle politique. Cet homme au teint foncé, à la chevelure crépue d'un noir de jais, au sourcil féroce, au regard soucieux et sombre, le front insolent et déterminé annonçant le tribun, avait l'esprit exalté jusqu'à la démence par l'abus des liqueurs fortes. Au club des Jacobins, l'impétuosité de son audace révolutionnaire, la force de son organe et sa déclamation théâtrale avaient bientôt assuré à cet effronté bavard du succès et de l'ascendant. Lui qui naguère avait

---

(1) Séance du lundi 9 avril. Voir page 87 et suivantes du tome XII de la Réimpression du *Moniteur*.

(2) Tome II, p. 130.

(3) On trouve le programme complet dans le n° 122 du *Père Duchesne*.

chanté la royauté, qui avait signalé sa verve par des couplets chaleureux en l'honneur de Marie-Antoinette, était devenu le plus acharné républicain (1). Place au peuple! Ayant remporté, par une brochure intitulée *l'Almanach du père Gérard pour* 1792, le prix proposé par le club des Jacobins pour le meilleur ouvrage propre à prouver au peuple combien le nouvel ordre de choses lui était avantageux, la tête lui tourna; il se crut appelé aux plus hautes destinées littéraires et politiques, et il profita de l'amnistie accordée après l'acceptation de la Constitution, pour la faire étendre aux Suisses de Châteauvieux et attirer par le bruit l'attention sur sa personne. Un peu plus tard il brigua le portefeuille de la Justice (Dumouriez dit celui de l'Intérieur, ce qui parait plus probable), et se montra fort surpris de ne l'avoir point obtenu; et chargé un jour d'une mission civique dans la ville de Lyon où jadis il avait été sifflé, il profita de l'occasion pour se venger en faisant couler des flots de sang.

En attendant qu'on vit représenter la *déesse Raison* par des filles de bonne volonté recevant l'encens sur les autels, il y eut pour la fête de Châteauvieux un cortége triomphal où figurait le char de la Liberté, la Liberté « aux puissantes mamelles » du dithyrambe de Barbier. Ce n'était cette fois qu'une immense statue de plâtre, la tête couronnée de fleurs et la main armée d'une massue en guise de sceptre. Précédaient les nations diverses, portant chacune les bustes de ses héros : Algernon Sidney, Franklin, Jean-Jacques, Voltaire. Le cortége, parti de la Bastille, devait, à travers toute la ville entière, arriver jusqu'au Champ de Mars. Le char, conduit par la Renommée, était accompagné d'une musique retentissante, qu'interrompaient par intervalles des danses irrégulières, mais dont l'aimable désordre, disent les récits enthousiastes du *Moniteur* du temps, *était rendu plus piquant par l'accord fraternel de tous les cœurs.* « *Les fêtes populaires,* ajoutent ces récits, *font la meilleure éducation du peuple.* »

Par une inspiration que les sans-culottes crurent magnanime et qui n'était qu'amère et dérisoire, les meneurs pré-

---

(1) Voir tome III, page 168.

tendirent réconcilier dans la commune douleur, ceux que leur devoir avait appelés à combattre les héros du jour et avaient succombé, et l'on avait fait figurer deux cercueils symboliques, réunis sous cette commune inscription : *Bouillé et ses complices sont seuls coupables.*

Au Champ de Mars, la statue de la Liberté fut descendue par les soldats de Châteauvieux, qui, courbés sous leur glorieux fardeau, allèrent le poser sur l'autel de la patrie. Alors les cris, les chants, les danses se livrèrent à toute leur frénésie.

Le soir, le faubourg Saint-Antoine fut illuminé.

Or, des cérémonies funèbres avaient été célébrées dans toute la France, en septembre 1790, pour honorer les gardes nationaux et les soldats qui avaient péri alors pour le maintien de l'ordre et l'exécution des lois dans leur lutte contre le régiment aujourd'hui glorifié. La fête de Paris avait eu lieu le 20 au Champ de Mars, et la garde nationale avait porté un deuil de huit jours. Fêtes assurément plus sensées que celles qui avaient pour objet, dans l'année 92, de poser en principe l'insurrection comme seule origine de la liberté, de fermer les yeux sur les crimes en bafouant les actions généreuses les plus réellement patriotiques; en exaltant de misérables massacreurs justement punis de leur révolte, et que l'esprit de révolution représentait, dix-sept mois après, comme des victimes de leur dévouement à la cause du peuple, comme des héros qui avaient pressenti la trahison de Bouillé.

C'est ainsi qu'étaient bouleversées les idées les plus élémentaires d'ordre public et de discipline militaire, et qu'étaient suscitées les factions aux ordres des artisans de troubles. Malheureusement alors, malgré l'avis de Mirabeau, qui avait conseillé à la Constituante de refondre tous les régiments pour dérouter le génie de l'indiscipline, on n'avait opéré aucun remaniement depuis 90. L'exemple présent ne pouvait qu'enfanter des difficultés nouvelles. Le jour où l'on eut une émeute à réprimer, des assassinats à punir, le massacre d'officiers par leurs soldats à venger, soudain les orateurs de clubs, les Sociétés populaires qui avaient usurpé une existence politique, et voulaient non plus seulement une révolution légale, mais un changement total de société, criaient à la persécution des patriotes; toutes les tribunes, toutes les rues, toutes les feuilles à deux sous, tous les placards glorifiaient le crime, proclamaient le droit à l'impunité. Plus de répression pénale possible. Les Girondins demandaient-ils une démonstration menaçante et une insulte à la Royauté qu'ils voulaient transformer en monarchie démocratique (1), les Cordeliers, gens d'action à outrance, voulaient du sang versé et la destruction radicale. « Les Girondins, dit madame Roland, laissaient aller cette meute bruyante, et n'étaient pas fâchés de s'en servir comme d'enfants perdus (2). »

Encore un peu de temps, et ces Girondins, dont les premiers pas avaient été des victoires, les premières paroles des foudres qui avaient balayé les partis et les tiers partis usés, allaient s'évanouir dans les propres rêves de leur imagination, et, drapés de leur éloquence et de leur génie, se briser comme verre contre les Jacobins ameutés par Robespierre.

Les clubistes des Jacobins et des Cordeliers étaient à la fois journalistes et membres des comités qui préparaient les émeutes et les complots contre la Royauté. Marat avait plus de lecteurs et de partisans que de contradicteurs. Que devenait la place des honnêtes gens à vues d'ordre et de paix?

Le plus grand service qu'ait rendu la Révolution française (1789 à part), c'est l'horreur des crimes qu'elle a commis:

---

(1) Monarchie constitutionnelle à la bonne heure, mais ces deux mots *monarchie démocratique* s'excluent l'un l'autre. Cependant ce non-sens avait déjà eu du succès à la Constituante, lors de la rédaction de la première Constitution. Le baron de Wimpfen avait défini le Gouvernement français une *Démocratie royale*, et obtint durant quelques minutes des applaudissements. Une rédaction plus logique et fort applaudie encore fut celle de Roussier : *La France est un État monarchique dans lequel la Nation fait la loi, et le Roi la fait exécuter.*

(2) *Mémoires de madame* ROLAND.

DCCLV

LETTRE DU ROI A L'ASSEMBLÉE NATIONALE
POUR ANNONCER QUE SA MAJESTÉ A NOMMÉ M. DE FLEURIEU
GOUVERNEUR DU DAUPHIN (1).

18 avril 1792.

Je vous prie, Mr le President, de prevenir l'Assemblée nationale que mon fils ayant atteint l'age de sept ans, j'ai nommé pour son gouverneur Mr de Fleurieu; sa probité et ses lumières generallement reconnues, ainsi que son attachement a la Constitution, ont déterminés mon choix.

Je ne cesserai jamais de recommander au gouverneur du Prince Royal de lui inspirer de bonne heure le respect pour la Justice, l'amour de l'humanité, et touttes les vertus qui conviennent au Roy d'un peuple libre; de lui apprendre qu'un Roy n'existe que pour le bonheur de tous; qu'appellé a maintenir l'execution des Loix, la plus grande force pour contraindre les autres a leur obeir, est l'exemple qu'il en donne lui-mesme.

J'espere que mon fils se rendra digne un jour de l'amour des François par son attachement à la Constitution, son respect pour les Loix et son application constante a tout ce qui peut assurer la prosperité du Royaume.

L'Assemblée nationale reconnoitra surement, dans

---

(1) Minute autographe faisant partie de mon cabinet. Il y a en tête, de la main du Roi, *A revoir*, et la signature est biffée. Orthographe conservée.

ma demarche, que je saisis toujours avec empressement touttes les occasions d'entretenir l'harmonie et la confiance qui doivent exister pour le bonheur des François entre tous les representants de la Nation.

DCCLVI

LETTRE CONFIDENTIELLE
DE LOUIS XVI AU ROI D'ANGLETERRE GEORGE IV,
POUR ENTRETENIR LA PAIX ENTRE LES DEUX COURONNES (1).

[18 avril 1792.]

Monsieur mon Frère, je remets cette lettre au sieur de Chauvelin, que j'ai nommé mon ministre plénipotentiaire auprès de vous. Je saisis cette occasion pour vous exprimer combien je suis touché de toutes les marques publiques d'affection que vous m'avez données. Je vous remercie de ce qu'à l'époque du concert que quelques Puissances ont formé contre la France, vous ne vous êtes point lié avec elles. Je vois par là que vous avez mieux apprécié mes véritables intérêts et mieux jugé la position de la France. Des rapports nouveaux doivent s'établir entre nos deux pays. Il me semble que je vois tous les jours s'effacer les restes de cette rivalité qui nous a fait tant de mal. Il convient à deux Rois qui ont marqué leur règne par un désir continuel du bonheur de leur peuple, de former entre eux des liens qui deviendront d'autant plus durables

---

(1) *State papers* d'Angleterre.
La minute est au département des Affaires étrangères de France.

que l'intérêt des deux Nations s'éclairera davantage. Je n'ai qu'à me louer de l'ambassadeur que vous avez auprès de moi (1). Si je ne donne pas le même caractère à la personne que je vous envoie, vous devez cependant sentir qu'ayant associé à sa mission le sieur de Talleyrand, qui ne peut pas, aux termes de la Constitution, avoir de titre, j'ai mis la plus grande importance au succès de l'alliance à laquelle je désire vous voir concourir avec le même zèle que moi. Je la regarde comme nécessaire à la stabilité de la Constitution respective de nos deux États et au maintien de leur tranquillité intérieure, et j'ajouterai que, réunis, nous devons commander la paix à l'Europe. Je suis avec l'amitié la plus constante et l'estime la plus parfaite,

Monsieur mon Frère,

Votre bon Frère,

Louis.

Paris, le 18 avril 1792.

Quand s'est rencontré sous notre plume le nom de M. de Talleyrand dans le cours de ce volume (voir pages 105 et suivantes), nous n'avons pas insisté sur le rôle diplomatique qu'il était allé jouer en Angleterre. On a dit de l'abbé Sieyes que la Révolution lui paraissait avoir plus de chance de succès avec une monarchie tempérée, sous un nouveau Roi élu par la Nation (voir page 173). Quelques-uns de ses contemporains ont voulu associer ici le nom de M. de Talleyrand à celui de Sieyes. Mais il faut reconnaître que cet illus-

---

(1) Lord Gower-Sutherland.

tre personnage, qui possédait à un si haut degré le sens politique et se montrait aussi aimable par le caractère que par l'esprit, est un des hommes à qui l'on a le plus prêté de projets et de mots apocryphes. Il est vrai que, dès 1789, il s'était rangé du côté du parti novateur; et que, noble et prêtre, il avait fait bon marché des priviléges de la Noblesse et du Clergé; mais ce fut toujours sans passion, sans violence, sans turbulence, et il avait siégé, avec son impassibilité systématique, aux côtés de Mounier et de Lally-Tolendal. Assurément, en prenant une part active à l'éclatante cérémonie de la Fédération nationale, le 14 juillet 90, dans la vaste enceinte du Champ de Mars, il avait contribué à marquer une des phases de décadence d'une monarchie quatre fois séculaire. Mais concourir à la limiter n'était pas la vouloir détruire radicalement et prétendre changer la dynastie.

Il n'était point probable que Louis XVI, avec ses scrupules religieux et ses principes austères, eût un grand goût pour M. de Talleyrand. Mais, depuis 92, la force des choses commençait à lui faire subir des hommes pour lesquels il ne se sentait nulle sympathie. Jusqu'à cette année fatale, il avait eu des ministres et des ambassadeurs issus de l'ancienne monarchie. Breteuil, La Luzerne, Saint-Priest, Montmorin, Moleville, Narbonne, lui avaient représenté les traditions, et ces noms anciens lui avaient voilé les idées nouvelles. Necker lui-même, en dépit de ses vues de rénovation et de son orgueil genevois, se rattachait encore par quelques côtés aux anciens temps; mais quel crève-cœur pour Louis XVI lorsqu'il s'était vu contraint d'accepter Dumouriez, l'aventurier de génie, encore tout ému de ses accolades avec Robespierre au club des Jacobins; quand, cédant à Dumouriez, il avait nommé à une ambassade M. de Maulde, pour lequel il éprouvait tant de répugnance; quand il avait vu le tiers état entrer de plain-pied en ses conseils dans la personne de Cahier de Gerville et de Clavière, simple négociant genevois enrichi; la République enfin se dresser hautaine et impérieuse sous la figure de Roland! Après tout, malgré la vie peu canonique de M. de Talleyrand, il voyait encore en lui un homme sorti de l'ancien régime, et qui ne pouvait tout à fait renier le passé. D'ailleurs, ses études en finance et son rapport sur l'instruction publique, un des beaux travaux de clôture de la Constituante, avaient relevé sa réputation.

Après avoir échoué à se concilier la Prusse, il était important d'empêcher l'Angleterre d'entrer dans la coalition; il était important de l'avoir, s'il était possible, pour alliée. On n'avait pas à craindre qu'une alliance entre les deux peuples entraînât l'absorption de l'un par l'autre. C'étaient là des États trop grands pour ne pas garder dans une mesure étendue, la liberté de leurs allures. Il se trouvait encore, à cette époque, dans la Grande-Bretagne, quelques hommes considérables qui conservaient de bonnes dispositions pour ceux des partisans de la Révolution qui, tout en tranchant au vif dans des abus séculaires, avaient su lutter encore en gens de bien contre l'esprit de licence et d'anarchie : les Fox, les Sheridan, les Lansdowne. Mais le gros de la Nation avait depuis longtemps commencé à montrer des sentiments hostiles à la France. Ainsi, lors de la prise de la Bastille, des enthousiastes, appartenant pour la plupart à des sectes dissidentes, avaient imprudemment célébré par un banquet, dans la ville manufacturière de Birmingham, ce triomphe révolutionnaire; la populace ameutée s'en était prise à la maison du banquet et l'avait démolie. Elle avait saccagé les propriétés, brûlé l'habitation, détruit les collections précieuses du docteur Priestley, l'illustre chimiste, dissident d'opinions fort avancées, qui venait de publier une réponse virulente au livre de Burke contre la Révolution française. Il fallait donc, pour négocier à Londres, un homme dont l'esprit de prudence et de conciliation sût apaiser les haines et prévenir les orages. Le sang-froid de Talleyrand-Périgord, son aménité de caractère, sa grâce et sa réserve de langage, son art d'écouter, la sûreté de son tact, le rendaient propre à une telle négociation; Montmorin, qui le goûtait, l'avait proposé au Roi, et de Lessart l'avait fait accepter. On était alors en janvier 92.

Malheureusement l'ancien évêque d'Autun avait fait partie de la dernière Assemblée, et, comme on le sait, la Constitution interdisait pendant deux années toute fonction publique aux anciens membres de la Constituante. Il partit donc pour l'Angleterre, dans la compagnie de son ami Lausun-Biron, si célèbre par ses agréments, sa légèreté et sa triste fin, et arriva à Londres le 25 janvier pour tenter la fortune, sans autre lettre de créance à présenter qu'une lettre officieuse de M. de Lessart. Ce n'était donc, à vrai dire, qu'un voyage d'observation, avec mission particulière, éventuelle, d'entamer quelque négociation, s'il trouvait les ministres et le Roi accessibles; « en un mot, les disposer à regarder le Roi constitutionnel de France sous ce nouveau jour, et maintenir la neutralité de l'Angleterre, dans le cas où la guerre qu'on commençait à prévoir deviendrait inévitable sur le continent. »

« Je ne sais, dit Dumont, qui se trouvait dans le même temps à Londres et le voyait souvent, s'il n'avait pas un peu trop l'ambition d'imposer par un air de réserve et de profondeur. Son premier abord, en général, était très-froid; il parlait très-peu, il écoutait avec une grande attention. Sa physionomie, dont les traits étaient un peu gonflés, semblait annoncer la mollesse, et une voix mâle et grave paraissait contraster avec cette physionomie. Il se tenait à distance et ne s'exposait point. Les Anglais, qui n'ont que des préventions générales sur le caractère français, ne trouvaient en lui ni la vivacité, ni la familiarité, ni l'indiscrétion, ni la gaieté nationales. Une manière sentencieuse, une politesse froide, un air d'examen, voilà ce qui formait une défense autour de lui dans son rôle diplomatique (1). »

En société intime, il se dédommageait : caressant, souple, fin, délié, insinuant avec une pointe épigrammatique, il captivait son auditoire. Attentif et aux petits soins pour plaire, toujours prêt et jamais pressé, plein de choix et de goût dans le langage comme dans les manières, jamais il ne donnait prise sur sa personne, et seule la réputation d'épicuréisme et d'immoralité qui l'avait devancé lui pouvait nuire.

Le ministère anglais ne fut pas moins réservé à son égard qu'il se montrait lui-même en son rôle sérieux. Lord Gower-Sutherland, ambassadeur d'Angleterre à Paris, l'avait

(1) Dumont, *Souvenirs sur Mirabeau*, p. 361.

bien annoncé comme chargé d'une mission pacifique ; le ministre français qui l'avait recommandé appartenait bien à la portion la plus modérée du cabinet des Tuileries, mais lord Grenville, ministre des Affaires étrangères, était peu disposé à s'engager en un étroit commerce avec un homme sans pouvoirs, qu'il savait d'ailleurs fort lié avec le comte de Narbonne, le plus ardent des ministres français, le plus porté à la guerre contre l'Autriche. En vain M. de Talleyrand-Périgord était-il autorisé à proposer la cession de Tabago dans les Antilles (1), il ne gagna rien sur la froide réserve du ministre, et l'on sut que ce dernier avait dit de lui que c'était un homme profond et dangereux (2). Il ne fut pas reçu avec plus d'ouverture par William Pitt, qui ne le vit qu'une fois. En somme, le cabinet de Saint-James ne sympathisait point avec le nouvel état de choses de la France et ne croyait point à la stabilité de la Constitution.

Lors de la présentation de M. de Talleyrand à la cour, le Roi affecta de faire peu d'attention à lui, et la Reine lui tourna le dos avec mépris, rejetant ce dédain sur la réputation immorale de l'évêque (3). L'exemple de la cour entraîna la société anglaise, les cercles de l'aristocratie se rétrécirent pour le négociateur éconduit, et sauf l'hôtel Lansdowne, qui continua à lui rester ouvert, il ne trouva plus guère à

---

(1) On a dit et même imprimé que M. de Talleyrand avait été aussi chargé de proposer la démolition des travaux encore inachevés du port de Cherbourg, et qu'il pouvait s'avancer jusqu'à promettre l'abandon des îles de France et de Bourbon (voir la *Biographie universelle*, dont il faut parfois se beaucoup défier). Ce sont là des assertions trop graves pour les accepter sans plus d'informations, et auxquelles il me serait impossible d'ajouter foi. On venait d'évacuer Pondichéry, et l'île de France devenait ainsi le chef-lieu des établissements français à l'est du cap de Bonne-Espérance, parce qu'on la regardait comme l'arsenal et le grand centre d'action de la France sur toutes les mers orientales. Le fait est que, dans les instructions originales que j'ai lues, il n'est question que de *Tabago*, acquisition peu ancienne de la France.

(2) Dumont, p. 364.
(3) Dumont, p. 365.

qui parler. Il retourna donc à Paris, n'ayant obtenu que l'espoir équivoque d'une froide neutralité.

Bien entendu, Talleyrand eut l'adresse, à son retour, de ne s'attribuer en rien à lui-même son insuccès. Au rapport de lord Gower, il parla en termes favorables des dispositions du gouvernement anglais, et mit sur le compte de l'irrégularité de son caractère diplomatique ce qui dans le langage de ce gouvernement avait pu paraître peu amical (1).

Après avoir ménagé son renvoi en Angleterre, Talleyrand-Périgord rentra dans le tourbillon des sociétés. Il n'avait plus retrouvé au ministère son ami de Narbonne et il observait dans l'Assemblée trois partis rivaux : les Constitutionnels, les Girondins et les Montagnards, qui tous juraient par la Constitution sans qu'aucun d'eux en fût satisfait. Les haines, les défiances étaient à leur comble : Talleyrand, dans son adroite prévoyance, regardait Londres comme un refuge.

Choisi encore une fois, au mois d'avril, pour y négocier, il se disposa à ramener avec lui, en qualité de secrétaire de la mission, M. du Roveray, ancien procureur général à Genève, naturalisé Irlandais et pensionné du gouvernement de l'Irlande, homme de mérite, prisé du gouvernement anglais, et qu'il avait amené de Londres à sa première expédition. Mais comme on ne pouvait faire de M. de Talleyrand un ministre plénipotentiaire, on éluda la difficulté constitutionnelle en donnant officiellement ce titre à M. de Chauvelin, maître de la garde-robe de Louis XVI. Talleyrand, véritable négociateur, lui fut associé et ne devait déployer officiellement, pour son compte, un caractère diplomatique qu'après l'expiration des deux années légales. Le Roi remit à ce dernier, pour le recommander au roi George et l'accréditer, la lettre de cabinet qu'on a lue plus haut, et Dumouriez annonça cette double nomination avec celle de du Roveray à lord Grenville, le 21 avril, c'est-à-dire le lendemain de la déclaration de guerre à l'Autriche.

---

(1) *Talleyrand the politic man*, dans l'ouvrage de sir HENRY LYTTON-BULWER, en deux volumes, intitulé *Historical characters: Talleyrand, Cobbett, Mackintosh, Canning.*

Il était possible que l'Angleterre, en vertu de son traité de la Haye du 10 décembre 1790 avec le feu Empereur et la Hollande, prît ombrage de l'envahissement des provinces des Pays-Bas, et nous supposât l'intention ambitieuse de les joindre à l'Empire français. Il y avait donc à la dissuader de cette pensée de défiance et à la convaincre de notre franche détermination à ne faire aucune conquête; il y avait à la bien persuader que nous n'entreprenions qu'une guerre purement défensive. Que si en effet nous envahissions un territoire relevant de la maison d'Autriche, c'était à notre corps défendant, pour prévenir notre propre ruine et gagner de vitesse un ingrat allié devenu ennemi, dont la mauvaise politique sacrifiait une alliance aussi avantageuse que la nôtre à de vains préjugés.

Or, comme en toute discussion il convient préalablement de s'entendre sur les mots, pour savoir nettement en quoi l'on est d'accord et en quoi l'on diffère sur les choses, il y avait à bien définir la portée qu'attribuait la Grande-Bretagne au mot *allié*, afin de connaître les cas où les Puissances qui auraient des traités avec elle pourraient réclamer d'elle le *casus fœderis*.

Suivant nous, dès que la provocation ne venait pas de notre côté, le *casus fœderis* n'existait pas. L'Autriche ne pouvait pas l'invoquer; et ni le traité d'Utrecht, ni celui des Barrières, détruit par le fait de Joseph II, ni la convention de la Haye, ne la mettaient à couvert. — La Hollande n'était pas mieux posée; et si elle prenait fait et cause pour les provinces belgiques dont le souverain était agresseur, les armées françaises n'auraient point à la respecter.

Quelque disposé que le Cabinet britannique se fût montré en faveur de la neutralité, lors des premières tentatives diplomatiques de M. de Talleyrand, rien n'ayant pu se passer, à cette époque, d'une manière officielle, les intentions mutuelles n'ayant été recueillies que dans des conversations particulières, ne pouvaient être considérées de part ni d'autre comme obligatoires. Les événements nouveaux survenus pouvaient avoir d'ailleurs fourni à l'Angleterre un prétexte plausible à l'adoption d'un plan différent. Il était donc essentiel de la faire s'expliquer sur la nature de la neutralité dans laquelle son cabinet avait paru vouloir se renfermer. Ainsi, permettre à ses marins, de quelque grade ou condition qu'ils fussent, de prendre part sur les flottes ennemies, comme elle en avait usé en 1776 en faveur des Russes, dans leur guerre contre les Turcs; ouvrir les ports de la Grande-Bretagne et de l'Irlande aux vaisseaux ennemis de la France, etc., aurait été, à nos yeux, déroger à la neutralité, et enfreindre le traité de commerce qui liait les deux pays.

La coalition des principales Puissances continentales contre nous était regardée par le ministère français comme une grande conspiration des despotes contre l'établissement de la Constitution française, comme le renouvellement des entreprises formées jadis par Louis XIV, et après lui par l'Espagne et la Suède, pour contraindre la Grande-Bretagne à rappeler les Stuarts.

Ne fussions-nous point forcés à des mesures offensives, fussions-nous réduits, par quelque circonstance imprévue, à demeurer dans l'état d'observation passive où nous étions depuis quelque temps, il y avait à développer au Cabinet britannique la nature et les conséquences d'un tel concert. Lui qui s'était dispendieusement armé pour arrêter les progrès de l'une de ces Puissances contre les Turcs et mettre des bornes à son ambition, pourrait-il bien voir sans inquiétude des coalisés qui, identifiant leurs intérêts, unissant leurs forces, allaient se rendre infailliblement, tant qu'ils seraient d'accord, les arbitres du nord de l'Allemagne, les maîtres du commerce de la Baltique et de la mer Noire; et bientôt après de celui des Échelles du Levant et de la Méditerranée. Voilà pour le danger de leur union.

Mais à considérer l'Autriche à part, il fallait ne pas oublier que sa rivalité avec la Prusse avait été jusqu'ici la sauvegarde de l'indépendance de l'Empire. L'ascendant qu'avait su exercer cette Puissance sur les États formant l'assemblée germanique était de nature à donner de l'inquiétude.

Le succès, improbable d'ailleurs, de la ligue aurait pour résultat de fortifier encore la Maison d'Autriche en faisant rentrer sous son sceptre les possessions qui en avaient été autrefois séparées, et de lui ouvrir, du côté de l'Allemagne, de la Courlande, de la Pologne, de la Baltique, de la mer

Noire, des combinaisons nouvelles, de nature à détruire l'équilibre européen.

La Russie enfin et les événements de Pologne devaient aussi tenir en éveil le ministère britannique. Il y avait à tirer parti de ces textes divers pour notre cause.

D'un autre côté, le rétablissement de l'ancien régime aurait pour inconvénient de ramener, avec tout le cortége du pacte de famille, l'ancien état de rivalité de la France et de l'Angleterre.

Arrivât-il, par impossible, que la supériorité de discipline préparât, dans une première campagne, quelques succès aux ennemis de la France, pourrait-on jamais réussir à triompher de la résistance d'une nation populeuse, brave et fière, dont tous les citoyens étaient armés; qui envoyait cent mille recrues aux frontières, quand on ne lui en demandait que cinquante; qui possédait en domaines fonciers de quoi pourvoir *ad nutum* à l'acquittement de toutes ses dettes exigibles; d'une nation enfin qui avait deux cent mille arpents de terre à offrir aux soldats ennemis qui préféreraient au joug sous lequel ils étaient courbés la qualité d'hommes libres et de soldats citoyens?

Tels étaient les raisonnements à développer et à faire valoir auprès du cabinet britannique pour nous le concilier et prévenir peut-être en même temps le soulèvement de l'Irlande, dont le premier coup de canon tiré entre la France et l'Angleterre pourrait être le signal. Que si, en résumé, les négociateurs français ne pouvaient réussir à célébrer un traité d'alliance défensive, à tout le moins devaient-ils obtenir une formelle déclaration de neutralité. Et telle était au fond toute l'ambition du cabinet.

Cependant, en dépit des instructions délivrées, le départ de la mission souffrait des retards. L'amour-propre de Chauvelin, jeune étourdi à la mode, qui, sans l'adjonction d'une bonne tête pour faire son éducation diplomatique, n'eût jamais pu prétendre d'emblée à un poste aussi élevé que celui de ministre de France à Londres (1), se cabrait à l'idée

---

(1) François-Bernard de Chauvelin, marquis avant la Révolution,

de n'être qu'un prête-nom, un masque de représentant. Exhalant ses plaintes avec amertume, il eût voulu jeter son Mentor à la mer. Mais Talleyrand, faisant la sourde oreille, se taisait et prenait patience. Fatigué de semblables misères en des circonstances aussi urgentes, Dumouriez appela Dumont, qui était revenu en France avec la première mission et du Roveray : « Coupez court à tout cela, lui dit-il : je ne comprends rien à la conduite de vos amis. Depuis quinze jours l'ambassade est nommée, et ils ne pensent point à partir. M. de Talleyrand s'amuse; M. de Chauvelin boude; M. du Roveray marchande. S'ils ne sont pas en route demain au soir, après-demain une autre ambassade sera nommée et partira avant midi. C'est mon dernier mot (1). » Le départ fut bientôt réglé. La légation, c'est-à-dire Talleyrand, Chauvelin et du Roveray, sortit de Paris le surlendemain, à quatre heures du matin, emmenant avec Dumont et Garat qui devait être un jour ministre de la Justice et de l'Intérieur, un homme plein d'esprit et de connaissances, nommé Gallois, enfin le grand vicaire de M. de Talleyrand, et le Würtembergeois Charles Reinhard, fait comte sous l'Empire, diplomate d'esprit peu brillant, mais solide. C'est le même qui fut successivement ministre de France à Hambourg et dans son propre pays, devint ministre des Affaires étrangères du Directoire exécutif, puis directeur des chancelleries au même ministère, sous M. de Talleyrand, à l'époque de la Restauration, et dont celui-ci, presque au dernier terme de sa carrière, voulut prononcer lui-même l'éloge funèbre à notre Institut.

A coup sûr, l'apologie solennelle d'un tel homme, si fort au-dessous par son génie d'un pareil honneur, n'a été pour le grand diplomate émérite qu'une sorte de cadre personnel, une occasion de livrer à la publicité son testament politique, et de se peindre au vif dans le remarquable portrait qu'il a tracé du diplomate consommé, du parfait ministre des Affaires étrangères. « Il faut, dit-il, que ce ministre soit doué d'une

---

comte sous le premier Empire, Chauvelin tout court quand il prit rang dans l'opposition à la Chambre des Députés, sous la Restauration.

(1) Dumont, *Souvenirs sur Mirabeau*, p. 422.

sorte d'instinct qui, l'avertissant promptement, l'empêche, avant toute discussion, de jamais se compromettre. Il lui faut la faculté de se montrer ouvert en restant impénétrable, d'être réservé avec les formes de l'abandon, d'être habile jusque dans le choix de ses distractions; il faut que sa conversation soit simple, variée, inattendue, toujours naturelle et parfois naïve; en un mot, il ne doit pas cesser un moment, dans les vingt-quatre heures, d'être ministre des Affaires étrangères. Cependant toutes ces qualités, quelque rares qu'elles soient, pourraient n'être pas suffisantes, si la bonne foi ne leur donnait une garantie dont elles ont presque toujours besoin. Je dois le rappeler ici pour détruire un préjugé assez généralement répandu; non, la diplomatie n'est point une science de ruse et de duplicité. Si la bonne foi est nécessaire quelque part, c'est surtout dans les transactions politiques, car c'est elle qui les rend solides et durables. On a voulu confondre la réserve avec la ruse. La bonne foi n'autorise jamais la ruse; mais elle admet la réserve, et la réserve a cela de particulier qu'elle ajoute à la confiance...»

Le Roi George répondit de sa main à la lettre autographe de Louis XVI la lettre que voici, qui demeurait dans les généralités et ne préjugeait aucune des questions pendantes entre les deux cabinets :

DCCLVII

LE ROI D'ANGLETERRE AU ROI LOUIS XVI (1).

Monsieur mon Frère, j'ai reçu la lettre que le sieur Chauvelin, votre ministre plénipotentiaire auprès de moi, a été chargé de me remettre de votre part, et je n'ai pas voulu omettre de vous exprimer en retour combien je suis toujours sensible aux expressions de votre amitié. Je me fais un vrai plaisir d'y répondre

---

(1) Archives des Affaires étrangères de France et *State paper office* à Londres. La lettre est en français.

par des sentiments réciproques, et de saisir toute occasion de vous marquer la sincérité de mes vœux pour votre prospérité.

Il m'a été très-agréable de savoir que la conduite de mon ambassadeur à votre Cour a mérité votre approbation. Ce ne sera jamais que par une pareille conduite que mes ministres auprès de vous pourront remplir mes intentions et satisfaire aux ordres que je leur donnerai toujours de témoigner par toutes leurs démarches la constante amitié et la parfaite estime avec lesquelles je suis,

Monsieur mon Frère,

de Votre Majesté,

le bon Frère,

GEORGE R.

Saint-James, le 18me mai 1792.

Suscription :
Au Roi Très-Chrétien Monsieur mon Frère.

Talleyrand déploya à Londres les qualités dont on a vu le tableau peint par lui-même. Il s'appliqua surtout à affaiblir les impressions fâcheuses que faisait naître dans le cabinet britannique l'état intérieur de la France; mais ses efforts étaient contrariés par l'attitude de son jeune collègue, dévoué aux idées populaires, et qui prêtait volontiers l'oreille aux mécontents de la Grande-Bretagne; ils trouvaient également des obstacles dans les préjugés hostiles répandus par des malveillants avant l'arrivée de la mission; ils en trouvaient encore dans le langage acerbe de quelques feuilles françaises à l'égard de l'Angleterre. La société anglaise se fermait à l'ambassade; le public faisait le vide à l'apparition des en-

voyés dans les promenades et leur tournait le dos. Cependant
M. de Talleyrand gardait un sang-froid imperturbable au
milieu de toutes ces démonstrations; mais M. de Chauvelin
en était fort ému et ne le pouvait cacher. Ces dispositions
mauvaises de la population forçaient à une discrétion
extrême, si bien que, pour ne donner lieu à aucun ombrage dans le pays, les envoyés s'abstinrent de prendre
part à la fête civique et fraternelle de la Fédération du
14 juillet, dont les patriotes français résidant à Londres voulaient célébrer l'anniversaire. Pitt avait conservé toutes ses
préventions contre le mouvement qui s'opérait sur les bords
de la Seine; il les avait fait partager à son Souverain, et le
négociateur n'obtint de lord Grenville que la promesse d'une
note par laquelle la Cour de Londres se déclarerait indiffé-
rente à tout ce qui se passerait, pourvu que la France res-
pectât les droits des Puissances alliées de la Grande-Bretagne.
Mais du moins elle entendait le *casus fœderis* comme nous
l'entendions nous-mêmes.

M. de Talleyrand ne se tint pas pour battu; il revint à la
charge, tenta la convoitise britannique par des concessions
commerciales et territoriales, et essaya d'obtenir la médiation
du cabinet de Saint-James entre la France et les Puissances
continentales. Le ministre fut inflexible, et se borna à donner sa promesse formelle de neutralité. L'annonce de la
déclaration de guerre de la France à l'Autriche avait opéré
une baisse assez considérable dans les fonds publics à Londres. Le gouvernement britannique, pour dissiper sur-le-
champ les craintes, s'empressa de démentir les bruits d'armements et d'une presse de matelots, et Pitt répondit à une
députation du commerce que l'Angleterre ne prendrait aucune part dans la guerre présente. Mais la catastrophe du
10 août vint bientôt déchirer ces déclarations, et à la mort
de Louis XVI le Roi d'Angleterre intima aux négociateurs
français l'ordre de quitter Londres sous vingt-quatre heures
et la Grande-Bretagne sous huit jours.

DCCLVIII

MARIE-ANTOINETTE AU COMTE DE MERCY (1).

La guerre est déclarée. — Comment doit être conçu le manifeste de la Cour de Vienne. — Ce qu'il faut dire et ce qu'il faut taire. — Il importe surtout d'éviter toute apparence d'intervention dans les affaires intérieures de la France. — Envoi de M. Maison à Vienne.

[30 avril 1792.]

La guerre est déclarée. La Cour de Vienne doit tâcher d'éloigner sa cause le plus que possible de celle des Émigrés, l'annoncer dans son manifeste en même temps que l'on pense qu'elle pourroit employer l'ascendant naturel qu'elle a sur les Émigrés pour tempérer leurs prétentions, les amener à des idées raisonnables et à se rallier enfin à tous ceux qui soutiendront la cause du Roi. Il est facile d'imaginer les idées qui doivent former le fond du manifeste de Vienne, mais, en appelant l'univers à témoin des intentions de cette Puissance, de ses efforts pour conserver la paix, de ses dispositions constantes encore à terminer à l'amiable, de son éloignement de soutenir des prétentions particulières ou quelques individus contre la Nation, on doit éviter de trop parler du Roi, de trop faire sentir que c'est lui qu'on soutient et qu'on veut défendre. Ce langage l'embarrasseroit, le compromettroit, et pour ne pas paroitre conniver avec son neveu, il seroit forcé d'exagérer ses démarches, et par là de s'avilir ou de donner un mouvement faux à l'opinion publique. C'est de la Nation dont il faut parler, pour

---

(1) Archives impériales d'Autriche et de Russie.

dire que l'on n'a jamais eu le désir de lui faire la guerre. Une observation également importante, c'est d'éviter de paroitre vouloir d'abord se mêler des affaires intérieures, ou même de vouloir amener à composition. On a déjà cherché à déjouer les bonnes intentions de Léopold, en faisant répandre qu'il vouloit faire une transaction entre tous nos partis. Il est à désirer sans doute que la marche que prendra la Cour de Vienne y amène les François, mais ce dessein doit être très-caché, car ce seroit le rendre impossible à exécuter que de le manifester d'abord. Les François repousseront toujours toute intervention politique des étrangers dans leurs affaires, et l'orgueil national est tellement attaché à cette idée, qu'il est impossible au Roi de s'en écarter, s'il veut rétablir son royaume. Du reste, les ministres actuels comptent sur le soulèvement des peuples voisins, sur la désertion des troupes étrangères, sur la possibilité de détacher la Prusse du concert des Puissances, et on y consacre des missions. Enfin, on a envoyé un M. Maison avec un courrier de cabinet à Vienne, sous prétexte d'apprendre à M. de Noailles qu'il doit se retirer. Cet homme restera à Vienne quelque temps. Il est chargé d'écouter les ouvertures de paix qu'on voudroit faire ou proposer.

Il résulte de la correspondance officielle du marquis de Noailles et des instructions mêmes données, le 21 avril, à ce M. Maison dont parle la Reine, qu'il n'était chargé d'aucune négociation diplomatique. Il n'avait d'autre mission que d'aller à Vienne pour mettre ordre aux papiers de l'ambassade de France et en rapporter les archives. L'ambassadeur avait ordre de le recommander expressément, à ce titre, au cabinet d'Autriche, avant de quitter son poste, et de le placer sous la sauvegarde de la foi publique, comme on y avait mis en France le chargé d'affaires autrichien, M. de Blumendorf, depuis la déclaration de guerre. Dumouriez avait porté la question de cette nécessité de protection de la personne du chargé d'affaires et des effets laissés par M. de Mercy à l'examen de l'Assemblée, et l'Assemblée avait passé à l'ordre du jour, sur le motif qu'une pareille question étant de droit international, ne saurait être soulevée en France, et par conséquent faire l'objet d'une délibération (1).

Dumouriez, en donnant au marquis de Noailles, le 21 avril, c'est-à-dire le lendemain de la déclaration de guerre prononcée à l'Assemblée, l'ordre de rentrer en France, avait ajouté :

« Je vous annonce avec plaisir que l'Assemblée nationale, après avoir lancé contre vous un décret rigoureux à cause de votre lettre du 1er avril, qui exprimait le refus formel de produire vos lettres de créance et de continuer les négociations dont vous étiez chargé, a fait rapporter ce décret et l'a annulé d'après l'empressement que j'ai mis à produire vos deux dépêches du 5 et du 7 du même mois, qui constatent que vous avez obéi aux ordres du Roi. Ainsi, vous pouvez revenir dans votre patrie en toute sûreté. »

Il lui recommande ensuite, dès qu'il serait sorti des terres de la maison d'Autriche, d'envoyer à M. de Kaunitz copie du décret portant déclaration de guerre. Mais la nouvelle de cette déclaration étant arrivée à Vienne par la voie des Pays-Bas, M. de Cobentzl en parla au marquis de Noailles, qui se vit forcé, en demandant ses passe-ports, de communiquer officiellement le décret. Le prince de Kaunitz refusa les passe-ports jusqu'à ce qu'il eût des nouvelles de M. de Blu-

---

(1) De même, quand on rédigea le premier titre de notre Code civil, le rapporteur avait introduit un article qui réservait les privilèges des agents diplomatiques et plaçait ces agents en dehors du droit commun, le Conseil d'État décida que ce droit exceptionnel étant de droit des gens généralement reconnu, il n'y avait pas lieu à le faire figurer dans un Code de droit écrit.

mendorf et de son arrivée saine et sauve sur territoire autrichien. M. de Noailles écrivit en vain de nouveau, il n'obtint plus de réponse, et malgré la connaissance qu'il avait donnée touchant les dispositions protectrices prises à l'égard de ce chargé d'affaires, le prince persista dans son silence, et le 12 mai, l'ambassadeur demeurait encore en otage, avec tout le personnel de l'ambassade. Maison avait eu le dessein, suivant ses instructions, de rester à Vienne jusqu'à ce qu'il n'y pût plus tenir. Mais le marquis de Noailles, qui trouvait fermées pour lui-même toutes les portes officielles ou particulières, vit bien que laisser après lui dans les États d'Autriche cet homme que l'on commençait à insulter et à repousser de toute part, serait compromettre à la fois et sa personne et les archives confiées à ses soins; dès lors, quand il eut les passe-ports, il le fit partir devant lui. La dernière dépêche que l'ambassadeur reçut du prince contenait plus d'aigreur et de paroles blessantes sur l'état de la France que de diplomatie.

M. de Noailles, à son retour en France, ne fut pas mal accueilli. Alors qu'il était encore à Vienne, le ministre lui avait demandé, au nom du Roi, un résumé de tout l'ensemble de son ambassade. Il le rédigea à Paris et le remit le 18 juin. Nous donnons ici ce Mémoire, pour clore tout ce qui se rattache aux négociations qui ont devancé la guerre de la coalition.

DCCLIX

MÉMOIRE (1).

Les dernières instructions que j'ai reçues à Vienne, le 30 avril, finissent par ces mots : *Sa Majesté attend que vous veniez lui rendre un compte exact de votre*

---

(1) Archives des Affaires étrangères de France.

ambassade, qui cesse par la guerre. Si j'ai bien compris ce qui m'est demandé, c'est moins un détail historique des neuf années de mon ambassade, qu'un Exposé fidèle des négociations dont j'ai été chargé depuis mon retour à Vienne, en mars 1791, jusqu'au 1er mai 1792.

La Cour de Vienne n'a jamais été sincèrement attachée à la France; elle l'a toujours regardée, au contraire, comme le seul obstacle qu'elle rencontroit partout et surtout dans l'Empire. Son penchant véritable a été pour l'Angleterre, alliée utile et nullement à craindre pour l'Autriche, Puissance purement continentale et militaire. Mais les fréquentes guerres que cette Maison avoit à soutenir contre nous, et qui finissoient presque toujours mal pour elle, lui firent sentir le besoin de se rapprocher de la France. La paix d'Aix-la-Chapelle, où nous montrâmes un si grand désintéressement et un si vif désir de la paix, en donna peut-être la première idée. Elle fut saisie par M. le Prince, alors comte, de Kaunitz, qui venoit d'entrer dans le ministère au sortir de son ambassade auprès de notre Cour, qu'il avoit étudiée. L'alliance de 1756 fut négociée et conclue. Elle nous donnoit la sécurité du côté des Pays-Bas et de l'Alsace, et paroissoit devoir servir de contre-poids à celle de l'Angleterre avec la Prusse, puissance nouvelle, mais très-active et très-ambitieuse. Les avantages de la Maison d'Autriche furent immenses, et elle sut en profiter. Ils ne changèrent pourtant pas son caractère distinctif, qui est l'égoïsme. Elle n'avoit considéré son alliance avec nous que comme un sûr moyen de tout entreprendre impunément à l'abri de notre puissance, sans entendre rien faire d'essentiel pour nous, et affectant soudain peu d'attachement à ses liens avec nous dès que nous ne nous montrions pas prêts à la soutenir aveuglément dans ses entreprises. Néanmoins elle avoit toujours gardé les dehors de l'amitié, et sauf sa hauteur et sa rudesse naturelles, elle nous traitoit avec les ménagements et les égards dus à une aussi grande Puissance que la nôtre. Mais sa conduite devoit nécessairement changer aussitôt que nous paroitrions moins disposés à la servir. Ce changement s'opéra en 1789, à l'époque où s'est établi en France un nouvel ordre de choses. Nous rendions alors à la Cour de Vienne les services les plus importants auprès de la Porte en négociant la paix pour elle. Joseph II rompit brusquement, au mois d'octobre de la même année, les négociations que l'ambassadeur de France à Constantinople suivoit avec espérance de succès. La Cour de Vienne, oubliant toutes les obligations qu'elle nous avoit, s'indisposa contre nous lorsqu'elle nous vit adopter des principes qui lui firent croire que nous ne voudrions ou nous ne pourrions plus lui être de la même utilité. En octobre 1789, Joseph II fit à la Cour de Londres différentes insinuations qui n'eurent d'autre effet que la médiation angloise pour la paix avec la Turquie, mais qui tendoient à un traité d'alliance. Ce traité ne pouvoit avoir lieu, vu la situation alors des choses dans l'intérieur de la monarchie autrichienne. Les Pays-Bas étoient en insurrection. La Galicie et la Hongrie donnoient des inquiétudes. Il régnoit partout une fermentation sourde. Et la Prusse, nouvelle alliée de l'Angleterre et à la tête de la Ligue germanique, se trouvoit encore dans le même système de rivalité avec la Maison d'Autriche. Je ne m'appesantirai point sur tous ces détails, donnés exactement dans ma correspondance avec le ministre. J'ose me flatter de n'avoir rien omis qui ait pu nous mettre au fait des dispositions de la Cour de Vienne à notre égard.

En 1790, Joseph II mourut, et Léopold II, son frère, Grand-Duc de Toscane, lui succéda. Le nouveau Roi ne changea rien au système politique adopté vis-à-vis de nous depuis 1789. Ce fut le jour de Pâques, 4 avril 1790, que pour la première fois j'eus l'honneur de faire ma cour au Roi Léopold II. Sa Majesté me parla en termes généraux et avec intérêt de la situation de nos affaires intérieures, semblant espérer de nous voir nous retrouver un jour dans un grand état de force. Je me rendis le même soir chez M. le Prince de Kaunitz, qui parut avoir choisi ce moment-là pour exhaler sa mauvaise humeur sur la nouvelle Constitution que nous travaillions à nous donner. Après s'être entretenu à quatre pas de moi avec le ministre d'Angleterre et un homme du pays, le baron de Swieten, qui applaudissoient à sa censure, il vint me trouver, reprit le même discours, et peu satisfait de se voir repoussé avec fermeté, il finit par me dire : *Il seroit difficile d'être partisan de votre Constitution actuelle.* « Je le suis et très-hautement, répondis-je, » depuis que le Roi s'est déclaré chef de la Révolution. »

M. le Prince de Kaunitz ne dit plus rien, et la conversation prit une autre marche. Je ne tardai point à apprendre que le principal ministre avoit témoigné son mécontentement de ma façon de penser. Il m'a toujours gardé quelque rancune de la fermeté que je lui ai montrée à cette époque, et il en est résulté des préventions qui se sont communiquées et qui n'ont cessé de me poursuivre. Je ne fus pas longtemps à m'en apercevoir. Je n'ai pu m'empêcher d'y être sensible, mais j'ai soin de ne pas le faire connoître, sacrifiant ainsi ma satisfaction personnelle au bien du service de la place que j'avois l'honneur d'occuper. Je me contentai d'en instruire le Ministère, sachant d'ailleurs que la Cour de Vienne n'étoit pas encore en état de ne plus nous ménager. Il est vrai qu'elle en cherchoit tous les moyens aux dépens même de sa propre dignité. Elle signa avec la Prusse, à *Reichenbach*, une convention qui décela plus de foiblesse qu'elle n'annonça d'amour pour la paix. On crut voir que c'étoit acheter bien cher le rapprochement des Maisons d'Autriche et de Brandebourg. Mais c'étoit un pas fait vers l'alliance, et cela suffit.

Après la signature de cette convention, Léopold II donna tous ses soins au rétablissement de la tranquillité dans ses États. Il réussit en Bohême et en Hongrie, mais la résistance continua dans les Pays-Bas. La Prusse, par ses manœuvres, avoit soulevé les Hongrois. La Cour de Vienne en avoit des preuves certaines. Sa conduite vis-à-vis des Belges étoit aussi peu équivoque. L'Empire se plaignoit depuis quelque temps de la manière dont Frédéric-Guillaume menoit l'exécution du pays de Liége. Il étoit donc naturel que les soupçons ne changeassent point d'objet. Mais on mendioit l'alliance de la Prusse; il eût été inconséquent de lui chercher des torts. Un rapprochement de dates favorisa la partialité et la malveillance, et la Cour de Vienne établit que l'insurrection des Pays-Bas et notre révolution avoient la même origine. J'avois, avant la mort de Joseph II, donné avis de cette nouvelle manière de voir et de présenter les affaires de la Belgique, adoptée par la Cour de Vienne. Ce fut dans ces circonstances que j'obtins un congé.

Arrivé à Paris en septembre 1790, je m'empressai de remplir un de mes devoirs, je veux dire la prestation du serment civique. Je ne devois pas m'attendre que cet acte d'obéissance à la loi accroitroit les difficultés que j'avois déjà éprouvées à Vienne; il eut pourtant cet effet. Je restai à Paris trois mois de plus que je ne comptois y passer, attendant des réponses de Madrid où l'on m'avoit proposé d'aller. Mais cette proposition ne m'avoit paru acceptable qu'autant qu'on se seroit assuré que les préventions dont j'étois l'objet à Vienne par mon attachement connu pour la Constitution ne me suivroient point en Espagne. Il vint une réponse négative de Madrid. Je retournai à Vienne en mars 1791 pour suivre l'affaire des Princes possessionnés.

Un an auparavant, M. le vice-chancelier de l'Empire, Prince de Colloredo, m'avoit dit d'amitié, dans une maison tierce, qu'on venoit de lui écrire que le Prince Maximilien de Deux-Ponts s'étoit rendu de Strasbourg à Mayence, qu'il y avoit fait un très-court séjour, n'avoit eu des entretiens qu'avec le ministre de Prusse, et s'en étoit retourné sans donner signe de vie ni au ministre Impérial ni au ministre de France. Selon lui, Prince de Colloredo, le Prince de Deux-

Ponts étant dérangé dans ses affaires, les nouveaux arrangements faits en Alsace ne devoient pas lui convenir plus qu'au Duc de Deux-Ponts son frère, à l'évêque de Spire, au landgrave de Hesse-Darmstadt, au margrave de Bade, etc. Le vice-chancelier ajouta que ces Princes portoient de tous les côtés leurs réclamations, et qu'il en résultoit beaucoup de fermentation dans l'Empire. Ma réponse à la marque de confiance de M. le Prince de Colloredo fut qu'aucune Puissance ne pouvoit refuser à une autre le droit de faire chez elle ce qui étoit le plus à sa convenance; que le premier principe de l'Assemblée nationale étant celui de la justice, et tendant à respecter les propriétés, dès qu'il seroit reconnu que par les nouveaux arrangements plusieurs Princes de l'Empire étoient lésés dans leurs possessions en Alsace, ils obtiendroient infailliblement des indemnités convenables. Telle fut la première ouverture de la Cour de Vienne sur cet objet, qui devoit bientôt prendre un aspect plus grave. On lui donna la forme d'avis de confiance, de service d'ami. La raison en étoit que Joseph II régnoit encore, que l'idée de l'alliance prussienne n'étoit pas encore venue, et qu'on croyoit devoir nous ménager; mais les Princes n'en continuèrent pas moins leurs démarches: ils portèrent leurs plaintes à la Diète de l'Empire, qui les accueillit. C'en étoit assez pour engager l'affaire. L'occasion étoit favorable. L'élection d'un nouvel Empereur dans la personne de Léopold II fournit aux Princes intéressés les moyens de mettre la Maison d'Autriche en avant. Elle s'y prêta d'autant plus volontiers qu'en paroissant embrasser les intérêts des Princes de l'Empire, elle se flattoit de regagner ceux qu'elle s'étoit aliénés sous le règne précédent, et d'anéantir la Ligue que feu Frédéric II avoit formée contre elle.

A mon arrivée à Vienne, en mars 1791, pendant l'absence de l'Empereur qui voyageoit alors en Italie, je vis tous les ministres et je les entretins de l'affaire des Princes possessionnés. Ils répondirent que l'Empereur feroit son devoir de chef de l'Empire, mais qu'on pouvoit être sûr qu'il n'aigriroit point les esprits; que les dispositions de Léopold II ne sauroient être meilleures pour tout ce qui pouvoit tendre à la conciliation, tout en suivant les formes qu'il avoit à observer. Ils combattirent le refus que nous faisions d'admettre l'entremise de l'Empire dans notre discussion avec les Princes, assurant que sans son concours nous ne pouvions faire aucun arrangement solide. Ils s'appliquèrent à calmer nos inquiétudes sur les rassemblements dans notre voisinage; ils me dirent qu'ils ne pouvoient croire à la vérité des avis que nous recevions à cet égard. Le vice-chancelier de l'Empire, Prince de Colloredo, manifesta une opinion qui s'est depuis développée et a servi de guide à la Cour de Vienne : c'est que nous pouvions bien lui redevenir utiles, mais que nous ne l'étions point pour le moment. Il attribua d'ailleurs aux intrigues de la Cour de Berlin tous les obstacles que nous rencontrions dans l'Empire, et pour les rendre infructueuses, il falloit, selon lui, que l'Empereur n'annonçât pas de partialité. De toutes les assurances du ministère impérial, je conclus qu'au moins la Cour de Vienne ne cherchoit point à augmenter nos embarras. Dans le cours des conférences que je fus chargé d'avoir, j'eus toujours lieu d'être rassuré sur les dispositions de la Cour de Vienne, en remarquant toutefois l'idée qui régnoit de l'inutilité actuelle de notre alliance pour la Maison d'Autriche, et l'opposition constante des principes du ministère en général avec les nôtres relativement aux Princes possessionnés. On eut soin constamment de nous donner avis des mouvements de la Cour de Berlin et de quelques ministres électoraux auxquels on attribuoit tout le mal, et de nous répéter que de paroître impartial c'étoit mieux nous servir que de prêcher la paix et la condescendance. On ne cessa de s'attacher à dissiper tous nos soupçons; et il seroit peut-être vrai de dire que la conduite publique des ministres de Bohême et d'Autriche à Ratisbonne répondoit parfaitement aux assurances que nous recevions à Vienne; que lorsqu'il s'agiroit de voter, les voix de Bohême et d'Autriche seroient pour le maintien de la paix. Enfin, pour achever de nous tranquilliser, le vice-chancelier de Cour et d'État, comte de Cobentzl, me prévint, dans les premiers jours du mois de mai 1791, que du 4 au 6 du même mois l'Empereur devoit être à Milan; qu'il s'arrêteroit ensuite quelque temps à Mantoue; que M. le Prince François-Charles-Philippe, alors Comte d'Artois, étoit parti de Turin pour faire une tournée en Italie; que lui, comte de Cobentzl, craignoit que ce Prince, pressé par M. de Calonne, ne cherchât à rencontrer l'Empereur. *Une pareille entrevue*, m'ajouta-t-il, *feroit tenir des propos, serviroit peut-être les desseins de M. de Calonne en faisant accroire des choses*

qui ne sont pas, mais ne produiroit très-certainement
aucun changement dans les vues de Sa Majesté Impériale.

Ce n'étoit pas vainement que le vice-chancelier de
Cour et d'État m'avoit fait cette insinuation : j'appris
dans le même mois que l'entrevue avoit eu lieu à Mantoue. M. le Prince de Kaunitz, chez qui je me rendis
pour m'en assurer, me le confirma, en ajoutant que
M. le Comte d'Artois avoit demandé à l'Empereur la
permission de s'arrêter quelque temps à Namur, et que
cette permission lui avoit été accordée sans difficulté
pour sa personne. Je ne pus en apprendre davantage :
nous touchions au moment où l'Empereur, peut-être
à l'insu de ses ministres, alloit contracter des engagements et faire une démarche qui devoient amener les
événements les plus fâcheux.

Durant tout le mois de juin, je ne découvris rien
qui pût faire changer mon opinion que la Cour de
Vienne ne chercheroit point à nous susciter des embarras à la Diète de Ratisbonne. Telle étoit la confiance
dans laquelle je vivois, lorsque je fus informé, le
30 juin au soir, par M. le Prince de Kaunitz, de ce
qui s'étoit passé en France le 21 juin. J'en témoignai
la plus grande douleur. Je ne me permis aucune réflexion. Mon âme étoit entièrement absorbée par le
chagrin que me causoit la situation des affaires. En
quittant le ministre, qui m'avoit donné de si tristes
nouvelles, je le prévins que j'allois me renfermer chez
moi jusqu'à nouvel ordre.

Vers le milieu de juillet, je reçus mes premières informations ministérielles, contenant le détail des mesures prises par l'Assemblée nationale pour maintenir

l'ordre public, veiller à la sûreté du Roi, et assurer le Gouvernement monarchique. Je tirai un bon augure de ces dispositions, et je reparus dans la société, ne sachant point encore que l'Empereur, à son retour d'Italie, feroit difficulté de me recevoir. Je me remis à aller chez le Prince de Kaunitz aux heures où il recevoit du monde. Je parus seulement autant qu'il falloit pour faire cesser les propos indiscrets de ceux qui se plaisoient à répandre que j'étois parti.

L'Empereur, après un séjour de quatre mois en Italie, revint à Vienne le 20 juillet. Je m'adressai le lendemain à M. le Prince de Kaunitz, ayant une audience à demander pour présenter mes lettres de créance à Sa Majesté Impériale. Le ministre me répondit d'abord qu'il ne mettoit pas en doute que je serois reçu. Cette première réponse de M. le Prince de Kaunitz prouvoit que la demande que j'avois faite eût été pleinement accueillie sans les plans formés précédemment en Italie, à l'insu peut-être du principal ministre. Qu'arriva-t-il? Le surlendemain, M. le Prince de Kaunitz me fit prier de passer chez lui, et m'avertit que, d'après les notions qui lui étoient venues, il ne me conseilloit ni de demander mon audience, ni de paroître au cercle de la Cour; que cela tenoit aux circonstances du moment, et qu'il souhaitoit qu'elles changeassent bientôt. Je me bornai à lui témoigner combien je souhaitois de voir cesser les raisons qui me privoient de l'avantage de faire ma cour à Sa Majesté Impériale.

Je rentrai de ce moment-là dans la retraite. Je ne sortis plus que pour aller chez les ministres, quand j'avois à leur parler. J'ai envoyé dans le mois d'août deux courriers portant des expéditions qui respiroient, j'ose le dire, le zèle le plus pur pour les intérêts de la Nation et du Roi. Ce fut ainsi que j'attendis le moment où Sa Majesté fit connoître ses véritables sentiments en acceptant l'acte constitutionnel. Dès qu'elle les eut manifestés, il n'y eut plus d'incertitude; la malveillance seule conserva des doutes.

Tel est l'exposé de ma conduite pendant la durée d'une position difficile pour les agents politiques. Avois-je un autre parti à prendre que de me renfermer dans ma douleur, de mener une vie tout à fait retirée, de garder le silence, d'attendre les événements, en continuant pourtant les services que je pouvois rendre, et qui n'ont pas été sans utilité? J'ajouterai que c'est de cette époque que date l'affoiblissement progressif de ma santé.

De ma retraite j'instruisis le ministère de ce que je pus apprendre du séjour de l'Empereur en Italie, et des dispositions actuelles de ce Prince. J'en retirai la malheureuse conviction que la Cour de Vienne, trouvant son compte à se déclarer contre nous, avoit pris avec celle de Berlin des engagements et des mesures qui la menoient à son but. Je me confirmai dans cette opinion par la suite des avis qui me vinrent et par le ton des ministres de l'Empereur. Je n'ai rien négligé dans ma correspondance qui pût éclairer sur les vues de la Cour de Vienne, et surtout qui fît bien connoître la versatilité du caractère de Léopold II. J'ose espérer qu'on n'y retrouvera qu'un véritable amour de la patrie, joint à une extrême sensibilité.

Dès que l'Empereur, au mois d'octobre 1791, eut reçu mes lettres de créance et la lettre du Roi qui lui notifioit l'acceptation par Sa Majesté de l'acte constitutionnel, la Cour de Vienne parut vouloir conserver la bonne intelligence avec nous. Elle fit toute espèce de démonstrations publiques de satisfaction; mais usant de ses réticences ordinaires, elle se réserva les moyens de nous faire les leçons et les reproches qu'il lui plairoit.

Dans une conférence que j'eus au mois de novembre avec le vice-chancelier de l'Empire, Prince de Colloredo, il se récria sur l'interprétation que nous donnions aux traités touchant notre souveraineté en Alsace, et me fit entendre que jamais les Princes possessionnés et l'Empire ne se désisteroient de leurs prétentions. Les autres ministres autrichiens, sans partager sa vivacité, me répondirent les mêmes choses, et je fus à portée de me convaincre que la Cour de Vienne ne se départiroit pas du système qu'elle avoit adopté de ne nous rendre aucun service avant de s'être occupée des intérêts des Princes de l'Empire. Nous en acquîmes une preuve certaine dans la manière dont la Cour de Vienne écarta nos réclamations de ses bons offices auprès de l'Électeur de Trèves, en confondant les griefs qu'il prétendoit avoir contre nous en qualité de métropolitain, et les torts qu'il avoit envers la France comme protecteur des rassemblements qui nous inquiétoient. Les plaintes que la Cour de Vienne n'avoit jamais cessé de faire de ce qu'elle appeloit l'instabilité de notre gouvernement, elle affecta de les renouveler avec plus d'aigreur lorsqu'elle nous vit déterminés à sortir promptement de l'état d'incertitude où l'on nous tenoit.

J'eus souvent le chagrin d'entendre ces plaintes, et je crus de mon devoir de les rapporter fidèlement.

Jusque-là, le ministère impérial avoit sauvé du moins les apparences. Nous avions bien la certitude qu'il ne feroit rien pour nous, mais il nous avoit laissé croire qu'il ne feroit rien contre. Son office ministériel du 21 décembre 1791 déchira le voile dont il s'étoit couvert. Nous voyant résolus à nous faire justice nous-mêmes, puisqu'on nous la refusoit, la Cour de Vienne prit ouvertement le parti de l'Électeur de Trèves. Mais, par une bizarrerie inexplicable et qui tenoit au caractère personnel de l'Empereur, il fut signifié en même temps à l'Électeur de Trèves qu'il ne seroit secouru qu'autant qu'il feroit cesser nos sujets d'inquiétude. Depuis longtemps j'avois annoncé les instances de plusieurs Cours d'Allemagne et de différentes Puissances auprès de Léopold II pour l'engager à se déclarer contre nous : il s'y étoit toujours refusé ; moins sans doute par attachement pour la France que par éloignement pour la guerre qu'il désiroit d'éviter, en faisant néanmoins tout ce qu'il falloit pour la hâter.

La Cour de Vienne ouvrit en quelque façon l'année 1792 par de nouvelles marques de malveillance. L'état des provinces belgiques augmenta son humeur ; elle voulut nous trouver des torts, et nous adressa la note du 5 janvier, bien plus propre à nous découvrir ses vues qu'à justifier sa conduite envers nous. Elle crut avoir d'autant moins de mesures à garder qu'elle étoit sûre de son influence à Berlin, d'où il lui venoit de fortes instances contre nous, qu'au reste elle dictoit peut-être elle-même. Depuis l'époque du 5 janvier jusqu'à celle du 1er mars, tout ne fut pourtant pas absolument rompu. La Cour de Vienne parut même s'observer encore sur l'affaire des Princes possessionnés. On eût cru, à l'entendre, qu'elle ne désiroit que la paix. Cela tenoit beaucoup à l'opinion personnelle de Léopold II. Ce Prince, dans sa quarante-cinquième année, accoutumé à régner depuis vingt-sept ans, réformoit souvent les idées de son principal ministre, et adoucissoit ce qui lui paroissoit trop fort dans les résolutions qu'on lui présentoit. Il est probable que sans la mort de ce monarque, arrivée le 1er mars, la Cour de Vienne eût toujours suivi le même système. Mais le nouveau Roi, âgé de vingt-quatre ans, fut obligé de s'en rapporter à ses ministres, et particulièrement à M. le Prince de Kaunitz, lequel a toujours prétendu se distinguer par la fermeté de son caractère, qu'il pousse jusqu'à la roideur. Ce ministre, aujourd'hui dans sa quatre-vingt-deuxième année, s'étoit accoutumé à dominer sous Marie-Thérèse. Il eut moins de crédit sous l'Empereur Joseph. Léopold II le traita mieux, et le Roi François Ier dut nécessairement se mettre sous sa tutelle. Maître alors de la besogne, il prit le ton fort haut. Deux motifs connus l'y engagèrent. L'un, la gloire qu'il se flattoit d'acquérir en substituant son opinion à celle de la Nation françoise; l'autre, la certitude qu'il avoit du jugement sévère porté depuis longtemps en France sur l'alliance de 1756. Auteur de cette alliance, qu'il regardoit comme son chef-d'œuvre, plutôt que de la laisser tomber platement, il préféra de la rompre avec éclat. De là ses invectives, ses sorties contre notre Gouvernement, et ses provocations de toute espèce consignées surtout dans sa note du 18 mars. Je ne pus qu'être indigné de cette conduite. Je prévis ce que le Conseil du Roi alloit être obligé de faire, et je n'aspirois qu'au moment de m'éloigner d'une Cour qui nous offensoit à ce point, lorsque ma sensibilité fut mise à une nouvelle épreuve par l'événement de M. de Lessart. Je fus atterré de l'accusation de ce ministre. Je n'avois vu, dans tout le cours de ses négociations, qu'un attachement bien caractérisé pour la Constitution. J'ose même dire qu'elles nous auroient fait obtenir ce qui faisoit l'objet de nos justes demandes, si le parti n'eût pas été pris à Vienne de nous pousser à bout. M. de Lessart fut comme moi en butte aux injustes préventions de la Cour de Vienne, et l'objet de sa méfiance. La Note du 18 mars et ce qui l'avoit précédée en fournissoit des preuves certaines. Je suppliai le Roi, par une lettre du 24 mars, de me permettre de me retirer, annonçant en même temps à Sa Majesté que je continuerois le service de la place que j'avois l'honneur d'occuper jusqu'à ce qu'Elle m'eût fait parvenir ses derniers ordres.

Ce fut le 31 mars que le courrier Duclos, venant de Paris par Berlin et Dresde, me remit avec mes nouvelles lettres de créance la dépêche du 19 du même mois. Cette dépêche ne contenoit que les instructions générales sur la manière dont le Conseil du Roi avoit résolu de mener par la suite les négociations avec la Cour de Vienne. Elle m'annonçoit même que Sa Majesté n'attendoit pas de sitôt la réponse de cette Cour à nos demandes du 1er mars. Je la connoissois, cette réponse, partie de Vienne, le même jour 19 mars, par le courrier *Lépine*. J'étois autorisé, par les mouvements militaires qui la suivirent, à la regarder comme un manifeste. Je crus de mon devoir de *suspendre*, pour l'honneur de la Nation et du Roi, la remise de mes nouvelles lettres de créance jusqu'à ce que je connusse les résolutions prises dans le Conseil du Roi. C'est ce que j'eus l'honneur de répondre, en exposant tous mes motifs, par ma dépêche du 1ᵉʳ avril, n° 34, qui fut accompagnée d'une autre lettre du même jour 1ᵉʳ avril, sans numéro. Dans l'une et dans l'autre, je rappelois la lettre que j'avois eu l'honneur d'écrire au Roi le 24 mars pour supplier Sa Majesté de m'accorder la permission de me retirer, répétant aussi que j'attendois ce qu'il plairoit au Roi de m'ordonner. Je remis ces dépêches au courrier *Duclos*, qui partit le soir même, 1ᵉʳ avril, reprenant la route de Dresde et de Berlin pour se rendre à Paris. Trois jours après, je reçus (le 4 avril au matin) par le courrier *Dotville* l'expédition du 27 mars. Elle portoit des instructions précises sur ce qui devoit décider de la guerre ou de la paix. Je les remplis sur-le-champ en allant trouver le vice-chancelier de Cour et d'État, Comte de Cobentzl. Par mes dépêches du 5 et du 7 avril, j'eus l'honneur de rendre compte de ma conférence et de la réponse qui me fut donnée.

Le 30 avril, à deux heures après midi, M. Maison me remit la dépêche du samedi 21 avril, qui m'annonçoit le décret de l'Assemblée nationale qui décidoit la guerre contre le Roi de Hongrie et de Bohème, et me prescrivoit la conduite que j'avois à tenir. Je crois pouvoir me flatter d'avoir exécuté ponctuellement les ordres du Roi. C'est ce que prouvera l'expédition du 1er mai, que j'ai remise au courrier *Le Comte*. On aura remarqué par cette expédition qu'un courrier étoit arrivé des Pays-Bas avec la nouvelle de la déclaration de guerre, en même temps que M. Maison. C'est à cette circonstance qu'il faut attribuer le refus de passe-ports que j'ai d'abord essuyé, et la prolongation forcée de mon séjour à Vienne.

Je n'oublierai pas de dire qu'il n'existe à Vienne aucun moyen sûr de se procurer des informations autre que la fréquentation de la société, et les avis que l'on doit à la confiance et à l'amitié.

Le résumé de ce Mémoire sera facile. Il ne faut que rappeler la marche de la Cour de Vienne. Elle se servoit de nous en 1788; elle nous abandonna en 1789, nous regarda comme dans un état de nullité en 1790, et se tourna contre nous en 1791.

A Paris, le 18 juin 1792.

NOAILLES.

FIN DU CINQUIÈME VOLUME.

TABLE ANALYTIQUE
DES MATIÈRES.

DCXLIX. — LOUIS XVI AU DUC DE CHARTRES. — Le Roi approuve les règles de conduite qu'il se propose de suivre. — Il a appris avec plaisir que le Duc se trouve, par tempérament, propre au service de mer. (Versailles, le 12 aoust 1775.)................. 1

NOTE SUR LE DUC DE CHARTRES................................... 2

DCL. — MARIE-ANTOINETTE AU DUC DE CHARTRES. — Elle lui transmet, de la part du Roi, la défense de se joindre à l'armée royale. (Le 20 juillet 1779.)..................................... 6

DCLI. — MARIE-ANTOINETTE A LA DUCHESSE DE FITZ-JAMES. — Protestations d'affection. — Encouragements à trouver dans l'accomplissement d'un devoir une consolation au sacrifice qu'elle a fait de s'éloigner de la Reine. (Sans date, 1790.)................. 7

NOTE SUR LE CARDINAL HENRY STUART............................... 8

DCLII. — MARIE-ANTOINETTE A LA DUCHESSE DE FITZ-JAMES. — Elle n'a jamais eu de rapports avec le cardinal de Bernis : on lui avait demandé de recommander madame de Fitz-James à cet ambassadeur; elle a préféré en charger madame de Polignac, qui le connaît et se trouve à Rome. — Prière de défendre le caractère du Roi, injustement accusé d'insouciance. — Souvenir affectueux du Roi, envoye en pensée devant Dieu, à madame de Fitz-James, pendant la messe. (Décembre 1790.)....................................

DCLIII. — MARIE-ANTOINETTE A LA DUCHESSE DE FITZ-JAMES. — Madame de Tarente inconsolable depuis qu'elle a perdu sa petite-fille. — Intérêt que prend la Reine aux progrès que peut faire madame de Fitz-James dans l'esprit du cardinal. — Espérance que les tantes du Roi prêteront à la duchesse une intervention utile. — Éloge de la conduite de la fille de la duchesse. — Inquiétudes qu'a eues la Reine sur la santé du Roi. — État politique de la France. (Le 19 mars 1791.)..................................... 10

DCLIV. — MARIE-ANTOINETTE A LA DUCHESSE DE FITZ-JAMES. — Une recommandation envoyée à la Reine de Naples par Marie-Antoinette, en faveur de M. de Fitz-James, a fait fausse route, ce qui a été cause d'un froid procédé dont le duc a été victime. — Ce qu'il y aurait à faire pour réparer cet échec. — La Reine écrit à ses tantes qui sont à Rome, pour recommander de nouveau madame de Fitz-James. — Craintes que la fausse route faite par la lettre n'ait produit mauvais effet auprès du cardinal. — Assurance que la

Cour de France ne demande qu'à prendre des mesures pour que le cardinal d'York ne perde rien à la révolution. — Suppression des propriétés de régiments. — Madame de Tarente. — Madame de Chimay. (28 mai 1791.) 12

DCLV. — MARIE-ANTOINETTE A LA DUCHESSE DE FITZ-JAMES. — Protestations de vifs sentiments d'affection. — La Reine ne vit que pour sentir ses malheurs et aimer ses amis. (30 juillet 1791). . . . 15

DCLVI. — AUTORISATION DONNÉE PAR MONSIEUR ET LE COMTE D'ARTOIS AU MINISTRE DE SUÈDE DE TRAITER EN LEUR NOM A LA DIÈTE DE RATISBONNE. 16

DCLVII. — MARIE-ANTOINETTE AU COMTE DE MERCY. — Impuissance à faire des conditions. — Voici le moment d'accepter la Constitution, tissu d'absurdités impraticables. — Nécessité que les Puissances s'appuient d'une force militaire pour traiter, mais sans avoir l'air de songer à une invasion. — Proposition faite au Roi de chercher un refuge à Fontainebleau ou à Rambouillet. — Départ de l'abbé Louis, ses liaisons. — Elle craint qu'on ne lui attribue une lettre dont la rédaction n'est point d'elle. — L'Assemblée mécontente tout le monde. (7 août 1791.) 17

DCLVIII. — MARIE-ANTOINETTE A L'EMPEREUR LÉOPOLD. — Elle croit à la sincérité de quelques-uns de ses ennemis d'autrefois. — Son opinion sur Barnave, qui s'efforce à faire reprendre confiance dans la pureté des intentions de la Cour; c'est le seul moyen de salut. — Elle regrette cependant que M. de Mercy ne soit pas à Paris pour parler ferme, mais au nom de toutes les Puissances, car on est en garde contre l'Autriche. — Le courage ne lui manque pas; elle luttera jusqu'au bout. — La Constitution qu'on va présenter est effrayante et monstrueuse. (12 août 1791.) 21

DCLIX. — L'EMPEREUR D'ALLEMAGNE LÉOPOLD II A SA SOEUR MARIE-CHRISTINE, DUCHESSE DE SAXE-TESCHEN, GOUVERNANTE DES PAYS-BAS AUTRICHIENS. — Heureuse inauguration à Malines. — Quelques légères escarmouches de gardes nationaux français sont sans conséquence. — Crainte que les Princes et les Émigrés ne provoquent les Français. — Doutes sur le Roi de Suède, qui se vante d'arriver avec des flottes suédoise et russe. — Réponses satisfaisantes des cours. — On attend encore celle d'Espagne. — Paix signée avec les Turcs. — Départ de l'Empereur pour Dresde. (Sans date, mais du mois d'août 1791.) 23

NOTE SUR LE COMTE DE MERCY. 24

DCLX. — L'EMPEREUR LÉOPOLD II A MARIE-CHRISTINE. — On ne peut penser à retirer les troupes des Pays-Bas. — La pétulance des Princes est extrême. — Le Roi de Suède veut Ostende comme port de débarquement pour ses troupes. — Un courrier portera le détail sur ses intentions et ce qui a été arrêté avec le Comte d'Artois. — Après avoir terminé ses fonctions, il enverra son fils Charles. (4 ou 5 septembre 1791, à Prague, où se trouvait l'Empereur pour son couronnement, qui eut lieu le 6, comme roi de Bohême.). 26

DCLXI. — LE COMTE DE MERCY A MARIE-ANTOINETTE. — Réception d'un mémoire politique. — Doutes sur le bonheur d'échapper à la guerre civile. — Fléaux qui y conduisent. — Nécessité de prouver au peuple que le Roi n'est pour rien dans ses calamités. — Si la nouvelle législature est aussi mauvaise que la précédente, il faudra songer à une nouvelle évasion sûre. — Ce qui a été agité à Pilnitz. — Le plus grand mal tient aux dispositions obscures de l'Angleterre démasquées. — L'Empereur est décidé à résister à l'émigration, et se méfie de Calonne. — Il ne reconnait d'idées justes qu'à Bouillé et à Fersen. — L'acceptation du Roi aurait dû être plus motivée. — Si le comte pouvait être utile à Paris, il serait disposé à s'y rendre. (26 septembre 1791.)..................... 27

NOTE SUR LES ASSEMBLÉES CONSTITUANTE ET LÉGISLATIVE........ 30

DCLXII. — L'EMPEREUR LÉOPOLD A SA SOEUR MARIE-CHRISTINE. — Le général Alvinczy l'a rassuré sur les affaires. — Il est charmé d'apprendre que son fils s'applique. — L'ambassadeur de France lui a notifié la Constitution. — Toute idée de contre-révolution est impossible et dangereuse. (17 octobre 1791.)............ 37

DCLXIII. — L'EMPEREUR LÉOPOLD A MARIE-CHRISTINE. — Il se flatte que les États de Brabant seront forcés, à la longue, d'accorder les subsides, si les Vonckistes ne prennent pas trop le dessus. — Il craint tous les partis en France, aussi bien les soi-disant royalistes que les autres. — Il n'est point étonné que son fils se scandalise de se trouver avec des gens auxquels on ne peut se fier. (Sans date, fin octobre 1791.)............................ 38

DCLXIV. — L'EMPEREUR LÉOPOLD AU DUC ALBERT DE SAXE-TESCHEN. — On s'efforce de fomenter l'inquiétude aux Pays-Bas, mais l'Empereur compte sur son alliance avec la Prusse et sa convention avec les Hollandais. — Il faut agir contre les États de Brabant avec vigueur, mais sans rien faire d'arbitraire ou d'illégal. — L'Empereur recommande de veiller sur tous les Français, royalistes ou autres. — Il est curieux de connaitre le résultat de l'assemblée des États de Brabant. (15 novembre 1791.)................... 39

DCLXV. — L'EMPEREUR LÉOPOLD A MARIE-CHRISTINE. — Le prince de Würtemberg ne peut pas rester en place. — Les princes de Lambesc. — On ne doit rien tenter en France sans être sûr de la réussite. (16 novembre 1791.).......................... 41

DCLXVI. — L'EMPEREUR LÉOPOLD A MARIE-CHRISTINE. — Il faut de la fermeté légale vis-à-vis des États de Brabant. — La réception que les uhlans leur ont faite dégoûtera les gardes nationales françaises de s'approcher de la frontière. — La médiation que demandent les Pays-Bas est ridicule; jamais, pour ces affaires, il ne s'est adressé aux Cours étrangères. (20 novembre 1791.)........... 42

DCLXVII. — L'EMPEREUR LÉOPOLD A MARIE-CHRISTINE. — Mauvaise foi des États de Brabant. — On réussira plus lentement, mais plus sûrement, par les voies légales. — L'Empereur craint toujours quelque tentative des Français. (28 novembre 1791.)..... 43

DCLXVIII. — L'EMPEREUR LÉOPOLD A MARIE-CHRISTINE. — La Prusse et la Hollande vont signer les traités avec l'Empereur, et ne se mêlent plus des affaires des Pays-Bas. — Le clergé entretient sous main l'opposition des États de Brabant, qui ont intérêt à brouiller les cartes pour qu'on ne découvre pas leurs friponneries. — Instructions formelles de l'Empereur sur la conduite à tenir à l'égard des États. — Le duc de Charost. — Il n'y a plus que malheurs et folies à attendre du côté de la France. — L'Électeur de

TABLE ANALYTIQUE.

Trèves demande des troupes pour défendre ses États; on ne lui en enverra que s'il est réellement attaqué et s'il n'a rien fait pour provoquer l'agression. — Dispositions militaires prises en vue de l'avenir. — Tout projet de réforme doit être ajourné dans les Pays-Bas. — L'Empereur est résolu à ne pas prendre le comte de La Marck à son service. (31 décembre 1791.) 44

NOTE SUR LE COMTE, DEPUIS DUC, DE BÉTHUNE-CHAROST. 46

NOTE SUR LES NOBLES POSSÉDANT FIEFS EN FRANCE. 48

DCLXIX. — MARIE-ANTOINETTE A LA LANDGRAVINE LOUISE DE HESSE-DARMSTADT. — A travers toutes ses tristesses, elle prend le temps de s'épancher dans un cœur ami. (Derniers jours de décembre 1791, ou premiers de janvier 1792.). 49

DCLXX. — L'EMPEREUR LÉOPOLD A MARIE-CHRISTINE. — La tranquillité ne sera rétablie aux Pays-Bas que lorsque les affaires de France seront arrangées et que l'on aura fait acte de vigueur. — Instructions énergiques de l'Empereur. — La France paraît résolue d'attaquer. — Préparatifs militaires pour la défense de l'Empire. — Le duc de Charost doit être surveillé. — On ne recevra aucun envoyé des États de Brabant, et on n'écoutera aucune proposition, tant que la question des subsides ne sera pas réglée. — Le comte de Mercy conseille toujours le rétablissement de la nonciature aux Pays-Bas. — L'Électeur de Trèves craint un soulèvement dans ses États. — L'Empereur a adressé à la France une déclaration qui ralentira l'ardeur de l'Assemblée nationale. (Premiers jours de janvier 1792.) 50

DCLXXI. — MADAME ÉLISABETH A LA MARQUISE DE RAIGECOURT. — Elle l'aime autant en 92 qu'en 91. — L'Assemblée s'amuse sur les émigrants, mais cela ne leur fait pas grand mal. (4 janvier 1792). 54

NOTE SUR LA CORRESPONDANCE DE MADAME ÉLISABETH ET SUR LA BELLE INTRODUCTION DONT MONSEIGNEUR L'ARCHEVÊQUE DE PARIS A FAIT PRÉCÉDER LE RECUEIL DE LA CORRESPONDANCE COMPLÈTE DE CETTE PRINCESSE. 54

D'OÙ COMMENCE L'ÈRE DE LA LIBERTÉ. 55

DCLXXII. — MARIE-CHRISTINE A L'EMPEREUR LÉOPOLD. — L'Électeur de Trèves insiste pour obtenir des troupes. — La Princesse a écarté cette demande. — Motifs de son refus. — La situation est cependant tellement grave, que tous les Souverains ne sauraient trop tôt prendre des mesures pour arrêter le danger. — Panique causée à Bruxelles par une indisposition de la Princesse. — Mort du général Corty. — On manque de bons généraux. (1791.). 56

NOTE SUR LE FELD-MARÉCHAL BARON DE BENDER. 57

DCLXXIII. — LE COMTE DE MERCY-ARGENTEAU A M. DE BLUMENDORFF. — Il l'invite à rectifier les erreurs qui s'accréditent sur les intentions de l'Empereur à l'égard des Électeurs. — Il n'a jamais été question de prendre parti pour les Émigrés. — Des secours seront envoyés au cas seulement d'une agression injuste, et à la condition expresse que les Électeurs auront pleinement satisfait aux demandes de la France. (Bruxelles, 7 janvier 1792.) 60

NOTE SUR LES MENACES ET PRÉPARATIFS DE GUERRE. 62

DCLXXIV. — LE COMTE AXEL DE FERSEN AU ROI DE SUÈDE GUSTAVE III. — L'Empereur n'a pas encore donné d'ordres pour la défense des

Princes allemands. — On néglige trop les précautions à prendre contre les patriotes brabançons. (Bruxelles, 8 janvier 1792.)... 76

DCLXXV. — CATHERINE II DE RUSSIE AUX PRINCES, FRÈRES DU ROI DE FRANCE. — Les réponses de l'Empereur et du Roi de Prusse à ses instances en faveur des Princes ne l'ont pas satisfaite. — Elle est revenue à la charge et s'est également adressée à Madrid, Naples et Turin. — Assurances de sympathie et d'intérêt. (Saint-Pétersbourg, 9 janvier 1792.).................... 77

DCLXXVI. — L'EMPEREUR LÉOPOLD A MARIE-CHRISTINE. — L'Empereur comprend qu'il est actuellement impossible de dégarnir de troupes les Pays-Bas. — Il a dû cependant, comme chef de l'Empire, promettre à l'Électeur de Trèves de le secourir, s'il était réellement attaqué. (10 janvier 1792.).................... 79

DCLXXVII. — MADAME ÉLISABETH A LA MARQUISE DE RAIGECOURT. — Elle se félicite, en raillant, de l'heureux état du pays. — Elle la complimente sur sa fille. — Nouvelles de la santé de madame de Choiseul, de mesdames d'Aumale et de Tilly. (11 janvier 1792.) 81

NOTE SUR LA VICOMTESSE D'AUMALE.................. 82

DCLXXVIII. — LES COMTES DE PROVENCE ET D'ARTOIS A L'IMPÉRATRICE CATHERINE DE RUSSIE. — M. de Sainte-Croix remplace le comte de Vergennes comme ministre de France près l'Électeur de Trèves. — Effet produit par l'arrivée du nouvel envoyé constitutionnel. — On tient conseil pour savoir si on le recevra. — Il est décidé qu'on agira d'accord avec l'Électeur de Mayence. — M. de Sainte-Croix est admis. — La situation des Émigrés devient de plus en plus difficile. — Les rassemblements sont contraints de se disperser sans savoir où se reformer. — On s'est adressé en vain au Landgrave de Hesse-Cassel et au Roi de Prusse. — L'Empereur a fait insinuer qu'il ne porterait secours à l'Électeur, en cas d'attaque, que s'il avait satisfait au vœu de l'Assemblée nationale. — Mission du Prince de Nassau pour s'assurer des intentions formelles de l'Empereur. — Le rapprochement des Princes avec la Famille royale de France est opéré. — Le maréchal de Castries est choisi pour intermédiaire. — Le Roi et la Reine soupirent après une seconde évasion. — Ils n'attendent leur salut que de l'Impératrice Catherine. — Plan conçu par Mirabeau, quinze jours avant sa mort. — Le grand projet sur l'Alsace est à la veille d'éclater. — Les secours promis par la Russie et la Suède seront plus nécessaires que jamais. (Coblentz, 12 janvier 1792.).................... 83

DCLXXIX. — MADAME ÉLISABETH A LA MARQUISE DE BOMBELLES. — La Princesse désapprouve M. de Mackau, frère de madame de Bombelles, qui n'est pas satisfait du poste diplomatique qui lui a été assigné. — On va jouer la comédie chez madame de Bombelles. — La messe de minuit. (12 janvier 1792.).................... 89

DCLXXX. — MARIE-ANTOINETTE A L'EMPEREUR LÉOPOLD. — Envoi d'un mémoire que la Reine est obligée de lui adresser. — Elle sollicite une réponse qu'elle puisse montrer. — L'Empereur doit toujours distinguer entre ce qui est l'intérêt véritable de la famille royale, et ce qu'elle est contrainte de faire pour sa sûreté personnelle. (Janvier 1792.).................... 91

DCLXXXI. — RAPPORT DU COMTE DE MERCY AU COMTE DE KAUNITZ, avec annexes. — Il lui transmet deux mémoires et une lettre adressée par la Reine à l'Empereur, et confiés aux soins de M. de Goguelat. — Entretien de M. de Mercy avec cet envoyé. — Discussion sur les affaires de France et sur la portée du mémoire de Barnave, Duport et Lameth. — Éclaircissements fournis par Goguelat. — Impression produite par l'attitude de l'Autriche à l'égard des Princes allemands. — On n'échappera pas à une crise provoquée par la conduite des Émigrés. — Exposé des conséquences qui en sont déjà résultées pour la situation générale en France. — Détails sur la position et les tendances de chacun des membres du Cabinet de Louis XVI. — Mission secrète de Jarry à Berlin. 92

NOTE SUR LE BARON DE GOGUELAT. 93

NOTE SUR CAHIER DE GERVILLE. 101

NOTE SUR LE COMTE DE NARBONNE. 101

NOTE SUR LE CHEVALIER DE BEAUMETZ. 101

NOTE SUR TARBÉ. 102

PELLENC. 105

MADAME DE STAËL. 105

M. DE TALLEYRAND. 106

PREMIÈRE ANNEXE : MÉMOIRE DE BARNAVE, DUPORT ET LAMETH, ENVOYÉ PAR LA REINE A L'EMPEREUR.

Considérations générales sur la forme du gouvernement à donner à la France. — Le Roi. — Le Clergé. — La Noblesse. — État des partis qui divisent le pays : Émigrés, Républicains, Constitutionnels. — Conduite à tenir par le Roi. — Politique à suivre pour l'Empereur. — Résumé. 108

SUPPLÉMENT A CETTE PREMIÈRE ANNEXE.

Appréciation des résultats de la démarche supposée de l'Empereur en faveur des Princes allemands. 119

DEUXIÈME ANNEXE : EXTRAIT D'UNE LETTRE DE M. DE MERCY AU COMTE DE LA MARCK.

Intrigues ourdies par madame de Staël. — Comité formé par elle en dehors de la Cour. — Départ prochain de M. de Talleyrand pour Londres. — Commencement d'exécution du plan de madame de Staël. 124

TROISIÈME ANNEXE : LETTRE DU COMTE DE LA MARCK AU COMTE DE MERCY. Avis du départ de Jarry pour Berlin. — Détails sur cet agent. 127

NOTE SUR LES DIFFÉRENCES ESSENTIELLES DU TEXTE DE CETTE LETTRE AVEC CELUI QUI A ÉTÉ DONNÉ PAR M. DE BACOURT. 127

DCLXXXII. — L'EMPEREUR LÉOPOLD A MARIE-CHRISTINE. — Il fait tout préparer, pour le cas où les Français seraient assez fous pour attaquer l'Empire. — Le soi-disant député des Pays-Bas sera surveillé et renvoyé sans avoir été reçu. (Sans date, mais du 12 janvier 1792.) 130

NOTE SUR UN MARQUIS DE LA VALETTE MÊLÉ DANS LES AFFAIRES DES PAYS-BAS. 131

DCLXXXIII. — L'EMPEREUR LÉOPOLD A MARIE-CHRISTINE. — Difficulté de faire partir les troupes du Brabant. — Les affaires de ce pays tiennent à celles de France. — Prévenir toute explosion contre les Français jusqu'au printemps et jusqu'à l'accomplissement du concert avec les Puissances. — Le prince de Nassau. Sa modération. — Baillet est à Vienne. (16 janvier 1792.)......... 131

DCLXXXIV. — MADAME ÉLISABETH A LA MARQUISE DE RAIGECOURT. — Paroles d'affection. — Mort de la duchesse de Mailly. — La Princesse commence à croire à la fin du monde. — Mot de madame de Souza. — La politique l'ennuie : elle n'en parle pas. (18 janvier 1792.)................. 132

DCLXXXV. — L'EMPEREUR LÉOPOLD A MARIE-CHRISTINE. — L'Empereur approuve les observations de la Princesse touchant l'Electeur de Trèves. — Dispositions prises pour des mouvements de troupes en vue des affaires de France. (18 janvier 1792.)....... 134

DCLXXXVI. — MARIE-CHRISTINE A L'EMPEREUR LÉOPOLD. — On a été obligé de faire des arrestations. — Le procès ne poursuit; les preuves de la culpabilité sont évidentes, mais on ne peut répondre de rien avec le conseil de Brabant. — La Princesse approuve l'idée de rétablir la nonciature. — Elle compte beaucoup sur le bon effet que produira le retour du comte de Baillet, s'il revient sans avoir pu remplir sa mission auprès de l'Empereur. — Tout cela ne serait rien sans les affaires de France. — L'Assemblée nationale dément, par ses motions, les déclarations pacifiques du Roi. — Le duc de Saxe-Teschen se félicite des dispositions militaires prises par l'Empereur, et demande que l'on porte au complet les troupes des Pays-Bas. — L'armée française est indisciplinée et en mauvais état; mais on ne peut jamais répondre de ce que peut faire une nation qui est dans le délire. (Bruxelles, 21 janvier 1792.).... 135

DCLXXXVII. — MARIE-ANTOINETTE A LA DUCHESSE DE FITZ-JAMES. — Elle est fort occupée de ce qui intéresse la duchesse. — Plaisir qu'elle aurait à la revoir. — Fluctuation continuelle des événements politiques. — Satisfaction générale que cause la conduite de la fille de la duchesse. — La Reine envoie de bienveillantes paroles au jeune Edouard. (23 janvier 1792.)............. 139

DCLXXXVIII. — LE COMTE DE MERCY A MARIE-ANTOINETTE. — Mission diplomatique de M. Barbé de Marbois dont l'objet est encore inconnu. — Ce qui se passe à l'Assemblée prouve les inconvénients de l'ouverture d'un congrès. — Il faut s'assurer d'observateurs sagaces, d'informateurs qui fassent exactement connaître chaque jour les mouvements de tous les partis. — Désignation mystérieuse d'un homme propre à faire un de ces fins informateurs. (24 janvier 1792.)..................... 141

NOTE SUR BARBÉ DE MARBOIS............... 142
SUR LES PRINCES ÉTRANGERS POSSESSIONNÉS EN FRANCE...... 143

DCLXXXIX. — MADAME ÉLISABETH A LA MARQUISE DE RAIGECOURT. — Elle prêche madame de Raigecourt au sujet de la mort de son fils. — Conseils à mettre en pratique pour entrer dans la voie de Dieu. — Il y a eu du tapage pour le sucre; le calme est rétabli. (24 janvier 1792.)...................... 145

DCXC. — LES COMTES DE PROVENCE ET D'ARTOIS A L'IMPÉRATRICE CATHERINE II. — Le Prince de Nassau les a instruits des démarches de Catherine II auprès de l'Empereur. — Envoi d'un mémoire sur leur position et sur les divers partis à prendre. — Les signalements de la famille royale ont été envoyés à toutes les frontières de France. — Ils sollicitent le retour prochain du Prince de Nassau auprès d'eux. (Coblentz, 26 janvier 1792.). 147

DCXCI. — LE MARQUIS DE BOMBELLES AU COMTE OSTERMANN. — Il s'attache à dissiper les doutes éternels qui se sont élevés sur la réalité des pouvoirs de M. de Breteuil. — Panégyrique de cet ancien ministre. — Intrigues ourdies contre lui par M. de Calonne. — M. de Breteuil est seul chargé des intérêts du Roi au dehors. — Objet de la mission de M. de Bombelles. (Pétersbourg, 26 janvier 1792.). 150

DCXCII. — MARIE-CHRISTINE A L'EMPEREUR LÉOPOLD. — Elle a reçu par la Princesse de Tarente une lettre de la Reine Marie-Antoinette. — Les dispositions belliqueuses augmentent à la frontière. — Elle ne craindrait pas la guerre si les États de Brabant jouissaient de la tranquillité à l'intérieur; mais le mauvais esprit qui y règne la fait trembler. — La France a intérêt à attaquer l'Empire, en commençant par les Pays-Bas, dont les troupes méritent peu de confiance. (30 de l'an 792. = Janvier 1792.). . . . 153

NOTE SUR LE COMTE DE FICQUELMONT. 154

DCXCIII. — L'EMPEREUR LÉOPOLD A MARIE-ANTOINETTE. — Il lui envoie un mémoire en réponse à celui que lui a transmis le comte de Mercy. — Il se félicite de l'accord qui existe entre eux sur les points essentiels. (Vienne, 31 janvier 1792.). 156

DCXCIV. — RÉPONSE AU MÉMOIRE ENVOYÉ PAR LA REINE. — Il importe d'assurer à la Constitution une existence solide et tranquille. — Le rétablissement de l'ancien régime est impossible. — Le but sera-t-il atteint sans guerre et sans troubles? — Vraie source de la crise actuelle. — On veut pousser l'Empereur à une rupture : il préservera la France et l'Europe d'une telle calamité. — Conditions de sa participation à un concert européen. 157

DCXCV. — M. DE SIMOLIN, MINISTRE DE RUSSIE, A L'IMPÉRATRICE CATHERINE II. — Récit de son entrevue secrète avec le Roi et la Reine de France avant son départ. — Marie-Antoinette lui a remis des lettres pour l'Empereur d'Autriche et pour l'Impératrice de Russie. — Toute sa confiance repose sur l'appui de Catherine II. — Le Roi de Prusse a demandé à être indemnisé des frais de la guerre, si elle a lieu. — Le cœur de la Reine de France est navré de la froideur et de la versatilité de son frère. — M. de Simolin s'est engagé à se rendre à Vienne pour exposer la situation à l'Empereur. — Opinion de la Reine sur les Princes. — Ils lui paraissent égarés et subjugués par M. de Calonne; il importerait que leur influence fût annulée. — La politique de M. de Mercy est aussi changeante que celle de sa Cour. — Le Roi a fait proposer au duc de Brunswick le commandement de l'armée française. (Bruxelles, $\frac{31\ janvier}{11\ février}$ 1792.). . . 165

NOTE SUR LE JEUNE MARQUIS DE CUSTINE. 173

TRAVAUX DE L'ASSEMBLÉE LÉGISLATIVE. 175

DCXCVI. — LE MARQUIS DE BOMBELLES AU COMTE OSTERMANN. — Envoi des deux Mémoires suivants de M. de Bombelles. (Saint-Pétersbourg, 31 janvier 1792.). 177

TABLE ANALYTIQUE. 479

MÉMOIRE DU MARQUIS DE BOMBELLES SUR LES CAUSES DU DÉSACCORD QUI EXISTE ENTRE LE ROI DE FRANCE ET LES PRINCES. 179

ANNOTATION DE LA MAIN DE CATHERINE II DE RUSSIE SUR LE MÉMOIRE PRÉCÉDENT. Elle ne voit dans tout ce Mémoire que la haine de Breteuil contre Calonne. Il faudrait les envoyer tous deux au diable. . . 187

PRÉCIS SUR LES INCONVÉNIENTS D'UN CONGRÈS, ET MOTIFS POUR CEPENDANT EN DÉSIRER LA PROMPTE CONVOCATION, PAR LE MARQUIS DE BOMBELLES. 188

DCXCVII. — L'EMPEREUR LÉOPOLD A MARIE-CHRISTINE. — Les affaires de France et les dispositions militaires à prendre, et l'alliance avec la Prusse, ont retardé le départ du major Kollonitsch. — Six mille hommes d'une part et quarante mille de l'autre n'attendent que la bonne saison pour partir vers le Rhin. (Sans date, mais très-probablement du 27 janvier. Reçue le 5 février 1792.). 194

DCXCVIII. — L'EMPEREUR LÉOPOLD A MARIE-CHRISTINE. — Il traite avec les Puissances pour la formation d'un concert européen. — Mouvements projetés de troupes autrichiennes. — Ôter à la France tout prétexte d'agression. — Le Roi et la Reine sont si mal conseillés qu'on ne sait comment les aider. — Le plus difficile est de contenir et de contenter les Princes français et les Émigrés. — L'alliance avec la Cour de Berlin va être signée. — La Russie poursuit surtout ses vues sur la Pologne. — La Hollande a modifié ses propositions. — Intrigues de l'Angleterre. — Les affaires des Pays-Bas se lient à celles de France. — Instructions sur la conduite à tenir. — Plans conçus par le marquis de La Valette. — Baillet. — Nomination à diverses charges de cour. — L'Empereur donne avis à sa sœur de se méfier du comte de Fersen. (31 janvier 1792.). 195

NOTE SUR LES PRÉPARATIFS DE GUERRE. 201

DCXCIX. — Réponse du Roi à un message de l'Assemblée touchant les préparatifs de guerre de l'Autriche. (Paris, 28 janvier 1792.). 208

NOTE SUR L'ACCORD DES PUISSANCES CONTRE LA FRANCE. 209

DCC. — MARIE-ANTOINETTE AU COMTE DE MERCY. — Ignorance où elle est des dispositions de l'Autriche. — L'Empereur s'expose mille fois plus que s'il agissait. — Qu'il sente une fois ses propres injures, et tout tremblera en France. — M. de Marbois. — Il y a guerre ouverte entre MM. de Lessart et de Narbonne. — Le meilleur des deux ne vaut rien. — Placement de fonds à l'étranger. (Fin de janvier ou commencement de février 1792.). 211

NOTE SUR RENÉ-FRANÇOIS DUMAS, LE JACOBIN. 213

DCCI. — MARIE-ANTOINETTE A L'EMPEREUR LÉOPOLD. — Lettre d'introduction de M. de Simolin auprès de l'Empereur. (1er février 1792.). 214

DCCII. — MARIE-CHRISTINE A L'EMPEREUR LÉOPOLD. — Le Comte de Baillet espère toujours réussir. — M. de La Valette est un agent secret des Etats de Brabant; il s'efforce d'obtenir l'autorisation d'envoyer une députation à Vienne. — Son langage imprudent encourage les Etats à la résistance. — Extrait d'une lettre de M. de Buol, annonçant que l'Empereur a rappelé les Gouverneurs généraux des Pays-Bas. — La Princesse se refuse à croire à cette nouvelle; mais de telles sottises répandues partout font le plus mauvais effet. (2 février 1792.)................ 215

DCCIII. — PROJET DE LA MAIN DU DUC DE SAXE-TESCHEN ENVOYÉ PAR MARIE-CHRISTINE A L'EMPEREUR LÉOPOLD. — La seule conduite à tenir aux Pays-Bas est d'imposer à la France par une armée qui garantirait la neutralité de ces provinces en cas de guerre. — Observations sur le séjour du comte de Baillet à Vienne. 218

DCCIV. — MADAME ÉLISABETH A L'ABBÉ DE LUBERSAC. — On ne peut voir tout ce qui arrive sans être saisi d'horreur et de douleur. — Le peuple se lasse un peu des discours; il meurt de faim. — Nouvelles de la baronne de Mackau. (4 février 1792.). 220

DCCV. — LE ROI GUSTAVE DE SUÈDE AU MARQUIS DE BOUILLÉ. — Il se plaint des indiscrétions commises à Coblentz. — Le Comte d'Artois serait capable de diriger seul les affaires; mais, comme tous les Bourbons, il recherche trop les conseils. — L'Impératrice de Russie aura les mains plus libres depuis sa paix avec les Turcs. — Le Roi Gustave est occupé de sa diète. — Il ne doute pas que tout ne s'y passe à sa complète satisfaction. (6 février 1792.). 221

DCCVI. — LE ROI DE PRUSSE FRÉDÉRIC-GUILLAUME AU ROI DE SUÈDE GUSTAVE III. — L'accueil qu'il a fait au comte de Ségur témoigne de l'intérêt qu'il prend à la cause des Rois. — Il annonce de prochaines ouvertures de sa part et de celle de l'Empereur. (Berlin, 6 février 1792.). 223

NOTE SUR LE ROI FRÉDÉRIC-GUILLAUME. 224

DCCVII. — L'EMPEREUR LÉOPOLD A MARIE-CHRISTINE. — Il approuve les arrestations pourvu qu'on traduise les coupables devant leurs juges naturels. — Il n'a pas vu le comte de Baillet et lui a fait dire de quitter Vienne. — Dispositions prises pour la défense des Pays-Bas en cas d'attaque de la France. (7 février 1792.). . 226

DCCVIII. — MADAME ÉLISABETH A MADAME DE RAIGECOURT. — Son opinion sur la mort de madame de Chapt. — Elle devient rabâcheuse et a de l'humeur comme un petit dogue contre tout. — Courage de madame de Tilly. — Incommodité de la Princesse. (8 février 1792.). 227

NOTE SUR LES TRAVAUX DE L'ASSEMBLÉE. 228

DCCIX. — LE COMTE DE MERCY A MARIE-ANTOINETTE. — Les négociations entre les Cours sont devenues actives et sérieuses. — Les hésitations et les retards ne dépendent point de l'Empereur. — Toutes les mesures sont entravées par l'Angleterre et par les Princes français. — Conversation avec Simolin sur les affaires de France. — L'explosion ne peut tarder; l'essentiel est qu'elle soit générale. — Pelin. — Les scélérats sont souvent plus utiles que les honnêtes gens. — Le comte de La Marck. — Placement de fonds. — M. de Laborde. (11 février 1792.). 229

DCCX. — LE COMTE DE MERCY A MARIE-ANTOINETTE. — Exposé du plan de conduite que l'Empereur a soumis à toutes les Puissances. — Projet de déclarations, en cinq points, à adresser au Gouvernement français. — Cette démarche serait appuyée par une démonstration militaire commune. — La Cour des Tuileries doit

TABLE ANALYTIQUE. 481

éviter de contrarier ce plan. — L'Autriche ne peut s'offrir seule en holocauste pour les convenances de la France. — L'Empereur ne répugnerait point absolument à l'idée d'un congrès, mais la réalisation en est impossible. (16 février 1792.) 231

DCCXI. — LES COMTES DE PROVENCE ET D'ARTOIS A L'IMPÉRATRICE CATHERINE II. — Leur douleur en apprenant la mission de M. de Bombelles à Saint-Pétersbourg. — Cette mission compromettra, si elle est connue, les jours du Roi et de la Reine. — Ils sollicitent la continuation des bontés de l'Impératrice pour le comte Eszterházy. — L'attitude de l'Empereur les inquiète. — Le rétablissement de l'ordre en France ne peut se faire que par les Princes seuls. (Coblentz, 18 février 1792.) 236

NOTE SUR LE DÉSACCORD EXISTANT ENTRE LES ÉMIGRÉS. LETTRES DE MADAME DE BOMBELLES A M. DE RAIGECOURT, sur les procédés du comte d'Artois suscités par le comte de Calonne contre M. de Bombelles : — note qui est de nature à servir d'éclaircissement aux conflits dans l'émigration. 238

DCCXII. — MADAME ÉLISABETH A LA MARQUISE DE RAIGECOURT. — Envoi de livres. — La Princesse demande à être mise au fait sur ce qu'on dit de la Reine à l'égard du Comte d'Artois, qui est entouré d'intrigues. — Le frère de madame de Raigecourt lui a paru un peu étourdi. — Elle la rassure sur le salut de l'âme de son fils Stani, et parle du baptême de sa fille Hélène, dont la Princesse doit être marraine avec le Comte d'Artois. — La situation de Paris n'est pas mauvaise, mais elle changera vite si l'Empereur fait la guerre. Il faut se recommander à Dieu. (18 février 1792.) 246

DCCXIII. — MADAME ÉLISABETH AU COMTE D'ARTOIS. — Elle cherche à l'éclairer sur les sentiments de la Reine à son égard. (19 février 1792.) 248

DCCXIV. — MARIE-CHRISTINE A L'EMPEREUR LÉOPOLD. — L'Empereur a prévenu ses désirs en invitant le comte de Baillet à quitter Vienne. — Satisfaction que fait éprouver à la Princesse l'approbation donnée à ses actes. — Elle s'excuse du retard qu'elle a mis à répondre aux demandes d'informations de l'Empereur. — S'attendre à tout du côté de la France et se tenir prêt. — Mesures prises dans les Pays-Bas. — Trois armées françaises aux frontières. — Choix extraordinaire de ce moment pour accréditer le chevalier de La Gravière comme envoyé de France à Bruxelles. (Bruxelles, 18 ou 19 février 1792.) 249

DCCXV. — LE PRINCE DE KAUNITZ A L'EMPEREUR LÉOPOLD. — Compte rendu de son entrevue avec M. de Simolin sur les affaires de France. (25 février 1792.) 252

DCCXVI. — M. DE SIMOLIN A L'IMPÉRATRICE DE RUSSIE. — Compte rendu de la mission dont Marie-Antoinette l'avait chargé à Vienne. — Son entretien avec le Prince de Kaunitz. — Il lui expose la situation exacte de la France et de la Famille royale. — Il lui dit tout ce qu'il croit propre à émouvoir son sang et ses sentiments glacés. — Réponse étudiée de M. de Kaunitz. — Il n'appartient pas aux Puissances étrangères d'intervenir dans les affaires d'une nation libre, quand elles n'y sont pas ouvertement invitées. — Tout ce qu'il entend n'est que doléances et lieux communs. —

TOM. V.   31

Entrevue de M. de Simolin avec l'Empereur. — Opinion de Léopold II sur les affaires de France. — Dispositions prises dans l'éventualité d'une guerre. — M. de Breteuil. — Propositions à faire à l'Assemblée nationale. — Confidences du vice-chancelier Colloredo à M. de Simolin. — Mort de l'empereur Léopold. (Vienne, $\frac{\text{19 février}}{\text{1}^{\text{er}} \text{ mars}}$ 1792.)................ 255

DCCXVII. — LE COMTE D'OSTERMANN, CHANCELIER DE L'EMPIRE DE RUSSIE, A M. DE SIMOLIN. — Il lui transmet l'ordre de se rendre à Saint-Pétersbourg pour compléter de vive voix les détails de son entrevue avec la Reine. (Saint-Pétersbourg, 20 février 1792.). 266

DCCXVIII. — MADAME ÉLISABETH A MADAME DE BOMBELLES, SOUS LE NOM DE MADAME DE SCHWARZENGALD, A BASLE. — Elle compatit à l'indisposition de madame de Bombelles. — La Reine et ses enfants sont allés au théâtre. — Démonstrations enthousiastes du public en leur faveur. — Les Français sont une drôle de nation. (22 février 1792.)......................... 267

NOTE SUR LES INSULTES A LA COUR................. 268

DCCXIX. — MADAME ÉLISABETH A LA MARQUISE DE RAIGECOURT. — Les bons Pères de la Vallée sainte. — La Princesse blâme la sévérité de madame de Raigecourt pour sa sœur Françoise. — La Reine et ses enfants ont été à la comédie. — La Nation française a de charmants moments. (22 février 1792.).............. 270

DCCXX. — MADAME ÉLISABETH AU COMTE D'ARTOIS. — Elle cherche à le rapprocher de Marie-Antoinette. — Éloge de la Reine. — Tristes pressentiments. — Le désaccord entre les membres de la Famille royale les tuera tous. — La Reine a été jouée par Mercy : les gens de cette sorte font peur à la Princesse. — Paris est presque tranquille. — Incident curieux à la comédie : la Nation a des éclairs. — Dieu seul peut changer leur sort. — Occupations actuelles de la Princesse. (23 février 1792.)................. 272

DCCXXI. — LE BARON DE BRETEUIL AU MARQUIS DE BOMBELLES. — Il approuve les premières démarches de M. de Bombelles à Saint-Pétersbourg. — Conseils sur l'attitude à prendre vis-à-vis du comte Eszterházy. — Congrès armé. — Exposé détaillé du plan concerté entre l'Autriche et la Prusse. — Répugnance de l'Empereur pour la réunion d'un congrès. — Le Roi ne sera tranquille que lorsque l'influence de la Russie se fera sentir. — M. de Breteuil craint que l'Autriche ne soit peu disposée à renverser la Constitution et se borne à rétablir une apparence de monarchie. — Ses instructions à M. de Bombelles sur le langage à tenir à l'Impératrice. (Bruxelles, 23 février 1792.)........................ 275

DCCXXII. — L'EMPEREUR LÉOPOLD A MARIE-CHRISTINE. — Il a fait déclarer à M. Baillet qu'il ne serait ni écouté ni reçu. — Il recommande à sa sœur de se garder du comte de Fersen, dont la fausseté et l'animosité contre elle, lui et même la Reine, lui sont connues. (24 février 1792.).................... 281

DCCXXIII. — MARIE-CHRISTINE A L'EMPEREUR LÉOPOLD. — Escarmouches des Français. — Désir que les grenadiers de Bohême arrivent promptement. (24 février 1792.)............. 282

TABLE ANALYTIQUE. 483

DCCXXIV. — MARIE-CHRISTINE A L'EMPEREUR LÉOPOLD. — Grave indisposition de M. de Mercy. — Il recueille ses forces pour exécuter les ordres relatifs à une lettre de Marie-Antoinette. — Pressante recommandation présentée par Mercy en faveur du comte de La Marck, appuyée par Christine. — Apologie du comte, qui proteste de son dévouement pour l'Autriche, où il désire prendre de l'emploi. (26 février 1792.). 283

DCCXXV. — MADAME ÉLISABETH A MADAME DE BOMBELLES, SOUS LE NOM DE MADAME DE SCHWARZENGALD, A BASLE. — Regrets de la Princesse sur la mort de la vicomtesse d'Aumale, à qui elle devait beaucoup. — Elle est allée recevoir la récompense de ses vertus. (28 février 1792.). 285

DCCXXVI. — MADAME ÉLISABETH A MADAME DE RAIGECOURT. — Regrets sur la mort de la vicomtesse d'Aumale. — Ses dernières paroles. (29 février 1792.). 287

DCCXXVII. — LE COMTE DE MERCY A MARIE-ANTOINETTE. — Le plan de campagne dressé contre la France est adopté par la Prusse, qui propose de porter à cinquante mille hommes le contingent de ses troupes. — Reste à s'assurer du concours des autres Puissances et à graduer le leur suivant leurs moyens. — Secret à garder. — Le Roi de Prusse demande que les frais de la guerre lui soient garantis par Louis XVI. — Protestation, au nom de l'Empereur, contre l'interprétation erronée donnée à ses vrais sentiments. — Effacer les traces pénibles de cette injustice. (1er mars 1792.). 288

DCCXXVIII. — MARIE-ANTOINETTE AU COMTE DE MERCY. — On ne peut tout restaurer d'un seul coup, mais rien de ce qui existe ne peut rester. — Causes dont le concours réuni prolonge l'anarchie. — Bonnes idées de l'Empereur, mais trop tardives. — La Reine tient toujours pour un congrès armé, en dépit d'un décret contraire de l'Assemblée. — Il ne faut pas prendre au sérieux la sanction donnée par le Roi aux mesures prescrites par la Législative. — La Reine proteste contre la pensée qu'elle entende que tout le poids de la guerre tombe sur son frère. — Confiance de la Cour de France dans le baron de Breteuil et le comte de Fersen. — La réponse faite par le Roi à l'Assemblée est une preuve de plus qu'il n'est pas libre. (2 mars 1792.). 290

NOTE SUR LE DÉSACCORD DANS LE MINISTÈRE. 293
DISCUSSIONS DIPLOMATIQUES ENTRE LA FRANCE ET L'AUTRICHE. . . 295
DE LESSART ACCUSÉ DE FAIBLESSE. 296
RÉVOLUTIONS MINISTÉRIELLES. 297
ACCUSATIONS CONTRE DE LESSART. 298
DE LESSART DÉNONCÉ A L'ASSEMBLÉE. 302
VERGNIAUD DÉNONCE LA REINE A L'ASSEMBLÉE. 303
DE LESSART MIS EN ACCUSATION. 304

DCCXXIX. — MADAME ÉLISABETH A MADAME DE BOMBELLES. — On est tout désappointé du Carême : point de sermon ni de salut. — Indisposition de madame de Mackau. — Le rapprochement entre tous les membres de la Famille royale est plus éloigné que jamais. (6 mars 1792.). 306

NOTE SUR L'ÉTABLISSEMENT DE LA GUILLOTINE. 307

DCCXXX. — M. DE SIMOLIN A L'IMPÉRATRICE DE RUSSIE. — Il rend compte de l'audience qui lui a été accordée par le Roi de Hongrie après la mort de l'Empereur Léopold. — Le nouveau souverain confirme les dispositions manifestées par son père. — Entretien de M. de Simolin avec le comte de Cobenzl. — Le vice-chancelier partage les sentiments du prince de Kaunitz. — Il croit une contre-révolution impossible en France. — M. de Breteuil. — Politique plus qu'extraordinaire de la cour de Madrid. — Conversation de M. de Simolin avec le prince de Kaunitz. (Vienne, le $\frac{6}{17}$ mars 1792.). 308

NOTE SUR L'EMPEREUR LÉOPOLD II. 313
NOTE SUR LE SUCCESSEUR DE LÉOPOLD. 316

DCCXXXI. — MADAME ÉLISABETH A LA MARQUISE DE RAIGECOURT. — Excuses sur un jugement téméraire de la Princesse. — Diversité des jugements portés sur la lettre de l'Empereur. — Les aristocrates murmurent entre leurs dents, et en définitive tout le monde est mécontent. — Sévérité de madame de Raigecourt envers sa sœur Françoise d'Ampurie. — La Princesse ne voit point de mal dans la danse. — Dévotion de la duchesse de Laval. (7 mars 1792.). 318

DCCXXXII. — LOUIS XVI AU PRÉSIDENT DE L'ASSEMBLÉE NATIONALE LÉGISLATIVE. — Annonce de la nomination du successeur de M. de Narbonne. (10 mars 1792.). 320

NOTE SUR LE COMTE DE NARBONNE ET M. DE GRAVE. 320

DCCXXXIII. — MARIE-ANTOINETTE ET LOUIS XVI AU ROI DE BOHÈME ET DE HONGRIE, DEPUIS EMPEREUR. — Recommandation en faveur du baron de Goguelat, sous le nom de Daumartin. (13 mars.). 322

DCCXXXIV. — LOUIS XVI AU PRÉSIDENT DE L'ASSEMBLÉE LÉGISLATIVE. — Annonce de la nomination de Dumouriez et de Lacoste en qualité de ministres. (16 mars 1792.). 322

NOTE SUR DUMOURIEZ. 323
NOTE SUR LACOSTE. 329
NOTE SUR DUMOURIEZ. 329
LETTRE QUE LES DAMES PATRIOTES DE NANTES ADRESSENT A CE MINISTRE. 331
DÉPÊCHE DE DUMOURIEZ AU MARQUIS DE NOAILLES. 332
LE MARQUIS DE NOAILLES DONNE SA DÉMISSION. 336

DCCXXXV. — MARIE-ANTOINETTE A MADAME DE POLIGNAC. — Elle profite d'une occasion sûre pour lui parler à cœur ouvert. — Le poison n'est pas de ce siècle, c'est la calomnie qu'on emploie pour la tuer. — On les peint de couleurs atroces. — Leurs maux ne leur viennent pas seulement de leurs ennemis. — Elle est honteuse du peu d'énergie des honnêtes gens. — Son mépris de la mort. — Retour sur le passé. — Tendresses. — Madame Elisabeth. — Madame Royale. — Le *chou d'amour* (c'est-à-dire le Dauphin). — Elle ne veut pas parler de l'avenir. (17 mars 1792.). . 337

DCCXXXVI. — LES COMTES DE PROVENCE ET D'ARTOIS AU ROI DE HONGRIE. — Depuis la mort de l'Empereur, le délire des révolutionnaires ne connait plus de bornes en France. — Les jours de la Reine sont en danger. — Les Princes demandent au Roi de Hongrie de publier une déclaration en sa faveur. (Coblentz, 23 mars 1792.). 340

DCCXXXVII. — LE COMTE D'ARTOIS AU COMTE VALENTIN ESZTERHAZY. — La crise approche. — Il charge le comte Eszterházy de soumettre à l'Impératrice un plan d'action. — Ce plan sera également adressé à la Cour de Madrid. — Il ne sera communiqué à Vienne et à Berlin que lorsque l'Impératrice sera en mesure de l'appuyer. — Les moments sont précieux. — Les craintes de l'Electeur de Trèves sont en partie dissipées. — Les Princes ont demandé au Roi de Hongrie de publier une déclaration qui impose aux factieux. — Les républicains sont les maitres absolus en France. — Causes présumées du changement de ministère en Espagne. — Les Princes ont plus de motifs que jamais de se plaindre de M. de Breteuil. Doutes que leur inspire la politique des Cours de Vienne et de Berlin. (Coblentz, 23 mars 1792.). 342

DCCXXXVIII. — MÉMOIRE ADRESSÉ PAR LE MARQUIS DE BOMBELLES A L'IMPÉRATRICE DE RUSSIE. — Conséquences probables de la mort de l'Empereur Léopold sur les affaires de France. — La conduite des opérations passera de Vienne à Saint-Pétersbourg. — La formation du congrès armé en sera facilitée. — Catherine II sera la libératrice de Louis XVI. — Dénombrement des contingents à fournir par toutes les Puissances. — On se passera de l'Angleterre et de la Hollande. — Dispositions militaires à prendre. 348

DCCXXXIX. — LES COMTES DE PROVENCE ET D'ARTOIS A L'IMPÉRATRICE CATHERINE II. — Ils supplient l'Impératrice d'appuyer la démarche qu'ils ont faite auprès du Roi de Hongrie pour qu'il arrête, par une déclaration précise et vigoureuse, l'audace des régicides. (Coblentz, 23 mars 1792.). 353

DCCXL. — LE BARON DE BRETEUIL AU ROI DES ROMAINS FRANÇOIS II. — Le Baron n'attend point d'être accrédité par le Roi et la Reine pour entretenir François II des intérêts de la France. — Goguelat envoyé en mission à Vienne sous le nom de Daumartin. — La faction qui domine en France est résolue à déclarer la guerre. — Ses projets contre la Famille royale. — Le Roi sera détrôné. — Le rassemblement sur le Rhin des forces réunies de l'Autriche et de la Prusse peut seul empêcher la réalisation de ces projets. (Bruxelles, 24 mars 1792.). 355

DCCXLI. — LE COMTE AXEL DE FERSEN AU ROI DE SUÈDE GUSTAVE III. — Relation des derniers événements de France, d'après un agent secret de Marie-Antoinette. — La situation du Roi et de la Reine fait frémir. — Renvoi de M. de Narbonne; ses causes. — Complot formé par les Jacobins pour perdre la Reine et suspendre le Roi de ses fonctions. — Souper chez M. de Condorcet. — Le Roi est prévenu par Duport; la conspiration avorte. — Les Jacobins règnent en maitres. — Les bonnets rouges sont répandus partout. — Il est interdit de porter le deuil de l'Empereur, frère de la Reine. — Régiment de femmes armées de piques; la Reine s'était préparée à les recevoir. — Le Roi et la Reine ont détruit tous leurs papiers. — L'agent secret de Marie-Antoinette a été chargé par elle d'exposer à Vienne la situation, en réclamant de prompts secours. — Le

comte de Fersen communique ces détails à Berlin et à Saint-
Pétersbourg. (Bruxelles, 24 mars 1792.). 358

DCCXLII. — L'IMPÉRATRICE CATHERINE II DE RUSSIE A MARIE-ANTOINETTE.
— Elle attendait pour répondre le résultat de ses démarches auprès
des Cours de Vienne et de Berlin. — Mort de l'Empereur. — Sa
confiance dans le nouveau Roi de Hongrie. — Elle veut faire connaitre sans détour toute sa pensée. — La Reine devrait s'appuyer
sur les Princes et les Émigrés. Ce sont les vrais défenseurs du Trône
et de l'Autel. (Mars 1792.). 363

DCCXLIII. — LOUIS XVI A L'ASSEMBLÉE NATIONALE LÉGISLATIVE. — Le
Roi notifie à l'Assemblée législative la nomination de Roland au
ministère de l'Intérieur et celle de Clavière au ministère des
Finances. (24 mars 1792.). 367

NOTE SUR CLAVIÈRE. 368
    ROLAND. 370
    DUPORT DU TERTRE. 372
    DURANTHON ET DUMOURIEZ. 373
    ROLAND. 374
    LE MINISTÈRE GIRONDIN. 376
    DUMOURIEZ. 378
    ROLAND. 381

DCCXLIV. — MADAME ÉLISABETH A MADAME DE RAIGECOURT. — L'arrivée de madame de Tilly lui enlève une partie de ses soirées. —
Courage et vertu de cette dame dans l'abîme de malheur où elle est
tombée et d'où la relève la religion. — Madame de Sades. — Captivité de la Princesse. — La maison du Roi et la Garde nationale.
(25 mars 1792.). 383

NOTE SUR LA GARDE CONSTITUTIONNELLE DU ROI. 384

DCCXLV. — LE BARON DE BRETEUIL AU MARQUIS DE BOMBELLES. — Nouvelles de France apportées par un émissaire de la Reine. — Situation de la Famille royale. — Projets des factieux. — M. de
Breteuil a communiqué ces détails au Roi de Hongrie; en le pressant d'agir énergiquement. — Il invite M. de Bombelles à réclamer
l'appui de l'Impératrice pour décider la Cour de Vienne. — Il ne
partage pas ses doutes sur l'empressement de Catherine II à servir
les intérêts du Roi. — M. de Bombelles doit mettre tous ses soins
à hâter, au nom de Louis XVI, l'envoi d'un courrier au Roi de
Hongrie. — Rôle que joue le duc d'Orléans. (Bruxelles, 25 mars
1792.). 385

DCCXLVI. — MARIE-ANTOINETTE AU COMTE DE MERCY. — Annonce de
la marche des troupes d'attaque contre la coalition étrangère et
l'Émigration. (26 mars 1792). 389

NOTE SUR LES VRAIS SENTIMENTS DE LA REINE. 390

DCCXLVII. — MADAME ÉLISABETH A MADAME DE BOMBELLES, SOUS LE
NOM DE MADAME DE SCHWARZENCALD, PAR SAINT-GALL EN SUISSE, A
ROSCHACK. — Manière de forcer l'attention d'une personne qui ne
veut pas écouter. (27 mars 92.). 396

DCCXLVIII. — LE ROI DE HONGRIE ET DE BOHÊME FRANÇOIS II A MARIE-
ANTOINETTE. — Il a connaissance du message remis par M. de

TABLE ANALYTIQUE.

Simolin à l'Empereur défunt. — Il assure la Reine de tout son intérêt. (Vienne, 30 mars 1792.)..................... 397

DCCXLIX. — LE BARON DE BRETEUIL AU MARQUIS DE BOMBELLES. — Il regrette les préventions inspirées à l'Impératrice contre l'attitude de la Cour de France à l'égard des Princes. — La Reine n'a jamais entendu les empêcher de concourir au rétablissement de la monarchie. — Elle a seulement voulu qu'ils fussent dirigés, pour ne point compromettre la cause du Roi. — Fin de la mission de M. de Bombelles. — Dernières instructions. — Assassinat du Roi de Suède. (Bruxelles, 5 avril 1792.)..................... 399

DCCL. — MADAME ÉLISABETH A MADAME DE BOMBELLES. — Conjectures sur le caractère des enfants de la marquise. (6 avril 92.) ... 402

DCCLI. — MADAME ÉLISABETH A LA MARQUISE DE RAIGECOURT. — Assassinat du Roi de Suède. — Le jeudi saint. (6 avril 1792.)... 403

NOTE SUR L'ASSASSINAT DU ROI DE SUÈDE................ 403

DCCLII. — LOUIS XVI AU ROI DE HONGRIE ET DE BOHÊME. — Il demande une réponse positive sur le but des dispositions militaires que prend le Roi François. — Il a librement et de sa propre volonté accepté la Constitution. — Il envoie M. de Maulde ambassadeur pour aviser aux moyens d'assurer la paix. (4 avril 1792.)............ 406

NOTE SUR LA RUPTURE PROCHAINE AVEC L'AUTRICHE.......... 407

DCCLIII. — LE COMTE DE MERCY A MARIE-ANTOINETTE. — M. de Marbois et le Prince de Salm-Kyrbourg. — Les Cours étrangères sont divisées d'opinion sur la conduite à tenir. — Mouvement de troupes. — M. d'Aranda. — Aucune trace de poison dans le corps de l'Empereur défunt. (16 avril 1792.)................. 412

NOTE SUR LE RHINGRAVE DE SALM-KYRBOURG............... 413

DCCLIV. — MADAME ÉLISABETH A MADAME DE RAIGECOURT. — Fête de Châteauvieux. — La Liberté promenée tremblante sur un char a prêté au ridicule. — Les sans-culottes. — Les Gardes nationaux. — Pétion. — Prochaine arrivée à Paris de madame de Raigecourt. — Nomination du gouverneur du Dauphin. — Mort du Roi de Suède. (18 avril 1792.)..................... 414

NOTE SUR LA SUPPRESSION DES CONGRÉGATIONS............ 416

LA FÊTE DE CHATEAUVIEUX.................... 417

ROUCHER........................... 419

SORTIE DU PÈRE DUCHESNE CONTRE LES DÉTRACTEURS DE LA FÊTE. 420

MARAT SUR LE MÊME SUJET...................... 423

ANDRÉ CHÉNIER ÉCRIT CONTRE LA FÊTE................. 424

PÉTION EXALTE LA PENSÉE DE LA FÊTE................. 426

LE COMTE, DEPUIS MARQUIS, DE JAUCOURT CONTRAIRE A LA FÊTE. 428

INTERVENTION DU GÉNÉRAL COUVION................. 430

QUI AVAIT ÉTÉ L'ORGANISATEUR DE LA FÊTE.............. 431

DCCLV. — LETTRE DU ROI A L'ASSEMBLÉE NATIONALE pour annoncer que Sa Majesté a nommé M. de Fleurieu gouverneur du Dauphin. (18 avril 1792.)..................... 435

DCCLVI. — LETTRE CONFIDENTIELLE DU ROI LOUIS XVI AU ROI D'ANGLE-

TERRE GEORGE IV pour entretenir la paix entre les deux couronnes. (18 avril 1792.). 436
NOTE SUR LES NÉGOCIATIONS DE M. DE TALLEYRAND-PÉRIGORD EN ANGLETERRE. 437
DCCLVII. — LE ROI D'ANGLETERRE AU ROI LOUIS XVI. — Réponse touchant l'ambassade de France. 447
ATTITUDE DE M. DE TALLEYRAND A LONDRES. 448
DCCLVIII. — MARIE-ANTOINETTE AU COMTE DE MERCY. — La guerre est déclarée. — Comment doit être conçu le manifeste de la Cour de Vienne. — Ce qu'il faut dire et ce qu'il faut taire. — Il importe surtout d'éviter toute apparence d'intervention dans les affaires intérieures de la France. — Envoi de M. Maison à Vienne. (30 avril 1792.). 450
L'AMBASSADE DE FRANCE QUITTE VIENNE. 451
DCCLIX. — MÉMOIRE DU MARQUIS DE NOAILLES AU ROI SUR SON AMBASSADE EN AUTRICHE. 453

TABLE DES FAC-SIMILE

CONTENUS DANS LE TOME V.

Marie-Antoinette au duc de Chartres. 6
Madame Élisabeth à madame de Bombelles. (Fac-simile rectifiant le texte de la lettre donnée page 35 du troisième volume.). . . . 89

ERRATA.

Page 32, ligne 9 : 8 *octobre* 1792, lisez : 1791.

Page 36, avant-dernière ligne de la première note : DUMONT, *Souvenirs de Mirabeau*, lisez : *Souvenirs sur Mirabeau*.

Page 176, ligne dernière avant l'alinéa : *séparation éternelle*; lisez : *douloureuse séparation*.

En vente à la même Librairie.

Correspondance secrète inédite sur Louis XVI, Marie-Antoinette, la cour et la ville (de 1777 à 1792), publiée d'après les manuscrits de la bibliothèque impériale de Saint-Pétersbourg, avec une préface et des notes, par M. DE LESCURE. 2 forts volumes grand in-8°. Prix . . . . 16 fr.

La Vraie Marie-Antoinette, étude historique, politique et morale, suivie du recueil, réuni pour la première fois, de toutes les lettres de la Reine connues jusqu'à ce jour, dont plusieurs inédites, et de divers documents, par M. DE LESCURE. Troisième édition, augmentée d'une préface de l'auteur. Un volume in-8°. Prix. . . . . 5 fr.

La Princesse de Lamballe (Marie-Thérèse-Louise de Savoie-Carignan), sa vie, sa mort (1749-1792), d'après des documents inédits, par M. DE LESCURE. Ouvrage orné d'un portrait de la Princesse, gravé par Fleischmann, sous la direction de M. Henriquel-Dupont, d'une vue de la Force en 1792, gravée par M. Laurence, et de 4 *fac-simile* d'autographes. 1 volume in-8° cavalier vélin glacé. Prix. . . . . 8 fr.

Dernières années du règne et de la vie de Louis XVI, par François HUE, l'un des officiers de la chambre du Roi, appelé par ce prince, après la journée du 10 août, à l'honneur de rester auprès de lui et de la famille royale. 3e édition, revue sur les papiers laissés par l'auteur; précédée d'une Notice sur M. Hue par M. René DU MESNIL DE MARICOURT, son petit-gendre, et d'un Avant-propos par M. Henri DE L'ÉPINOIS. Un beau vol. in-8°. 6 fr.

Lettres de madame de Villars à madame de Coulanges (1679-1681), nouvelle édition, avec Introduction et notes, par Alfred DE COURTOIS. Un volume in-8° cavalier vélin glacé, avec *fac-simile* d'autographes. . 8 fr.

Les Palais de Trianon. Histoire, description. Catalogue des objets exposés sous les auspices de Sa Majesté l'Impératrice, par M. DE LESCURE, secrétaire de la commission d'organisation. Un beau volume in-18, orné de gravures. Prix. . . . . 3 fr.

Le Château de la Malmaison. Histoire, description. Catalogue des objets exposés sous les auspices de Sa Majesté l'Impératrice, par M. DE LESCURE, secrétaire de la commission d'organisation. Un beau volume in-18, orné de gravures. Prix. 3 fr.

Curiosités historiques sur les cours de Louis XIII, Louis XIV, Louis XV; sur Mme de Maintenon, Mme de Pompadour, Mme Du Barry, etc.; par J. A. LE ROI, conservateur de la Bibliothèque de la ville de Versailles, correspondant du ministère de l'instruction publique pour les travaux historiques, avec une Préface par Théoph. Lavallée. Un vol. in-8° cavalier vélin glacé. Prix. 6 fr.

La Diplomatie vénitienne. — Les princes de l'Europe au XVIe siècle, François Ier, Philippe II, Catherine de Médicis, les Papes, les Sultans, etc., d'après les rapports des ambassadeurs vénitiens, par M. Armand BASCHET. Cet ouvrage est enrichi de nombreux *fac-simile* d'autographes, parmi lesquels il faut citer un document diplomatique annoté en marge par Philippe II. 1 magnifique vol. in-8° cavalier vélin glacé, de plus de 600 pages. . 8 fr.

Études sur la littérature, depuis Homère jusqu'à l'école romantique, par M. ARTAUD, recteur de l'Académie de Paris, inspecteur général de l'Université; recueillies et publiées par le fils de l'auteur. Un volume in-8° cavalier vélin glacé. Prix. 6 fr.

Les Dernières Amours de madame du Barry, par madame la comtesse DASH, précédées d'une Notice sur les maîtresses de Louis XV, par M. Paul DE SAINT-VICTOR. 1 volume in-8°. Prix. . . . . 6 fr.

www.ingramcontent.com/pod-product-compliance
Lightning Source LLC
Chambersburg PA
CBHW050611230426
43670CB00009B/1359